Roos/Leutwyler
Wissenschaftliches Arbeiten im Lehramtsstudium

Verlag Hans Huber
Programmbereich Psychologie

HUBER

Markus Roos
Bruno Leutwyler

Wissenschaftliches Arbeiten im Lehramtsstudium

Recherchieren, schreiben, forschen

Verlag Hans Huber

Anschrift der Autoren:
Prof. Dr. Markus Roos
Dozent Bildungs- und Sozialwissenschaften,
Leiter Fachbereich Erziehungswissenschaften

Prof. Dr. Bruno Leutwyler
Leitung Institut für internationale Zusammenarbeit in Bildungsfragen IZB

Pädagogische Hochschule Zentralschweiz – PHZ Zug
Zugerbergstrasse 3
6300 Zug

Programmleitung: Tino Heeg
Herstellung: Livia Schwarz
Umschlag: Claude Borer, Basel
Druckvorstufe: punktgenau gmbh, Bühl
Druck und buchbinderische Verarbeitung: Hubert & Co., Göttingen
Printed in Germany

Bibliografische Information der Deutschen Nationalbibliothek
Die Deutsche Nationalbibliothek verzeichnet diese Publikation in der Deutschen Nationalbibliografie; detaillierte bibliografische Daten sind im Internet über http://dnb.d-nb.de abrufbar.

Anregungen und Zuschriften bitte an:
Verlag Hans Huber
Lektorat Psychologie
Länggass-Strasse 76
CH-3000 Bern 9
Tel: 0041 (0)31 300 4500
Fax: 0041 (0)31 300 4593
verlag@hanshuber.com
www.verlag-hanshuber.com

1. Auflage 2011

(E-Book-ISBN 978-3-456-95006-8)
ISBN 978-3-456-85006-1

Vorwort

«Wissenschaft ist ein integraler Bestandteil unserer Kultur.
Es ist kein fremdartiger Geheimkult,
betrieben von einer obskuren Priesterschaft,
sondern eine der herrlichsten,
intellektuellen Traditionen der Menschheit.»
(Stephen Jay Gould)

Einführungen in wissenschaftliches Denken und Arbeiten gibt es viele. Auch Einführungen speziell für pädagogische oder erziehungswissenschaftliche Studiengänge liegen inzwischen einige vor. Wieso also braucht es eine weitere Einführung? – Für eine Antwort müssen wir etwas ausholen: Seit in der Schweiz die Ausbildung von angehenden Lehrerinnen und Lehrern vor einigen Jahren auf Fachhochschulstufe angesiedelt wurde, bekommt das wissenschaftliche Arbeiten in der Ausbildung von Lehrerinnen und Lehrern ein deutlich höheres Gewicht als in der früheren seminaristischen Ausbildung. So erlangen Lehrpersonen der Schuleingangs- und der Primarstufe mit ihrer Ausbildung nicht nur die Lehrbefähigung, sondern auch den akademischen Bachelorgrad, Lehrpersonen der Sekundarstufe I den Mastertitel.

Die meisten Studiengänge fordern in Qualifikationsarbeiten deshalb auch wissenschaftliche Ansprüche ein und bereiten angehende Lehrpersonen in der einen oder anderen Form auf das wissenschaftliche Arbeiten vor. Viele Pädagogische Hochschulen bieten eigene Lehrveranstaltungen an, die in wissenschaftliches Arbeiten und in empirische Forschungsmethoden einführen. Allerdings verfolgt eine Einführung in wissenschaftliches Denken und Arbeiten bei angehenden Lehrpersonen eine andere Zielsetzung als bei angehenden Erziehungs- oder Bildungswissenschaftlern: Für Lehrerinnen und Lehrer haben wissenschaftliche Zugänge eine unterstützende Funktion. Wissenschaftliche Zugänge sollen dazu beitragen, die eigentlichen Kerntätigkeiten – Lernen anzuregen, zu begleiten und zu unterstützen – zu optimieren. Für angehende Erziehungswissenschaftler oder Bildungswissenschaftlerinnen hingegen stellen wissenschaftliche Tätigkeiten die eigentlichen Kernprozesse dar. Damit versteht sich von selbst, dass Einführungen in wissenschaftliches Arbeiten für angehende Lehrpersonen anders zu gestalten sind als beispielsweise für angehende Forscherinnen und Forscher. Dabei geht es nicht nur um ein Mehr oder Weniger der gleichen Einführung, sondern um etwas qualitativ Anderes.

Die verfügbaren Einführungen in wissenschaftliches Denken und Handeln berücksichtigen diese Unterscheidung nicht in angemessener Form oder blenden die spezifische Perspektive der Lehrerinnen- und Lehrerbildung aus. Entsprechende Lehrbücher im Bereich der Pädagogik gehen deutlich weiter und tiefer als es für Bachelorstudiengänge, die spezifisch auf einen Lehrberuf vorbereiten, erwartet werden darf. Sie haben nicht die «Flughöhe», die für die Bachelorstudiengänge an Pädagogischen Hochschulen angemessen wäre. Das vorliegende Lehrbuch schließt diese Lücke: Es soll eine stufen- und berufsgerechte Einführung in wissenschaftliches Arbeiten und in empirische Forschungsmethoden bieten und angehende Lehrerinnen und Lehrer befähigen, eine pädagogisch orientierte Bachelorarbeit zu verfassen. Und es zeigt auf, wie einfache empirische Forschungsmethoden im Alltag von Lehrpersonen korrekt und gewinnbringend eingesetzt werden können.

Damit richtet sich das vorliegende Lehrbuch einerseits an Studierende Pädagogischer Hochschulen, die einen Bachelor-Studiengang absolvieren (bspw. Lehrpersonen für die Schuleingangs- oder die Primarstufe). Andererseits richtet es sich an amtierende Lehrerinnen und Lehrer, die vielleicht in früheren seminaristischen Ausbildungen noch nicht so explizit mit wissenschaftlichen Arbeitsformen konfrontiert wurden und nun im Rahmen von Weiterbildungen wissenschaftlich orientierte Studienarbeiten verfassen müssen. Ziel dieses Lehrbuches ist es, Merkmale wissenschaftlichen Denkens und Arbeitens aufzuzeigen und dafür zu sensibilisieren, wie diese für den konkreten Arbeitsalltag von Lehrpersonen nutzbar gemacht werden können.

Zum Manuskript dieses Buches oder zu einzelnen Kapiteln erhielten wir konstruktive Rückmeldungen von Kathrin Amrein, Cornelia Leutwyler, Christine Matter, Gabriela Näpflin, Rahel Schilter, Eva Schüpbach Roos, Monika Waldis und Esther Wandeler. Dafür danken wir ganz herzlich.

Bruno Leutwyler
Markus Roos

Januar 2011

Inhalt

1. Einführung 11

1.1 Merkmale wissenschaftlichen Denkens und Arbeitens 12
1.2 Wissenschaftliche Fragestellungen 14
1.3 Der Prozess des wissenschaftlichen Arbeitens im Überblick 17
1.4 Aufbau dieses Buches und Struktur der einzelnen Kapitel 19
1.5 Zur Arbeit mit diesem Buch 20
1.6 Zielsetzungen dieses Buches und deren Relevanz für Lehrerinnen und Lehrer 21
1.7 Literatur 23

2. Wissenschaftliches Recherchieren 25

2.1 Einleitung 25
2.2 Allgemeine Hinweise zum Recherchieren 29
2.3 Vorgehen beim Recherchieren 31
2.4 Recherchieren im Internet 39
2.5 Recherchieren in Bibliothekskatalogen 41
2.6 Zusammenfassung 42
2.7 Lernaufgaben 44
2.8 Literatur 45

3. Lesen und interpretieren wissenschaftlicher Texte 47

3.1 Einleitung 47
3.2 Aktuelle wissenschaftliche Texte 50
3.3 Historische Texte 53
3.4 Arten von wissenschaftlichen Aussagen 56
3.5 Wissenschaftlicher Diskurs 58
3.6 Zusammenfassung 59
3.7 Lernaufgaben 61
3.8 Literatur 63

4. Thema eingrenzen und exzerpieren 65

4.1 Einleitung 65
4.2 Thema festlegen bzw. eingrenzen 68
4.3 Struktur von Exzerpten 69

4.4 Beispiel eines Exzerpts 71
4.5 Zusammenfassung 74
4.6 Lernaufgaben 75
4.7 Literatur 76

5. Zitieren 77
5.1 Einleitung 77
5.2 Grundsätze des Zitierens 80
5.3 Quellenverweise 81
5.4 Literaturverzeichnis 88
5.5 Software-Hinweis 92
5.6 Zusammenfassung 93
5.7 Lernaufgaben 94
5.8 Literatur 98

6. Struktur und Aufbau wissenschaftlicher Arbeiten 99
6.1 Einleitung 99
6.2 Eine Arbeit strukturieren 102
6.3 Formaler Aufbau einer wissenschaftlichen Arbeit 105
6.4 Zusammenfassung 116
6.5 Lernaufgaben 118
6.6 Literatur 119

7. Verfassen wissenschaftlicher Arbeiten 121
7.1 Einleitung 121
7.2 Schreibprozess 124
7.3 Verständlichkeit 125
7.4 Formale Regeln 128
7.5 Schlussredaktion 132
7.6 Zusammenfassung 133
7.7 Lernaufgaben 134
7.8 Literatur 135

8. Exkurs: Arbeitstechniken und Selbstmanagement 137
8.1 Einleitung 137
8.2 Motivation und Selbstdisziplin 140
8.3 Zeitplanung 141
8.4 Arbeitstechniken am Computer (Word) 144
8.5 Zusammenarbeit 145
8.6 Zusammenfassung 146
8.7 Lernaufgaben 147
8.8 Literatur 148

9. Der Forschungsprozess im Überblick: Einführung in den 2. Teil 149
9.1 Einleitung 149
9.2 Der Forschungsprozess im Überblick 153
9.3 Qualitative und quantitative Forschung 157
9.4 Gütekriterien empirischer Forschung 161
9.5 Der Operationalisierungsvorgang 164
9.6 Hypothesen 166
9.7 Zusammenfassung 167
9.8 Lernaufgaben 169
9.9 Literatur 170

10. Forschungsdesign 171
10.1 Einleitung 171
10.2 Stichprobenziehung 176
10.3 Stichproben qualitativer Studien 177
10.4 Stichproben quantitativer Studien 178
10.5 Quer- und Längsschnittstudien 180
10.6 Experimente 181
10.7 Entscheid über das Datenerhebungsverfahren 184
10.8 Zusammenfassung 186
10.9 Lernaufgaben 188
10.10 Literatur 190

11. Beobachtung 191
11.1 Einleitung 191
11.2 Merkmale wissenschaftlicher Beobachtung 194
11.3 Kriterien guter Beobachtung 195
11.4 Arten der Beobachtung 197
11.5 Standardisierte Beobachtungen: Beobachtungspläne und -raster 199
11.6 Nicht-standardisierte Beobachtung 203
11.7 Nicht-Reaktive Verfahren 204
11.8 Zusammenfassung 204
11.9 Lernaufgaben 206
11.10 Literatur 207

12. Interviews 209
12.1 Einleitung 209
12.2 Grundformen von Interviews 213
12.3 Der Interview-Leitfaden 218
12.4 Durchführen von Interviews 220
12.5 Zusammenfassung 225
12.6 Lernaufgaben 227
12.7 Literatur 228

13. Fragebogenerhebungen 229
13.1 Einleitung 229
13.2 Einsatz von Fragebögen 232
13.3 Arten von Items 233
13.4 Itemformulierung 236
13.5 Schwierigkeit von Items 237
13.6 Aufbau und Form des Befragungsinstruments 237
13.7 Online vs. Papier 239
13.8 Pre-Test 239
13.9 Erhöhung des Rücklaufs 240
13.10 Zusammenfassung 241
13.11 Lernaufgaben 242
13.12 Literatur 243

14. Quantitative Datenauswertung: Statistik 245
14.1 Einleitung 245
14.2 Skalenniveaus 249
14.3 Urliste und Codeplan 251
14.4 Deskriptive Statistik 254
14.5 Deskriptive, statistische Funktionen mit Excel 259
14.6 Kreuztabellen 260
14.7 Exkurs: Korrelationen 261
14.8 Signifikanzen 264
14.9 Zusammenfassung 266
14.10 Lernaufgaben 267
14.11 Literatur 270

15 Qualitative Datenauswertung 271
15.1 Einleitung 271
15.2 Qualitative Datenauswertungen – ein Überblick 274
15.3 Qualitative Inhaltsanalyse 276
15.4 Zusammenfassung 284
15.5 Lernaufgaben 285
15.6 Literatur 286

16 Anhang 287
16.1 Checkliste Forschungsbericht 287
16.2 Vorgehen beim Verfassen einer empirischen (Studien-)Arbeit 290
16.3 Kriterien für gelungene wissenschaftliche Arbeiten 293
16.4 Glossar 297

1 Einführung

«Der Zweifel ist der Beginn der Wissenschaft.
Wer nichts anzweifelt, prüft nichts.
Wer nichts prüft, entdeckt nichts.
Wer nichts entdeckt, ist blind und bleibt blind.»
(Teilhard de Chardin)

Der Zweifel – wie ihn Teilhard der Chardin als Beginn der Wissenschaft charakterisierte – mag für Lehrerinnen und Lehrer nicht unbedingt erstrebenswert erscheinen. Gerade von der Ausbildung erwarten angehende Lehrpersonen durchaus zu Recht erste Sicherheiten für den Einstieg in einen anspruchsvollen Beruf. Auch mit einiger Berufspraxis sehnen sich amtierende Lehrpersonen wohl eher selten nach Zweifeln; dauernde Veränderungen in Schulen und ihrer Umgebung sowie die zum Berufsalltag gehörenden Ungewissheiten in Lern- und Bildungsprozessen erfordern ein hohes Maß an Flexibilität, sodass zusätzliches Anzweifeln von Gewissheiten eher absurd erscheinen mag.

Und dennoch: Anzweifeln drückt eine Denk- und Geisteshaltung aus, die sich mit der eigenen Sicht auf die Dinge nicht zufrieden geben will, die den Dingen auf den Grund gehen will, die immer wieder fragt: Könnte es auch anders sein? «Wissenschaft» wird zwar häufig als das Bestreben verstanden, neues Wissen – und damit auch neue Gewissheiten – zu erschaffen, also neue Erkenntnisse zu gewinnen oder bestehende Erkenntnisse neu zu systematisieren. Der Weg zu diesem übergeordneten Ziel von Wissenschaft geht jedoch stark vom Zweifeln aus, indem bestehende Gewissheiten dafür in Frage gestellt werden.[1]

So wie das Anzweifeln von Gewissheiten einen Lebensnerv für die Wissenschaften charakterisiert, stellt das Anzweifeln von eigenen Sichtweisen auch bei angehenden und amtierenden Lehrpersonen eine Voraussetzung für Lernen und Entwicklung dar. Wer eigene Sichtweisen anzweifelt, lässt sich auf neue Perspektiven ein und ist offen für andere Zugänge zu einem Thema. Das ist auch in der Ausbildung zur Lehrerin oder zum Lehrer zentral. Ein solches Studium ist deutlich mehr

---

1 Ein heute weit verbreitetes Verständnis von Wissenschaft versteht die Falsifizierbarkeit als zentrales Kriterium von Wissenschaft: Der von Karl R. Popper (1934/1973) begründete «Kritische Rationalismus» geht davon aus, dass sich die Wissenschaft vor allem dann weiter entwickelt, wenn bestehende Erkenntnisse falsifiziert werden. Erst wenn scheinbare oder vorläufige Gewissheiten widerlegt werden, entstehen neue, weiter reichende Erkenntnisse.

ist als eine Anhäufung von Wissen. Es ist idealerweise auch eine Form der Persönlichkeitsbildung, eine intensive Auseinandersetzung mit neuen Themen, neuen Perspektiven, neuen Erfahrungen, neuen Theorien und neuen Fakten – kurz: eine Auseinandersetzung, welche die eigene Sichtweise auf die Dinge erweitern, anreichern, differenzieren und oftmals auch revidieren soll.

Eine solche Denk- und Geisteshaltung, die eigene Sichtweisen und bestehende Gewissheiten anzweifelt, wird in der «Wissenschaft» ganz besonders kultiviert. «Wissenschaft» strebt danach, den Dingen auf den Grund zu gehen und sich mit einem Thema intensiv auseinanderzusetzen. Doch nicht jede intensive Auseinandersetzung ist eine wissenschaftliche Auseinandersetzung. Was *wissenschaftliches* Denken und Arbeiten charakterisiert, wird im nächsten Abschnitt (Kap. 1.1) in einer ersten Annäherung skizziert. Darauf aufbauend lässt sich beschreiben, was wissenschaftliche Fragestellungen sind (Kap. 1.2) und wie der Prozess einer wissenschaftlichen Arbeit idealerweise abläuft (Kap. 1.3). Von diesem Prozess leitet sich auch der Aufbau dieses Buches ab, wie er in Kap. 1.4 beschrieben ist. In Kapitel 1.5 folgen zudem einige Hinweise, wie mit diesem Buch am besten gearbeitet werden kann. Damit ist die Grundlage gelegt, um zum Abschluss dieses Einführungskapitels nach dem Sinn und Zweck zu fragen, warum es sich für Lehrpersonen lohnt, wissenschaftliche Denk- und Arbeitsweisen zu kultivieren (Kap. 1.6).

1.1 Merkmale wissenschaftlichen Denkens und Arbeitens

Die grundlegende Frage an dieser Stelle lautet, was *wissenschaftliches Denken und Arbeiten* ist – und nicht, was «Wissenschaft» insgesamt ist. Dass der Begriff «Wissenschaft» bis anhin in Anführungs- und Schlusszeichen gesetzt wurde und nun auch an dieser Stelle nicht gebührend definiert wird, hat damit zu tun, dass es *die* Wissenschaft so nicht gibt. Viel eher gibt es eine große Vielzahl an unterschiedlichen Wissenschaften: So werden beispielsweise häufig Natur- und Geisteswissenschaften unterschieden, in den letzten Jahrzehnten oft auch Sozial- und Kulturwissenschaften. Dabei wird der Begriff «Wissenschaften» meist im Plural gebraucht. Damit wird deutlich, wie unterschiedlich das Verständnis von «Wissenschaft» sein kann und dass es verschiedene Wissenschaften gibt. Doch das Verständnis davon, was «Wissenschaft» ist, unterscheidet sich nicht nur zwischen Disziplinen, sondern auch zwischen Epochen und Kulturkreisen.

In allen Facetten von «Wissenschaft» sind jedoch wissenschaftliches Denken und Arbeiten durch gewisse Merkmale gekennzeichnet. Dazu gehören die folgenden Merkmale (vgl. Bohl, 2008; Fromm & Paschelke, 2006):

- *Aufarbeitung bestehender Erkenntnisse und eigenständige Gedankenarbeit*: Wissenschaftliches Arbeiten ist immer eine Kombination von Wiedergabe vorliegender Erkenntnisse *und* von intensiver eigenständiger Auseinandersetzung mit fremden Gedanken. Es ist nie nur «copy and paste», obwohl das Wiederholen, Aneignen und Aufarbeiten von dem, was andere bereits zum Thema erarbeitet und erkannt haben, zu jeder wissenschaftlichen Arbeit gehört. Darüber hinaus gehört immer auch ein eigenständiges Weiterdenken zur wissenschaftlichen Arbeit, beispielsweise indem Zusammenhänge hergestellt, Begriffe und Definitionen verglichen und analysiert oder Argumentationen begründet kritisiert werden.

- *Systematisches und methodisch kontrolliertes Vorgehen:* Wissenschaftliches Arbeiten ist zielorientiert; es ist systematisch, folgt einer inneren Logik und wird gelenkt durch einen dauernden Blick auf die leitende Fragestellung. Es geht nie nur um additive Auflistungen ohne inneren Zusammenhang. Wissenschaftliches Arbeiten ist methodisch kontrolliert und folgt meist expliziten Regeln und Methoden; das Verfahren zur Beantwortung einer Fragestellung wird begründet und bleibt auch für andere nachvollziehbar, sodass andere das Verfahren wiederholen und damit die Erkenntnisse überprüfen können.
- *Fundierung der Aussagen und Objektivierung:* Beim wissenschaftlichen Denken und Arbeiten wird auf unbelegte oder oberflächliche Behauptungen und auf rein persönliche Erfahrungen verzichtet. Wissenschaftliche Argumentationen werden fundiert, indem die einzelnen Aussagen erläutert und begründet werden – insbesondere natürlich mit Verweisen auf theoretische Erkenntnisse oder auf Befunde, die von durchgeführten Studien ans Tageslicht gefördert wurden. Sie fokussieren auf die Sache selbst und streben meist nach Objektivität.
- *Überprüfbares und reflektiertes Argumentieren:* Wissenschaftliche Aussagen sind grundsätzlich überprüfbar und unterscheiden sich damit klar von Glaubenssätzen. Die Grundlagen für die Überprüfung der Argumentation liefern Quellenangaben, wo auf bestehende Erkenntnisse verwiesen wird, sowie nachvollziehbare Beschreibungen von Verfahren, wo eigene Erkenntnisse berichtet werden. Wissenschaftliche Aussagen unterscheiden theoretische Erklärungen, Beschreibungen von empirischen Befunden, eigene Interpretationen und Schlussfolgerungen sowie plausible Vermutungen und wertgeleitete Überzeugungen. Voraussetzungen für das eigene Denken und Argumentieren werden reflektiert und expliziert, beispielsweise indem theoretische, methodische, weltanschauliche oder normative Voraussetzungen offen gelegt werden.
- *Präzises, eindeutiges und logisches Argumentieren:* Wissenschaftliches Argumentieren erfordert eine gewisse Tiefe und ist entsprechend ausführlich. Es ist sachlich, präzise, eindeutig und berücksichtigt in angemessener Art die Fachsprache, weil damit die eigene Argumentation an den Stand der Forschung anschließt. Wissenschaftliche Argumente sind logisch, gut nachvollziehbar und widerspruchsfrei aufgebaut. Allfällige Ungereimtheiten oder Widersprüche werden ausdrücklich problematisiert.
- *Klare Begriffe:* In wissenschaftlichen Argumentationen werden zentrale Begriffe geklärt und bewusst und sorgfältig verwendet. Bestimmte Begriffe sind oft Ausdruck theoretischer Konzepte oder aber sie werden in verschiedenen Kontexten unterschiedlich verwendet. Um sich theoretisch zu positionieren und um ein einheitliches Verständnis zu gewährleisten, werden die ganz zentralen Begriffe jeweils sorgfältig definiert.

- *Sorgfältige und einheitliche Darstellung:* Wissenschaftliches Arbeiten ist sorgfältiges und umsichtiges Arbeiten. Dies zeigt sich nicht nur, aber auch in der formalen Darstellung, beispielsweise im Umgang mit Quellen, Abbildungen, Inhalts- oder Literaturverzeichnissen. Bei Qualifikationsarbeiten im Rahmen eines Studiums werden solche formalen Aspekte meist reglementiert, wobei sich der Detaillierungsgrad der Vorgaben je nach Organisation unterscheidet.
- *Redlichkeit:* Nicht zuletzt ist wissenschaftliches Arbeiten auch redliches Arbeiten, sodass fremde Erkenntnisse, Gedanken und Ideen auch als solche gekennzeichnet werden (bspw. mit Quellenangaben). Plagiate als Diebstahl von geistigem Eigentum führen zur Ächtung in der Gemeinschaft der wissenschaftlich Tätigen (in der sogenannten «scientific community») und werden strafrechtlich geahndet.

Diese Merkmale von wissenschaftlichem Denken und Arbeiten charakterisieren Grundhaltungen, die für eine Vielzahl von Arbeiten hilfreich sind und in unterschiedlichen Tätigkeitsfeldern gelebt werden. Im akademischen Tätigkeitsfeld – in dem Tätigkeitsfeld also, das gemeinhin mit «Wissenschaft» gleich gesetzt wird – werden diese Grundhaltungen allerdings ganz besonders und bewusst kultiviert. Die Aufzählung dieser Grundhaltungen macht aber auch deutlich, dass nicht jede wissenschaftliche Arbeit einfach eine gute oder schlechte wissenschaftliche Arbeit ist. Die genannten Merkmale können mehr oder weniger gut umgesetzt werden. Wie es in jedem Betrieb sehr gute und auch weniger gute Mitarbeitende gibt, tummeln sich auch in der «Wissenschaft» verkannte Genies, überschätzte Selbstdarsteller, sorgfältige Rechercheure und kreative Originale. Entsprechend unterscheiden sich auch die Arbeiten, die von sogenannten Wissenschaftlern geschrieben wurden, und weisen je unterschiedliche Stärken und Schwächen auf. So kann beispielsweise eine Arbeit eine bestechende Übersicht über den Stand der Forschung in einem Themenkreis bieten, aber dennoch eine schwache Umsetzung eines eigenen Forschungsvorhabens beinhalten. Oder umgekehrt kann die Aufarbeitung der relevanten Theorien in einer Studie unvollständig und veraltet, der methodische Zugang zu einem Thema aber äußerst innovativ und produktiv sein. Eine kritische Überprüfung auch von wissenschaftlichen Argumentationen ist deshalb immer notwendig – sie ist selbst Bestandteil und Kennzeichen wissenschaftlichen Arbeitens.

1.2 Wissenschaftliche Fragestellungen

Wissenschaftliches Arbeiten ist aber nicht nur durch gewisse Merkmale charakterisiert, sondern auch durch die Art der Fragestellungen, die bearbeitet werden. Zwar scheint die Vielfalt an Themen, die wissenschaftlich untersucht werden, beinahe unerschöpflich. Auch das Erkenntnisinteresse kann sich deutlich unterscheiden und die ganze Bandbreite von theoretisch inspirierter Grundlagenforschung bis hin zur Anwendungsforschung in Bezug auf ungelöste praktische Probleme abdecken.[2] Die Art und Weise aber, Fragen zu einem bestimmten Thema zu stellen, sind im wissenschaftlichen Kontext häufig vergleichbar. Grundsätzlich richten sich wissenschaftliche Fragestellungen meist auf *analytische* oder *empirische* Auseinandersetzungen mit einer Thematik (vgl. Beller, 2008, S. 11). Im Gegensatz dazu sind Fragen, die beispielsweise mit einem einfachen Nachschlagen in einem Lexikon oder einem Lehrbuch beantwortet werden können oder die nach objektiven Werturteilen fragen (zum Beispiel: «Was ist ein guter Mensch?») keine wissenschaftlichen Fragestellungen.

Analytische Fragestellungen erfordern eine Auseinandersetzung mit bestehenden Erkenntnissen zu einem Sachverhalt. Sie können in der Regel auf der Grundlage von Fachliteratur beantwortet werden und brauchen keine eigene Überprüfung von Sachverhalten in der Umwelt. Arbeiten mit analytischen Fragestellungen werden deshalb auch als *Literaturarbeiten* bezeichnet. Gerade bei Studienarbeiten wird dabei meist kein Anspruch gestellt, etwas Neues herauszufinden. Der Erkenntnisgewinn der durchgeführten Analyse liegt in diesem Fall hauptsächlich bei der Studentin oder dem Studenten, allenfalls auch bei betreuenden Dozierenden. Eine Erkenntnis, die für die «scientific community» neu wäre, wird dabei nicht erwartet. Analytische Fragestellungen können jedoch sehr wohl auch für die «scientific community» neue Erkenntnisse generieren, wenn beispielsweise vorliegende Studien im Lichte einer neuen Theorie interpretiert oder mehrere vorliegende Erkenntnisse zu einer allgemein gültigen Theorie verdichtet werden.[3]

Beispiele von analytischen Fragestellungen sind:

- Wie unterscheidet sich der Intelligenzbegriff bei Gardners Konzept der multiplen Intelligenzen vom Intelligenzbegriff, der ausgewählten klassischen Intelligenztests zugrunde liegt?
- Welche Erklärungsmodelle für den Zusammenhang von Schulleistung und familiärem Hintergrund gibt es? Wie lassen sich diese Erklärungsmodelle gruppieren?

---

2 Die Unterscheidung zwischen Grundlagen- und Anwendungsforschung ist problematisch und umstritten. Eine klare Unterscheidung ist häufig nicht möglich. Tendenziell interessiert sich Grundlagenforschung eher für theoretische Probleme, leitet ihre Fragestellung aus Theorien ab und strebt einen Beitrag zur weiteren Entwicklung von Theorien an; zum Beispiel: «Ist die Intelligenz ein einziger Faktor, der bei den einzelnen Menschen mehr oder weniger stark ausgeprägt sein kann, oder handelt es sich um mehrere ‹Teilintelligenzen› (wie z. B. räumliche Intelligenz, sprachliche Intelligenz), die bei einem Menschen ganz unterschiedlich ausgeprägt sein können?» Demgegenüber interessiert sich Anwendungsforschung – auch «angewandte Forschung» genannt – eher für Interventions- und Veränderungswissen, also für Erkenntnisse, die zur Bewältigung anstehender Herausforderungen beitragen; zum Beispiel: «Welche Bedingungen müssen gegeben sein, damit das Erlernen einer Fremdsprache in den regulären Schulfächern (z. B. Mathematik, Sport, Geschichte) gefördert werden kann (sog. Immersionsunterricht)?»

3 Als Spezialfall von analytischen Fragestellungen werden hier auch *hermeneutische* Zugänge mit gemeint. Dabei geht es vor allem um die Auslegung und Interpretation von vorliegenden Texten (vgl. dazu Kapitel 3.3).

- Inwiefern lässt sich die Forderung nach offenen Lernformen lernpsychologisch begründen?

Empirische Fragestellungen erfordern eine eigene Überprüfung eines Sachverhaltes «draußen in der realen Welt»; das heißt, sie können nicht ausschließlich mit bestehender Fachliteratur beantwortet werden. Eine Überprüfung eines Sachverhaltes in der Umwelt bedingt eine methodisch kontrollierte Erhebung von Daten (bspw. über standardisierte Fragebögen, teilnehmende Beobachtung oder Leistungstests) sowie eine regelgeleitete Auswertung dieser Daten.

Beispiele von empirischen Fragestellungen sind:

- Welche Vorstellungen von Intelligenz haben amtierende Lehrpersonen, die im Kanton Thurgau in der Primarstufe unterrichten? Welche Bedeutung schreiben sie der Intelligenz für den Schulerfolg zu?
- Wie unterscheidet sich das Vorgehen beim Erledigen von Hausaufgaben zwischen Kindern mit unterschiedlichem familiärem Hintergrund?
- Wie häufig werden in den Deutschen Grundschulen offene Lernformen angewendet? Welche offenen Lernformen werden besonders häufig eingesetzt? Gibt es Unterschiede in der durchschnittlichen Häufigkeit zwischen Klassenstufen und/oder zwischen Bundesländern?

Die Fragestellung einer Arbeit bestimmt zu einem großen Teil die Qualität der Arbeit. Werden «gute» Fragen gestellt – und dann auch angemessen beantwortet –, so wird eine «gute» Arbeit entstehen[4]. Die Qualität der Fragen zeigt sich an folgenden Merkmalen:

- *Relevanz*: Gute Fragen behandeln theoretisch oder praktisch bedeutsame Aspekte eines Themas.
- *Sinnvolle Eingrenzung*: Gute Fragen haben im Idealfall eine «mittlere Reichweite». Sie zielen einerseits weder auf die letzten Rätsel der Welt noch auf zu umfassende Themenbereiche. Solche Fragen könnten in der gebotenen Zeit oder innerhalb des gebotenen Umfangs nicht ausreichend differenziert beantwortet werden. Andererseits zielen sie aber auch nicht auf einen allzu kleinen Ausschnitt bzw. ein Detail, das für sich uninteressant ist. Gute Fragen liegen irgendwo dazwischen.
- *Gehalt*: Gute Fragen sind ergiebig. Sie ermöglichen eine produktive und gewinnbringende Auseinandersetzung mit einem Thema.
- *Klarheit*: Gute Fragen sind klare, zielgerichtete Fragen, die einer Auseinandersetzung mit dem Thema einen eindeutigen Fokus geben.

---

4 Was eine gute Arbeit auszeichnet, wird in diesem Buch am Ende jedes Kapitels in der Zusammenfassung anhand von einigen Qualitätskriterien aufgezeigt.

- *Beantwortbarkeit*: Die gestellten Fragen müssen mit den gegebenen Mitteln, in der gegebenen Zeit prinzipiell beantwortbar sein. Für eine angemessene Beantwortung von Fragen nach Wirkungen (X bewirkt Y) muss in der Regel ein so hoher Aufwand betrieben werden, dass sich nur versierte Forschende daran wagen sollten.

Ferner hängt die Qualität von wissenschaftlichen Fragen auch maßgeblich vom *Neuigkeitsgehalt* («Ist die Bearbeitung dieses Zugangs wirklich neu?») und vom *Innovationspotential* («Erschließen sich mit der Bearbeitung allenfalls neue Denk- und Suchrichtungen?») ab. Für Studien- und Qualifikationsarbeiten sind diese beiden Ansprüche allerdings nicht immer sinnvoll. Häufig dienen Studienarbeiten dem Ziel, dass sich Studierende in eine Thematik vertiefen und dabei belegen, dass sie das Thema und das wissenschaftliche Handwerk beherrschen.

Für die Beantwortung einer wissenschaftlichen Fragestellung bietet sich ein Vorgehen in fünf Phasen an. Diese fünf Phasen werden im folgenden Abschnitt prototypisch beschrieben.

1.3 Der Prozess des wissenschaftlichen Arbeitens im Überblick

Weil wissenschaftliches Arbeiten systematisches Arbeiten ist, folgt es in der Regel einem prototypischen Ablauf. Dieser Ablauf unterscheidet sich zwar zwischen Literaturarbeiten und empirischen Arbeiten; beide Zugänge durchlaufen jedoch fünf zentrale Phasen (vgl. Abb. 1):

1. *Fragestellung*: Jede Auseinandersetzung mit einem Thema beginnt mit einer Frage, mit einem Problem, einer Irritation oder mit Neugier, etwas Neues oder Unbekanntes zu erkunden. Fragestellungen können sich aus der Praxis, aus der Auseinandersetzung mit der Theorie oder im Anschluss an andere Studien ergeben. Manchmal werden Fragestellungen auch von Dozierenden oder Auftraggebenden vorgegeben. Fragen dienen als Ausgangspunkt jeglicher Forschung. Ohne Frage hätte die wissenschaftliche Auseinandersetzung keine Zielrichtung, ohne Ziel bliebe eine Auseinandersetzung unsystematisch. Gerade die systematische Herangehensweise an ein Thema und die Zielorientierung aber sind wichtige Kennzeichen wissenschaftlichen Arbeitens (siehe oben). Und dennoch werden gute wissenschaftliche Fragestellungen häufig erst im Laufe der Auseinandersetzung mit einem Thema entwickelt. Meist steht zu Beginn erst ein noch vages Interesse, allenfalls eine Fragestellung in Alltagssprache, die eine allgemeine Suchrichtung vorgibt.
2. *Literaturstudium*: Unabdingbar für jede wissenschaftliche Arbeit ist eine Auseinandersetzung mit dem Stand des Wissens. Während des Literaturstudiums wird recherchiert, eingelesen, angeeignet, was andere bereits zu diesem Thema erarbeitet haben. Das Literaturstudium legt die Basis für die Qualität der Arbeit, indem es die Grundlagen bereit stellt, auf dem eine eigene Argumentation ent-

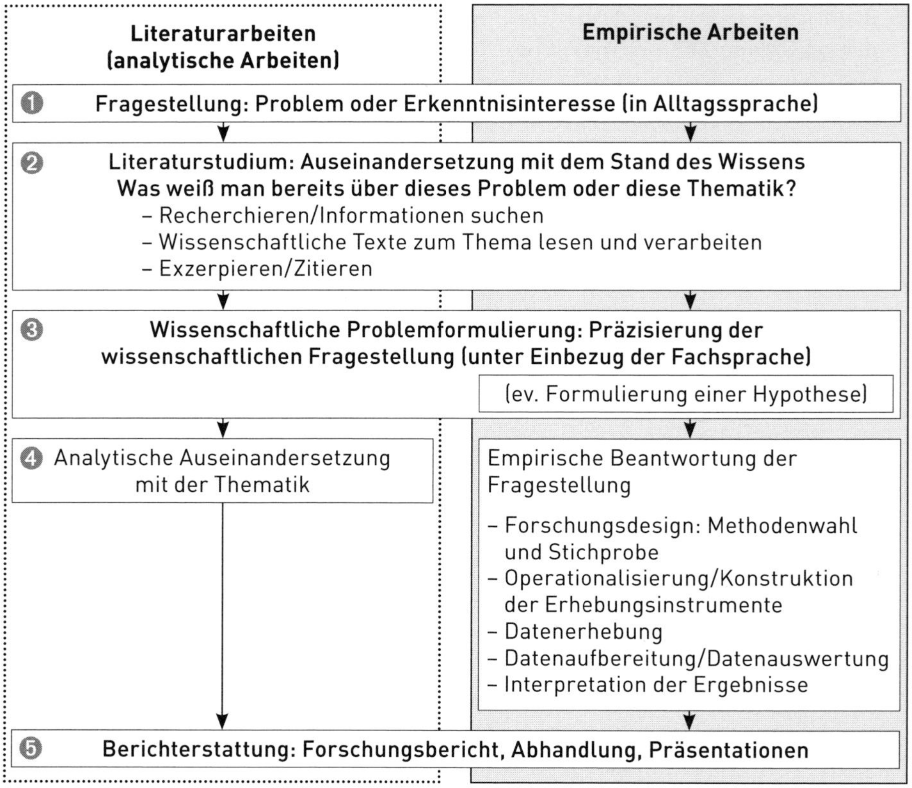

Abbildung 1: Der Prozess des wissenschaftlichen Arbeitens im Überblick.

wickelt wird und eine analytische oder empirische Beantwortung der Fragestellung erfolgt. Das Literaturstudium umfasst die Auseinandersetzung mit verschiedenen Theorien, mit Forschungsergebnissen, Evaluationsberichten und analytischen Aufsätzen zum Thema.

3. *Wissenschaftliche Problemformulierung*: Meist wird es erst nach einer längeren Einarbeitung in die Thematik möglich, einen besonders spannenden oder ergiebigen Aspekt zu benennen und daraus eine präzise, wissenschaftliche Fragestellung zu formulieren. Bei der wissenschaftlichen Problemformulierung wird die gewählte Problemstellung unter Verwendung der Fachsprache strukturiert und trennscharf von über- bzw. nebengeordneten Problemen abgegrenzt. Bei empirischen Fragestellungen werden wissenschaftliche Problemformulierungen häufig mit gut begründeten Hypothesen ergänzt, die in der Folge getestet werden. Weil die wissenschaftliche Problemformulierung der weiteren Arbeit eine ganz zentrale Richtung vorgibt, ist diese Phase besonders entscheidend für die Qualität der Arbeit. Wer sich in einem Themengebiet noch nicht sehr gut auskennt, sollte in dieser Phase deshalb unbedingt den Austausch mit Fachpersonen suchen. Bei Studienarbeiten ist für die wissenschaftliche Problemformulierung eine enge Zusammenarbeit mit der Betreuungsperson empfehlenswert.

4. *Analytische oder empirische Beantwortung der Fragestellung*: Während die Beantwortung einer analytischen Fragestellung in Literaturarbeiten weniger klaren Regeln folgt und oft einer zielgerichteten Vertiefung des Literaturstudiums entspricht, folgen empirische Arbeiten speziellen methodischen Grundsätzen bei der Datenerhebung und -auswertung.
5. *Berichterstattung*: Die wissenschaftliche Auseinandersetzung mit einer Thematik wird jeweils dokumentiert und die Fragestellung in einem Bericht abgehandelt. Häufig werden Forschungsberichte (bei empirischen Arbeiten) oder wissenschaftliche Abhandlungen (bei Literaturarbeiten) in «Journals» (in wissenschaftlichen Zeitschriften), in Büchern oder im Internet publiziert und an Kongressen und Tagungen präsentiert. Studierende haben vielleicht Gelegenheit, ihre Arbeit im Rahmen einer Lehrveranstaltung oder eines Forschungstages vorzustellen. Ziel einer solchen Dissemination (Veröffentlichung und Verbreitung) ist, die neuen Erkenntnisse zur Diskussion zu stellen, der Kritik von Fachleuten auszusetzen und interessierten Kreisen zur Verfügung zu stellen.

Bei der konkreten Arbeit lassen sich diese fünf Phasen nicht immer so klar abgrenzen. So überschneiden sich beispielsweise die Suche nach einer guten Fragestellung (Phase 1) und das Literaturstudium (Phase 2) meistens. Oder häufig verläuft die schriftliche Dokumentation einer Auseinandersetzung (Phase 5) teilweise parallel zur analytischen Durchdringung der Thematik in Phase 4. Für eine gute wissenschaftliche Arbeit ist es allerdings unabdingbar, dass alle Phasen seriös bearbeitet werden.

1.4 Aufbau dieses Buches und Struktur der einzelnen Kapitel

Der Aufbau dieses Buches berücksichtigt die Unterscheidung von Literaturarbeiten und empirischen Arbeiten. Im *ersten* Teil werden die zentralen Tätigkeiten für Literaturarbeiten beleuchtet. Dazu gehören ...

- das Recherchieren, das am Anfang jeder wissenschaftlichen Auseinandersetzung mit einem Thema steht (Kap. 2),
- das Lesen und Verarbeiten von wissenschaftlichen Texten (Kap. 3),
- das Exzerpieren, also das Nutzbarmachen von Erkenntnissen, die im Laufe der Auseinandersetzung mit der verfügbaren Literatur gewonnen werden (Kap. 4),
- das Zitieren, also das korrekte Einbinden von fremden Argumenten in die eigene Arbeit, sodass jederzeit genau nachvollziehbar bleibt, woher welche Ideen stammen und wo diese überprüft und nachgelesen werden können (Kap. 5),
- das Strukturieren von Argumenten als zentrales Element der analytischen Auseinandersetzung mit einem Thema (Kap. 6),
- die Berichterstattung, also das Verfassen eines Berichts (Kap. 7).

Weil das Verfassen wissenschaftlicher Berichte nicht immer nur als spannende und lustvolle Beschäftigung, sondern oft auch als anstrengendes Verfahren mit einigem Frustrationspotential oder gar mit scheinbar unüberwindbaren Hürden erlebt wird, und weil wissenschaftliches Arbeiten hohe Anforderungen an eigenständiges Organisieren stellt, beinhaltet dieser erste Teil im Sinne eines Exkurses auch ein Kapitel zu Arbeitstechniken und zum Selbstmanagement (Kap. 8).

Der *zweite* Teil stellt die einzelnen Aspekte vor, die es bei der empirischen Beantwortung einer Fragestellung zu berücksichtigen gilt. Dazu gehören …

- grundsätzliche Fragen zur Art des empirischen Zugangs, inwiefern sich eher quantitative, also vermessende und auszählende, oder eher qualitative, also ausführlich dokumentierende und interpretierende Verfahren zur Beantwortung einer Fragestellung eignen (Kap. 9),
- Fragen zum Forschungsdesign, also beispielsweise zur Stichprobe oder zu Erhebungszeitpunkten (Kap. 10),
- verschiedene Verfahren der Datenerhebung, wie beispielsweise das Beobachten (Kap. 11), mündliche Befragungen in Form von Interviews (Kap. 12) oder schriftliche Befragungen in Form von Fragebögen (Kap. 13) sowie
- angemessene Auswertungsverfahren, sowohl für quantitative Zugänge (Kap. 14) als auch für qualitative Zugänge (Kap. 15).

1.5 Zur Arbeit mit diesem Buch

Die einzelnen Kapitel sind nach einem identischen Muster aufgebaut. Zu Beginn wird jeweils in das Thema eingeführt und begründet, warum es für wissenschaftliches Arbeiten von Bedeutung ist. Im Anschluss daran finden sich im Sinne eines Glossars zentrale Begriffe, die im entsprechenden Kapitel eingeführt werden. Sämtliche Begriffe finden sich zudem in alphabetischer Reihenfolge auch am Schluss dieses Buches, was ein schnelles Nachschlagen zentraler Begriffe ermöglicht. Immer zu Beginn der einzelnen Kapitel wird außerdem kurz beschrieben, welche Aspekte des Themas behandelt werden und welche Lernziele Sie nach der Bearbeitung erreicht haben sollten.

Die einzelnen Kapitel werden wiederum mit einem identischen Muster abgeschlossen. Eine Zusammenfassung benennt Qualitätsindikatoren: Damit können Sie beurteilen, ob Sie in einer eigenen Arbeit die Ansprüche an Wissenschaftlichkeit, wie sie im jeweiligen Kapitel eingeführt werden, einlösen konnten. Zudem werden jeweils Lernaufgaben formuliert, die Ihnen eine Kontrolle ermöglichen, ob Sie die zentralen Sachverhalte verstanden haben. Diese Lernaufgaben bieten auch Übungen und Fragen für vertiefende Diskussionen an. Antworten auf diese Lernaufgaben werden bewusst *nicht* aufgeführt. Einerseits existiert manchmal nicht einfach *die* richtige Antwort, andererseits zielen diese Lernaufgaben oft auch auf ein Problematisieren der eingeführten Themen. Dabei führt erst eine Diskussion mit Kolleginnen und Kollegen zur angestrebten Sensibilität dafür, was der Kern des wissenschaftlichen Arbeitens ausmacht.

Ein Fallbeispiel führt als Roter Faden durch das Buch. Es zeigt auf, wie sämtliche Aspekte, die in diesem Buch behandelt werden, für die alltägliche Arbeit in Schulen hilfreich sein können. Idealtypisch lässt sich dies an den anstehenden Arbeiten der Schule «Obertor» illustrieren:

Die Schule «Obertor» ist in einem lebhaften Quartier einer mittelgroßen Stadt gelegen und in einem altehrwürdigen Schulhaus untergebracht. An der Schule unterrichten 45 Lehrpersonen in unterschiedlichen Pensen. Seit einigen Jahren verfügt die Schule über eine Schulleitung, die schon einige Veränderungen in Gang gesetzt hat. So wurden etwa regelmäßige Teamsitzungen eingeführt, Arbeitsgruppen gebildet oder Schulprogramme entwickelt. Nun steht die Entwicklung eines neuen Schulprogramms für die nächsten drei bis fünf Jahre an. Aber in welche Richtung soll sich die Schule Obertor entwickeln? Und wie kann sie herausfinden, welches die richtige Richtung ist? Welche Fragen müssen gestellt und beantwortet werden? Gemeinsam mit der Schulleitung setzen sich gewisse Lehrpersonen dafür ein, dass diese Entwicklung professionell geplant wird. Aber was heißt hier eigentlich professionell?

Was in diesem Zusammenhang mit «professionell» gemeint sein könnte, werden Sie wissen, wenn Sie dieses Buch bearbeitet haben. Wir wünschen Ihnen dabei einen langen Atem und viel Spaß!

Ein langer Atem ist besonders dann nötig, wenn Ihnen unklar ist, was die Auseinandersetzung mit wissenschaftlichem Arbeiten bringen könnte. Deshalb soll im Folgenden kurz darauf eingegangen werden.

1.6 Zielsetzungen dieses Buches und deren Relevanz für Lehrerinnen und Lehrer

Oftmals fragen sich (künftige) Lehrerinnen und Lehrer, weshalb sie sich mit Wissenschaft und Forschung auseinander setzen sollten. Antworten darauf gibt es viele:

a) **Schulpraxis forschungsgestützt verbessern:** Die Schulforschung bringt laufend neue Erkenntnisse an den Tag. Mit Hintergrundwissen über Wissenschaft und Forschung lassen sich solche Erkenntnisse besser verstehen und Folgerungen für den eigenen Unterrichtsalltag selbstständig ableiten.

b) **Studienarbeiten verfassen:** Während der Grundausbildung und während allfälligen späteren Nachqualifikationen müssen verschiedene Studienarbeiten verfasst werden. Dazu ist ein gewisses Handwerkszeug nötig, welches mit Hilfe dieses Buches erarbeitet werden kann.

c) **Universitätsanschluss gewährleisten:** Der Abschluss an einer schweizerischen Pädagogischen Hochschule entspricht in der Schweiz bei Kindergarten- und Primarlehrpersonen gemäß Bologna-Deklaration formal dem sogenannten Bachelor. Diese Qualifikation ermöglicht es, an einer beliebigen Universität weiter zu studieren. Dabei wird die Ausbildung an der Pädagogischen Hochschule von der Universität (ev. mit gewissen Einschränkungen) als Grundstudium anerkannt. Dies bedeutet jedoch, dass die Studieninhalte des Grundstudiums so weit wie möglich bereits an der Pädagogischen Hochschule bearbeitet werden müssen, so auch im Bereich Forschungsmethodik.

d) **Schlüsselqualifikationen fördern:** Viele Inhalte dieses Buches zielen auf Schlüsselqualifikationen, welche sich in verschiedensten Lebens- und Berufszusammenhängen einsetzen lassen. Sie können Studierenden auch nach einem Wechsel auf die Bank, ins Marketing, in die Politik oder in den Journalismus (usw.) dienlich sein. Berufliche Laufbahnen lassen sich heute kaum mehr vorhersehen.

e) **Schulstrukturen mitgestalten:** Lehrpersonen haben (v. a. im Unterricht) einen großen Freiraum. Dennoch bleiben sie in lokale, regionale und nationale Strukturen eingebettet, welche permanenten Veränderungen unterliegen. Sollen diese Strukturen von Lehrpersonen mitgestaltet werden, so sind Grundkenntnisse des wissenschaftlichen Arbeitens nützlich. Mit anderen Worten: Eingaben von Lehrpersonen (-verbänden) bei der Schulleitung, der Schulbehörde oder Leserbriefe usw. haben eher Aussicht auf Erfolg, wenn sie formal korrekt und wissenschaftlich fundiert sind.

f) **Aktionsforschung fundieren:** Eine Möglichkeit, wie Lehrpersonen ihre Professionalität weiter entwickeln können, ist die sogenannte Aktionsforschung (vgl. Altrichter & Posch, 2007). Dabei untersuchen Lehrpersonen ihren eigenen Unterricht nach bestimmten selber gewählten Fragestellungen, um anschließend Optimierungsmaßnahmen abzuleiten. Zu diesem Zweck sind Forschungskenntnisse nützlich.

g) **Interne Schulevaluation fundieren:** Schulen sind heute aufgefordert, interne Schulevaluationen durchzuführen, um Rechenschaft über ihr Tun abzulegen und die Schule weiter zu entwickeln (z. B. Befragungen von Schülerinnen und Schülern, Elternbefragungen usw.). Wenn einzelne Lehrpersonen fundiertere Kenntnisse über wissenschaftliche Forschungsmethoden mitbringen, kommt dies dem ganzen Team bzw. der ganzen Schule zugute.

h) **Erkenntnistheorie verstehen:** Eine nach wie vor wichtige Aufgabe der Lehrpersonen ist die Begleitung des Wissenserwerbs im Unterricht. Für Berufsleute, welche den Wissenserwerb professionell anregen und begleiten, ist es sinnvoll, sich auch vertieft mit der Entstehung von Wissen auseinander zu setzen, um Grundprinzipien der Erkenntnistheorie zu verstehen.

i) **Seriöse Beurteilungen von Schülerinnen und Schülern vornehmen:** Beurteilungen von Schülerinnen und Schülern sollten mindestens in Ansätzen wissenschaftlichen Kriterien genügen. Um seriöse Schülerbeurteilungen vorzunehmen, sind also wissenschaftliche Grundkenntnisse nützlich.

Das vorliegende Buch soll ermöglichen, selber einfache Forschungsprojekte zu planen, durchzuführen und darüber zu berichten. Einerseits soll es als Handbuch dienen, in dem die zentralen Schritte beim Erarbeiten einer wissenschaftlichen Fragestellung nachgeschlagen werden können. Andererseits will es darüber hinaus aber auch dafür sensibilisieren, was wissenschaftliches Denken und Arbeiten ausmacht und was wissenschaftliche Arbeiten zu *guten* wissenschaftlichen Arbeiten macht. Oft hinterlassen Anleitungen zum Verfassen wissenschaftlicher Arbeiten den Eindruck, wissenschaftliches Arbeiten sei auf formal korrektes Zitieren limitiert. Dem will dieses Buch entgegen wirken und aufzeigen, dass sich die wissenschaftliche Bearbeitung einer Thematik viel mehr in einer bestimmten Art des Denkens zeigt.

1.7 Literatur

Altrichter, H. & Posch, P. (2007). *Lehrerinnen und Lehrer erforschen ihren Unterricht. Unterrichtsentwicklung und Unterrichtsevaluation durch Aktionsforschung.* (4., überarbeitete und erweiterte Auflage). Bad Heilbrunn: Klinkhardt.

Beller, S. (2008). *Empirisch forschen lernen. Konzepte, Methoden, Fallbeispiele, Tipps.* Bern: Verlag Hans Huber.

Bohl, T. (2008). *Wissenschaftliches Arbeiten im Studium der Pädagogik. Arbeitsprozess, Referate, Hausarbeiten, mündliche Prüfungen und vieles mehr...* (3., überarbeitete Auflage). Weinheim: Beltz.

Fromm, M. & Paschelke, S. (2006). *Wissenschaftliches Denken und Arbeiten. Eine Einführung und Anleitung für pädagogische Studiengänge.* Münster: Waxmann.

Popper, K. R. (1934/1973). *Logik der Forschung* (5. Aufl., Nachdruck der 4., verb. Aufl.). Tübingen: Mohr.

2 Wissenschaftliches Recherchieren

«Wissenschaftler lassen sich gerne
vor dem Hintergrund eines Büchergestells fotografieren.
Bücher symbolisieren wie kaum
ein anderer Gegenstand die wissenschaftliche Tätigkeit.
Nicht ganz zu Unrecht.»
(Alexander Hunziker)

2.1 Einleitung

Jede Auseinandersetzung mit einem Thema beginnt mit einer Frage, mit einem Problem, einer Irritation oder mit Neugier, etwas Neues oder Unbekanntes zu erkunden. Die erste Annäherung an ein Thema geschieht deshalb meist in Alltagssprache, ohne Bezug zu ausformulierten Theorien oder vorliegenden Forschungsbefunden.

Im Rahmen von wissenschaftlichen Arbeiten ist es aber unverzichtbar zu erkunden, was zum gewählten Thema schon bekannt ist. Es geht darum, den Stand der Forschung kennenzulernen: Welche Fragestellungen sind unbestritten und gelten als beantwortet, welche sind trotz aller Bemühungen noch offen, bei welchen streitet sich die Wissenschaft mit je unterschiedlichen Antworten? Den Stand der Forschung kennenzulernen, kann für Anfängerinnen und Anfänger in einer Thematik gleichzeitig anspruchsvoll und spannend sein. Häufig sind Studierende zu Beginn einer Studienarbeit mit dem Stand der Forschung noch wenig vertraut. Es lohnt sich deshalb gut zu erkunden, zu welchen Fragen bereits Antworten gesucht oder gar gefunden wurden und welche Fragen noch gar nicht gestellt oder mindestens noch nicht beantwortet sind. Deshalb beginnt jede wissenschaftliche Arbeit mit einer Recherche.

Wenn Sie zu Ihrem Problem eine passende, alltagssprachliche Frage formuliert haben, verfügen Sie über eine gute Grundlage, eine gezielte Literaturrecherche vorzunehmen. Das Literaturstudium hilft Ihnen, das Problemfeld einzugrenzen, zu strukturieren, die Fragestellung zu präzisieren und die für die Lösung des Problems zweckmäßigen Theorien und den aktuellen Stand der Forschung zu identifizieren und zu verstehen.

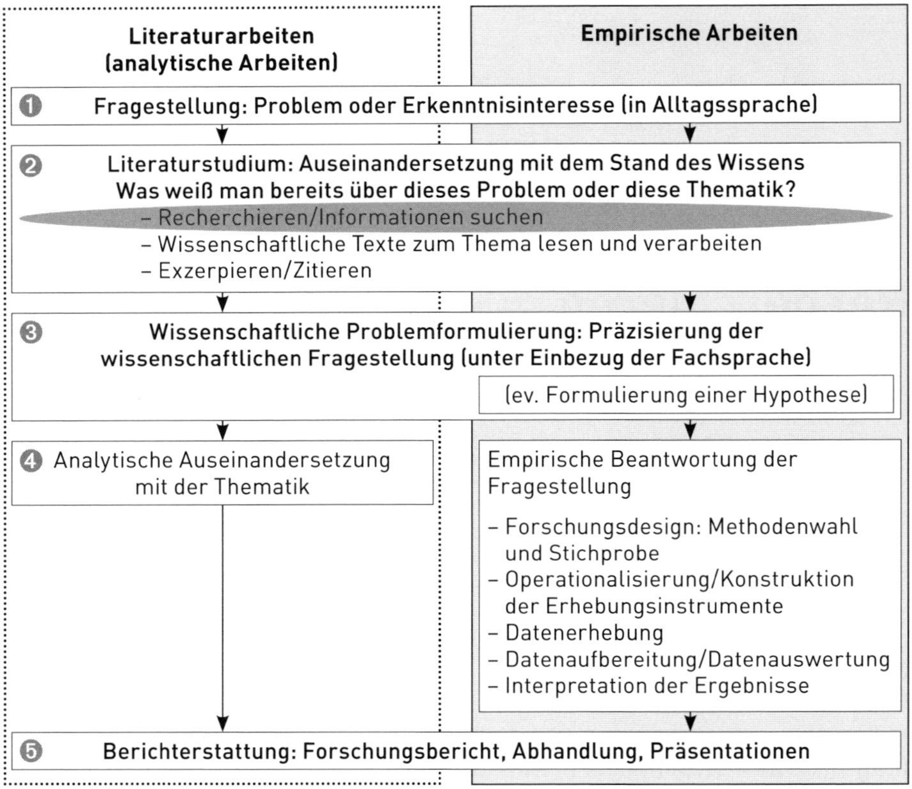

Schule «Obertor» setzt sich im Hinblick auf das neue Schulprogramm mit dem Thema «Schulqualität» auseinander und will die Qualität ihrer Schule evaluieren. Beim Entwickeln von Fragebögen zur Schulqualität haben sich nun aber verschiedene Fragen ergeben. So war plötzlich nicht mehr klar, was Schulqualität genau ist: Ruhige Schüler, reibungslose Organisation, erledigte Hausaufgaben, wenig Absenzen, eine gelungene Theateraufführung, zufriedene Eltern oder gute Übertrittsquoten in weiterführende Schulen? Zur Klärung dieser Fragen setzt die Schulleitung eine Arbeitsgruppe «Schulqualität» ein, die in Untergruppen der Frage nachgeht, was man eigentlich über Schulqualität bereits weiß. Außerdem sollen weitere Fragen geklärt werden, die sich bisher ergeben haben: Wie verhalten sich Begriffe wie «Unterrichtsqualität», «Qualitätsmanagement» oder «Schulentwicklung» zur Schulqualität? Was hat man früher unter einer guten Schule verstanden? Schule Obertor sucht Fachliteratur, um diese Fragen zu beantworten.

2.1.1 Bedeutung des Themas

Wissenschaftliches Arbeiten beginnt meist mit einer Recherche zum jeweiligen Thema. Eine solche Recherche dient dazu, den aktuellen Forschungsstand zu erkunden und die entsprechenden Theorien kennenzulernen. Es ist ein zentrales Prinzip des wissenschaftlichen Arbeitens, auf bestehenden Erkenntnissen aufzubauen und diese weiterzuführen. Deshalb ist sorgfältiges Recherchieren sehr wichtig. Die Relevanz und der Gehalt der benutzten Quellen machen die Qualität des theoretischen Fundamentes aus, auf dem Sie später die eigene Argumentation aufbauen. Es ist nicht vermessen zu behaupten, dass ohne gute Literaturrecherche keine gute wissenschaftliche Arbeit geschrieben werden kann. Kenntnisse über Recherchemethoden dienen Lehrpersonen aber auch im Rahmen der Unterrichtsvorbereitung.

Neben der Auseinandersetzung mit dem Stand der Forschung ermöglicht Ihnen das Recherchieren auch, sich Fachbegriffe und einschlägige Konzepte als «gedankliche Werkzeuge» (Hunziker, 2004, S. 53) anzueignen. Begriffe und Konzepte sind für wissenschaftliches Arbeiten zentral, weil sie eigene Gedanken strukturieren und die Welt in Dinge teilen, die zu einem Begriff gehören, und in solche, die eben nicht dazu gehören. Begriffe und Konzepte sind deshalb Werkzeuge, welche die eigene Wahrnehmung und die eigene Arbeit in einer Thematik maßgeblich steuern (vgl. ebd.). Theorien, Modelle und einschlägige Forschung dazu kennenzulernen, ist deshalb ein wesentliches Ziel der Literaturrecherche.

Informationskompetenz als Fähigkeit, zielgerichtet und effizient mit einer Vielfalt an Informationen umzugehen und für sich Relevantes zu identifizieren und zu nutzen, ist grundsätzlich als Schlüsselkompetenz zu verstehen, die Sie nicht nur beim wissenschaftlichen Arbeiten nutzen können. Informationskompetenz ist in modernen Gesellschaften grundsätzlich eine zentrale Fähigkeit und für lebenslanges Lernen fundamental. Dazu gehören die Fähigkeiten, den Informationsbedarf zu erkennen, passende Suchstrategien zu entwickeln, geeignete Informationsquellen zu kennen und zu nutzen, sich entsprechende Informationen zu beschaffen und diese schließlich zu evaluieren und zu verarbeiten.

2.1.2 Wichtige Begriffe

Recherche
Gezieltes Suchen nach Informationen

Schneeballprinzip
Grundlegende Recherchestrategie, bei der im Literaturverzeichnis einer aktuellen relevanten Publikation nach weiteren interessanten Quellen und daraufhin in den Literaturverzeichnissen dieser Quellen wiederum nach weiterer Literatur gesucht wird

Monografie
Eigenständige Abhandlung einer Thematik in Buchform von einem Autor, einer

Autorin oder einer kleinen Gruppe von Autorinnen und Autoren, die gemeinsam für das ganze Buch verantwortlich zeichnen

Herausgeberwerk
Sammelband, in welchem Beiträge von verschiedenen Autorinnen und Autoren enthalten sind

IDS
Informationsverbund Deutschschweiz (www.informationsverbund.ch)_u.a. mit den Universitätsbibliotheken Basel, Bern, Luzern, St. Gallen, Zürich, mit Bibliotheken von Fachhochschulen und Pädagogischen Hochschulen

Scientific community
Gemeinschaft aller Forschenden in einem Themengebiet

Peer-Review-Verfahren
Verfahren, bei dem anerkannte Expertinnen und Experten eines Fachgebietes die Qualität eines wissenschaftlichen Beitrags vor der Publikation beurteilen

Suchmaschine
Programm zur Suche von Inhalten oder Dokumenten. Suchmaschinen für das Internet suchen das World Wide Web nach Informationen ab

Webkatalog
Von Menschen zusammengestellte Listen zu bestimmten Schlagwörtern. Die Suche in Webkatalogen berücksichtigt ausschließlich ausgewählte und vorsortierte Inhalte

Fernleihe
Möglichkeit, sich eine in der lokalen Mediothek nicht verfügbare Quelle aus einer anderen Bibliothek zuschicken zu lassen

Plagiat
Übernahme von ganzen Abschnitten oder zentralen Gedankengängen aus Quellen, ohne den Ursprung offenzulegen; Plagiate sind Diebstahl geistigen Eigentums und können juristische Konsequenzen haben

2.1.3 Was Sie erwartet

Zu Beginn finden Sie in Kapitel 2.2 einige allgemeine Hinweisen zum Recherchieren. Dabei wird eine besonders einfache und effiziente Suchstrategie vorgestellt, die einen idealen Einstieg in die Literaturrecherche ermöglicht: das Schneeballprinzip. Zudem finden Sie einige Hinweise zum Umgang mit gefundenen Quellen, die späteren Ärger vermeiden helfen. Ein systematisches Vorgehen beim Recherchieren in vier Schritten wird in Kapitel 2.3 beschrieben: Dieses Vorgehen zielt darauf, die Suche nach Informationen so zu strukturieren, dass Sie aus der unüberschaubaren Menge an verfügbaren Quellen nicht nur zufällig einzelne Quellen herauspicken, sondern dass Sie die Auswahl wohl überlegt und begründbar treffen. Dazu gehört erstens die Vorbereitung der Suche, bei der das gesuchte Thema eingegrenzt und genauer bestimmt wird (Kap. 2.3.1), zweitens die Frage nach den geeigneten Suchmaschinen oder Suchorten (Kap. 2.3.2), drittens die Durchführung der Suche mit einer gezielten Sichtung und Modifizierung der ersten Treffer (Kap. 2.3.3) sowie viertens eine eigentliche Evaluation der Suchergebnisse anhand bestimmter Kriterien (Kap. 2.3.4).

Da dem Internet beim Recherchieren ein entscheidender Stellenwert zukommt, thematisiert das Kapitel 2.4 anschließend einige Chancen und Risiken bei der Nutzung von Suchmaschinen und Webkatalogen. Es stellt nützliche Webseiten speziell für das Recherchieren im Bereich pädagogischer Fragestellungen vor und beschreibt Suchbefehle, die Ihnen in den meisten Suchmaschinen und Webkatalogen die Recherche effizienter zu gestalten helfen. In Kapitel 2.5 finden Sie schließlich einige Hinweise für die Recherche in elektronischen Bibliothekskatalogen.

2.1.4 Ziele: Was Sie lernen sollen

Nach der Bearbeitung dieses Kapitels können Sie ...

- wissenschaftliche Quellen in Bibliotheken und im Internet gezielt aufspüren,
- bei Bedarf die Suche systematisch ausweiten oder einengen,
- die gefundenen Quellen sichten und die Glaubwürdigkeit der Resultate einschätzen.

2.2 Allgemeine Hinweise zum Recherchieren

Bei der Suche nach Informationen ist das Internet zu einer wichtigen Quelle geworden. Das Anwählen einer Suchmaschine im Internet ist deshalb ein häufig genutzter und bequemer Einstieg zur Informationsbeschaffung. Doch die unüberschaubare Menge an Informationen, die gar nicht verarbeitbar ist und deren Qualität und Verlässlichkeit oft unklar sind, verleitet zu einer wenig systematischen und etwas zufälligen Auswahl von Informationen. Allerdings ermöglicht erst ein systematisches Recherchieren gut fundierte wissenschaftliche Arbeiten. Dafür ist es unabdingbar, vor der eigentlichen Recherche die Suche gezielt vorzubereiten.

Um sich einen ersten Überblick über ein noch wenig bekanntes Thema zu verschaffen, kann auch ein Besuch in einer Mediothek oder in Bibliotheken hilfreich sein. Dort gibt es verschiedene Hilfsmittel wie Übersichtstafeln oder verschiedene Computerdatenbanken. In Bibliotheken sind auch meist Personen verfügbar, die Ihnen bei Bedarf bei der Bedienung von Datenbanken Unterstützung bieten.

Eine systematische Recherche für eine wissenschaftliche Arbeit beansprucht in jedem Fall viel Zeit. Es gehört dazu, erste gefundene Quellen zu sichten, auf ihre Brauchbarkeit hin auszuwerten und die Suchstrategien anzupassen. Zudem sind vielleicht wichtige Quellen gerade ausgeliehen und es dauert einige Wochen, bis diese wieder verfügbar werden. Oft wird dieser Aufwand unterschätzt und die Zeit für das Recherchieren zu knapp eingeschätzt. Unter Zeitdruck jedoch lassen sich selten relevante, aktuelle und aussagekräftige Quellen finden.

2.2.1 Schneeballprinzip

Sehr geeignet für einen Einstieg in die Literatursuche ist das Schneeballprinzip (vgl. Deppe, 1997): Sie suchen zuerst ein möglichst aktuelles, allgemeines, einführendes Buch zu Ihrem Thema. Im Literaturverzeichnis am Ende dieses Buches finden Sie dann eine ganze Liste verwandter Literatur, um auch in diesen Büchern, Zeitschriftenbeiträgen und anderen Quellen wiederum das Literaturverzeichnis nach weiterer Literatur zu durchforsten. So fahren Sie immer weiter, bis genügend aussagekräftige Literatur gefunden wurde. Mit diesem Vorgehen wird auch rasch ersichtlich, welche Quellen als Schlüsselbeiträge gelten. Dies ist z. B. dann der Fall, wenn in den verschiedenen Quellen immer wieder auf die gleichen Quellen verwiesen wird. Zu einer gut abgestützten Arbeit gehört es, solche Schlüsselbeiträge und die entsprechenden Autoren und Autorinnen in der eigenen Arbeit zu berücksichtigen, weil sie den Diskurs zu einer Thematik prägen.

Besonders geeignet für einen ersten Überblick und für ausführliche und gut ausgewählte Literaturverzeichnisse sind Handbücher oder fachspezifische Nachschlagewerke, wie sie in praktisch allen Hochschulbibliotheken verfügbar sind. In solchen Handbüchern geben Expertinnen und Experten einen Überblick über Themengebiete und weisen darin die relevanten theoretischen und empirischen Quellen aus.

2.2.2 Umgang mit Quellen

Haben Sie Literatur gefunden, so reicht es nicht, wenn Sie die interessantesten Seiten aus dem Buch herauskopieren. Sie müssen zwingend auch alle Angaben zum Buch (Erscheinungsjahr, Autor, Titel, Verlag, Erscheinungsort usw.) notieren oder aus dem Buch herauskopieren. Die entsprechenden Angaben sind meist auf den ersten Seiten zu finden. Nur so ist das Buch später in wissenschaftlichen Arbeiten zitierfähig. Und nur so schützen Sie sich vor ungewollten Plagiaten. Das genaue Festhalten aller Angaben schützt Sie davor, Einsichten und Ideen aus benutzten Quellen später (ungewollt) als eigene Einsichten darzustellen.

Bücher, mit denen Sie fundiert arbeiten wollen, leihen Sie am besten aus, damit Sie keinen Kopierberg produzieren müssen. Allerdings können Sie dann nicht in die Bücher hineinschreiben und Stellen markieren. Bei ganz zentralen Grundlagenwerken lohnt es sich deshalb sie zu kaufen, damit sie für spätere Gelegenheiten wieder genutzt werden können. Gerade bei späterer Konsultation sind allfällige Randnotizen oder hervorgehobene Stellen hilfreich! Natürlich können Sie auch vieles kopieren. Doch die meist niederschwelligen Kopiermöglichkeiten verleiten häufig, unkritisch und vorschnell zu kopieren, sodass mehr Altpapier produziert als wirklich relevante Information gesammelt wird. Fragen Sie sich deshalb vor dem Kopieren – aber auch vor dem Kaufen – bewusst, ob Sie die jeweilige Literatur wirklich so intensiv bearbeiten wollen, dass Sie in die Quellen schreiben und malen werden. Für einen ersten Überblick reicht es meist, ein Medium nur auszuleihen oder in der Mediothek vor Ort zu nutzen und zentrale Stichworte herauszuschreiben.

2.3 Vorgehen beim Recherchieren

Für Studierende ist es wichtig, in der lokalen Mediothek Bücher zu bestimmten Fachgebieten finden und ausleihen sowie Zeitschriftenartikel suchen und beschaffen zu können. Aber auch unsystematisch zu stöbern und Bücherrücken zu lesen ist manchmal ganz spannend und inspirierend, um dabei auf neue Ideen zu kommen!

Das systematische Vorgehen beim Recherchieren läuft idealtypisch in vier Schritten ab: Auf die Vorbereitung der Suche, bei der das gesuchte Thema eingegrenzt und genauer bestimmt wird (Kap. 2.3.1), folgt die Frage nach den geeigneten Suchmaschinen oder Suchorten (Kap. 2.3.2). Beim systematischen Recherchieren wird erst dann eine erste Suche durchgeführt und aufgrund der Sichtung erster Treffer modifiziert (Kap. 2.3.3). Die eigentliche Evaluation der Suchergebnisse anhand bestimmter Kriterien schließt eine erste Recherchephase ab (Kap. 2.3.4).

Nur selten jedoch entspricht das Recherchieren einem linearen Prozess. Meist folgen nach einer ersten Recherche- und anschließender Lektürephase weitere Recherchephasen, wenn aufgrund genauerer Kenntnis der theoretischen Modelle und Begriffe sowie des Forschungsstandes weitere Quellen einbezogen werden. Dass sich Suchbegriffe und Suchstrategien dabei immer wieder verändern, löst bei «Recherche-Neulingen» zwar häufig Unsicherheit oder gar Verzweiflung aus. Es kann aber vor allem auch ein Zeichen dafür sein, dass mit zunehmender Einarbeitung in ein Thema das Feld genauer und differenzierter bekannt ist und die Suchstrategien deshalb gezielter und präziser werden.

2.3.1 Suche vorbereiten: Was suche ich?

Bevor Sie mit der grundlegenden Literatur- und Materialsuche beginnen, sollten Sie zunächst etwas Zeit in die Vorbereitung Ihrer Recherche investieren. Überlegen Sie sich genau was Sie suchen und analysieren Sie das Thema, zu dem Sie Literatur finden wollen. Welche Aspekte beinhaltet das Thema genau? Welche Aspekte gehören zum Thema, welche nicht? Bei solchen Fragen wird deutlich, dass bereits das Recherchieren eine inhaltliche Auseinandersetzung mit einer Fragestellung ist.

Fragestellungen im Bereich von Schule, Erziehung und Bildung werden von verschiedenen Disziplinen bearbeitet, beispielsweise neben der Pädagogik auch von der Psychologie, der Soziologie oder der Ökonomie. Unterschiedliche Disziplinen brauchen jedoch für gleiche Sachverhalte teilweise unterschiedliche Begriffe, sodass mit einem einzigen Suchbegriff meist nicht alle relevante Literatur gefunden werden kann. Zudem werden vergleichbare Phänomene im Laufe der Zeit unterschiedlich benannt, was das Recherchieren ebenfalls erschwert. Wo beispielsweise Pädagogen früher von «Disziplinschwierigkeiten» gesprochen haben, nannten Psychologinnen die gleiche Thematik eher «Verhaltensstörung». Heute würden sie wahrscheinlich mehrheitlich von «Verhaltensauffälligkeit» sprechen (vgl. Fromm & Paschelke, 2006, S. 48). Damit wird deutlich, dass Sie mit nur einem Suchwort meist nur einen Ausschnitt aus dem interessierenden Thema finden können.

Suchen Sie also nach möglichst vielen Begriffen, die mit Ihrer Thematik zu tun haben, und überlegen Sie sich dabei genau, welche davon Synonyme sind, welche Ober- oder Unterbegriffe darstellen. Erstellen Sie eine Liste mit Stichwörtern, die Ihr Thema möglichst genau beschreiben. Je besser die benutzten Suchbegriffe die gesuchte Thematik beschreiben, desto schneller und effizienter können Sie relevante Literatur dazu finden.

Manchmal ist es auch notwendig, Suchbegriffe auf Englisch zu übersetzen, da vor allem fachspezifische und spezialisierte Datenbanken oft in englischer Sprache vorliegen. Nutzen Sie dazu online-Wörterbücher wie beispielsweise www.leo.org oder www.dict.cc, welches auch Fachbegriffe im Bereich Schule und Bildung enthält.

Wo die am besten geeigneten Quellen gefunden werden können, hängt natürlich von der Frage ab, was Sie brauchen. Grundsätzlich sind viele verschiedene Quellenarten denkbar. Neben den offensichtlichsten Quellenarten wie Büchern oder Zeitschriftenbeiträgen gibt es bspw. auch Tagungsberichte (von Kongressen), sogenannte «Working Papers» (von Institutionen herausgegebene Forschungsberichte, häufig online verfügbar), Fachstatistiken, Jahres- oder Tätigkeitsberichte, Gesetze, Lehrpläne, Internetseiten – die Auswahl ist beinahe beliebig. Am häufigsten und auch am wichtigsten für gut fundierte wissenschaftliche Arbeiten sind aber die folgenden Quellenarten:

1. **Bücher (Sach- und Fachbücher, Lehrbücher, Handbücher)**: Sie verschaffen einen guten Überblick zu einem Thema. Bei Büchern wird unterschieden zwischen Monografien, Herausgeberwerken sowie Lehrbüchern:

   Monografien sind eigenständige Abhandlungen einer Thematik von einem Autor, einer Autorin oder einer kleinen Gruppe von Autorinnen und Autoren, die gemeinsam für das ganze Buch verantwortlich zeichnen und es gemeinsam verfasst haben (sollten). Es gibt keine Unterkapitel, bei denen eigenständige Autorenschaften ausgewiesen werden. Monografien stellen zusammen mit wissenschaftlichen Zeitschriftenartikeln die zentralste Grundlage wissenschaftlicher Arbeiten dar.

   Herausgeberwerke sind Sammelbände, in denen Beiträge von verschiedenen Autorinnen und Autoren versammelt sind. Dabei gibt es Herausgeber und Herausgeberinnen (meist abgekürzt mit «Hrsg.», oder in englischsprachigen Werken mit «Eds.» für «Editors»), die auf dem Umschlag aufgeführt sind, sowie Autorinnen und Autoren einzelner Beiträge, die nur im Inhaltsverzeichnis aufscheinen. Herausgeberwerke sind deshalb oft besonders ergiebige Quellen, weil sie die Erkenntnisse verschiedener wesentlicher Autorinnen und Autoren zu einer Fragestellung beinhalten.

Lehrbücher können sowohl als Monografien oder als Herausgeberwerke erscheinen. Lehrbücher sind methodisch aufgearbeitete Übersichtswerke in einem Themengebiet, die nicht auf umfangreichem Vorwissen aufbauen und sich deshalb idealtypisch als Einstiegsliteratur eignen. Als alleinige Informationsgrundlagen reichen Lehrbücher jedoch nicht aus, weil sie meist nur unumstrittene Grundlagen berücksichtigen und deshalb höchstens beschränkt auf aktuelle Kontroversen eingehen können. So zeigen Untersuchungen, dass es etwa 5 bis 10 Jahre dauert, bis neue Erkenntnisse in Lehrbüchern Eingang finden (vgl. Hunziker, 2004, S. 58).

2. **Aufsätze aus wissenschaftlichen Zeitschriften oder in Kongressberichten**: Für aktuelle Forschungsergebnisse, die es im Kerngebiet einer Bachelor- oder einer Masterarbeit zu berichten gilt, reichen die Einführungen in Lehrbüchern nicht aus. Aufsätze in wissenschaftlichen Zeitschriften oder in Kongressberichten stellen die neuesten Erkenntnisse in einem Fachgebiet dar und diskutieren aktuelle Kontroversen. Die Beiträge in anerkannten wissenschaftlichen Zeitschriften werden von der sogenannten *scientific community* geprüft, indem sie einem Peer-Review-Verfahren unterzogen werden. Dabei beurteilen anerkannte Expertinnen und Experten eines Fachgebietes, ob die eingereichten Beiträge den aktuellen Forschungsstand ausreichend berücksichtigen, genügend theoretisch fundiert sind und ob mit angemessenen Methoden gearbeitet wurde. Beiträge aus Peer-reviewten Zeitschriften dürfen deshalb praktisch immer als eine gute Quelle betrachtet werden, weil sie von wissenschaftlichen Gutachtern geprüft wurden. Allerdings sind sie meist ziemlich anspruchsvoll, weil sie sich meist auf theoretische Grundlagen und vorgängige Forschungsbefunde stützen, ohne diese sehr ausführlich darzustellen.

3. **Dissertationen und Habilitationen**: Solche Qualifikationsarbeiten erarbeiten in einem Themengebiet die relevanten Theorien und halten Forschungsergebnisse fest. In Dissertationen und Habilitationen finden sich detaillierte Informationen zu Forschungsarbeiten und zu methodischen Ansätzen auf meist anspruchsvollem Niveau. Deren Veröffentlichung geschieht nach wissenschaftlichen Standards. Dass Dissertationen oder Habilitationen nur fortgeschrittenere Forschende verfassen dürfen, welche eine wissenschaftliche Grundschulung mehr oder weniger erfolgreich durchlaufen haben, kann als Qualitätsmerkmal interpretiert werden. Allerdings sind gerade bei Dissertationen oft auch nicht alle Teile gleich stark, sodass beispielsweise auf einer guten theoretischen Grundlage eine eher bescheidene methodische Umsetzung erfolgt oder umgekehrt. Entsprechende Beurteilungen sind allerdings nicht einsehbar. Deshalb ist nicht in jedem Fall die gleiche Qualität garantiert.

Neben Büchern, Aufsätzen in wissenschaftlichen Zeitschriften und Kongressbeiträgen sowie Dissertationen und Habilitationen gibt es eine vierte Quellenart, die sehr häufig verwendet wird, die allerdings in wissenschaftlichen Arbeiten nur mit großer Vorsicht berücksichtigt werden sollte:

4. **Artikel aus Zeitungen und populärwissenschaftlichen Zeitschriften**: Beiträge in Zeitungen enthalten tagesaktuelle Informationen. Sie gelten allerdings nicht als wissenschaftliche Informationen und dienen in wissenschaftlichen Arbeiten höchstens dazu, um beispielsweise die Aktualität einer Thematik aufzuzeigen oder den öffentlichen Diskurs darzustellen. Auch populärwissenschaftliche Zeitschriften (wie bspw. GEO, Spektrum der Wissenschaft) genügen wissenschaftlichen Ansprüchen nicht und sollten deshalb in wissenschaftlichen Arbeiten nicht berücksichtigt werden.

Die Vorbereitung einer systematischen Suche beinhaltet also zwei Schritte: Einerseits braucht es eine inhaltliche Auseinandersetzung mit einer Fragestellung, um das Thema einzugrenzen und geeignete Suchbegriffe zu bestimmen. Andererseits hilft die Frage, welche Quellenart gesucht wird, bei der gezielten Auswahl eines Suchdienstes.

2.3.2 Suchdienst wählen: Wo suche ich?

Um systematisch diejenigen Quellen zu finden, die Sie für die eigene Arbeit brauchen, ist die Auswahl eines geeigneten Suchdienstes hilfreich. Eine Übersicht, für welche Quellenarten welche Suchdienste oder Suchorte hilfreich sind, finden Sie in Tabelle 1. Die Übersicht beschränkt sich auf einige geeignete Suchdienste speziell für wissenschaftliches Recherchieren.

Tabelle 1: Suchdienste und Suchorte für verschieden Quellenarten.

Quellenart	Suchdienste und Suchorte
Bücher: Monografien und Herausgeberwerke	• Hochschulbibliotheken mit ihren spezialisierten Beständen sind für Fachbücher eine besonders geeignete Quelle. Vor dem Gang in die Bibliothek empfiehlt sich jedoch eine Recherche über die webbasierten Bibliothekskataloge, die über den Informationsverbund Deutschschweiz (www.informationsverbund.ch; u. a. mit den Universitätsbibliotheken Basel, Bern, Luzern, St. Gallen, Zürich, mit Bibliotheken von Fachhochschulen und Pädagogischen Hochschulen) zugänglich sind. • Google bietet eine Buchsuche im Internet an, die zwar keine systematische Recherche erspart, aber doch ab und zu mal einen Gang in die Mediothek ersparen kann: http://books.google.ch.
Beiträge in Herausgeberwerken	• Einzelne Beiträge in Herausgeberwerken sind in den Bibliothekskatalogen nicht aufgeführt. Sie finden sie nur in speziellen Datenbanken (siehe Hinweise zur Suche von Aufsätzen in wissenschaftlichen Zeitschriften).

Aufsätze in wissenschaftlichen Zeitschriften oder in Kongressberichten	• Viele wissenschaftliche Zeitschriften sind online verfügbar. Den wohl besten Service zur Nutzung wissenschaftlicher Volltextzeitschriften im Internet liefert die «Elektronische Zeitschriftenbibliothek» der Universität Regensburg: http://rzblx1.uni-regensburg.de/ezeit. Die meisten Hochschulen haben einschlägige Fachzeitschriften lizenziert, sodass innerhalb des Hochschulnetzes auch Volltextzugänge möglich sind, auch wenn außerhalb der Hochschule kein Zugriff auf Volltexte besteht. In dieser elektronischen Zeitschriftenbibliothek lassen sich allerdings nur Zeitschriften suchen, nicht einzelne Aufsätze in Zeitschriften. • Um einzelne Aufsätze innerhalb einer wissenschaftlichen Zeitschrift zu suchen, ist für deutschsprachige Artikel die FIS Literaturdatenbank eine ergiebige Quelle im Bereich der Pädagogik: www.fachportal-pädagogik.de/fis_bildung. Innerhalb der Netze der meisten Hochschulen ist die Nutzung dieser umfangreichen Datenbank unbeschränkt und kostenlos möglich. • Viele spezialisierte Fach-Datenbanken sind nicht über Internet zugänglich, sondern nur innerhalb von Bibliotheken. In praktisch allen Hochschulbibliotheken gibt es aber entsprechende Möglichkeiten, um vor Ort deutsch- und englischsprachige Fachartikel zu suchen. Solche spezialisierte Fach-Datenbanken, die nur von Bibliotheken aus zugänglich sind, heißen im Bereich Pädagogik und Psychologie beispielsweise Psyndex, PsychINFO, PsychLIT, WISO 3, IB (Internationale Bibliografie der Zeitschriftenliteratur). Fachdatenbanken liefern jedoch erst die Angabe, wo ein gesuchter Beitrag erschienen ist, sowie allenfalls noch ein Abstract. Die Suche nach der entsprechenden Zeitschrift ist oft nicht ganz einfach. Lassen Sie sich dabei vom Fachpersonal in Bibliotheken bei Bedarf unterstützen. • In praktisch allen Hochschulbibliotheken finden sich häufig genutzte Fachzeitschriften auch in Papierform. Sich ab und zu etwas Zeit zu nehmen, in den aktuellen Ausgaben zu stöbern und sich ein Bild zu machen, welche Themen darin abgehandelt werden, kann ganz spannend und anregend sein – auch wenn dieses Stöbern ein systematisches Recherchieren natürlich nicht ersetzt.
Dissertationen und Habilitationen	• Dissertationen und Habilitationen werden häufig als Monografien publiziert und sind deshalb (wie Bücher) über die Katalogrecherche in Bibliotheken auffindbar. • Da Dissertationen publiziert werden müssen und eine Buchpublikation relativ teuer ist, finden sich viele Dissertationen auch in elektronischer Form auf dem Internet frei zugänglich. Für deutschsprachige Dissertationen ist www.forschungsportal.net eine ergiebige Suchmaschine: Unter «Suchmethode» die «Dissertationssuche» auswählen.

Für eine systematische Suche ist es hilfreich, je nach gesuchter Quellenart an unterschiedlichen Stellen zu suchen. Aber selbst wenn eine erste inhaltliche Auseinandersetzung mit einer Fragestellung stattgefunden hat, um das Thema einzugrenzen und geeignete Suchbegriffe zu bestimmen, und daraufhin gezielt ein Suchdienst ausgewählt wurde: Es wird sich kaum vermeiden lassen, erste Suchzugänge zu modifizieren.

2.3.3 Suche durchführen: Wie sichte und modifiziere ich?

Meist ist eine erste Sichtung der Suchergebnisse sinnvoll, bevor lange Wege für die Ausleihe eines Mediums unternommen werden. Die Recherche über Datenbanken ermöglicht eine erste Übersicht bereits aufgrund der Trefferliste: Haben Sie zu wenig Treffer? Haben Sie zu viele Treffer? Sind die Treffer überhaupt relevant für Ihre Fragestellung?

Bei *zu wenig Treffern* ist eine Überprüfung der Suchbegriffe angezeigt. Suchen Sie Synonyme, Unter- und Oberbegriffe, verwandte Begriffe. Besonders ergiebig ist, wenn Sie in Datenbanken die wenigen relevanten Treffer, die Sie gefunden haben, im Hinblick auf weitere Suchbegriffe auswerten: In jeder Datenbank sind zu den einzelnen Einträgen Schlagworte aufgeführt. Welche weiteren Schlagworte (auch «Deskriptoren» genannt) werden für die relevanten Treffer angezeigt? Sind Begriffe dabei, die Sie bisher noch gar nicht berücksichtigt haben, die aber von Bedeutung sein könnten? Ergänzen Sie Ihre Wortliste entsprechend und probieren Sie neue Suchkombinationen aus. Hilfreich kann auch eine Trunkierung sein: Beim Trunkieren decken Sie einen erweiterten Suchraum ab: Damit suchen Sie mit Hilfe eines Trunkierungszeichens (je nach Datenbank unterschiedlich, häufig «*» oder «?») nach verschiedenen Wortvarianten: Die häufigste Trunkierung ist die Endtrunkierung, die alle Wörter sucht, die mit einem bestimmten Wortteil anfangen (beispielsweise wird mit «Lehr*» nach folgenden Begriffen gesucht: Lehren, Lehrer, Lehrerin, Lehrperson, Lehrkraft, Lehrplan, Lehrmittel etc.). Manchmal kann aber auch die Anfangstrunkierung hilfreich sein: Wenn das Trunkierungszeichen am Anfang steht, wird nach Begriffen gesucht, die mit einem bestimmten Wortteil enden (beispielsweise wird mit «*didaktik» nach folgenden Begriffen gesucht: Fachdidaktik, Deutschdidaktik, Mathematikdidaktik, Mathedidaktik etc.). Trunkieren ist nur dann angezeigt, wenn Sie zu wenig Treffer haben und die Suche ausweiten müssen.

Bei *zu vielen Treffern* ist ebenfalls eine Überprüfung der Suchbegriffe sinnvoll: Meist ist eine zu lange Liste mit Treffern ein Hinweis auf ein wenig abgegrenztes Thema oder auf unpräzise Suchbegriffe. Analysieren Sie genau Ihre Suchbegriffe: Sind dabei einzelne Begriffe, die nicht exakt zum eingegrenzten Thema passen oder zu allgemein formuliert sind? Ein zu allgemeiner Suchbegriff wie beispielsweise «Schulqualität» wird auch in sehr spezialisierten Datenbanken zu langen Trefferlisten führen. In diesem Fall ist die Suche nach Unterbegriffen sinnvoll. Interessiert

Sie die Frage nach verschiedenen Aspekten von Schulqualität, wie beispielsweise nach Unterrichtsqualität, nach Schulkultur, nach Schulleistungen? Interessiert Sie die Frage nach schulischem Qualitätsmanagement oder nach Möglichkeiten, Schulqualität zu erfassen? Erst mit solchen Eingrenzungen kann die Treffermenge gezielt eingeschränkt werden. Kombinieren Sie dazu verschiedene Suchbegriffe und verknüpfen Sie diese mit dem Operator «UND»: Die Suche nach «Schulqualität UND erfassen» beispielsweise bringt nur Treffer, die beide Begriffe enthalten.

Eine Einschränkung des Suchraums kann auch erreicht werden, wenn Sie den Zeitraum der Suche einschränken. In vielen Bibliothekskatalogen und Datenbanken können Sie die Suche auf einen bestimmten Zeitabschnitt beschränken (beispielsweise nur nach 2005, wenn Sie einen aktuellen Überblick über den Forschungsstand einer Thematik erarbeiten).

Die Frage, wann Sie zu viele oder zu wenig Treffer haben, ist einerseits leicht zu beantworten: Wenn Sie keine Übersicht über die Treffer haben, dann haben Sie sicher zu viel. Und wenn Sie zu wenig Material für Ihre Arbeit haben, dann haben Sie sicher zu wenig. Andererseits ist die Frage aber doch nicht ganz so einfach zu beantworten: Da es kaum möglich ist, ausnahmslos alle relevanten Dokumente zu einem Thema zu verarbeiten, stellt sich die Frage, wie viele Quellen denn genug sind. Diese Frage kann nicht allgemein beantwortet werden: Es hängt von der Frage- und der Aufgabenstellung, respektive von den Anforderungen an eine Arbeit ab, wie viele Quellen einzubeziehen sind. Grundsätzlich gilt: Je vollständiger die Recherche sein soll, desto mehr Informationsballast werden die Treffer aufweisen. Allerdings wird es auch bei noch so umfangreicher Recherche nie möglich sein, sämtliche Literatur zu berücksichtigen, die relevant sein könnte. Deshalb ist es umso wichtiger, den Umfang der einbezogenen Literatur am Thema zu orientieren. Fragen Sie sich, ob Sie zu allen zentralen Aspekten Ihrer Arbeit einige relevante und gehaltvolle Quellen gefunden haben, auf die Sie sich stützen können. Die Frage nach der Relevanz und dem Gehalt einer Quelle ist zentral bei der Evaluation der Suchergebnisse.

2.3.4 Suche auswerten: Wie evaluiere ich die Suchergebnisse?

Eine eigentliche Evaluation der Suchergebnisse ist oft nicht auf den ersten Blick möglich und verlangt eine gründliche inhaltliche Auseinandersetzung mit der Thematik und den Quellen. Dennoch ist es wichtig, bereits bei einer ersten Auswertung der Suche die Relevanz, den Gehalt, die Qualität und die Zuverlässigkeit einer Quelle so gut als möglich einzuschätzen.

- Für die *Einschätzung der Relevanz* kann eine Kategorisierung der Quellen hilfreich sein, welche die Nähe zum gewählten Thema beschreibt: So sind Quellen erster Ordnung, die einen unmittelbaren Zusammenhang mit dem Thema haben, von Quellen zweiter Ordnung, die einen mittelbaren Zusammenhang mit dem Thema haben, und von Quellen dritter Ordnung, die lediglich einen erkennbaren Zusammenhang mit dem Thema haben, zu unterscheiden (vgl. Karmasin & Ribing, 2006, S. 79).

Ebenfalls zur Einschätzung der Relevanz gehört die Frage nach der Aktualität: Grundsätzlich gilt bei vielen erziehungs- und bildungswissenschaftlichen Fragestellungen, dass zunächst neuere Publikationen vor älteren zu lesen sind. Häufig sind ältere Veröffentlichungen in neueren bereits verarbeitet und enthalten. Allerdings gibt es auch Ausnahmen, wenn sich Fragestellungen auf Klassiker oder auf Originalwerke klassischer Autoren beziehen (wie bspw. Rousseau, Pestalozzi oder Montessori). Dabei gehören Einsichten in die Originalwerke ebenfalls zu einer vertieften Verarbeitung.

Die Relevanz einer Quelle lässt sich häufig einschätzen, bevor man das ganze Buch gelesen hat. So geben Abstracts, Zusammenfassungen oder Inhaltsverzeichnisse wichtige Hinweise, welche Inhalte in den entsprechenden Quellen erwartet werden dürfen. Damit kann die Relevanz einer Quelle für das Thema der eigenen Arbeit eingeschätzt werden.

- Die *Einschätzung des Gehalts* einer Quelle ist sehr anspruchsvoll. Dazu braucht es meist umfangreiches Wissen über das entsprechende Forschungsgebiet, um wirklich einschätzen zu können, ob die maßgebenden Aspekte mit ansprechendem Niveau verarbeitet sind. Wenn bestimmte Quellen immer wieder in wissenschaftlichen Arbeiten zitiert werden, ist das meist ein Hinweis darauf, dass es sich um wichtige und somit gehaltvolle Quellen handelt. Eine eigene Einschätzung des Gehalts ist aber während der Einarbeitung in ein Thema kaum möglich. Wenn Sie im Hinblick auf eine Qualifikationsarbeit recherchieren, empfiehlt sich deshalb eine Konsultation bei der Betreuungsperson – die für genau solche Fragen zuständig ist.

- Die *Einschätzung der Qualität* ist ebenso schwierig wie diejenige des Gehalts. Oft finden sich allerdings relativ einfach einige Indizien, die auf eine hohe Qualität hinweisen können (vgl. Karmasin & Ribing, 2006, S. 82):
  - Einheitliche, korrekte und vollständige Quellenangaben, die eine lückenlose Nachvollziehbarkeit gewährleisten.
  - Ausführliches Literaturverzeichnis, das auf eine gute theoretische und empirische Abstützung der Argumentation hinweist.
  - Klare Begriffsdefinitionen, die auf einen sorgfältigen Umgang mit Schlüsselbegriffen hinweisen.

Natürlich gewährleisten diese Indizien nicht in jedem Fall eine hohe Qualität, sie erlauben jedoch eine erste Einschätzung. Im Zweifelsfall lohnt sich auch hier eine Konsultation bei einer Fach- oder Betreuungsperson. Qualität verbindlich einzuschätzen, ist erst nach einer gründlichen Einarbeitung in ein Gebiet möglich.

Deshalb kann es hilfreich sein, sich bei der Einschätzung der Qualität auch an Äußerlichkeiten zu orientieren, die ebenfalls Indizien für gute Qualität sein können:

- Peer-review-Verfahren in wissenschaftlichen Zeitschriften: Das Erscheinen in einer peer-reviewten Zeitschrift ist wohl eine der besten Qualitätsgarantien, da die sogenannte «scientific community» über die Qualität wacht und nur

eine Publikation zulässt, die theoretisch und empirisch auf der Höhe der Zeit ist und einen substanziellen Beitrag leistet.
- Anerkannter Verlag (wie bspw. Hogrefe, Springer, Hans Huber, Peter Lang, Verlag für Sozialwissenschaften, Beltz): Solche Verlage mit Renommee in wissenschaftlichen Kreisen haben meist interne Qualitätskriterien, die sich zwar nicht in jedem Fall mit rein wissenschaftlichen Qualitätskriterien decken müssen, die aber trotzdem einen gewissen Anhaltspunkt liefern können.

Gerade bei Büchern aus anerkannten Verlagen sind häufig Rezensionen oder Besprechungen erhältlich (bspw. auf www.amazon.de), die bei der Einschätzung der Qualität ebenfalls hilfreich sein können.

- Die *Einschätzung der Zuverlässigkeit* einer Quelle ist vor allem bei Internet-Quellen wichtig. Gerade auf dem Internet kann unkontrolliert veröffentlich werden, sodass eine kurze Einschätzung der Zuverlässigkeit unabdingbar ist. Grundsätzlich gilt: Wenn kein Autor, keine Autorin oder keine Autorenschaft (bspw. eine Institution) erkennbar ist, dann ist die Quelle für wissenschaftliche Zwecke nicht brauchbar. Neben dieser unabdingbaren Offenlegung der Autorenschaft (Wer verantwortet diesen Inhalt?) sind Angaben zum Aufschaltdatum oder Kontaktmöglichkeiten gute Indizien für verlässliche Internet-Quellen. Sehr hilfreich zur Einschätzung der Zuverlässigkeit sind auch Angaben zur institutionellen Ansiedlung: Wenn eine Autorin beispielsweise einer Hochschule oder der öffentlichen Verwaltung angehört, kann dies ein Hinweis auf eine verlässliche Quelle sein. Eine besonders kritische Prüfung der Inhalte – gegebenenfalls unter Konsultation einer Fach- oder Betreuungsperson – ist dennoch bei allen Internet-Quellen erforderlich.

Aber auch wenn die Einschätzung der Verlässlichkeit einer Internet-Quelle schwieriger ist als bei anderen Quellen: Wohl überlegtes und reflektiertes Recherchieren im Internet kann sehr produktiv sein. Dabei gilt es allerdings einige Besonderheiten zu beachten, welche im nachfolgenden Unterkapitel erläutert werden.

2.4 Recherchieren im Internet

Das Internet kann beim wissenschaftlichen Recherchieren kaum mehr ausgeklammert werden. Das Internet ist «ein Ozean aus Datenmüll, aus dem sich aber bei geschicktem Vorgehen ein paar Perlen herausfischen lassen» (Hunziker, 2004, S. 61).

Grundsätzlich sind im Internet Suchmaschinen von Webkatalogen zu unterscheiden: Suchmaschinen suchen das Internet nach Informationen ab, während Webkataloge von Menschen zusammengestellte Listen zu bestimmten Schlagwörtern abbilden. Die Suchmaschinen liefern viel mehr, aber auch viel weniger spezifische Treffer als Webkataloge. Gerade mit wenig Vorwissen ist es schwierig, in Suchmaschinen treffende Quellen zu finden. Deshalb ist in Suchphasen mit noch wenig spezialisierter Begrifflichkeit meist ein Webkatalog hilfreicher als eine Suchmaschine (vgl. Hunziker, 2004, S. 61).

Typische Webkataloge sind beispielsweise die Online-Bibliothekskataloge (vgl. dazu Kap. 2.5). Im Bereich der Pädagogik haben sich darüber hinaus aber auch folgende Webkataloge als nützliche (und meist auch vertrauensvolle) Quellen erwiesen:

http://www.fachportal-paedagogik.de/fis_bildung/fis_form.html (Das Fachportal Pädagogik mit Literaturdatenbank)

http://www.eric.ed.gov (Eine der umfassendsten Datenbanken für pädagogische und erziehungswissenschaftliche Literatur – nur in Englisch)

www.edudoc.ch (Der schweizerische Dokumentenserver für Bildung mit Zugriff zu vielen Volltexten)

www.pedocs.de (Dokumentenserver im Bereich Pädagogik des Deutsches Instituts für internationale pädagogische Forschung mit Zugriff zu vielen Volltexten)

Da Webkataloge von Menschen zusammengestellte Listen sind, hat bei den entsprechenden Dokumenten bereits eine erste Auswahl stattgefunden. Dennoch sind der Status und die Verlässlichkeit dieser Quellen nicht immer klar. So werden beispielsweise manchmal auch unfertige Zwischenberichte im Internet publiziert, die keinen Anspruch auf Vollständigkeit und Gültigkeit erheben, sondern eher einen Diskussionsanstoß darstellen. Außerdem wird mit dem Etikett «Wissenschaft» oft Schindluder betrieben – besonders im Internet. Seien Sie entsprechend vorsichtig und kritisch. Suchen Sie primär auf den Seiten von Hochschulen, Universitäten und anerkannten Fachautoritäten. Als besonders nützliche Suchmaschine hat sich beispielsweise auch Google Scholar erwiesen, die speziell nach wissenschaftlichen Texten sucht:

http://scholar.google.com

Von der Verwendung von Wikipedia (www.wikipedia.org) für wissenschaftliches Recherchieren wird an dieser Stelle entschieden abgeraten. So interessant das Projekt Wikipedia ist: die Einträge von ausschließlich freiwilligen und ehrenamtlichen Autorinnen und Autoren können nicht nur Tatsachen enthalten. Zwar soll die Qualität der Einträge in Wikipedia nicht grundsätzlich in Frage gestellt werden, dennoch ist diese freie und offene Enzyklopädie nur für einen ersten unsystematischen Einblick tauglich. Einen Begriff auf Wikipedia nachzuschlagen verweist in wissenschaftlichen Arbeiten auf ein wenig elaboriertes Recherchieren und wird häufig als Ausdruck einer eher oberflächlichen Auseinandersetzung mit einem Thema interpretiert. Nutzen Sie Wikipedia also vor allem, um sich einen ersten Überblick zu verschaffen und um Hinweise auf Schlüsseltexte und vertiefende Literatur zu erhalten.

Insbesondere beim Recherchieren mit einer Suchmaschine im Internet ist ein einziger Suchbegriff nicht ausreichend. So lieferte Google beispielsweise am 3. September 2010 zum Suchbegriff «Schulqualität» 860000 Treffer, zur englischen Abfrage «school quality» gar 436000000 Treffer. Eine Spezifizierung mit weiteren

Begriffen ist deshalb unabdingbar. Allerdings gibt es noch weitere Suchstrategien, um die Suche einzuschränken – oder aber auszuweiten, falls zu wenig Treffer gefunden werden. So können Sie bspw. mit dem Operator «+» nach Quellen suchen, die mehrere Begriffe gleichzeitig enthalten: Die Suche nach «Schulqualität + erfassen» wird Ihnen nur diejenigen Seiten angeben, die beide Begriffe enthalten. Anders verhält es sich mit dem Operator «-»: Die Eingabe «Schulqualität -erfassen» wird zu Seiten führen, die zwar den Begriff «Schulqualität» beinhalten, nicht aber den Begriff «erfassen».

2.5 Recherchieren in Bibliothekskatalogen

Heute verfügen praktisch alle wissenschaftlichen Bibliotheken über vollelektronische Bibliothekskataloge, die über das Internet zugänglich sind. Solche online-Kataloge sind elektronische Datenbanken, die den Bestand verschiedener Bibliotheken nachweisen und in denen nach verschiedenen Kriterien gesucht werden kann, beispielsweise nach Autor, Titel, Schlagworten oder nach anderen Kategorien. Online-Kataloge erlauben einfache und flexible Suchmöglichkeiten, sind stets aktuell und verfügen meist über sehr große Datenbestände. Folgende Webseiten können für das Recherchieren in Bibliothekskatalogen hilfreich sein:

Eine Übersicht über die Schweizerischen Bibliotheksverbünde mit den entsprechenden vollelektronischen Bibliothekskatalogen findet sich unter http://www.bibliothek.ch.

Weitere Schweizer Bibliothekskataloge mit online Abfragemöglichkeiten finden sich auf der Seite http://www.switch.ch/edu/libraries.

Einen Meta-Katalog zum Nachweis von Büchern und Zeitschriften und elektronischen Medien in Schweizer Bibliotheken gibt es unter http://www.chvk.ch.

Empfehlenswert ist unter Umständen auch ein Blick auf den Karlsruher Virtuellen Katalog (KVK), der eine gemeinsame Suche in vielen Bibliotheksverbünden der Schweiz, Deutschlands und Österreichs und darüber hinaus ermöglicht: http://www.ubka.uni-karlsruhe.de/kvk.html.

Natürlich verfügt auch jede Hochschule über spezialisierte Biblio- oder Mediotheken. Die Mediotheken aller größeren Hochschulen der Deutschschweiz sind dem Informationsverbund Deutschschweiz (IDS) angeschlossen. Dies ist ein Verbund von zurzeit etwa 400 Bibliotheken (hauptsächlich Hochschulbibliotheken), die sich über die gesamte Deutschschweiz verteilen und deren Bestände (ca. 13 500 000 Titelsätze) in einer gemeinsamen Datenbank (ALEPH) elektronisch erfasst und verwaltet werden. Der IDS besteht aus den Teilverbünden NEBIS (der Eidgenössischen Technischen Hochschulen), IDS Zürich Universität, IDS Zürich Zentralbibliothek, IDS Basel/Bern, IDS St. Gallen und IDS Luzern. Auch die Mediotheken der Pädagogischen Hochschulen sind in diesen Teilverbünden integriert:

http://www.informationsverbund.ch

Neben den eigenen Mediotheken der Hochschulen gibt es an den meisten Studienorten Kantons-, Stadt- oder Gemeindebibliotheken, die zwar nicht immer gleich spezialisiert sind, die sich aber dennoch oft zu kennen lohnen. Zudem gibt es in vielen Kantonen Mediotheken, die sich auf den Bedarf von Lehrpersonen ausrichten und einen breiten und praxisbezogenen Bestand speziell für den Unterricht bereit halten (beispielsweise Didaktische Zentren oder Pädagogische Medienzentren).

Es ist unabdingbar, die lokalen Mediotheken zu kennen, sowohl vor Ort als auch über die entsprechenden online-Kataloge. Im Laufe eines Studiums lohnt es sich in jedem Fall, die Benutzerausweise für alle lokalen Mediotheken zu beziehen, die meistens gratis ausgestellt werden. Für den Gebrauch der online-Kataloge werden in den meisten Institutionen Einführungen angeboten. Eignen Sie sich den Umgang mit diesen Katalogen an und zögern Sie nicht, bei Bedarf Fachpersonen in den Mediotheken zu kontaktieren. Für ein Studium ist es sehr empfehlenswert, den Link zum Bibliothekskatalog der eigenen Hochschule als Favorit auf dem eigenen Computer abzuspeichern!

Bei der Medienrecherche ist stets darauf zu achten, ob die gewünschten Medien in einer einfach zugänglichen und günstig gelegenen Mediothek vorhanden sind oder ob sie in elektronischer Form über das Internet bezogen werden können. Gerade bei wissenschaftlichen Zeitschriften ist dies häufig der Fall. Der online-Zugriff auf Volltexte ist teilweise allerdings nur möglich, wenn die Hochschule eine Zeitschrift abonniert hat. In diesen Fällen ist der online-Zugriff nur innerhalb des Netzes der Hochschule möglich. Den wohl besten Service zur Nutzung wissenschaftlicher Volltextzeitschriften im Internet liefert die «Elektronische Zeitschriftenbibliothek» der Universität Regensburg, bei der ein Ampelsystem anzeigt, von welchen Zeitschriften Volltexte genutzt werden können:

http://rzblx1.uni-regensburg.de/ezeit

Ist eine gewünschte Quelle in keiner der lokalen Mediotheken vorhanden und nicht elektronisch verfügbar, kann auch von der Fernleihe Gebrauch gemacht werden. Über die Fernleihe können Sie sich Bücher oder Beiträge aus Zeitschriften ausleihen, wenn diese in anderen Bibliotheken vorhanden sind. Über die Fernleihe können Sie sich auch Kopien von Beiträgen nach Hause schicken lassen. Dieser Service ist allerdings kostenpflichtig, eine vorgängige Abklärung der Gebühren ist deshalb empfehlenswert. Das für Fernleihen notwendige Formular finden Sie meist in elektronischer Form auf der Webseite der Bibliotheken. Lassen Sie sich bei Bedarf von einer Fachperson in der lokalen Mediothek beraten.

2.6 Zusammenfassung

Wissenschaftliches Arbeiten beginnt meist mit einer Recherche zum jeweiligen Thema. Eine solche Recherche dient dazu, den aktuellen Forschungsstand zu erkunden und die entsprechenden Theorien kennenzulernen. Es ist ein zentrales Prinzip wissenschaftlichen Arbeitens, auf bestehenden Erkenntnissen aufzubauen und diese weiterzuführen. Deshalb ist sorgfältiges Recherchieren sehr wichtig. Die

Relevanz und der Gehalt der benutzten Quellen machen die Qualität des theoretischen Fundamentes aus, auf dem die eigene Argumentation aufgebaut wird. Neben der Auseinandersetzung mit dem Stand der Forschung geht es beim Recherchieren auch darum, sich Fachbegriffe und einschlägige Konzepte anzueignen. Theorien, Modelle und aktuelle Forschung zu einem Thema kennenzulernen, ist primäres Ziel einer wissenschaftlichen Literaturrecherche.

Die unüberschaubare Menge an Informationen, die über das Internet und in einschlägigen Mediotheken verfügbar sind, macht es unabdingbar, vor der eigentlichen Recherche die Suche gezielt vorzubereiten. Ansonsten ist die Gefahr groß, sich mit einer wenig systematischen und etwas zufälligen Auswahl von Informationen begnügen zu müssen. Aber erst ein systematisches Recherchieren ermöglicht gut fundierte wissenschaftliche Arbeiten. Dabei ist nicht zu unterschätzen, wie viel Zeit eine systematische Recherche für eine wissenschaftliche Arbeit beansprucht.

Das systematische Vorgehen beim Recherchieren läuft idealtypisch in vier Schritten ab: Es beginnt in einem *ersten* Schritt mit der Vorbereitung der Suche, bei der das gesuchte Thema eingegrenzt und genauer bestimmt wird. Dabei ist die Thematik zu strukturieren, Ober- und Unterbegriffe sind zu unterscheiden. Welche Aspekte beinhaltet das Thema genau? Welche Aspekte gehören zum Thema, welche nicht? Bei solchen Fragen wird deutlich, dass das Recherchieren selbst bereits eine inhaltliche Auseinandersetzung mit einer Fragestellung ist. Zur Vorbereitung der Suche gehört auch die Überlegung, welche Art von Quellen gebraucht werden. Erst dann werden in einem *zweiten* Schritt geeignete Suchdienste oder Suchorte identifiziert. Bücher, sowohl Monografien als auch Herausgeberwerke, finden sich besonders gut in Hochschulbibliotheken über online verfügbare Bibliothekskataloge. Für einzelne Beiträge in Herausgeberwerken oder für Aufsätze in wissenschaftlichen Zeitschriften braucht es spezialisierte Datenbanken wie beispielsweise die FIS Literaturdatenbank. Beim systematischen Recherchieren wird erst dann in einem *dritten* Schritt eine erste Suche durchgeführt und aufgrund der Sichtung erster Treffer modifiziert. Eine eigentliche Evaluation der Suchergebnisse anhand bestimmter Kriterien schließt in einem *vierten* Schritt eine erste Recherchephase ab. Dabei geht es darum, die Relevanz, den Gehalt, die Qualität und die Zuverlässigkeit einer gefundenen Quelle einzuschätzen. Auch wenn es zur Einschätzung dieser Kriterien einige einfach erkennbare Anhaltspunkte gibt: Eine verbindliche Einschätzung dieser Kriterien ist erst nach gründlicher Einarbeitung ins Thema möglich. Im Zweifelsfall lohnt sich deshalb eine Konsultation bei einer Fach- oder Betreuungsperson.

Nur selten jedoch entspricht das Recherchieren einem linearen Prozess. Meist folgen nach einer ersten Recherche- und anschließender Lektürephase weitere Recherchephasen, wenn aufgrund genauerer Kenntnis der theoretischen Modelle und Begriffe sowie des Forschungsstandes weitere Quellen einbezogen werden.

Beim Recherchieren im Internet sind Suchmaschinen von Webkatalogen zu unterscheiden: Suchmaschinen suchen das Internet nach Informationen ab, Webkataloge sind von Menschen zusammengestellte Listen zu bestimmten Schlagwörtern. Suchmaschinen liefern deshalb viel mehr – aber auch weniger spezifische – Treffer als Webkataloge. Bei Webkatalogen hingegen haben Menschen bereits eine erste Auswahl und Gruppierung von Dokumenten vorgenommen. Insbesondere in der Anfangsphase erleichtert dies das Recherchieren ungemein. Für die Recherche im Bereich pädagogischer Fragestellungen können Sie auf eine ganze Reihe nützlicher Webkataloge zurück greifen. Auch praktisch alle wissenschaftlichen Bibliotheken verfügen heute über vollelektronische Bibliothekskataloge, die über das Internet zugänglich sind und in denen nach verschiedenen Kriterien gesucht werden kann. Für ein Studium ist es hilfreich, den Link zum Bibliothekskatalog der eigenen Hochschule als Favorit auf dem eigenen Computer abzuspeichern und weitere lokale Mediotheken zu kennen, beispielsweise Kantons-, Stadt- oder Gemeindebibliotheken und speziell auf den Bedarf von Lehrpersonen ausgerichtete Didaktische Zentren oder Pädagogische Medienzentren.

Gut haben Sie recherchiert, wenn Sie ...

- Ihre Argumentation breit abstützen können durch viele ähnliche, sich ergänzende Hinweise aus verschiedenen Fachrichtungen und Quellen bzw. von anerkannten Autorinnen und Autoren),
- glaubwürdige und relevante Quellen gefunden haben,
- die aktuellen Begriffe bzw. Definitionen, Theorien und Modelle zu Ihrem Thema herausgearbeitet haben,
- aus dem Internet nur seriöse Quellen – und auch diese nur zurückhaltend – berücksichtigt haben,
- keine Populärliteratur (z. B. Erziehungsratgeber, Illustrierte) verwendet haben.

2.7 Lernaufgaben

Kontrollfragen

1. Begründen Sie die Bedeutung des Recherchierens für wissenschaftliches Arbeiten!
2. Was versteht man unter dem Schneeballprinzip?
3. Beschreiben Sie die einzelnen Schritte einer systematischen Literaturrecherche!
4. Anhand welcher Kriterien lassen sich die Suchergebnisse evaluieren?
5. Was ist der Unterschied zwischen einer Suchmaschine und einem Webkatalog?

Übungsaufgaben

6. Suchen Sie zu einer eigenen Fragestellung wissenschaftliche Literatur! Suchen Sie mit verschiedenen Suchmaschinen und mit verschiedenen Webkatalogen nach wissenschaftlicher Literatur und vergleichen Sie die Suchergebnisse!
7. Wählen Sie einen für Sie besonders wertvollen Text aus und begründen Sie, wie Sie die Qualität der Quelle beurteilt haben!
8. Suchen Sie gezielt nach einem Aufsatz in einer wissenschaftlichen Zeitschrift und beschaffen Sie sich diesen Aufsatz!
9. Richten Sie auf Ihrem eigenen Computer Favoriten ein für die Suchmasken Ihrer lokalen Mediotheken!

Diskussionsaufgaben/Vertiefungsaufgaben

10. Wenn Sie zu einer eigenen Fragestellung recherchiert haben: Überlegen Sie sich, welche Suchstrategien, welches Vorgehen Ihnen bei Ihren Recherchen zur erfolgreichen Suche verholfen hat!
11. Auf welche Schwierigkeiten sind Sie bei der Recherche gestoßen? Diskutieren Sie mit einer Kollegin oder einem Kollegen verschiedene Möglichkeiten, diese Schwierigkeiten zu lösen!
12. Verschaffen Sie sich einen Überblick über die wissenschaftlichen Zeitschriften, die in Ihrer lokalen Mediothek verfügbar sind: Welche sind in Papierform verfügbar, welche elektronisch? Wählen Sie drei für Sie interessante Zeitschriften aus und beschreiben Sie einer Kollegin oder einem Kollegen, welche Art von Beiträgen in diesen Zeitschriften publiziert wird.
13. Suchen Sie nach Möglichkeiten der Fernleihe und beschaffen Sie sich die nötigen Zugänge und Formulare!

2.8 Literatur

Weiterführende Literatur

Ebster, C. & Stalzer, L. (2003). *Wissenschaftliches Arbeiten für Wirtschafts- und Sozialwissenschafter.* Wien: UTB. (Kap. 3: «Informationssuche und -beschaffung»).

Fromm, M. & Paschelke, S. (2006). *Wissenschaftliches Denken und Arbeiten. Eine Einführung und Anleitung für pädagogische Studiengänge.* Münster: Waxmann. (Kap. 5: «Verfahrensweisen wissenschaftlichen Arbeitens»).

Hunziker, A.W. (2004). *Spass am wissenschaftlichen Arbeiten.* Zürich: Verlag SKV. (Kap. 4: «Wie suche ich Literatur?»).

Karmasin, M. & Ribing, R. (2006). *Die Gestaltung wissenschaftlicher Arbeiten. Ein Leitfaden für Haus- und Seminararbeiten, Magisterarbeiten, Diplomarbeiten und Dissertationen.* Wien: UTB. (Kap. 3: «Wissenschaftliche Quellen recherchieren»).

Peteressen, W. (1999). *Wissenschaftliche(s) Arbeiten: Eine Einführung für Schule und Studium.* München: Oldenbourg Schulbuchverlag GmbH. (Kap. 5: «Beschaffung und Sammlung von Material»).

Verwendete Literatur

Deppe, J. (1997). *Die Literaturrecherche: Kein Buch mit sieben Siegeln.* Online unter: http://www.wisu.de/studium/recherch.htm. Verifiziert am 09. September 2004.

Fromm, M. & Paschelke, S. (2006). *Wissenschaftliches Denken und Arbeiten. Eine Einführung und Anleitung für pädagogische Studiengänge.* Münster: Waxmann.

Hunziker, A. W. (2004). *Spass am wissenschaftlichen Arbeiten. So schreiben Sie eine gute Diplom- oder Semesterarbeit.* Zürich: Verlag SKV.

Karmasin, M. & Ribing, R. (2006). *Die Gestaltung wissenschaftlicher Arbeiten. Ein Leitfaden für Haus- und Seminararbeiten, Magisterarbeiten, Diplomarbeiten und Dissertationen.* Wien: UTB.

3 Lesen und interpretieren wissenschaftlicher Texte

«Die Bildung kommt nicht vom Lesen,
sondern vom Nachdenken über das Gelesene.»
(Carl Hilty).

3.1 Einleitung

Wenn Sie zu Ihrem Problem eine passende, alltagssprachliche Frage formuliert haben, verfügen Sie über eine gute Grundlage, eine gezielte Literaturrecherche vorzunehmen.

War die Literaturrecherche erfolgreich, so liegen jetzt einige Bücher oder Artikel vor, die gesichtet werden sollen. Das Literaturstudium hilft Ihnen, das Problemfeld einzugrenzen, zu strukturieren, die Fragestellung zu präzisieren und die für die Lösung des Problems zweckmäßigen Theorien zu identifizieren und zu verstehen.

Für die nächsten Schritte brauchen Sie eine wissenschaftlich formulierte Fragestellung – und bei empirischen Arbeiten ev. auch zughörige Hypothesen, ein methodisches Vorgehen (Datenerhebungsverfahren, Stichproben, Auswertungsverfahren), Erhebungsinstrumente usw. Viele Grundlagen und Ideen dazu finden Sie in der Fachliteratur. Außerdem werden Sie am Ende Ihrer Arbeit aufzeigen müssen, wie sich Ihre Ergebnisse in die bisherige Theorie einordnen lassen. Damit spannt sich die in der Fachliteratur gefundene Theorie wie ein Roter Faden durch Ihre ganze Arbeit.

Die einzelnen Untergruppen der Arbeitsgruppe «Schulqualität» der Schule Obertor haben viele Quellen zum Thema «Schulqualität» gefunden. Die formulierten Fragen sind aber nach wie vor offen. Zur Klärung dieser Fragen soll deshalb in den vorliegenden Quellen nach Antworten gesucht werden. Dazu sollte ein effizientes und dennoch gründliches Verfahren entwickelt werden, weil die Arbeitsgruppe für diese Phase nicht endlos Zeit hat.

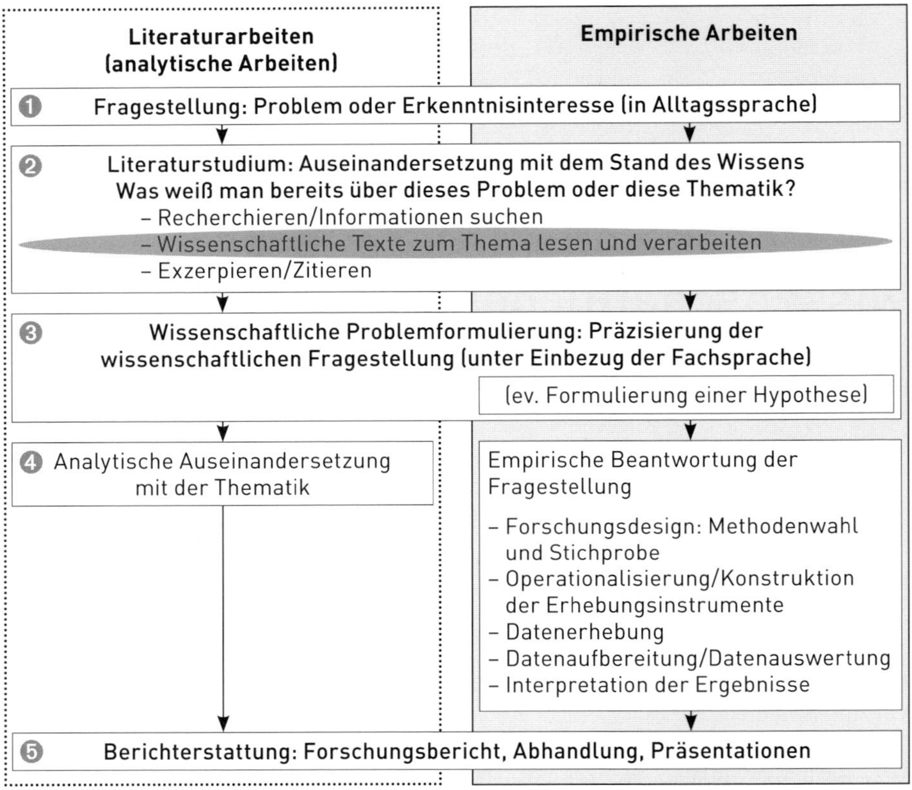

3.1.1 Bedeutung des Themas

Wissenschaftliche Erkenntnis entsteht, indem an einem bestehen Gedankengebäude immer weiter gebaut wird. So wird das Gebäude höher, besser erschlossen, bequemer bewohnbar und vielleicht auch schöner[5]. Um an einem Gedankengebäude sinnvoll weiter bauen zu können, müssen Sie das Gebäude und seine Geschichte allerdings gut kennen und verstehen. Die vertiefte Lektüre der bereits vorhandenen Literatur ermöglicht Ihnen, das Gebäude – die Theorie – immer besser zu verstehen. Um weiter im Bild des Gebäudes zu bleiben: Sie müssen die Pläne des Gebäudes studieren, bis Sie dessen Funktionsweise verstehen. Nur so können Sie einen zweckdienlichen Plan für den Weiterausbau, die Renovation oder den Abriss des Gebäudes entwickeln.

5 Natürlich haben auch wissenschaftliche Gedankengebäude (Theorien) wie die Gebäude in der Wirklichkeit eine mehr oder weniger lange Lebensdauer. Manchmal stürzen solche Gedankengebäude ein und werden dann durch zeitgemäßere und hoffentlich bessere Theorien ersetzt. Diesen Vorgang nennt man «Paradigmenwechsel».

Die im Rahmen der Literaturrecherche aufgespürten Quellen sollten nun gelesen werden – aber wie soll das geschehen, wenn Sie so viele Bücher und nur begrenzte Zeit haben? Kommt hinzu, dass sich wissenschaftliche Bücher nicht wie Romane lesen lassen. Sie müssen – oft unter Zeitdruck – den Kern aus einer Vielzahl von Büchern, Artikeln oder Websites herausarbeiten und dazu die wichtigsten Aspekte, Begriffe, Theorien, Definitionen, Forschungsergebnisse und Meinungen identifizieren. Damit dies zeitsparend und nervenschonend gelingt, sollten Sie Strategien entwickeln, die Sie dabei wirksam unterstützen. Solche Strategien sind Ihnen auch hilfreich als Lehrperson, weil sich Lehrpersonen häufig neues Wissen über Lektüre aneignen müssen – auch hier ist Effizienz gefragt.

3.1.2 Wichtige Begriffe

SQ3R
Eine Lesemethode mit den fünf Schritten Überblick, Fragen, Lesen, Beantworten, Kontrollieren (Survey, Question, Read, Recite, Review)

Definitionen
Sprachlich formulierte Gleichung, die erklärt, in welcher Weise ein Begriff verwendet wird

normative Aussagen
Sätze, die Werturteile, Normen oder Vorschriften formulieren (Soll-Aussagen)

theoretische Aussagen
Sätze, die auf einer allgemeinen, logischen Ebene die Frage nach Ursachen beantworten oder Erfahrungen systematisch ordnen und erklären

empirische Aussagen
Systematische Beschreibung und Erklärung von Erfahrungen

wissenschaftlicher Diskurs
Schriftliche oder mündliche Auseinandersetzung mit einem Themengebiet, wissenschaftliche Streitgespräche

Hermeneutik
Lehre/Wissenschaft vom Verstehen

äußere Kritik
Beleuchtung eines Textes von außen her (Hintergrund der Quelle, Entstehungszusammenhang, Wirkungsgeschichte usw.)

innere Kritik
Analyse eines Textes von innen heraus (Textstruktur, Hauptaussagen, Widersprüche, Absichten usw.)

3.1.3 Was Sie erwartet

Das vorliegende Kapitel ist zweigeteilt. In einem ersten Abschnitt erhalten Sie Unterstützung beim Lesen und Verstehen aktueller wissenschaftlicher Texte. Dabei werden Sie zuerst ins gezielte Lesen (Kap. 3.2.1) und die bekannte Lesemethode SQ3R eingeführt (Kap. 3.2.2). Anschließend soll der Umgang mit historischen Texten speziell thematisiert werden, weil hier besondere Regeln gelten. Das Verständnis historischer Texte (Kap. 3.3.1) ist erschwert, weil die konkreten Umstände und sprachlichen Wendungen zurückliegender Zeiten nicht so vertraut sind. Die Lektüre historischer Texte setzt deshalb ein starkes Bemühen ums Verstehen voraus. Nützlich ist dabei ein Vorgehen, welches das historische Werk einerseits von außen betrachtet (Biografie der Autorin oder des Autors, historische Zusammenhänge, Wirkungsgeschichte des Werks usw.) und andererseits von innen her analysiert (das Werk vertieft lesen und verstehen). Diese beiden Zugänge werden als äußere Kritik (Kap. 3.3.2) und als innere Kritik (Kap. 3.3.3) bezeichnet.

Im Sinne einer Verständnishilfe beim Lesen werden anschließend verschiedene Arten von Aussagen vorgestellt, die in wissenschaftlichen Texten häufig vorkommen: Definitionen, normative, theoretische und empirische Sätze (Kap. 3.4). Ein kurzer Abschnitt über den wissenschaftlichen Diskurs soll Ihnen aufzeigen, warum und wie in der Wissenschaft «gestritten» wird. Sobald Sie selber eine Arbeit verfassen, beziehen Sie unweigerlich Position und begeben sich damit selber in diesen wissenschaftlichen Diskurs – da ist es wichtig, dessen Spielregeln zu kennen (Kap. 3.5).

3.1.4 Ziele: Was Sie lernen sollen

Nach der Bearbeitung dieses Kapitels können Sie …

- die Lesemethode SQ3R korrekt anwenden;
- bei der Lektüre wissenschaftlicher Texte aus aktuellen Fachzeitschriften normative, empirische und theoretische Sätze unterscheiden;
- die Regeln des wissenschaftlichen Diskurses anwenden und Verstöße dagegen erkennen;
- mit der inneren und äußeren Kritik ein systematisches Vorgehen beim Erarbeiten historischer Texte anwenden.

3.2 Aktuelle wissenschaftliche Texte

Letztlich müssen Sie eine eigene Strategie entwickeln, wie Sie bei der Lektüre wissenschaftlicher Texte vorgehen – v. a. wenn es sich um ein umfangreiches Lektürevorhaben handelt, ist aber eine strukturiertes Vorgehen unabdingbar. Zentral ist dabei, dass Sie einmal gefundene wichtige Passagen später leicht wieder finden.

3.2.1 Gezieltes Lesen

Einerseits ist dabei das Markieren von wichtigen Textstellen eine wirksame Unterstützung. Als Einstiegshilfe könnten Ihnen die Vorschläge aus Tabelle 2 nützlich sein (vgl. Vollmer & Hoberg, 1994, S. 91; Schräder-Naef, 1995, S. 128).

Andererseits ist Ihnen für das Weiterverwenden wichtiger Passagen das Exzerpieren hilfreich, welches in einem separaten Kapitel behandelt wird (siehe Kap. 4).

Auf einer sehr allgemeinen Ebene lassen sich ein paar Tipps formulieren, die Sie bei der Lektüre unterstützen können (vgl. Schräder-Naef,1994, S. 26 ff.):

- Wählen Sie nur Bücher und Texte aus, die Sie im Hinblick auf Ihre Fragestellung weiter bringen.
- Lesen Sie das Buch nicht von A–Z, sondern bleiben Sie selektiv – immer im Hinblick auf Ihre Fragestellung.
- Richten Sie die Lesegeschwindigkeit nach dem Leseziel.
- Sprechen Sie beim Lesen nicht mit – das hemmt die Lesegeschwindigkeit.
- Lesen Sie konzentriert und seien Sie gedanklich bei der Sache.
- Kontrollieren Sie sich immer wieder selbst, ob Sie den Inhalt verstanden haben.

Tabelle 2: Vorschlag für individuelle Markierungen.

Markierung	Bedeutung
Unterstreichungen im Text	Signalwörter, Kerngedanken
Anstreichen am Rand	wichtige Passagen
Einkreisen und verbinden	inhaltliche Bezüge, Gegensätze
+	besonders einleuchtend und klar, logisch
?	unklar, zweifelhaft, unlogisch
Bsp.	Beispiel
Zusf.	Zusammenfassung
Z	wäre als Zitat verwendbar
!	spezielle, ausgefallene Passage
n	nachschlagen
1, 2, 3	erster, zweiter, dritter Punkt/Vorschlag
S. 64	Verweis auf andere Textstelle
D	Definition

- Überspringen Sie keine Illustrationen und Tabellen, sie enthalten oft verdichtete Informationen.
- Seien Sie in der ersten Lektürephase offen für eine Veränderung, Eingrenzung oder Ausweitung Ihrer Fragestellung, wenn Sie feststellen, dass Ihre erste Fragestellung nicht angemessen war.
- Erweitern Sie Ihren bereichsspezifischen Wortschatz gezielt, indem Sie unbekannte Fachausdrücke und Fremdwörter sofort nachschlagen.

Im Sinne einer Einstiegshilfe beim Entwickeln einer eigenen Lesestrategie wird im Folgenden die SQ3R-Methode vorgestellt. Probieren Sie diese doch einmal aus und passen Sie diese anschließend an Ihre persönlichen Bedürfnisse an.

3.2.2 Lesemethode SQ3R

Wissenschaftliche Texte werden oft nur quer gelesen – und nicht von A bis Z. Folgende Lesemethode (vgl. Tab. 3) hilft Ihnen, zielgerichtet Informationen für eine wissenschaftliche Arbeit aus einem Text zu entnehmen (vgl. von Werder, 1998):

Bei komplexen Texten kann es sinnvoll sein, die Struktur des Textes grafisch aufzuzeichnen. Dabei können auch Mindmaps hilfreich sein (siehe dazu auch Kap. 6.2.2).

Tabelle 3: SQ3R-Lesemethode.

1. Überblick	Survey	Verschaffen Sie sich einen Überblick über den zu lesenden Text: Inhaltsverzeichnis, Zusammenfassung, Abbildungen usw.
2. Fragen	Question	Schreiben Sie alle Fragen auf, die Ihnen der gewählte Text beantworten soll.
3. Lesen	Read	Lesen Sie den Text und achten Sie dabei im Text auf die Antworten zu Ihren Fragen (Antworten markieren, notieren).
4. Fragen beantworten	Recite	Beantworten Sie nun Ihre Fragen, gemäß den Angaben im gelesenen Text. Im Idealfall werden wichtige Aussagen direkt in Form von Exzerpten festgehalten.
5. Arbeit kontrollieren	Review	Überprüfen Sie die Qualität der Antworten, die Sie im Text gefunden haben, und ob Sie richtig abgeschrieben haben.

3.3 Historische Texte

Viele pädagogische Ideen sind nicht neu – erstaunlich viel wurde bereits in früheren Zeiten einmal gedacht oder gar ausprobiert. Deshalb lohnt es sich, von bisherigen pädagogischen Überlegungen und Erfahrungen zu profitieren. Um optimal profitieren zu können, müssen entsprechende Texte aber in ihrer Tiefe verstanden werden – mit Hilfe der sogenannten Hermeneutik.

3.3.1 Hermeneutik als Wissenschaft vom Verstehen

Das Lesen von Texten zielt immer aufs Verstehen. Besonders anspruchsvoll ist dieses Verstehen, wenn es sich nicht um aktuelle, sondern um historische Texte handelt. Gerade im Bereich der Pädagogik liegen zahlreiche historische Texte vor (von Sokrates über Rousseau und Pestalozzi bis Montessori), die noch heute relevant sind. Sie können untersucht werden – z. B. mit dem Ziel die pädagogischen Ideen von damals besser zu verstehen und daraus Lehren für die heutige Situation zu ziehen.

Hermeneutik ist die Wissenschaft vom Verstehen. In einem engeren Sinne wird darunter das Verstehen *überlieferter* Texte verstanden. Dieser Verstehensprozess wird oft als Kreis, dargestellt, als sogenannter «hermeneutischer Zirkel»:

Im Verständnis von Schleiermacher wird mit dem «hermeneutischen Zirkel» Verständnis erzeugt, indem die Aufmerksamkeit vom Teil auf das Ganze und wieder zurück auf den Teil gerichtet wird (vgl. **Abb. 2**). Der Teil hilft Ihnen also das Ganze zu verstehen und das Ganze unterstützt Sie beim Verständnis eines bestimmten Teils: «Eine hermeneutische Grundregel besagt, dass das Ganze aus dem Einzelnen und das Einzelne aus dem Ganzen verstanden werden muss. Dieses Prinzip wird traditionell als hermeneutischer Zirkel bezeichnet. Es ist zurückzuführen auf die antike Rhetorik» (Kreisky, 2002, o. S.).

Damit ist auch die Frage beantwortet, wo bei der Einarbeitung in ein neues Thema begonnen werden soll – bei einem Überblick (Ganzes) oder einem Teilaspekt? Beides ist möglich, es ist aber wichtig, immer wieder von der einen Ebene zur anderen zu wechseln – so wächst das Verständnis.

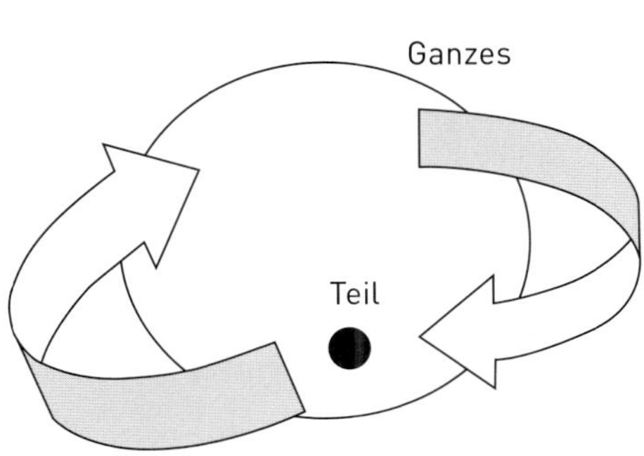

Abbildung 2: Hermeneutischer Zirkel nach Schleiermacher.

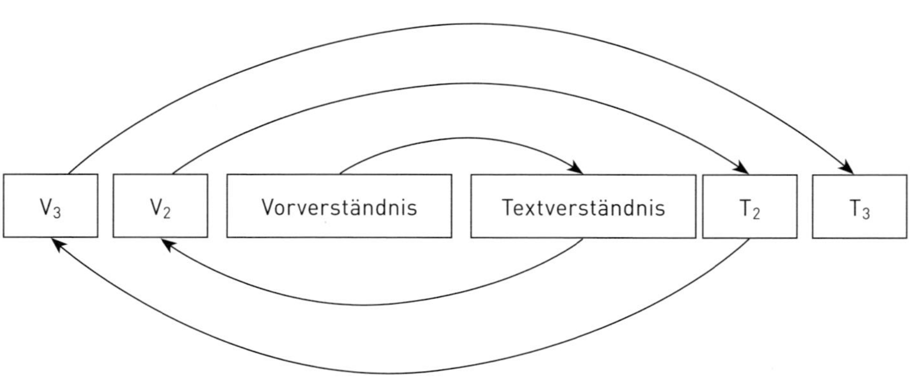

Abbildung 3: Hermeneutischer Zirkel nach Gadamer (vgl. Stangl, 1997, o. S.).

Gadamer versteht den hermeneutischen Zirkel anders. Im Verständnis von Gadamer gehen Lesende mit ihrem Vorverständnis an einen Text heran. Dieses Vorverständnis wird während der Lektüre ständig am Text überprüft und bei Bedarf korrigiert, womit ebenfalls ein kreisförmiger Verstehensprozess in Gang gesetzt wird (vgl. Abb. 3). So erfolgt eine allmähliche Annäherung des (Vor-)Verständnisses an den von der Autorin oder vom Autor beabsichtigten Sinn (vgl. Hammermeister, 2006, S. 61).

Durch die ständige Überprüfung des Vorverständnisses am Text, wird das Verständnis für den Text immer tiefer. Damit wird aus dem hermeneutischen Zirkel – hoffentlich – eine hermeneutische Spirale.

Die Hermeneutik beschäftigt sich mit (vgl. Kreisky, 2002, o. S.):

- dem **Text** an sich und seinem Autor (z. B. Roman oder Talkshow)
- dem **Medium**, das die Botschaft übermittelt (z. B. Buch oder TV-Sendung)
- dem **Subjekt** der Betrachtung (z. B. Leserin oder Zuschauer)

Die Arbeit am Text soll hier als einzige näher ausgeführt werden; sie wird manchmal auch als Textkritik bezeichnet. Dabei wird eine sogenannte äußere und eine innere Kritik unterschieden (vgl. Bellers & Kipke, 2006, S. 252):

3.3.2 Äußere Kritik

Die äußere Kritik kann (zur Not) vorgenommen werden, ohne den Text zu lesen. Vielmehr wird im Rahmen der äußeren Kritik der *Hintergrund* der Quelle ausgeleuchtet. Dabei werden beispielsweise folgende Fragen geklärt:

- Wann ist die Quelle entstanden? Wie wurde sie überliefert?
- Echtheit: Ist sie das, wofür sie sich ausgibt?

- In welchem Zusammenhang wurde die Quelle verfasst?
- An wen wendet sich der Text?
- Was ist bekannt über den Autor (Biografie, Werk, historisches Umfeld)?
- Welche Rezeptions- und Wirkungsgeschichte hat dieses Werk?

Gewisse Werke wurden vom Autor mehrmals überarbeitet; sie existieren demzufolge in mehren (ev. inhaltlich unterschiedlichen) Auflagen. Von Werken, die im Original in einer anderen Sprache verfasst wurden, gibt es meist auch unterschiedliche Übersetzungen. Im Zuge der äußeren Kritik kann es deshalb auch darum gehen, eine für die jeweiligen Zwecke besonders geeignete Ausgabe zu suchen. Im Vordergrund der äußeren Kritik steht jedoch meist das Anliegen, einen historischen Text in der entsprechenden Epoche einzubetten und damit zu verstehen, auf welche Herausforderungen oder Debatten der Text reagiert.

3.3.3 Innere Kritik/Quelleninterpretation

Erst in einem zweiten Schritt erfolgt die innere Kritik – selbstverständlich auf dem Hintergrund der bereits vorgenommenen äußeren Kritik. Im Zuge der inneren Kritik wird der Text eingehend analysiert. Wenn Sie den Text in einer Gruppe lesen, lohnt es sich, die Zeilen des ganzen Textes (z. B. in 5er-Schritten) zu nummerieren, damit in der Diskussion leicht auf einzelne Passagen oder Sätze verwiesen werden kann. Für die eingehende Analyse des Textes bietet sich folgendes Vorgehen an:

- Text ein erstes Mal lesen
- Zu jedem Absatz die Hauptaussage in einem einzigen Satz zusammenfassen (z. B. Zwischentitel setzen)
- Ev. Mindmap zeichnen
- Unklare Begriffe, Sätze markieren und klären
- Interessierende Fragen an den Text herantragen:
  - Wie ist der Text strukturiert?
  - Welches ist die Hauptaussage des Textes?
  - Was wird betont, was vernachlässigt?
  - Welches ist die Absicht der Autorin/des Autors?
  - Wo finden sich Widersprüche in den Aussagen?
  - Wie ist das Werk vor dem Hintergrund der damaligen Zeitgeschichte zu verstehen?
  - Welche Impulse sind auch heute noch aktuell?
  - etc.

Antworten auf solche Fragen können in literaturkritischen, wissenschaftlichen Arbeiten dargelegt werden. Dabei sollen sowohl Fragen der äußeren als auch der inneren Kritik bzw. Quelleninterpretation angesprochen werden.

Beim Umgang mit historischen Texten wird deutlich, wie wichtig es ist, eine Arbeit in einen größeren Kontext zu stellen: Die Bearbeitung jeder wissenschaftlichen Fragestellung geschieht in einem größeren Sinnzusammenhang – dies gilt auch bei aktuellen, heutigen Arbeiten. Dieser größere Sinnzusammenhang sollte in jeder wissenschaftlichen Arbeit offen gelegt werden. Entsprechend gehört in eine wissenschaftliche Arbeit auch eine ausdrückliche Begründung der Relevanz, warum Sie eine Thematik für bedeutend halten. Eine ausschließlich subjektiv-persönliche Motivation reicht dabei als Begründung nicht aus.

3.4 Arten von wissenschaftlichen Aussagen

Sowohl in der aktuellen als auch in der historischen Fachliteratur werden Sie verschiedenen Arten von Aussagen begegnen. Einzelne davon werden im Folgenden vorgestellt. Zentral ist, dass Sie beim Lesen (und später beim Schreiben) gedanklich zwischen diesen verschiedenen Arten unterscheiden. Es geht dabei um Definitionen, normative, theoretische und empirische Sätze bzw. Aussagen (vgl. Wulf, 1983, S. 98 ff.):

Definitionen

Definitionen sind sprachlich formulierte Gleichungen. Mit Definitionen wird erklärt, in welcher Weise ein Begriff verwendet wird oder verwendet werden soll. Definitionen halten fest, dass jedes Ding mit gewissen Eigenschaften zu einer ganz bestimmten Klasse gehört.

Beispiel: Intelligenz ist das, was der Intelligenztest misst.

Zu den meisten Begriffen der Sozialwissenschaften existiert eine Vielzahl unterschiedlicher Definitionen. Wenn in einer Arbeit ein Begriff definiert wird, sind immer mehrere (mindestens zwei) verschiedene Definitionen aufzuführen und miteinander zu vergleichen. Dabei ist beispielsweise aufzuzeigen, wie unterschiedlich ein Begriff verstanden werden kann oder aber was als gemeinsame Kennzeichen ersichtlich wird. Schließlich ist bilanzierend festzuhalten und zu begründen, in welcher Art und Weise der Begriff in der zu schreibenden Arbeit verwendet wird, wie er verstanden wird – und wie nicht. Ein einfaches Zitat (bspw. aus Wikipedia) reicht in einer wissenschaftlichen Arbeit als Definition nicht aus.

Bei empirischen Arbeiten sind Definitionen deshalb wichtig, weil sie als Grundlage für das Erstellen der Erhebungsinstrumente dienen (siehe dazu weitere Ausführungen zum Thema «Operationalisierung» in Kap. 9.5). Je nach Definition von «Schulqualität» muss z. B. in einem Fragebogen so oder anders gefragt werden.

Normative Aussagen

Normative Aussagen sind Werturteile, Normen, Vorschriften, die sich als Soll-Aussagen formulieren lassen. Solche Sätze lassen sich weder beweisen noch widerlegen.

Beispiel: Lehrpersonen sollen keine Kinder schlagen; Schülerinnen und Schüler dürfen den Unterricht nicht stören; Schulleitungen müssen ihre Schule vorausblickend gestalten.

Normative Sätze sind der Empirie also nicht zugänglich – und dennoch haben sie ihren Platz in einer wissenschaftlichen Arbeit. In einer guten wissenschaftlichen Arbeit ist jedoch immer ausdrücklich aufzuzeigen, aufgrund welcher Überzeugungen oder Wertvorstellungen eine normative Aussage erfolgt, d.h., die normative Basis ist offen zu legen. Nach Möglichkeit wird dabei auch aufgezeigt, warum aus einer anderen Perspektive ein anderes Werturteil gefällt werden könnte. Wissenschaftliche Arbeiten verzichten nicht auf normative Aussagen, sie versuchen aber, möglichst verschiedene (d.h. auch gegensätzliche) Perspektiven einzubeziehen. Normative Aussagen finden sich in guten wissenschaftlichen Arbeiten meist nur in der Einleitung (bspw. bei der Begründung der Relevanz einer Arbeit) oder in einer abschließenden Diskussion, wenn verschiedene Zugänge oder Ergebnisse bilanziert und deshalb beurteilt werden.

Theoretische Aussagen

Theorie versucht Erfahrungen zu ordnen und zu erklären. Theoretische Aussagen beantworten die «Warum-Frage». Oft sind sie erkennbar am Wort «weil»:

Beispiel: Schulunlust entsteht, weil sich Schülerinnen und Schüler in der Schule zu stark eingeengt fühlen.

Theoretische Aussagen sind ein ganz zentraler Bestandteil jeder wissenschaftlichen Arbeit. Wissenschaftlichkeit ist unter anderem auch durch Systematik gekennzeichnet, und systematische Zugänge sind häufig in Theorien zusammengefasst. Weil theoretische Bezüge (also systematische Erklärungen für Sachverhalte) in wissenschaftlichen Arbeiten so zentral sind, werden oft ganze Kapitel für Beschreibungen der Theorie verfasst. In solchen Fällen finden sich die Antworten auf die «Warum-Frage» selten in einem einzelnen Satz, sondern vielmehr in ganzen Abschnitten.

Empirische Aussagen

Theorien bzw. theoretische Aussagen können empirisch überprüft werden. Empirie heißt dabei etwa soviel wie «Erfahrung». Empirische Forschung umfasst die systematische Beschreibung und Erklärung von Erfahrungen. Empirische Aussagen haben somit immer einen Realitätsbezug. Sie sind in der Umwelt (und logisch) prüfbar.

Beispiel: Seit der letzten Erhebung konnten die Schülerinnen und Schüler ihre Leistungen im Fach «Mathematik» signifikant steigern.

Wissenschaftlichkeit ist nicht nur durch Systematik, sondern vor allem auch durch Überprüfbarkeit – und das heißt: durch Nachvollziehbarkeit – gekennzeichnet.

Empirische Sätze, die eine Aussage in der Umwelt überprüfen, sind deshalb ebenfalls ganz zentral in vielen wissenschaftlichen Arbeiten, in den sogenannten empirischen Arbeiten. In solchen Arbeiten werden die eigentlichen empirischen Aussagen ebenfalls in ganzen Kapiteln verfasst, sodass empirische Aussagen selten in Form eines einzelnen Satzes zu finden sind.

Diese Unterscheidungen zwischen Definitionen, normativen, theoretischen und empirischen Aussagen sind für wissenschaftliches Arbeiten absolut zentral. Beim Lesen helfen Ihnen diese Unterscheidungen, die Qualität der Quelle einzuschätzen. Wenn Sie nicht erkennen können, ob Aussagen empirisch gestützt oder bspw. normativ begründet werden, dann haben Sie keine gute Quelle vor sich.

Achten Sie aber vor allem auch beim eigenen Schreiben immer darauf, dass bei jeder einzelnen Aussage klar wird, ob Sie nun etwas vermuten, für plausibel erachten, definieren, ob Sie die Aussage empirisch belegen oder aber mit theoretischen Bezügen untermauern können. Diese Unterscheidungen müssen in Ihren Texten klar ersichtlich sein.

Aber selbst wenn in wissenschaftlichen Texten ganz klare Aussagen gemacht werden, ergibt sich immer ein gewisser Interpretationsspielraum.

3.5 Wissenschaftlicher Diskurs

Solche Interpretationsspielräume – aber auch unterschiedliche normative Grundlagen – führen oft zu Diskussionen. Wissenschaftliche Werke werden eben nicht nur gelesen, sondern auch interpretiert und diskutiert. Über gewisse Texte entbrennt in der wissenschaftlichen Gemeinschaft («scientific community») ein ausgewachsener «Streit» – ein wissenschaftlicher Diskurs.

Wenn in der Wissenschaft gestritten wird, so nicht (nur), um zu gewinnen, sondern hauptsächlich, um zu neuen, besseren Erkenntnissen zu gelangen. Dieser gesittete, wissenschaftliche Diskurs wird in Seminarien und an Kongressen mündlich geführt, oft jedoch auch schriftlich in Publikationen (Zeitschriften, Büchern usw.). Dabei gilt es gewisse Regeln einzuhalten:

- Sachlichkeit (nicht auf Personen zielen)
- Falls möglich: Bezugnahme auf eine Theorie
- Bemühen um widerspruchsfreie Aussagen
- Überprüfbarkeit/Nachvollziehbarkeit der Argumentation
- Angabe von Quellen, Methoden bzw. empirischen Grundlagen
- Wenn Werturteile gefällt werden: Angabe von Kriterien für dieses Urteil
- Offenlegen aller Fakten (auch jener, welche den eigenen Positionen widersprechen)

3.6 Zusammenfassung

Auf die entlang der Problem- und Fragestellung erfolgte Literaturrecherche folgt die Sichtung der Lektüre. Das Literaturstudium ist zentral, weil der bisherige Kenntnisstand den Ausgangspunkt für weitere Forschungsbemühungen darstellt. Die aus der Literatur abgeleitete Theorie bildet die Grundlage jeder wissenschaftlichen Arbeit.

Die SQ3R-Methode (Überblick, Fragen, Lesen, Beantworten, Kontrollieren) kann als Ausgangslage zur Entwicklung eigener Lesestrategien dienen. Wichtig ist, dass Sie bereits beim Lesen zentrale Stellen durch Markieren oder Exzerpieren für die spätere Verwendung greifbar machen. Beim Lesen und Schreiben von Texten soll unterschieden werden zwischen empirischen (erfahrungsbasierten), theoretischen (logischen) und normativen (wertenden) Aussagen. In wissenschaftlichen Arbeiten haben klare Begriffsdefinitionen einen hohen Stellenwert, weil letztlich die ganze Forschungsarbeit auf diesen Begriffen aufbaut. Eine stringente theoretische Argumentation führt zu einer guten Ausgangslage im wissenschaftlichen Diskurs, der fair geführt werden und dem Erkenntnisgewinn dienen soll.

An historischen Texten wird besonders deutlich, wie wichtig das Verständnis für den jeweiligen Kontext ist, um einen Text zu verstehen. Die Hermeneutik schlägt als Lehre vom Verstehen ein zirkuläres Vorgehen vor: Einerseits hilft das Verständnis eines Teils beim Verständnis des Ganzen – und umgekehrt. Andererseits tragen Lesende ihr Vorverständnis an den Text heran, um dieses immer und immer wieder am Text zu überprüfen und zu optimieren. Das optimierte (Vor-)Verständnis hilft wiederum den Text besser zu verstehen.

Werden historische Texte analysiert, so gilt es im Rahmen der «äußeren Kritik» den Hintergrund der Quelle auszuleuchten (Entstehung, Wirkungsgeschichte, Biografie des Autors, Adressaten, andere Werke des Autors, Echtheit der Quelle usw.). Die innere Kritik bzw. Quelleninterpretation baut ein Verständnis für den Text auf (Kernaussagen, Begrifflichkeiten, Widersprüche, Lücken, Textstruktur usw.).

Die Qualität Ihrer Literaturlektüre lässt sich erst erkennen, wenn Sie die Literatur verarbeitet und eine eigene Arbeit verfasst haben. Eine gute Arbeit haben Sie gemäß den Angaben in diesem Kapitel geschrieben, wenn ...

- mehrere Quellen verarbeitet wurden – auch widersprüchliche;
- aus der Darstellung der Theorie deutlich wird, dass Sie diese umfassend verstanden haben;
- mehrere Definitionen (mindestens zwei) gegenübergestellt werden;
- begründet wird, warum welche Definition der Arbeit zugrunde gelegt wird;

- immer klar ist, ob es sich um einen normativen, empirischen oder theoretischen Satz handelt;
- normative Aussagen unter Offenlegung der verwendeten Kriterien gut begründet werden und nur in der Einleitung bzw. Diskussion vorkommen;
- andere Autoren oder Positionen nicht persönlich, sondern nur auf einer sachlichen Ebene – gut begründet – angegriffen werden;
- bei historischen Arbeiten sowohl eine äußere als auch eine innere Kritik/Quelleninterpretation vorgenommen wird;
- der größere Sinnzusammenhang, in dem eine Arbeit zu verstehen ist, offen gelegt wird, indem die Relevanz der Arbeit über die subjektiv-persönliche Motivation hinaus aufgezeigt wird.

3.7 Lernaufgaben

Kontrollfragen

1. Ordnen Sie die fünf Phasen der Lesemethode SQ3R:
   a) Lesen/Read
   b) Arbeit kontrollieren/Review
   c) Fragen/Question
   d) Überblick/Survey
   e) Fragen beantworten/Recite

2. Was ist der Unterschied zwischen innerer und äußerer Kritik?

3. Was versteht man unter Hermeneutik?

4. Welche Funktion kommt dem hermeneutischen Zirkel zu?

Übungsaufgaben

5. Ordnen Sie die folgenden vier Sätze den entsprechenden Typen von Sätzen zu!

A. Eine gute Lehrperson sollte viele Hausaufgaben erteilen.		A. Empirischer Satz
B. 68 % der Schülerinnen und Schüler essen ein «Pausenznüni».		B. Theoretischer Satz
C. Unter der «Sozialkompetenz» wird die Fähigkeit verstanden, mit anderen Menschen konstruktiv umzugehen.		C. Normativer Satz
D. Weil die Beurteilung mit Ziffernnoten erfolgt, ist sie kaum förderorientiert.		D. Definition

6. Bitte kreuzen Sie an, um welche Art von Aussage es sich handelt:

theoretisch	normativ	empirisch	Definition	Aussage
☐	☐	☐	☐	Man soll nicht lügen.
☐	☐	☐	☐	Aus der Untersuchung ging hervor, dass Jugendliche umso gewalttätiger sind, je schlechter ihre Schulleistungen sind – und umgekehrt.
☐	☐	☐	☐	Lehrpersonen wird empfohlen, den Schultag mit einem kleinen Tageseinstieg zu beginnen.
☐	☐	☐	☐	Unter «Kausalität» wird die Tatsache verstanden, dass gewisse Ursachen zu entsprechenden Wirkungen führen.
☐	☐	☐	☐	Weil Lehrpersonen im Alltag stark durch zwischenmenschliche Kontakte herausgefordert werden, besteht die Gefahr, dass sie ausbrennen können.
☐	☐	☐	☐	Die Klassengröße in den Primarschulen des Kantons Zug beträgt im Mittel 19 Kinder.
☐	☐	☐	☐	Im Zentrum der Schule und des Unterrichts sollte stets das Wohlergehen des einzelnen Kindes stehen.
☐	☐	☐	☐	Die Politik müsste den Schulen mehr Mittel zur Verfügung stellen, damit diese die wachsenden Aufgaben bewältigen können.
☐	☐	☐	☐	Intelligenz wird hier verstanden als Fähigkeit einer Person, in einer neuen Situation kognitiv angemessen zu agieren.
☐	☐	☐	☐	Wenn Frauen in den Lehrberufen anzahlmäßig dominieren, wird der Lehrberuf für Männer weniger attraktiv.
☐	☐	☐	☐	14jährige hören im Mittel 2 Stunden pro Tag Radio.

Diskussionsaufgaben/Vertiefungsaufgaben

7. Was können Lehrpersonen vom Konzept des hermeneutischen Zirkels für ihren Unterricht ableiten?
8. Lesen Sie einen historischen Text (z. B. den Stanserbrief von Pestalozzi oder einen griechischen Klassiker wie «Menon»). Gehen Sie dabei nach der äußeren und inneren Kritik vor.
9. Lesen Sie das nächste Kapitel dieses Buches und wenden Sie dabei die SQ3R-Methode an.

3.8 Literatur

Weiterführende Literatur

Buchert, H. (2005). *Praxis des wissenschaftlichen Arbeitens: eine anwendungsorientierte Einführung; reden, schreiben, lesen, recherchieren, Grundlagen.* München: Oldenbourg. (Kap. 4).

von Werder, L. (1994). *Wissenschaftliche Texte kreativ lesen: kreative Methoden für das Lernen an Hochschulen und Universitäten.* Berlin: Schibri.

Rost, F. (2004). *Lern- und Arbeitstechniken für das Studium.* 4., durchges. Aufl. Wiesbaden: Verlag für Sozialwissenschaften. (Kap. 9)

Sesink, W. (2007). *Einfürung in das wissenschaftliche Arbeiten: Internet – Textverarbeitung – Präentation.* 7. aktualisierte Auflage. München: Oldenbourg. (Kap. 2.3)

Verwendete Literatur

Aretz, H.-J. (2000). Zur Konfiguration gesellschaftlicher Diskurse. In: H.-U. Nennen (Hrsg.), *Diskurs: Begriff und Realisierung (S. 161–181).* Würzburg: Königshausen & Neumann.

Bellers, J. & Kipke, R. (2006). *Einführung in die Politikwissenschaft.* 4. überarbeitete Auflage. München: Oldenbourg.

Hammermeister, K. (2006). Hans-Georg Gadamer. München: Beck.

Kreisky, E. (2002). *Hermeneutik.* http://evakreisky.at/onlinetexte/nachlese_hermeneutik.php. Besucht am 18.08.2004.

Schräder-Naef, R. (1994). *Rationeller Lernen lernen. Ratschläge und Übungen für alle Wissbegierigen.* 18. Auflage. Weinheim und Basel: Beltz.

Schräder-Naef, R. (1995). *Lerntraining für Erwachsene. Es lernt der Mensch so lang er lebt.* 3., unveränderte Auflage. Weinheim und Basel: Beltz.

Stangl, W. (1997). *Arbeitsschritte bei der Interpretation von Texten.* http://paedpsych.jk.uni-linz.ac.at/internet/arbeitsblaetterord/LITERATURORD/Textinterpretation.html. Verifiziert am 21.01.2011.

Vollmer, G. & Hoberg, G. (1994). *Top-Training: Lernen – Behalten – Anwenden.* Klett: Stuttgart.

von Werder, L. (1998). *Kreatives Schreiben von Diplom- und Doktorarbeiten.* 2. völlig überarbeitete Auflage. Berlin: Schibri-Verlag.

Wulf, C. (1982). *Theorien und Konzepte der Erziehungswissenschaft.* 3. Auflage. München: Juventa.

4 Thema eingrenzen und exzerpieren

«Die meisten Meinungen kommen zustande,
indem man vergisst, wo man sie gehört oder gelesen hat»
(Moriz Heimann).

4.1 Einleitung

Werden die wichtigsten Fakten, Argumente, Literaturhinweise, Theorien und Perspektiven einer Literaturquelle entlang einer ausgewählten Fragestellung zusammengefasst, so wird dies «exzerpieren» genannt. Ein brauchbares Exzerpt lässt sich folglich nur verfassen, wenn das Thema (mindestens vorläufig) eingegrenzt ist und eine klare Fragestellung vorliegt.

Um das Kapitel «Lesen» nicht zu überladen, wird dem Exzerpieren ein separates Kapitel gewidmet. Diese rein didaktisch begründete Gliederung soll nicht darüber hinwegtäuschen, dass das Lesen und Exzerpieren in der Praxis meist parallel erfolgt. Schließlich ist es zeitsparend, die gelesenen und bearbeiteten Quellen (Markierungen usw.) auch gleich mit Blick auf die eigene Fragestellung auszuwerten und zu dokumentieren.

Das Ziel eines Exzerpts besteht darin, Informationen eines Buches oder Artikels so festzuhalten und zu strukturieren, dass wichtige Zitate, Literaturhinweise, Argumente oder Gedankengänge später wieder genutzt werden können, wenn die Studienarbeit geschrieben wird. Beim Verfassen der Studienarbeit werden Sie bei allen Fachbegriffen, Konzepten, Argumenten, Theorien (usw.) Ihre Quelle angeben müssen. Genaue Exzerpte unterstützen Sie dabei, hier den Überblick zu behalten.

Die Untergruppen der Arbeitsgruppe «Schulqualität» der Schule Obertor haben Literatur zu unterschiedlichen Aspekten der Schulqualität gefunden und quer gelesen. Dabei wurde klar, dass in der Literatur viele relevante Hinweise vorliegen, die für eine Bestimmung des Begriffs «Schulqualität» hilfreich wären. Deshalb wurden unzählige Textstellen markiert, Post-it-Zettel in die Bücher geklebt, Kopien angefertigt und Notizen gemacht. Nun droht aber der Überblick verloren zu gehen, weil die vorhandenen Informationen noch zu wenig «greifbar» sind. Dies äußert sich darin, dass das «wo steht schon wieder, dass ...» an den Sitzungen zum geflügelten Wort wird. Um diesem Problem ein Ende zu setzen, schlägt die Projektleitung vor, zu den relevanten Texten (Bücher, Zeitschriftenartikel, Internetquellen usw.) Exzerpte zu verfassen. Die Exzerpte sollen helfen, die zur Beschreibung des Begriffs «Schulqualität» relevanten Informationen aus den verschiedenen Quellen herauszufiltern und zu verdichten. Dabei soll bei jeder Information rückverfolgbar bleiben, aus welcher Quelle sie stammt.

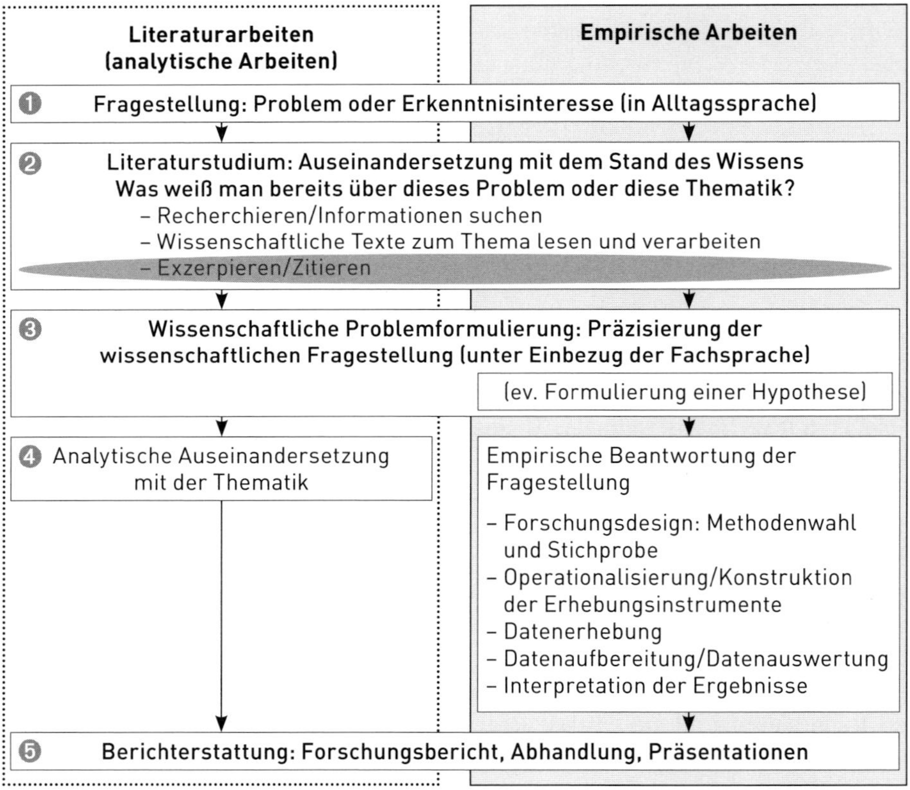

4.1.1 Bedeutung des Themas

Der Begriff «exzerpieren» stammt aus dem Lateinischen («excerpere») und bedeutet etwa so viel wie «herausnehmen» (vgl. Buchert & Sohr, 2004, S. 60). Damit relevante Erkenntnisse und Fakten nicht vergessen gehen, sollten diese möglichst schon beim ersten Lesen systematisch und effizient «herausgenommen» werden. Nur allzu oft geschieht es sonst, dass beim Schreiben der Arbeit nicht mehr klar ist, woher eine Information stammt. Dies kann zu unbeabsichtigten Plagiaten führen.

Bei größeren Arbeiten müssen Unmengen von Büchern verarbeitet werden – so viele, dass es gar nicht möglich ist, sie alle gleichzeitig vor sich auf das Pult zu legen (Platzbedarf, Ausleihebeschränkungen, Überblick). Um dennoch eine Vielzahl von Büchern verarbeiten zu können, werden sie nach und nach ausgeliehen und Exzerpte angefertigt (vgl. Kammer, 1997, S. 18). Dabei handelt es sich um persönliche Zwischenergebnisse, die normalerweise niemandem vorgelegt werden müssen. Weil der Schritt von der Fachliteratur direkt zur eigenen Qualifikationsarbeit groß ist, ist der Zwischenschritt «Exzerpt» dennoch lohnenswert.

Wenn Sie nicht nur wörtliche Zitate «abschreiben», sondern selber kleine Zusammenfassungen im Sinne von sinngemäßen Zitaten anfertigen, müssen Sie den Inhalt Ihrer Lektüre verstehen und verarbeiten (vgl. Buchert & Sohr, 2004, S. 60). Diese Auseinandersetzung führt zu Fragen, Hypothesen usw., welche für Ihre Arbeit fruchtbar sein können.

Haben Sie die Exzerpte auf Ihrem Computer gespeichert, so können Sie in Ihren Exzerpten elektronisch nach bestimmten Stichworten suchen. Außerdem können Sie wörtliche und sinngemäße Zitate, bibliografische Angaben und eigene Kommentare als einzelne Bausteine in Ihre Arbeit kopieren (vgl. Kammer, 1997, S. 18 ff.). Das kann Ihre Arbeit sehr erleichtern.

4.1.2 Wichtige Begriffe

Exzerpt
Zusammenfassung einer Literaturquelle, die im Hinblick auf eine bestimmte Fragestellung vorgenommen wurde, und alle Angaben enthält, welche für das spätere Zitieren in eigenen Studienarbeiten relevant sind

bibliografische Angaben
Angaben, die zu einer Literaturquelle gehören und diese später wieder auffindbar machen (Autor, Erscheinungsjahr, Titel, Verlag, Erscheinungsort, Auflage, URL, Herausgeber usw.)

Exzerptkopf
«bibliografische Angaben», die am Anfang eines Exzerpts festgehalten werden

4.1.3 Was Sie erwartet

Damit Sie ein gutes Exzerpt schreiben können, benötigen Sie ein eingegrenztes Thema, aus dem sich eine Fragestellung für die Literaturrecherche ergibt[6] (vgl. Franck, 2000, S. 23). Weil diese Fokussierung für das Anfertigen eines Exzerpts sehr bedeutsam ist und weil diese Beschränkung oft schwer fällt, widmet sich das erste der folgenden Unterkapitel der Eingrenzung des Themas (siehe Kap. 4.2).

6 Die Fragestellung der Literaturrecherche (Exzerpt) muss nicht zwingend mit der Fragestellung der Studienarbeit identisch sein. Ein Buch kann z. B. auch bezüglich einer Teilfragestellung exzerpiert werden.

Im folgenden Unterkapitel (siehe Kap. 4.3) wird die Struktur von Exzerpten angesprochen, wobei eine dreiteilige Gliederung in Exzerptkopf, Inhalt und eigene Kommentare vorgeschlagen wird. Ein separates Unterkapitel (siehe Kap. 4.4) verdeutlicht diese Konzeption anhand eines Beispiels, bevor auf einzelne Stolpersteine im Zusammenhang mit Exzerpten eingegangen wird.

4.1.3 Ziele: Was Sie lernen sollen

Nach der Bearbeitung dieses Kapitels können Sie ...

- Ihr Thema bzw. Ihre Fragestellung derart eingrenzen, dass es möglich wird, gezielte Exzerpte anzufertigen;
- Exzerpte verfassen, die formal korrekt und für künftige Qualifikationsarbeiten nützlich sind;
- sauber zwischen den Aussagen der Autorin bzw. des Autors und Ihren eigenen Kommentaren unterscheiden;
- den Nutzen und die Handhabung von Exzerpten erklären.

4.2 Thema festlegen bzw. eingrenzen

Nicht selten kommt es vor, dass beim Sichten und Exzerpieren von Literatur immer klarer wird, dass das gewählte Thema oder die Fragestellung ungeeignet ist. So kann das Thema zu weit oder zu eng gefasst sein, es können veraltete Begrifflichkeiten oder (subjektive) Theorien in die Fragestellung eingeflossen sein, die Frage kann in der Fachliteratur bereits zur Genüge beantwortet worden sein usw. In solchen Fällen drängt sich eine Neuformulierung der Frage bzw. eine neue thematische Fokussierung auf. Aber nur wenn frühzeitig mit der Literatursuche und dem Exzerpieren angefangen wird, bleibt genügend Zeit für eine solche Neuausrichtung.

Aus Angst zu wenig Stoff zu haben und aus inhaltlicher Unkenntnis werden Themen anfänglich meist zu weit gefasst. Es lohnt sich aber, die Grenzen relativ eng zu ziehen und diese im Forschungsbericht samt ihren Begründungen sichtbar zu machen. Zu weit gefasste Themen sind für das Verfassen von Exzerpten hinderlich, weil sehr ausführliche Exzerpte verfasst werden müssten. Ist das Thema hingegen stark eingegrenzt, so können manchmal sogar dicke Bücher mit wenigen Sätzen vollständig exzerpiert werden.

Oft ist es schmerzhaft, sich von einem zu weit gefassten Thema zu lösen und sich auf einen kleinen Ausschnitt zu beschränken. Diese Begrenzung ist aber außerordentlich wichtig, weil Sie das einmal gewählte Thema für eine wissenschaftliche Arbeit möglichst vollständig behandeln müssen. Eine umfassende Betrachtung ist natürlich bei einem eng gefassten Thema einfacher als bei einem endlosen Thema.

Grenzen Sie Ihr Thema also mutig ein und erwähnen Sie in Ihrer Arbeit auch, worüber Sie bewusst nicht schreiben – und warum.

Jedes Thema kann durch die Formulierung einer entsprechenden Fragestellung so präzisiert und eingegrenzt werden, dass es überschaubar wird. Für die Eingrenzung eines Themas existieren unterschiedliche Strategien, man kann z. B. (vgl. dazu Bünting, 2002):

- eine spezielle Perspektive einnehmen
- einen begrenzten Zeitraum oder Ort betrachten
- einen ausgewählten Aspekt untersuchen
- einen Überblick geben
- eine begrenzte Anzahl von Theorien, Positionen vergleichen
- von einem konkreten Fall ausgehen
- verschiedene der obigen Möglichkeiten kombinieren

Achten Sie darauf, dass Sie sich mit der Wahl des Themas weder unter- noch überfordern. Wichtig ist außerdem, dass Sie überprüfen, ob für das neu eingegrenzte Thema genügend Literatur auffindbar ist.

Ist Ihnen das zu bearbeitende Thema bzw. die Fragestellung klar, so kann das Exzerpieren beginnen.

4.3 Struktur von Exzerpten

Früher wurden Exzerpte teilweise von Hand auf Papier oder Karteikarten geschrieben. Heute ist es auch möglich, Exzerpte in Datenbanken zu speichern, was das Sortieren und die Übersicht vereinfacht. Es gibt spezielle Literaturverwaltungsprogramme, welche bei größeren Projekten eingesetzt werden können (vgl. dazu Kap. 5.5). Wenn Sie auf diese Softwarelösungen verzichten, legen Sie für Ihre Quellen (Buch, Internetseite, Zeitschriftenartikel) am besten ein Worddokument an. So können Sie im entsprechenden Dokument oder auf Ihrer ganzen Harddisk elektronisch nach Stichworten suchen, müssen aber keine Datenbank auswählen, anschaffen, programmieren bzw. bedienen.

Für die Erstellung eines Exzerpts in Form eines elektronischen Dokuments wird hier vorgeschlagen, drei Teile bzw. Bereiche vorzusehen:

a) Exzerptkopf: alle bibliografischen Angaben

b) Inhalt: Gehalt der Quelle bezogen auf die Fragestellung

c) eigene Kommentare: Dokumentation der persönlichen Auseinandersetzung

4.3.1 Exzerptkopf

Zunächst wird ein Exzerptkopf erstellt, welcher z. B. folgende Angaben enthält:

- Ihr Name
- Lesedatum
- Fragestellung
- Bibliografische Angaben des Werks
  - Titel
  - Untertitel
  - Autor(en)
  - ev. Herausgeber
  - Auflage
  - Erscheinungsjahr
  - Erscheinungsort
  - Verlag
  - ev. URL (Website)
  - Standort (Name der Bibliothek, ev. Signatur)

4.3.2 Gehalt der Quelle bezogen auf die Fragestellung

Anschließend folgen die sinngemäßen und wörtlichen Zitate, welche für die vorliegende Fragestellung von Interesse sind (samt genauen Seitenzahlen). Bei sinngemäßen Zitaten handelt es sich um knappe Zusammenfassungen des Originaltextes in eigenen Worten, wobei die Zusammenfassung im Idealfall exakt auf die Fragestellung zugespitzt wird. Wörtliche Zitate werden in Anführungs- und Schlusszeichen gesetzt, damit diese später wieder als solche identifizierbar sind (vgl. Kap. 5.3.1). Dabei dürfen keinerlei Änderungen vorgenommen werden – auch nicht an der Rechtschreibung.

Bei den im Exzerpt festgehaltenen sinngemäßen und wörtlichen Zitaten handelt es sich zumeist um (vgl. Peyrin, 2007, S. 83 ff.):

- Definitionen (meist wörtlich, weil hier Präzision unabdingbar ist)
- Argumentationen, Thesen, Hypothesen
- Fakten/Zahlen
- Untersuchungsergebnisse (z. B. Zahlen oder gar Tabellen)
- Grundstruktur des Werks bzw. Artikels (z. B. die wichtigsten Zwischentitel)
- Verweise auf andere Texte bzw. wichtige Grundlagenliteratur zum Thema
- Situierung, Kontext der Literaturquelle (in welchem Zusammenhang ist die Quelle entstanden?)

4.3.3 Persönliche Auseinandersetzung

Sie müssen jederzeit unterscheiden können, welche Einsichten von Ihnen selbst stammen und welche Sie aus Quellen übernommen haben. Deshalb ist beim Exzerpieren zentral, dass Sie Ihre eigenen Kommentare von den Aussagen der Autorin bzw. des Autors trennen (vgl. Peyrin, 2007, S. 84). Dies können Sie tun, indem Sie beispielsweise Ihre Initialen (oder das Schlüsselwort «Memo») voranstellen, eine andere Schrift wählen, mit dem Tabulator einrücken oder eine separate Spalte im Exzerpt dafür verwenden. Als eigene Einsichten können Sie z. B. festhalten:

- spontane persönliche Einsichten, AHA-Erlebnisse und Assoziationen
- eigene Bemerkungen, Kommentare, Einschätzungen
- eigene Beispiele
- Kritik, Gegenbeispiele, Widersprüche
- offene Fragen
- Einschätzung der Brauchbarkeit bzw. Relevanz der Quelle

Diese eigenen Überlegungen helfen Ihnen später, das Gelesene eigenständig zu verarbeiten und weiterzudenken. Eine solche Eigenleistung gehört zu einer guten wissenschaftlichen Arbeit – und sie beginnt beim Lesen und Exzerpieren.

4.4 Beispiel eines Exzerpts

Das folgende Beispiel eines Exzerpts lehnt sich an die Vorgaben von Peyrin (2007) an und soll die obigen Hinweise veranschaulichen (vgl. S. 82 ff.):

Exzerptkopf

Ihr Name:	*Heidi Muster*
Lesedatum:	*23. April 2010*
Fragestellung:	*Was versteht der Autor unter «Schulqualität»?*
Titel:	*Qualität im Bildungswesen*
Untertitel:	*Schulforschung zu Systembedingungen, Schulprofilen und Lehrerleistung*
Autor(en):	*Helmut Fend*
ev. Herausgeber:	–
Auflage:	*1. Auflage*
Erscheinungsjahr:	*1998*

Erscheinungsort: *Weinheim und München*

Verlag: *Juventa*

ev. URL (Website): –

Standort (ev. Signatur): *Mediothek Pädagogische Hochschule Zentralschweiz, Zug*

Seite	Gehalt der Quelle bezogen auf die Fragestellung	eigene Kommentare
7	**Vorwort**	
7	Systematische Zusammenstellung von Fends Untersuchungen zur Qualität des Bildungswesen über 25 Jahre hinweg (1969–1995)	Nicht mehr aktuell, für die Fragestellung aber dennoch von Bedeutung
7	Fragestellung des Buches: Welche Hinweise ergeben die Untersuchungen für die Qualitätsmerkmale des Bildungswesens und wodurch kann Qualität entstehen und gesichert werden?	Ich gehe davon aus, dass «Qualität im Bildungswesen» und «Schulqualität» Synonyme sind
13-16	**1. Einleitung**	
13	Grundthese: Die Qualität von Schulsystemen muss auf «verschiedenen Gestaltungsebenen» bestimmt werden, die miteinander zusammen hängen.	Wie ist dieser Zusammenhang genau zu verstehen? Welche Ebene wirkt auf welche?
14	Früher: Qualität im Bildungswesen hängt vom Lehrer ab Ab späten 60er Jahren: Qualität im Bildungswesen hängt v.a. von gerechten Strukturen ab.	Was ist nun wirklich wichtig? Lehrpersonen oder Strukturen?
14	Unter «Gestaltungsebenen» versteht Fend: Makroebene: «rechtlich-organisatorische Rahmenbedingungen» Mesoebene: «Zwischenebene» zwischen Makro- und Mikroebene Mikroebene: «Schulklasse mit dem jeweils unterrichtenden Lehrer»	Fend beschreibt hier nur sehr unscharf, was er genau mit der Mesoebene meint, er bezeichnet sie einfach als «Zwischenebene».
14	«Das Qualitätsbewusstsein ist somit durch verschiedene Ebenen des Bildungswesens ‹gewandert›: von der Mikroebene zur Makroebene und schließlich zu einer dritten Ebene, die man die ‹Mesoebene› nennen könnte».	

15	Fend argumentiert einerseits auf der Basis von eigenen Schulbesuchen und der dort subjektiv erfassten schulischen Qualität und andererseits vor dem Hintergrund systematischer, quantitativer Vergleichsstudien.	Bei meinem Schulbesuch in Musterstadt habe ich Schulqualität auch sehr eindrücklich erfahren.
15	Nachtrag zur Mesoebene: «*Mesoebene*, die in die Verantwortung der Lehrerschaft, der Schülerschaft und der Elternschaft gestellt ist».	Wahrscheinlich meint Fend hier die Ausgestaltung des Schullebens an der einzelnen Schule.
16	«... die normative Frage, was nun ‹gut› ist, was nun ‹Qualität› bedeutet, führte heute nicht mehr selbstverständlich zu einem Konsens.»	Wenn Schulqualität normativ und ein Konsens ohnehin nicht zu erzielen ist, könnte ja jede Schule selber bestimmen, was Qualität bedeutet.
16	Fend postuliert, dass nicht nur die verschiedenen Gestaltungsebenen je für sich genommen Qualität haben können, sondern dass auch die Beziehungen zwischen diesen Ebenen, ja sogar die «Stimmigkeit der ‹Gesamtgestalt› eines Bildungssystems» für die Bestimmung der Qualität entscheidend sind.	
19-46	**Erster Teil: Schulqualität** **2. Fallstudien zur Schulqualität: Wie gut können Schulen sein? Anschauungsunterricht in verschiedenen Ländern**	

In obigem Beispiel wurden zu Demonstrationszwecken mehrere Kommentare angefügt. Außerdem wurden eher viele Aussagen aus dem Buch exzerpiert. Dies liegt u. a. daran, dass die Fragestellung «Was versteht der Autor unter ‹Schulqualität›?» zu weit gefasst ist. Für eine sinnvolle Weiterarbeit müsste nach dieser Erfahrung eine (weitere) Eingrenzung des Themas vorgenommen werden, z. B. «Schulqualität auf der Mesoebene», verbunden mit der neuen Fragestellung «Was versteht der Autor auf der Ebene der Einzelschule (Mesoebene) unter ‹Schulqualität›?»

Abschließend sei an dieser Stelle darauf hingewiesen, dass beim Exzerpieren große Sorgfalt gefragt ist, weil hier entstandene Fehler später mit großer Wahrscheinlichkeit nicht mehr erkannt werden. Folgende Stolpersteine gilt es zu beachten:

- Wenn Sie eine Quelle nur auszugsweise lesen, besteht die Gefahr, dass Sie die Ansichten der Autorin oder des Autors aus dem Zusammenhang reißen oder gar falsch dokumentieren (vgl. Frank, 2000, S. 18). Diese Gefahr besteht beispielsweise, wenn in einem Text über drei Seiten hinweg beschrieben wird, wie ein Sachverhalt *nicht* zu verstehen ist. Haben Sie die Einleitung dazu nicht gelesen, so ist die Wahrscheinlichkeit groß, dass sich in Ihrem Exzerpt Fehler einschleichen.

- Im Text wird bereits eine andere Autorin oder ein anderer Autor zitiert. Falls Sie die ursprüngliche Originalquelle nicht festhalten, sind fehlerhafte Angaben in Ihrer Qualifikationsarbeit programmiert.

4.5 Zusammenfassung

Da die Literaturquellen beim Exzerpieren entlang eines ausgewählten Themas bzw. einer Fragestellung bearbeitet werden, ist die Festlegung und Eingrenzung des Themas eine wichtige Voraussetzung für ein gutes Exzerpt. Im Exzerpt werden alle notwendigen bibliografischen Angaben, die zentralen Aussagen der Literaturquelle bezüglich der gewählten Fragestellung sowie eigene Kommentare festgehalten.

Gute Exzerpte stellen eine wesentliche Hilfe für das Verfassen wissenschaftlicher Texte dar (vgl. Bünting, 2002). Damit die Exzerpte nützlich sind, müssen verschiedene Kriterien beachtet werden:

- Der Exzerptkopf enthält alle notwendigen Angaben (Lese- und Exzerpierdatum, Bibliografie, Standort des Textes), weil nur so später ein korrektes Zitieren möglich wird.
- Die (vorläufige) Fragestellung ist ersichtlich.
- Das Exzerpt enthält sinngemäße (Paraphrasen) und/oder wörtliche Aussagen (Zitate), die als solche gekennzeichnet sind (Seitenangaben nicht vergessen).
- Wörtliche Aussagen sind korrekt zitiert: («…»); sämtliche Rechtschreibefehler usw. werden unbesehen übernommen.
- Eigene Ideen, Kommentare sind (vom Übrigen abgegrenzt) ersichtlich.

Buchert & Sohr (2004) formulieren folgendes Qualitätskriterium für Exzerpte: «Ein Exzerpt ist dann gelungen, wenn Sie es ohne den Originaltext für die weitere Arbeit verwenden können!» (S. 63).

An der fertigen Studienarbeit lässt sich zwar nur indirekt ablesen, ob Sie gut exzerpiert haben. Auf ein gutes Exzerpt kann aber zurück geschlossen werden, wenn …

- die relevante Literatur zum (eingegrenzten) Thema vollständig verarbeitet wurde.
- die Studienarbeit klar strukturiert ist.

- die Quellenverweise (Autor, Seite, Jahr) und die Zitate korrekt sind.
- die Positionen der zitierten Autorinnen und Autoren korrekt dargestellt und nicht aus dem Zusammenhang gerissen wurden.
- das Literaturverzeichnis vollständig und korrekt ist (siehe Kap. 5.4).

4.6 Lernaufgaben

Kontrollfragen

1. Was ist ein Exzerpt?
2. Wozu ist ein Exzerpt nützlich?
3. Welche Angaben werden in einem Exzerpt festgehalten?
4. Warum ist es wichtig, im Exzerpt klar zwischen den Inhalten der Literaturquelle und den eigenen Meinungen zu trennen?
5. Warum ist es für das Verfassen eines Exzerpts wichtig das Thema einzugrenzen?

Übungsaufgaben

6. Wählen Sie ein Thema und grenzen Sie dieses derart ein, dass es für das Verfassen eines Exzerpts geeignet wäre.
7. Denken Sie sich zu einem vorliegenden Artikel oder Buchkapitel eine Fragestellung aus und erstellen Sie ein Exzerpt dazu.
8. Entwickeln Sie ein elektronisches Formular, welches Ihnen als Vorlage für Ihre Exzerpte dienen kann.

Diskussionsaufgaben/Vertiefungsaufgaben

9. Wie gehen Sie konkret vor, wenn Sie Ihr erstes Exzerpt verfassen bzw. welche Erfahrungen haben Sie beim Verfassen von Exzerpten bereits gemacht?
10. Welche Nachteile hat das Verfassen von Exzerpten?
11. Welche Unterschiede und Gemeinsamkeiten sehen Sie zwischen Exzerpten und Zusammenfassungen?

4.7 Literatur

Weiterführende Literatur

Fragnière, J.-P. (1996). *Wie schreibt man eine Diplomarbeit.* 4. unveränderte Auflage Bern: Haupt. (Kap. 3 und Kap. 4: Themenwahl und Testung des gewählten Themas)

Kruse, O. (2002). *Keine Angst vor dem leeren Blatt: ohne Schreibblockaden durchs Studium.* 9. Auflage. Frankfurt/Main: Campus. (S. 215 ff.)

Nikles, B. W. (2007). *Methodenhandbuch für den Studien- und Berufsalltag.* Soziologie/Forschung und Wissenschaft, Bd. 23. Berlin: Lit. (S. 85 ff.)

Verwendete Literatur

Bünting, K. D. (2002). *Schreiben im Studium: mit Erfolg. Ein Leitfaden.* Berlin: Cornelsen Scriptor. [Begleit-CD]

Burchert, H. & Sohr, S. (2004). *Praxis des wissenschaftlichen Arbeitens: eine anwendungsorientierte Einführung; reden, schreiben, lesen, recherchieren, Grundlagen. Studien- und Übungsbücher der Wirtschafts- und Sozialwissenschaften.* München: Oldenbourg.

Franck, N. (2000). *Schlüsselqualifikationen vermitteln: ein hochschuldidaktischer Leitfaden.* Marburg: Tectum-Verlag.

Kammer, M. (1997). *Bit um Bit. Wissenschaftliche Arbeiten mit dem PC.* Stuttgart: Metzlersche Verlagsbuchhandlung.

Pyerin, B. (2007). *Kreatives wissenschaftliches Schreiben: Tipps und Tricks gegen Schreibblockaden.* Weinheim, München: Juventa-Verlag.

5 Zitieren

«Schreibe von einem ab, dann ist das Plagiat – schreibe von zweien ab, dann ist das Forschung» *(Wilson Mizner).*

5.1 Einleitung

Gut fundierte Arbeiten werden nicht im luftleeren Raum geschrieben. Dies gilt für alltägliche und berufliche Auseinandersetzungen, bei denen Argumente nachvollziehbar dargelegt werden sollen. Dies gilt ganz speziell aber auch für wissenschaftliche Arbeiten, die immer auf bisherigen Erkenntnissen aufbauen und diese weiterführen. Deshalb ist es wichtig, in eigenen Arbeiten Bezug auf andere Werke und Vorarbeiten zu nehmen. So wird auch dokumentiert, dass eine eigene Auseinandersetzung mit dem bisherigen Stand des Wissens stattgefunden hat. Die Angaben dazu, auf welchen Erkenntnissen eine Argumentation aufbaut, liefern so auch die Grundlage, um einen wichtigen Aspekt der Qualität einer Arbeit einzuschätzen: Anhand dieser Angaben wird deutlich, wie gut die Argumentation abgestützt ist, wie verlässlich, wie relevant, wie aktuell also das Fundament ist, auf dem die eigene Argumentation aufgebaut wird.

Werden in wissenschaftlichen Arbeiten Angaben aufgeführt, die das Fundament der eigenen Argumentation offenlegen, wird dies «zitieren» genannt. Damit sind nicht nur wörtliche Zitate gemeint, sondern grundsätzlich alle Ideen, Erkenntnisse, Einsichten und Befunde, die von anderen übernommen werden.

Schule Obertor setzt sich mit Schulqualität auseinander und will die Qualität ihrer Schule evaluieren. Um sich klar zu werden, was man eigentlich über Schulqualität bereits weiß, hat die Arbeitsgruppe «Schulqualität» viel Literatur zu unterschiedlichen Aspekten von Schulqualität zusammengetragen, gesichtet und Exzerpte geschrieben. Nun will sie in ihrem Bericht darlegen, aus welchen Quellen sie ihre Ideen hat und auf welche Grundlagen sie in ihrer Argumentation zurückgreift. Wie kann sie den Bericht gestalten, dass immer klar ist, von wem die Gedanken stammen, und dass der Bericht dennoch gut lesbar bleibt?

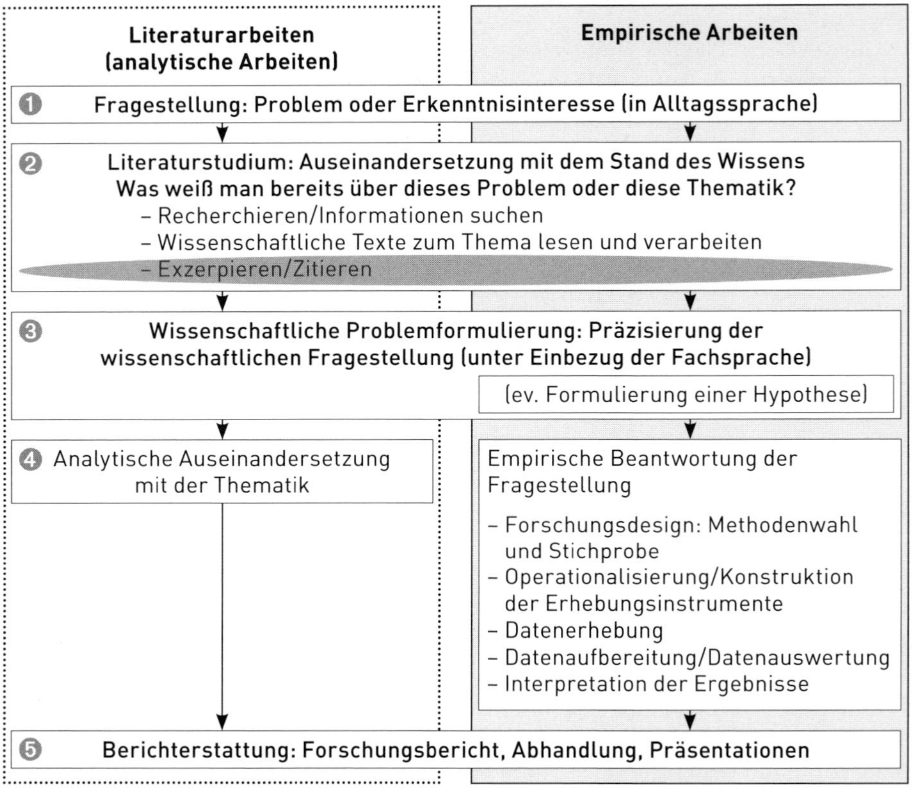

5.1.1 Bedeutung des Themas

Das Zitieren dient der Nachvollziehbarkeit einer Argumentation. Es ist ein zentrales Ziel von Wissenschaftlichkeit, sämtliche Aussagen so darzustellen, dass sie nachvollziehbar sind und gegebenenfalls überprüft werden können. Werden bestimmte Aussagen in einem wissenschaftlichen Text formuliert, muss klar sein, woher diese Aussagen stammen. Nur damit wird das zentrale Prinzip der Nachvollziehbarkeit eingelöst: Wissenschaft begnügt sich nicht damit, Aussagen zu glauben oder auf deren Wahrheit zu vertrauen, Wissenschaft will viel mehr kritisch prüfen können, wie Erkenntnisse zustande gekommen sind und unter welchen Bedingungen sie deshalb Gültigkeit beanspruchen dürfen.

Wichtige Voraussetzung für die Nachvollziehbarkeit einer Argumentation ist das korrekte Zitieren. Zitieren, also die benutzten Quellen anzugeben, ist auch eine Frage der Redlichkeit und der Fairness. Es ist unehrlich, fremde Erkenntnisse als eigene auszugeben. Wird in einem wissenschaftlichen Text nicht angegeben, von wem eine Erkenntnis stammt, wird sie automatisch dem Autor oder der Autorin dieses Textes zugeschrieben. Werden ganze Abschnitte oder zentrale Gedankengänge aus Quellen übernommen, ohne den Ursprung offenzulegen, wird von Plagiaten gesprochen. Plagiate sind nicht nur Ausdruck von Unehrlichkeit oder fehlender Redlichkeit. Plagiate sind Diebstahl geistigen Eigentums und stellen ein Delikt dar, das juristische Konsequenzen haben kann.

Zu viele Quellen anzugeben, ist allerdings ebenso unredlich wie das Auslassen von Quellen. Anhand der Angaben, auf welchen Erkenntnissen eine eigene Argumentation aufbaut, wird auch die Qualität einer Arbeit eingeschätzt, wie gut die Argumentation abgestützt ist, wie verlässlich, wie relevant, wie aktuell das Fundament ist, auf dem die eigene Argumentation aufgebaut wird. Werden nun weitere Quellen angegeben, die nicht selbst verarbeitet wurden, so werden falsche Angaben zum eigenen Fundament gemacht: Es wird als stabiler, größer, breiter dargestellt als es tatsächlich ist. Deshalb werden grundsätzlich nur diejenigen Quellen angegeben, die auch selbst verarbeitet wurden.

5.1.2 Wichtige Begriffe

Prinzip der Nachvollziehbarkeit
Gewährleistet ein zentrales Ziel von Wissenschaftlichkeit, damit sämtliche Aussagen nachvollziehbar und damit überprüfbar werden; Wissenschaft begnügt sich nicht damit, Aussagen zu glauben oder auf deren Wahrheit zu vertrauen, Wissenschaft will kritisch prüfen können, wie Erkenntnisse zustande gekommen sind und unter welchen Bedingungen sie Gültigkeit beanspruchen dürfen

Plagiat
Übernahme von ganzen Abschnitten oder zentralen Gedankengängen aus Quellen, ohne den Ursprung offenzulegen; Plagiate sind Diebstahl geistigen Eigentums und können juristische Konsequenzen haben

Quellenverweise
Angaben im Fließtext einer Arbeit, von wem Informationen, Konzepte, Ideen oder Hinweise stammen; in Quellenverweisen reicht ein Hinweis auf den Autor, das Erscheinungsjahr und allenfalls die Seitenzahl

Zitate, wörtliche
Originalgetreue Wiedergabe von einzelnen Abschnitten, einzelnen Sätzen oder Satzteilen aus fremden Quellen

Zitate, sinngemäße
Zusammenfassende Wiedergabe ganzer Sinneinheiten aus fremden Quellen in eigenen Worten

Literaturverzeichnis
Liste am Ende einer wissenschaftlichen Arbeit, in der die vollständigen bibliografischen Angaben von allen benutzten Quellen aufgeführt werden

5.1.3 Was Sie erwartet

Das vorliegende Kapitel gibt Hinweise, wie in einer Arbeit das Fundament der eigenen Argumentation offengelegt und wie gewährleistet werden kann, dass jederzeit nachvollziehbar ist, von wem Ideen, Erkenntnisse, Einsichten und Befunde stammen. Dazu werden einige Grundsätze des Zitierens benannt, z. B. wie häufig und in welchem Umfang zitiert werden darf (siehe Kap. 5.2). Anschließend folgen formale Hinweise, wie Quellenverweise gemäß den Richtlinien der Deutschen Gesellschaft für Psychologie anzugeben sind (siehe Kap. 5.3), wobei nach wörtlichen Zitaten (Kap. 5.3.1) und nach sinngemäßen Zitaten (Kap. 5.3.2) unterschieden wird und der Umgang mit Zitaten aus dem Internet speziell berücksichtigt wird (Kap. 5.3.3). Das Kapitel zu den Quellenverweisen wird mit einem Hinweis auf einige Sonderfälle, die es zu beachten gilt, abgeschlossen (Kap. 5.3.4).

Anschließend folgen die Richtlinien für die Gestaltung der Literaturverzeichnisse (Kap. 5.4) sowie ein Hinweis zum Umgang mit spezialisierter Software, die einem die Handhabung der Zitationsrichtlinien wesentlich vereinfachen kann (Kap. 5.5).

5.1.4 Ziele: Was Sie lernen sollen

Nach der Bearbeitung dieses Kapitels können Sie …

- begründen, warum das Zitieren in wissenschaftlichen Arbeiten bedeutsam ist;
- den Unterschied zwischen Quellenverweisen und Literaturverzeichnissen erklären;
- wörtliche und sinngemäße Zitate formal korrekt in eine eigene Arbeit integrieren;
- verschiedene Sonderfälle beim Zitieren benennen;
- verschiedene Arten von Quellen formal korrekt in einem Literaturverzeichnis dokumentieren.

5.2 Grundsätze des Zitierens

Das Zitieren dient der Nachvollziehbarkeit einer Argumentation. Wichtige Voraussetzung für die Nachvollziehbarkeit einer Argumentation ist das korrekte Zitieren. Grundsätzlich darf jederzeit zitiert werden, sofern die präzise Quelle angegeben wird und zitierte Aussagen nicht aus dem Kontext gerissen werden. Es gibt keine Beschränkungen, wie häufig zitiert werden darf oder wie viele Quellen berücksichtigt werden können. Es muss einfach nachvollziehbar bleiben, wessen Argumente, Erkenntnisse und Einsichten vorgetragen werden. Keine Quellenverweise braucht es hingegen bei allgemein bekannten Banalitäten (bspw. «Das Klassenklima ist nicht in jeder Klasse gleich gut.»).

Grundsätzlich ist beim Zitieren zu unterscheiden zwischen *Quellenverweisen* einerseits und dem *Literaturverzeichnis* andererseits. Die Quellenverweise werden im Fließtext der Arbeit aufgeführt um anzugeben, von wem Konzepte, Ideen oder Hinweise stammen. Dabei reicht ein Hinweis auf den Autor, das Erscheinungsjahr und allenfalls die Seitenzahl. Der Quellenverweis hat eine identische Form, unabhängig davon, ob ein Buch, eine Zeitschrift oder eine Internetseite zitiert wird (vgl. Kap. 5.3). Die vollständigen Angaben zu diesen Quellenverweisen finden sich erst im Literaturverzeichnis, das nach dem Fließtext in einem eigenen Kapitel aufgeführt wird (vgl. Kap. 5.4).

5.3 Quellenverweise

Argumente, Gedankengänge oder Erkenntnisse, die nicht von einem selbst stammen, sowie wörtliche Zitate werden im Text mit einem eindeutigen Quellenverweis markiert. Für die formal korrekte Angabe der Quellen gibt es unterschiedliche Konventionen. Entscheidend ist, sämtliche Quellen

- eindeutig,
- nachvollziehbar und
- innerhalb einer Arbeit konsequent gemäß derselben Konvention

anzugeben. Die verschiedenen Konventionen unterscheiden sich teilweise beträchtlich. Die einzelnen Institutionen geben jeweils vor, an welchen Konventionen schriftliche Arbeiten auszurichten sind. Hier werden die Richtlinien gemäß den Konventionen der *Deutschen Gesellschaft für Psychologie* dargestellt. Diese Konventionen sind im deutschsprachigen Raum bei sozialwissenschaftlich orientierten pädagogischen Institutionen weit verbreitet.

Gemäß diesen Konventionen beinhalten Quellenverweise immer

- Nachname des Autors, der Autorin oder der Autorenschaft,
- Erscheinungsjahr sowie
- ev. die Seitenzahl.

Über diese Quellenverweise können im Literaturverzeichnis alle weiteren Angaben zur zitierten Quelle gefunden werden. Die detaillierten Literaturangaben finden sich also nicht im Fließtext. Im Fließtext werden nur die Quellenverweise aufgeführt; dabei wird zwischen wörtlichen und sinngemäßen Zitaten unterschieden.

5.3.1 Wörtliche Zitate

Wörtliche Zitate werden verwendet, wenn es sich um prägnante, kompakte Aussagen handelt, welche einen Gedanken präzise auf den Punkt bringen – besser als dies in eigenen Worten möglich wäre. Da sich wörtliche Zitate immer auf eine bestimmte Seite einer Quelle beziehen, werden bei wörtlichen Zitaten (neben dem Autor und dem Erscheinungsjahr) jeweils die Seitenzahlen angegeben. Diese notwendigen Angaben stehen jeweils *vor* dem abschließenden Punkt. Vornamen und akademische Titel werden grundsätzlich nicht aufgeführt. Anfang und Ende der wörtlichen Zitate werden mit Anführungs- und Schlusszeichen gekennzeichnet.

Wörtliche Zitate werden in wissenschaftlichen Arbeiten eher spärlich eingesetzt. Keinesfalls können wörtliche Zitate ein ganzes Kapitel oder Unterkapitel füllen. Auch wenn Sie viele Gedankengänge und Zitate übernehmen, so muss Ihre Arbeit eine eigene Leistung bleiben. Es geht also nicht darum, einfach ein Zitat ans andere zu reihen. Vielmehr müssen Zitate jeweils in einen eigenen Gedankengang eingebettet werden. Zitate sind immer inhaltlich einzuleiten, zu erklären, zu begründen oder miteinander zu vergleichen.

Beim Verfassen einer eigenen wissenschaftlichen Arbeit sind Sie gewissermaßen die Moderatorin oder der Moderator einer Fernsehsendung. So wie die Moderatorin zuerst eine Begrüssung macht, ins Thema einführt, jeden einzelnen Beitrag kurz ansagt und nach dem Beitrag vielleicht auch noch kommentiert, so handhaben Sie Zitate in schriftlichen Arbeiten. Sie dürfen keinesfalls kommentarlos Zitate aneinanderreihen.

Gemäß den hier vorgestellten Konventionen der *Deutschen Gesellschaft für Psychologie* sind für wörtliche Zitate zwingend die Angabe der Autoren oder Autorinnen des Originals, das Erscheinungsjahr des Originals sowie die Angabe der Seite, auf welcher der zitierte Teil in der Originalquelle steht, erforderlich. Folgende Formen sind möglich:

> **Beispiel:** Kempfert und Rolff (2002) betonen: «Die Qualität des individuellen Lernens ist mit guten Gründen von der Qualität der Schule zu unterscheiden» (S. 15).
>
> «Die Qualität des individuellen Lernens ist mit guten Gründen von der Qualität der Schule zu unterscheiden» (Kempfert & Rolff, 2002, S. 15).

Ist ein wörtliches Zitat länger als 40 Wörter, so wird es durch Einrücken als separater Absatz vom übrigen Text abgehoben (vgl. Deutsche Gesellschaft für Psychologie, 1997). Solche Zitate werden auch als Blockzitate bezeichnet. Sie haben ausnahmsweise keine Anführungs- und Schlusszeichen; die Quellenangabe folgt ganz am Schluss, ausnahmsweise ohne abschließendes Satzzeichen.

> **Beispiel:** Man hat in der bisherigen Debatte über TIMSS und Qualitätssicherung so gut wie kein pädagogisches Argument gehört. Deshalb brauchen wir eine grundlegend andere Qualitätsdebatte, eine, die nicht nur auf Wettbewerbsfähigkeit, sondern auf Pädagogik fokussiert ist sowie einen pädagogischen Qualitätsbegriff entwickelt, und eine solche, die nicht nur auf Vergleiche zentriert ist, sondern sich an Entwicklung orientiert. Der Entwicklungsaspekt ist deshalb so wichtig, weil Qualität nicht nur geprüft, sondern vor allem erzeugt werden muss. (Kempfert & Rolff, 2002, S. 13)

Wörtliche Zitate sind sprachlich immer in eine eigene Argumentation einzubauen. Dies kann über inhaltlich gefüllte Ankündigungssätze erfolgen. In Ankündigungssätzen sind nichtssagende Verben wie bspw. «sagen» oder «schreiben» zu vermeiden.

> **Beispiel:** Der Begriff der Qualität wird oft verwendet «als begriffliche Verdichtung breit gefächerter Bündel von Argumenten, Zielsetzungen, Überzeugungen und Verfahrensvorschlägen» (Terhart, 2000, S. 809). Vielleicht entfaltet der Begriff «Qualität» gerade deshalb eine so große Überzeugungskraft, eben *weil* er nicht inhaltlich präzisiert ist und deshalb «als semantische Klammer für eine Vielzahl von Perspektiven, Interessen, Intentionen und Konzepten [fungiert]» (Helmke, Hornstein & Terhart, 2000, S. 10).

Wörtliche Zitate übernehmen das Original *immer* originalgetreu, also auch mit allfälligen Fehlern. Soll im Zitat auf (Druck-)Fehler oder mögliche Missverständnisse hingewiesen werden, so wird die Bezeichnung [sic] verwendet. Das Wort «sic» ist der lateinische Ausdruck für «so» oder «wirklich so».

> **Beispiel:** «Es ist eine Zeitverschwendung [sic], Qualität definieren zu wollen» (Vroeijenstyn, 1991. o. S.).

Wird ausnahmsweise etwas *nicht* originalgetreu übernommen, wird dies immer in eckigen Klammern gekennzeichnet. Dies gilt einerseits, wenn aus einem wörtlichen Zitat eine Stelle ausgelassen wird. In diesem Fall wird die Auslassung mit drei Punkten in eckigen Klammern signalisiert:

> **Beispiel:** «Das beobachtbare und beschreibbare Verhalten ist, was es ist: eben dieses Verhalten. Als gut kann es nur mit Bezug auf ein [...] Beurteilungs- bzw. Bewertungskriterium bezeichnet werden. Und dieses Kriterium ergibt sich nicht aus der zur beurteilenden Sache selbst» (Heid, 2000, S. 42).

Andererseits gilt dies aber auch, wenn in einem wörtlichen Zitat eine Ergänzung unumgänglich ist, bspw. eine Erklärung. In diesem Fall gibt die Autorin oder der Autor dieser Anmerkung anschließend die Initialen an. Auch hier werden Anmerkung und Initialen von eckigen Klammern umfasst.

> **Beispiel:** «Im erstgenannten Fall [gemeint ist die Bildungsexpansion der 60er Jahre, Anmerkung B.L.] sollte der Bildungs- und Sozialbereich durch Änderung der Quantitäten eine neue Qualität erreichen» (Helmke, Hornstein & Terhart, 2000, S. 9).

Soll auf eine bestimmte Textstelle hingewiesen werden, welche im Original nicht speziell gekennzeichnet war, so wird diese Hervorhebung ebenfalls in eckigen Klammern als eigene Hervorhebung gekennzeichnet. Wenn eine Textstelle bereits im Original hervorgehoben ist, kann dies zur Vermeidung von Missverständnissen ebenfalls in eckigen Klammern angegeben werden.

Beispiele: «Zusammenfassend lässt sich sagen, dass Schulentwicklung die *Kapazität* [Hervorhebung im Original] hat, die Leistungsstärke von Schulen zu erhöhen. Ob sie jedoch die ausreichende *Kraft* [Hervorhebung im Original] hierzu hat, das wiederum ist eine andere Frage» (Mortimore, 1997, S. 188).

«Modernes Qualitätsmanagement wird verstanden als *kontinuierlicher* [Hervorhebung B.L.] Verbesserungs- und damit als Lern-Prozess» (Kempfert & Rolff, 2002, S. 14).

5.3.2 Sinngemäße Zitate

Manchmal lassen sich längere Gedankengänge eines Autors oder einer Autorin in wenigen eigenen Worten oder Sätzen besser auf den Punkt bringen oder klarer mit der eigenen Fragestellung in Verbindung bringen. Solche Paraphrasierungen (sinngemäße Zitate) sind ein Teil Ihrer Eigenleistung. Sie werden in wissenschaftlichen Arbeiten beim Quellenverweis formal durch die vorangestellte Abkürzung «vgl.» gekennzeichnet. Diese Abkürzung steht für «vergleiche». Wichtig ist bei sinngemäßen Zitaten, dass der Sinn des Quellentextes auf keinen Fall verändert werden darf! Das bedeutet oft, dass der Kontext, der Zusammenhang mitgeliefert werden muss, aus welchem einzelne Gedanken herausgebrochen wurden.

Wie bei den wörtlichen Zitaten sind auch bei den sinngemäßen Zitaten jeweils Autor, Autorin oder Autorenschaft des zitierten Textes, dessen Erscheinungsjahr sowie normalerweise eine Seitenangabe nötig. Sinngemäße Zitate werden nicht in Anführungs- und Schlusszeichen gesetzt.

Gemäß den hier vorgestellten Konventionen der *Deutschen Gesellschaft für Psychologie* sind für sinngemäße Zitate folgende Formen möglich:

Beispiele: Qualität bedeutet für verschiedene Beobachter und verschiedene Interessengruppen Verschiedenes (vgl. OECD, 1989, S. 15).

Die OECD machte bereits 1989 darauf aufmerksam, dass Qualität für verschiedene Beobachter und verschiedene Interessengruppen Verschiedenes bedeutet (vgl. S. 15).

Gemäß OECD (1989) bedeutet Qualität für verschiedene Beobachter und verschiedene Interessengruppen Verschiedenes (vgl. S. 15).

Sinngemäße Zitate können mehrere Seiten eines Originalwerkes zusammenfassen. Dies wird auch bei den Quellenangaben berücksichtigt (vgl. Tab. 4).

5.3.3 Zitate aus dem Internet

Für eine erste Recherche zu einem neuen Thema bietet sich eine Internetrecherche an. Mit relativ geringem Aufwand ist der Zugang zu einem großen Wissensschatz möglich. Aber Achtung: Auf dem Internet finden sich neben einzelnen Perlen auch sehr viele unseriöse, unpräzise, einseitige oder schlicht falsche Informationen. Der

Tabelle 4: Literaturverweise bei sinngemäßen Zitaten.

Bezug in der Quelle	Quellenangabe beim sinngemäßen Zitieren
1 Seite *Beispiel: Die entsprechenden Informationen finden sich ausschließlich auf Seite 445.*	... (vgl. Fend, 2006, S. 445).
2 Seiten *Beispiel: Die entsprechenden Informationen finden sich auf Seite 445 und der unmittelbar folgenden Seite.*	... (vgl. Fend, 2006, S. 445 f.).
Mehrere Seiten (unbestimmt) *Beispiel: Die entsprechenden Informationen finden sich auf Seite 445 und einer unbestimmten Anzahl folgender Seiten.*	... (vgl. Fend, 2006, S. 445 ff.).
Mehrere Seiten (bestimmt) *Beispiel: Die entsprechenden Informationen finden sich auf den Seiten 445 bis 461.*	... (vgl. Fend, 2006, S. 445–461).
Ganzer Beitrag *Beispiel: Die entsprechenden Informationen beziehen sich auf den Gehalt oder die Idee des ganzen Buches oder des ganzen Artikels.*	... (vgl. Fend, 2006).

Einbezug von Informationen aus dem Internet ist deshalb ganz besonders genau zu prüfen (vgl. dazu Kap. 2.4: Recherchieren). Es lohnt sich, nach anerkannten Autorinnen und Autoren, Universitäten, Fachhochschulen, amtlichen Stellen usw. zu suchen. Wie bei Büchern wird auch bei Internetquellen im Idealfall der Autor bzw. die Autorin (oder die Institution), das Aufschalt- bzw. Updatedatum und die Seitenzahl angegeben. Bei der Quellenangabe ist deshalb nicht ersichtlich, dass es sich um eine Internetquelle handelt.

Fehlt die Seitenzahl – was im Internet oft vorkommt – so wird diese Angabe weggelassen oder als «o. S.» (für «ohne Seitenangabe») aufgeführt.

In Ausnahmefällen kann eine Quelle einbezogen werden, auch wenn kein Aufschalt- oder Updatedatum ersichtlich ist und deshalb keine Jahreszahl vorliegt. In diesem Fall wird anstelle des Erscheinungsjahres «o. J.» (für «ohne Jahr») angegeben. Möglich ist auch die lateinische Angabe «s. a.» (für «sine anno»).

Fehlt bei einer Quelle allerdings eine Angabe über den Autor, die Autorin oder die Autorenschaft, ist bspw. auch keine Institution angegeben, welche für den Inhalt einer Webseite steht, dann kann diese Quelle für eine wissenschaftliche Arbeit nicht berücksichtigt werden.

5.3.4 Sonderfälle

In der Praxis gibt es beim Zitieren und Bibliografieren immer wieder Sonderfälle. Die gängigsten sind in **Tabelle 5** zusammengestellt.

Tabelle 5: Sonderfälle beim Zitieren.

Spezialfall	Quellenangabe
Ein Autor, eine Autorin mit mehreren Werken im gleichen Jahr	Die einzelnen Werke werden nach der Jahreszahl mit den Buchstaben a, b, c usw. gekennzeichnet, und zwar aufsteigend gemäß der Reihenfolge, wie sie im eigenen Text aufgeführt werden. *Beispiel: … (vgl. Fend, 2006a, S. 34)* *… (vgl. Fend, 2006b, S. 47).*
Wiederholtes Zitieren aus der gleichen Quelle, allenfalls mit wechselnden Seitenzahlen	Das erste Mal ist die Quelle nach den regulären Regeln wie oben beschrieben anzugeben. In der Folge kann Autor und Erscheinungsjahr weggelassen und mit «ebenda» (oder der Abkürzung «ebd.») ersetzt werden. Dies ist allerdings nur dann möglich, wenn zwischen diesen Quellenangaben auf keine andere Quelle verwiesen wird. *Beispiel: Zuerst: … (vgl. Rolff, 2006, S. 88). Dann: …(vgl. ebenda, S. 44). … (vgl. ebd., S. 44).*
Anführungszeichen innerhalb eines wörtlichen Zitates	Anführungszeichen innerhalb eines Zitates sind als einfache Formen der Anführungszeichen (Apostroph) zu setzen. *Beispiel: «Empirie ist ihrem Wesen nach deskriptiv, die Frage nach der ‹Qualität von Schulen› normativ» (Dalin, Rolff & Buchen, 1996, S. 132).*
Sekundärzitate (Zitat, das bereits in der zitierten Quelle zitiert ist)	Grundsätzlich werden so weit als möglich nur Primärquellen genutzt. Wird in Ausnahmefällen ein Zitat aus zweiter Hand (ein Sekundärzitat) aufgeführt, ist dies mit dem Hinweis «zitiert nach…» anzugeben. Im Literaturverzeichnis wird nur die selbst benutzte Quelle aufgeführt. *Beispiel: … (Weber, 1921, S. 65, zitiert nach Fend, 2006, S. 344). Im Literaturverzeichnis ist nur die Quelle von Fend (2006) anzugeben.*
Fehlendes Erscheinungsjahr	Anstelle des Erscheinungsjahres wird «o. J.» (für «ohne Jahr») oder die lateinische Angabe «s. a.» (für «sine anno») angegeben. *Beispiel: … (vgl. Eder, o. J., S. 33).*

Spezialfall	Quellenangabe
Fehlende Seitenangabe	Anstelle der Seitenzahl wird «o. S.» (für «ohne Seitenangabe») angegeben. *Beispiel: ... (vgl. Eder, 2008, o. S.).*
Publikation mit zwei Autoren/Autorinnen	Beide Autoren werden in der Reihenfolge, wie sie auf der Publikation aufgeführt sind, angegeben. Die Namen werden mit dem Zeichen «&» verbunden. *Beispiel: ... (vgl. Steffens & Bargel, 1993, S. 48).*
Publikation mit mehr als zwei Autoren/Autorinnen	Bei der ersten Quellenangabe werden alle Namen der Autorinnen und Autoren aufgeführt, bei den folgenden Quellenangaben wird jeweils nur noch der erste Name und «et al.» (für «et alii», lateinisch für «und andere») genannt. Hat eine Quelle mehr als 6 Autorinnen oder Autoren, wird bereits bei der ersten Nennung nur der erste Name und «et al.» aufgeführt. *Beispiel: Bei der ersten Angabe: ... (vgl. Baumert, Watermann & Schümer, 2003).* *Bei den folgenden Angaben: ... (vgl. Baumert et al., 2003).*
Unterschiedliche Autoren/Autorinnen mit gleichem Namen	Vor dem Nachnamen wird jeweils die Initiale des Vornamens aufgeführt. *Beispiel: ... (vgl. F. Moser, 2008, S. 48).* *... (vgl. S. Moser, 2008, S. 88).*
Mehr als eine Quelle zu einer Aussage	Innerhalb der gleichen Klammer werden alle Quellen alphabetisch geordnet aufgeführt. Gibt es mehrere Quellen pro Autor oder Autorin, werden diese chronologisch geordnet aufgeführt. Die einzelnen Quellen werden jeweils mit einem Semikolon abgetrennt, außer bei Quellen des gleichen Autors oder der gleichen Autorin. In diesem Fall werden nur Jahrzahlen hinzugefügt, die mit Kommata abgetrennt werden. *Beispiel: ... (vgl. Dalin, 1999; Fend, 1977, 1998, 2006; Rolff, 2007).*
Persönliche Mitteilungen als Quellen (Telefonat, persönliches Gespräch, e-Mail etc.)	Persönliche Mitteilungen sind nur in Ausnahmefällen einzusetzen, weil sie das grundlegende Prinzip der Nachvollziehbarkeit und Überprüfbarkeit nicht erfüllen. Falls eine persönliche Mitteilung als Quelle unabdingbar ist, erfolgt kein Eintrag im Literaturverzeichnis. In der Quellenangabe ist die Information als persönliche Mitteilung sowie das Mitteilungsdatum zu deklarieren. *Beispiel: ... (Fend, persönl. Mitteilung, 23.08.2007).*

5.4 Literaturverzeichnis

Das Literaturverzeichnis steht ganz am Ende der Arbeit, entweder in einem eigenen, letzten Kapitel oder im Anhang. Im Literaturverzeichnis – und nicht etwa in Fußnoten – wird zu *jeder* Quelle ein Eintrag vorgenommen. Dieser Eintrag muss das eindeutige Auffinden der Originalquelle in jedem Fall ermöglichen und deshalb die vollständigen Angaben beinhalten. Es werden jedoch nur Quellen aufgeführt, welche tatsächlich in der Arbeit zitiert wurden.

Was zu den vollständigen Angaben gehört und wie diese Angaben dargestellt werden, ist je nach Quellenart unterschiedlich. Selbstverständlich ist auch die Gestaltung des Literaturverzeichnisses je nach Konventionen unterschiedlich. Der folgende Überblick über die häufigsten Quellenarten und deren Darstellungsformen folgt ebenfalls den Konventionen der *Deutschen Gesellschaft für Psychologie.*

Grundsätzlich werden die Literaturangaben im Literaturverzeichnis alphabetisch nach Nachname der Autorin bzw. des Autors geordnet. Erscheinen einzelne Personen mit mehreren Werken, so werden diese entlang ihres Erscheinungsjahres aufsteigend aufgeführt.

5.4.1 Monografien

Monografien sind Bücher, welche von einem einzelnen Autor oder einer einzelnen Autorin zu einem bestimmten Thema verfasst wurden. Die einzelnen Kapitel im Buch sind alle vom gleichen Autor oder der gleichen Autorin geschrieben. Im Inhaltsverzeichnis von Monografien finden sich deshalb keine einzelnen Namen mehr.

Im Literaturverzeichnis werden Monografien folgendermaßen angegeben, wobei die Interpunktion exakt zu beachten ist:

> Nachname des Autors, Initiale des Vornamens. (Erscheinungsjahr). *Titel des Buches.* Erscheinungsort (bei mehreren nur den ersten aufführen): Verlag.

Der Titel des Buches wird kursiv gesetzt. Akademische Titel werden im Literaturverzeichnis weggelassen.

> **Beispiele:** Dalin, P. (1999). *Theorie und Praxis der Schulentwicklung.* Neuwied: Luchterhand.
>
> Fend, H. (1998). *Qualität im Bildungswesen. Schulforschung zu Systembedingungen, Schulprofilen und Lehrerleistung.* Weinheim: Juventa.

5.4.2 Werke mit mehreren Autoren

Wurde ein Buch von mehreren Autorinnen und Autoren verfasst, so werden alle aufgeführt. Im Literaturverzeichnis werden – im Gegensatz zu den Quellenangaben – auch mehr als sechs Autorinnen und Autoren aufgeführt. Die Aufzählungen werden durch Kommata abgegrenzt, der letzte Name der Aufzählung durch das Zeichen «&». Auch hier ist die Interpunktion ganz genau zu beachten.

Nachname des Autors1, Initiale des Vornamens1., Nachname des Autors2, Initiale des Vornamens2. & Nachname des Autors3, Initiale des Vornamens3. (Erscheinungsjahr). *Titel des Buches.* Erscheinungsort (bei mehreren nur den ersten aufführen): Verlag.

Beispiele: Buhren, C., Killus, D. & Müller, S. (1999). *Wege und Methoden der Selbstevaluation. Ein praktischer Leitfaden für Schulen.* Dortmund: IFS-Verlag.

French, W.L. & Bell, C.H. (1994). *Organisationsentwicklung. Sozialwissenschaftliche Strategien zur Organisationsveränderung.* Bern: Haupt Verlag.

Kempfert, G. & Rolff, H.-G. (2002). *Pädagogische Qualitätsentwicklung.* Weinheim: Beltz.

Steffens, U. & Bargel, T. (1993). *Erkundungen zur Qualität von Schule.* Neuwied: Luchterhand.

5.4.3 Herausgeberwerke

Bei Herausgeberwerken handelt es sich um Bücher, welche mehrere Beiträge von unterschiedlichen Autorinnen und Autoren enthalten. Im Inhaltsverzeichnis stehen deshalb bei jedem Kapitel die Namen der Autorinnen oder Autoren. Wird ein einzelner Beitrag (z. B. ein Kapitel) zitiert, so erscheint zunächst die Autorin dieses Beitrags der Beitragstitel, dann erst wird der Herausgeber und der Titel des Buches erwähnt. Das Herausgeberwerk als solches wird im Literaturverzeichnis nicht einzeln aufgeführt, nur das entsprechende Kapitel.

Nachname des Autors, Initiale des Vornamens. (Erscheinungsjahr). Titel des Buchkapitels. In Initiale des Herausgeber-Vornamens. Nachname des Herausgebers (Hrsg.), *Titel des Herausgeberwerks* (Seitenangaben). Erscheinungsort (bei mehreren nur den ersten aufführen): Verlag.

Im Literaturverzeichnis ist also ersichtlich, dass es sich bei einer Quelle um einen Beitrag in einem Herausgeberwerk handelt.

Beispiele: Altrichter, H. & Posch, P. (1999). Der Aufbau von Qualitätsentwicklung im Schulwesen. In H. Altrichter & P. Posch (Hrsg.), *Wege zur Schulqualität* (S. 15–21). Wien: Studienverlag.

Leutwyler, B. (2006). Schule, Klasse und Unterricht aus Sicht von Schülerinnen und Schülern. In K. Maag Merki (Hrsg.), *Individuelle Entwicklungsverläufe und Schulerfahrungen im Gymnasium* (S. 59–78). Bern: Haupt.

Trautwein, U. & Köller, O. (2003). Schulentwicklung und Evaluationsmaßnahmen. In O. Köller & U. Trautwein (Hrsg.), *Schulqualität und Schülerleistung* (S. 215–230). Weinheim: Juventa.

5.4.4 Internet

Da Internetseiten ihren Inhalt (und ihre Adresse) in kürzesten Intervallen ändern können, ist bei Internetquellen zwingend die Angabe des Datums nötig, an welchem die Quelle überprüft wurde. Internetquellen werden im Literaturverzeichnis folgendermaßen dokumentiert.

> Nachname des Autors, Initiale des Vornamens. (Jahr des Aufschaltens oder des Updates). *Titel der Webseite.* Internetadresse [URL]. Verifiziert am [Datum].

Gerade bei Quellen aus dem Internet stehen anstelle des Autors häufig der Name einer Organisation, einer Körperschaft oder einer Firma (bspw. Deutscher Bildungsserver, Erziehungsdepartement des Kantons Schaffhausen, Schulhauskonferenz Hergiswil). Solche vollständigen Bezeichnungen sind als Autorenschaft aufzuführen.

Im Text wird bei Internetquellen nur auf die Autorenschaft verwiesen, also z.B. «...(vgl. Niedersächsisches Kultusministerium, 2008)» oder «... (vgl. Deutscher Bildungsserver, 2008, o.S.)». Da im Text die URL nicht angegeben wird, ist nicht ersichtlich, dass es sich um eine Internetquelle handelt.

Im Literaturverzeichnis ist die Internatadresse so präzis wie möglich anzugeben, sodass die zitierte Seite genau identifiziert werden kann. Dazu sind meist Internetadressen mit Erweiterungen anzugeben.

Hinweis:
So praktisch die Google-Buchsuche ist (www.books.google.com; vgl. dazu Kap. 2), eine vertiefte Auseinandersetzung mit Grundlagenwerken ist damit kaum möglich. Deshalb hinterlässt es keinen so guten Eindruck, wenn Sie zu viele solche Einträge im Literaturverzeichnis haben. Falls Sie aber nur eine kurze Definition aus einer solchen Vorschau übernehmen, dann geben Sie am besten auch die tatsächlich benutzte online-Quelle an.

Beispiele: Deutscher Bildungsserver. (2008). *Schulqualität.* http://www.bildungsserver.de/zeigen.html?seite=1276. Verifiziert am 18. Juni 2008.

Niedersächsisches Kultusministerium. (2008). *Orientierungsrahmen – Basis für Schulqualität in Niedersachsen.* http://www.mk.niedersachsen.de/master/C26688_N12360_L20_D0_I579.html. Verifiziert am 18. Juni 2008.

5.4.5 Zeitschriften

Artikel aus wissenschaftlichen Zeitschriften (Journals) werden wie folgt im Quellenverzeichnis dargestellt:

> Nachname des Autors, Initiale des Vornamens. (Jahr). Titel des Artikels. *Name der Zeitschrift, Nummer des Bandes [engl. Volume],* (Heftnummer), Seitenangaben.

Bei Artikeln aus Zeitschriften werden der Name der Zeitschrift sowie die Nummer des Bandes (des Jahrsganges) kursiv gesetzt. Die Heftnummer ist nur dann aufzuführen, wenn die Seitennummerierung mit jedem einzelnen Heft beginnt, wenn also *keine* jahrgangsweise Paginierung erfolgt. Bei mehreren Autorinnen oder Autoren eines Artikels ist analog zu den Angaben gemäß Kapitel 5.4.2 zu verfahren.

Hinweis:
Wissenschaftliche Zeitschriften gibt es oft sowohl in Papierform als auch elektronisch. In der Regel werden Zeitschriften nicht als Internet-Quellen angegeben, auch wenn man selbst einen Artikel vom Internet heruntergeladen hat. Wenn allerdings eine Zeitschrift ausschließlich elektronisch publiziert wird, dann ist ein Eintrag im Literaturverzeichnis auch gemäß den Konventionen für Internetquellen möglich.

Beispiele: Ditton, H. (2000). Qualitätskontrolle und Qualitätssicherung in Schule und Unterricht. Ein Überblick zum Stand der empirischen Forschung. *Zeitschrift für Pädagogik, 41. Beiheft*, 73–92.

Terhart, E. (2000). Qualität und Qualitätssicherung im Schulsystem. Hintergründe - Konzepte - Probleme. *Zeitschrift für Pädagogik, 46*, 809–830.

Schleicher, A. (2006). Where immigrant students succeed: a comparative review of performance and engagement in PISA 2003. *Intercultural Education, 17* (5), 507–516.

5.4.6 Elektronische Datenträger

Elektronische Datenträger wie beispielsweise CD-ROMs oder DVDs werden wie folgt im Literaturverzeichnis eingetragen:

Nachname des Autors, Initiale des Vornamens. (Erscheinungsjahr). *Titel des elektronischen Datenträgers* [Art des Datenträgers]. Erscheinungsort (bei mehreren nur den ersten aufführen): Verlag.

Bei der Art des Datenträgers kann auch angegeben werden, wenn Informationen beispielsweise aus dem Begleitmaterial zu einer DVD entnommen sind.

Beispiel: Kahl, R. (2006). *Treibhäuser der Zukunft* [DVD]. Weinheim: Beltz Verlag.

5.4.7 Unveröffentlichte Dokumente (Skripte, Bachelorarbeiten, Handouts)

Manchmal werden Gedankengänge oder Informationen auch aus Arbeiten übernommen, die nicht (oder nur beschränkt) öffentlich zugänglich sind. In solchen Fällen ist dies explizit im Literaturverzeichnis anzugeben, wobei auch aufgeführt wird, um welche Art von Arbeit es sich handelt.

Hinweis:
Dokumente, die für andere überhaupt nicht zugänglich sind (wie beispielsweise Handouts aus Vorlesungen) sollten nur im äußersten Notfall als Quelle benutzt werden. Die Quellenangaben dienen ja als Belege für die Richtigkeit einer Aussage und sollen die Nachvollziehbarkeit der eigenen Argumentation gewährleisten. Bei überhaupt nicht zugänglichen Quellen wird diese Funktion nicht erfüllt. In der Regel finden sich entsprechende Informationen auch in Lehrmitteln oder Fachartikeln. Für gut dokumentierte Arbeiten sind deshalb solche «offiziellen» Quellen zu verarbeiten.

Beispiele: Roos, M. (2010). *Lernen verstehen. Skriptum zur Vorlesung im Herbstsemester 2010/11.* Zug: PHZ Zug.

Schmid, M. (2007). *Chancen für eine bessere Zukunft. Aktuelle Reformbestrebungen im Bildungssystem mit dem Ziel die Chancengleichheit zu verbessern – Ansätze von Pierre Bourdieu. Unveröffentlichte Bachelorarbeit.* Zug: PHZ Zug.

5.5 Software-Hinweis

Die präzise Berücksichtigung sämtlicher Regelungen bei den Quellenangaben und im Literaturverzeichnis ist letztlich eine Frage der Gewohnheit. Dennoch ist es natürlich mit einigem Aufwand verbunden, jeweils den Abgleich zwischen sämtlichen Quellenangaben und den Einträgen im Literaturverzeichnis zu gewährleisten, sodass ausnahmslos alle und dennoch keine überflüssigen (also nicht verwendete) Quellen im Literaturverzeichnis aufgeführt werden. Inzwischen liegen deshalb verschiedene elektronische Hilfsmittel vor, die diese aufwändigen Arbeiten übernehmen.

Die Software «EndNote» bspw. lässt sich nahtlos ins Word integrieren und unterstützt das Zitieren, indem die Verweisstellen und das Literaturverzeichnis automatisch erstellt und aktualisiert werden. Wenn umfangreiche Arbeiten geschrieben werden, lohnt es sich, diese Software zu beschaffen und zu verwenden. «EndNote» ist eine kostenpflichtige Software, die über die grundlegenden Basisfunktionen hinaus auch eine ganze Anzahl von Spezialfunktionen beinhaltet.

Für das einfache Verwalten von Literaturangaben und die automatische Erzeugung von Literaturverzeichnissen reichen auch Gratis-Produkte aus wie bspw. Bibliographix (http://www.bibliographix.de), LiteRat (http://www.literat.net) oder Citavi (http://www.citavi.com). Solche Gratis-Produkte haben teilweise jedoch Kapazitätsbegrenzungen. Auch neue Versionen der Standard-Software «Word» beinhalten Möglichkeiten zur automatischen Darstellung von Literaturangaben. Es lohnt sich deshalb, vor der unabdingbaren Einarbeitung in elektronische Hilfsmittel genau abzuklären, welche Produkte den eigenen Anforderungen am besten entsprechen.

Mit oder ohne Software – es braucht genaue Kenntnisse darüber, wie in wissenschaftlichen Arbeiten zitiert wird, damit diese Formalitäten eingehalten werden können.

5.6 Zusammenfassung

Gut fundierte Arbeiten bauen auf bisherigen Erkenntnissen auf und führen diese weiter. Deshalb ist es wichtig, in eigenen Arbeiten Bezug auf andere Werke und Vorarbeiten zu nehmen und so zu dokumentieren, dass eine eigene Auseinandersetzung mit dem bisherigen Stand des Wissens stattgefunden hat. Werden in einer Arbeit diejenigen Angaben aufgeführt, die aus anderen Quellen übernommen wurden, wird dies «zitieren» genannt.

Das Zitieren dient der Nachvollziehbarkeit einer Argumentation und gewährleistet damit ein zentrales Ziel von Wissenschaftlichkeit. Zitieren, also die benutzten Quellen anzugeben, ist auch eine Frage der Redlichkeit und der Fairness. Es ist unehrlich, fremde Erkenntnisse als eigene auszugeben. Werden ganze Abschnitte oder zentrale Gedankengänge aus Quellen übernommen, ohne den Ursprung offenzulegen, wird von Plagiaten gesprochen. Plagiate sind Diebstahl geistigen Eigentums und stellen ein Delikt dar, das juristische Konsequenzen haben kann.

In wissenschaftlichen Arbeiten darf jederzeit zitiert werden, sofern die präzise Quelle angegeben wird und zitierte Aussagen nicht aus dem Kontext gerissen werden. Grundsätzlich ist beim Zitieren zu unterscheiden zwischen *Quellenverweisen* einerseits und dem *Literaturverzeichnis* andererseits. Die Quellenverweise werden im Fließtext der Arbeit aufgeführt um anzugeben, von wem Konzepte, Ideen oder Hinweise stammen. Dabei reicht ein Hinweis auf den Autor, das Erscheinungsjahr und allenfalls die Seitenzahl. Zitate können wörtliche Zitate sein, die Wort für Wort aus einer anderen Arbeit übernommen wurden, oder es können sinngemäße Zitate sein, bei denen der Gehalt der Aussage aus einer anderen Arbeit übernommen und in eigenen Worten dargestellt wird. Die vollständigen Angaben zu diesen Quellenverweisen finden sich erst im Literaturverzeichnis, das nach dem Fließtext in einem eigenen Kapitel aufgeführt wird. Im Literaturverzeichnis – und nicht etwa in Fußnoten – wird zu *jeder* Quelle ein Eintrag vorgenommen. Dieser Eintrag muss das eindeutige Auffinden der Originalquelle in jedem Fall ermöglichen und deshalb die vollständigen Angaben beinhalten. Es werden jedoch nur Quellen aufgeführt, welche tatsächlich in der Arbeit zitiert wurden.

Es gibt unterschiedliche Konventionen, wie Quellenverweise und das Literaturverzeichnis formal korrekt darzustellen sind. Entscheidend ist, dass sämtliche Angaben eindeutig, nachvollziehbar und innerhalb einer Arbeit konsequent gemäß derselben Konvention dargestellt werden. Bei Qualifikationsarbeiten geben die meisten Institutionen klar vor, nach welcher Konvention zu zitieren ist.

Die präzise Berücksichtigung sämtlicher Regelungen bei den Quellenangaben und im Literaturverzeichnis ist letztlich eine Frage der Gewohnheit. Dennoch ist es mit einigem Aufwand verbunden, jeweils den Abgleich zwischen sämtlichen Quellenangaben und den Einträgen im Literaturverzeichnis zu gewährleisten. Inzwischen liegen verschiedene elektronische Hilfsmittel vor, die diese aufwändigen Arbeiten übernehmen. Dabei gibt es sowohl kostenpflichtige als auch Gratis-Produkte, die unterschiedliche Spezialfunktionen und Kapazitätsbegrenzungen aufweisen. Eine genaue Abklärung, ob die verfügbaren Features einer bestimmten

Software den eigenen Anforderungen genügen, ist deshalb vor der Einarbeitung unbedingt zu empfehlen.

Sie haben korrekt zitiert, wenn …

- Sie zu allen fremden Gedanken, Beispielen, Theorien, Begriffen und Modellen Ihre Quelle offen legen;
- die von Ihnen gemachten Quellenangaben vollständig sind und somit ausreichen, um die Quelle einwandfrei zu identifizieren;
- Sie wörtliche und sinngemäße Zitate unterscheiden und formal gemäß den Vorgaben darstellen;
- Sie am Ende ein Literaturverzeichnis mit allen notwendigen bibliografischen Angaben einfügen und sich dabei an die formalen Vorgaben halten.

5.7 Lernaufgaben

Kontroll- und Übungsaufgaben

1. Welche Zitationsweisen werden bei den Quellenangaben unterschieden?
2. Mit welchem Hinweis kann in einem wörtlichen Zitat darauf hingewiesen werden, dass beim Abschreiben wirklich kein Fehler entstanden ist bzw. dass der Fehler oder die seltsame Stelle schon im Original so formuliert war?
3. Welche Zitationsweisen sind gemäß den Konventionen der *Deutschen Gesellschaft für Psychologie* korrekt (mehrere Antworten möglich)?
   - ☐ Huber findet, Kinder sollten früher eingeschult werden (vgl. 2009).
   - ☐ Gemäß Huber (2009) sollten Kinder früher eingeschult werden (vgl. S. 8).
   - ☐ Kinder sollten früher eingeschult werden (vgl. Huber, 2009, S. 34).
   - ☐ Huber findet (2009), Kinder sollten früher eingeschult werden (S. 38).
   - ☐ 2009 erklärte Huber, er sei dezidiert der Ansicht, dass Kinder früher eingeschult werden sollten (vgl. Huber, S. 37).
4. Unter welchen Umständen kann im Quellenverweis die Seitenzahl weggelassen werden?
   - ☐ Wenn sinngemäß zitiert wird und zwei oder mehr Seiten inhaltlich zusammengefasst werden.
   - ☐ Wenn nicht auf eine bestimmte Seite, sondern auf die Idee eines ganzen Buches verwiesen wird.

- ☐ Wenn zum wiederholten Mal in Folge auf das gleiche Werk verwiesen wird.
- ☐ Wenn auf einen Zeitschriftenartikel verwiesen wird.
- ☐ Wenn in einem wörtlichen Zitat auf einen anderen Autor verwiesen wird, der aber nur sinngemäß zitiert wird.
- ☐ Wenn sinngemäß zitiert und auf zwei aufeinander folgende Seiten eines Zeitschriftenartikels verwiesen wird.

5. Auf welche Seiten verweisen die folgenden Quellenangaben ganz genau? Verbinden Sie:

(vgl. Meier, 2010).		alle Informationen finden sich ausschließlich auf Seite 45
(vgl. Meier, 2010, S. 45 ff.).		Seite 45 und eine unbestimmte Anzahl folgender Seiten
(vgl. Meier, 2010, S. 45).		Seite 45 bis 48
(vgl. Meier, 2010, S. 45 f.).		gemeint ist der Gehalt, die Idee des ganzen Buches
(vgl. Meier, 2010, S. 45–48).		45 und die unmittelbar folgende Seite

6. Im folgenden Textausschnitt entsprechen 5 Quellenangaben nicht den Konventionen der *Deutschen Gesellschaft für Psychologie*. Welche?

Der Begriff der Qualität bezeichnet keinesfalls ein präzise definiertes, empirisch operationalisierbares Konstrukt, sondern viel eher wird er verwendet «als begriffliche Verdichtung breit gefächerter Bündel von Argumenten, Zielsetzungen, Überzeugungen und Verfahrensvorschlägen» (Terhart, 2000; S. 809). Vielleicht entfaltet der Begriff «Qualität» gerade deshalb seine große Überzeugungskraft und eine große Dynamik, eben weil er nicht inhaltlich präzisiert ist und deshalb «als semantische Klammer für eine Vielzahl von Perspektiven, Interessen, Intentionen und Konzepten [fungiert]» (vgl. Helmke, Hornstein & Terhart, 2000, S. 10). Weil dieser Begriff einen breiten Bedeutungshorizont hat, wird es nötig, ihn analytisch etwas genauer zu fassen sowie auf normative Problemfelder zu verweisen, die im Umgang mit dem Qualitätsbegriff auftreten können.

Es kann tatsächlich unterschiedliche Formen von Qualität geben, insofern scheint es auch nicht unbedingt sinnvoll, «Qualität» abschließend zu definieren. Vroeijenstyn (1991) geht sogar so weit zu behaupten, dass es eine «Zeitverschwendung [ist], Qualität definieren zu wollen (zitiert nach Harvey und Green, 2000, S. 36), denn der Begriff «Qualität» meint für verschiedene Beobachter und verschiedene Interessengruppen auch verschiedene Sachen. (vgl. auch OECD, 1989, S. 15) Harvey und Green (2000) schlagen deshalb anstelle einer allgemein gültigen Definition fünf unterschiedliche Begriffsverständnisse von Qualität vor, damit daraus immerhin ersichtlich wird, welche unterschiedlichen Sichtweisen zum Zuge kommen können, wenn über Qualität gesprochen wird.

7. Schauen Sie sich die elektronischen Literaturverwaltungsprogramme einmal an, z. B.:
http://www.literat.net; http://www.citavi.com; http:/www.endnote.com.

8. Welche Aussagen sind richtig, welche falsch?

Richtig	Falsch	
☐	☐	a) Beim folgenden Satz handelt es sich um ein sinngemäßes Zitat: Alles, was aus der Hand des Schöpfers kommt, ist gut, alles verdirbt in der Hand des Menschen (vgl. Rousseau, 1988, S. 22).
☐	☐	b) Beim folgenden Satz handelt es sich um ein wörtliches Zitat: «Jugendliche entscheiden sich in diesem Alter unbewusst entweder für den Sicherheits- oder für den Risikopfad» (Fend, 1988, S. 45).
☐	☐	c) Unter Wissenschaftlerinnen und Wissenschaftlern gilt die Regel, dass jederzeit zitiert werden darf, sofern die präzise Quelle angegeben wird.
☐	☐	d) Quellenangaben werden in Fußnoten genauer ausgeführt: Autor, Jahr, Titel, Ort, Verlag.
☐	☐	e) Sinngemäße Zitate werden verwendet, wenn es sich um prägnante, kompakte Aussagen handelt, welche einen Gedanken präzise auf den Punkt bringen.
☐	☐	f) Bei wörtlichen Zitaten werden auch Fehler des Originals abgebildet.
☐	☐	g) Bei wörtlichen Zitaten müssen Änderungen bei der Hervorhebung einzelner Wörter markiert werden.
☐	☐	h) Ins Literaturverzeichnis werden möglichst viele Bücher aufgenommen, um den Lesenden einen breiten Überblick über das Fachgebiet zu gewähren, unabhängig davon, ob diese Werke in der Arbeit zitiert werden oder nicht.
☐	☐	i) Bei Internetquellen ist die Angabe eines «Besuchsdatums» zwingend.

9. Welcher Eintrag im Literaturverzeichnis ist gemäß den Konventionen der *Deutschen Gesellschaft für Psychologie* korrekt?
   - ☐ Roos, M. *Ganzheitliches Beurteilen und Fördern in der Primarschule.* Chur: Rüegger (2001).
   - ☐ Roos, Markus (2001). Ganzheitliches Beurteilen und Fördern in der Primarschule. Rüegger: Chur.
   - ☐ Roos M. (2001). *Ganzheitliches Beurteilen und Fördern in der Primarschule.* Chur, Rüegger.
   - ☐ Roos, M. (2001). *Ganzheitliches Beurteilen und Fördern in der Primarschule.* Chur: Rüegger.
   - ☐ Prof. Dr. Roos, M. (2001) Ganzheitliches Beurteilen und Fördern in der Primarschule. Chur: Rüegger.

10. Welche Zitationsweise ist gemäß den Konventionen der *Deutschen Gesellschaft für Psychologie* korrekt?
    - ☐ «... haben sollten» (vgl. Huber, 2009, S. 38).
    - ☐ «... haben sollten» (Huber, 2009, S. 38).
    - ☐ «... haben sollten» (vgl. Huber, S. 38).
    - ☐ «... haben sollten» (Huber).
    - ☐ «... haben sollten» (Huber, 2009).

11. Welche Zitationsweise ist gemäß den Konventionen der *Deutschen Gesellschaft für Psychologie* korrekt?
    - ☐ haben sollten (vgl. 2009, Huber).
    - ☐ haben sollten (Huber).
    - ☐ haben sollten (vgl. Huber, S. 38).
    - ☐ haben sollten (Huber, 2009, S. 38).
    - ☐ haben sollten (vgl. Huber, 2009, S. 38).

Diskussionsaufgaben/Vertiefungsaufgaben

12. Machen Sie für jede der oben genannten Publikationsarten (bspw. Internetquellen, Zeitschriftenbeiträge, Monografien oder Herausgeberwerke) einen vollständigen Eintrag für ein Literaturverzeichnis. Nutzen Sie dafür wenn möglich Literatur, mit der Sie sich zurzeit beschäftigen. Tauschen Sie anschließend Ihre Beispiele mit einem Lernpartner oder einer Lernpartnerin aus und prüfen Sie diese Beispiele auf formale Korrektheit. Achten Sie dazu insbesondere auch auf die Details der Interpunktion!

13. Paraphrasieren Sie einen Abschnitt aus einer kürzlich gelesenen Publikation und stellen Sie Ihren Text formal korrekt als sinngemäßes Zitat dar.

14. Falls Sie weitere Sonderfälle nachschlagen wollen: Wo können Sie die vollständige Dokumentation sämtlicher Richtlinien zum Zitieren der *Deutschen Gesellschaft für Psychologie* einsehen?

5.8 Literatur

Weiterführende Literatur

Ebster, C. & Stalzer, L. (2003). *Wissenschaftliches Arbeiten für Wirtschafts- und Sozialwissenschafter.* Wien: UTB. (Kap. 8)

Beinke, C., Brinkschulte, M., Bunn, L. & Thürmer, S. (2008). *Die Seminararbeit. Schreiben für den Leser.* Konstanz: UVK Verlagsgesellschaft mbH. (Kap. 6)

Deutsche Gesellschaft für Psychologie. (1997). *Richtlinien zur Manuskriptgestaltung.* Göttin-gen: Hogrefe.

Karmasin, M. & Ribing, R. (2006). *Die Gestaltung wissenschaftlicher Arbeiten. Ein Leitfaden für Haus- und Seminararbeiten, Magisterarbeiten, Diplomarbeiten und Dissertationen.* Wien: UTB. (Kap. 4)

Peterssen, W.H., (1999). *Wissenschaftliche(s) Arbeiten.* München: Odenbourg Schulbuchverlag GmbH. (Kap. 7)

Topsch, W. (2006). *Leitfaden Examensarbeit für das Lehramt. Bachelor- und Masterarbeiten im pädagogischen Bereich.* Weinheim: Beltz Verlag. (Kap. 6)

Verwendete Literatur

Deutsche Gesellschaft für Psychologie. (1997). *Richtlinien zur Manuskriptgestaltung.* Göttingen: Hogrefe.

6 Struktur und Aufbau wissenschaftlicher Arbeiten

«Ich muss notwendig schreiben um meinen
gewiss reichhaltigen Wirrwarr selbst schätzen zu lernen»
(Georg Christoph Lichtenberg).

6.1 Einleitung

Wenn Sie zu einem Thema viel Literatur zusammengetragen, gesichtet, Exzerpte und Zusammenfassungen geschrieben und sich damit einen Überblick über das Thema verschafft haben, so gilt es anschließend diese Erkenntnisse zu bündeln, zu gliedern und in einem Bericht festzuhalten. Bevor Sie jedoch mit dem Schreiben des Berichts beginnen können, müssen Sie Ihre Ideen sammeln, gruppieren und strukturieren. Denn bereits bei der Planung einer wissenschaftlichen Arbeit entscheidet sich zu einem großen Teil, wie weit der argumentative Aufbau einer Arbeit nachvollziehbar, strukturiert und sinnvoll sein wird. Ein klar erkennbarer Roter Faden gehört aber zu jeder guten wissenschaftlichen Arbeit. Ganz entscheidend für die Qualität einer Arbeit ist deshalb die klare Organisation Ihrer Ideen: die nachvollziehbare, sinnvolle und transparente Struktur.

Schule Obertor setzt sich mit Schulqualität auseinander und will die Qualität ihrer Schule evaluieren. Um sich klar zu werden, was man eigentlich über Schulqualität bereits weiß, hat die Arbeitsgruppe «Schulqualität» viel Literatur zu unterschiedlichen Aspekten von Schulqualität zusammengetragen, gesichtet sowie Exzerpte und Zusammenfassungen geschrieben. Damit hat sie sich einen Überblick verschafft, wie die Begriffe «Unterrichtsqualität», «Qualitätsmanagement» und «Schulentwicklung» zur Schulqualität stehen und welche Aspekte für die Bestimmung der Schulqualität von Bedeutung sein können. Nun will die Arbeitsgruppe diese Erkenntnisse der Schulleitung und dem Kollegium berichten. Damit die reichhaltigen Informationen, die die Arbeitsgruppe zusammen getragen hat, greifbar bleiben, entscheidet sich die Arbeitsgruppe für einen schriftlichen Bericht, den sie auf der Webseite der Schule auch Eltern und weiteren Interessierten zugänglich machen will. Um einen solchen Bericht verfassen zu können, muss die Arbeitsgruppe nun die zusammengetragenen Informationen auflisten und zu einer klaren und nachvollziehbaren Struktur des Berichts ordnen.

6.1.1 Bedeutung des Themas

Eine klare, übersichtliche Struktur und ein stringenter Aufbau sind für jede Art von Arbeit Voraussetzung, um der Argumentation der Arbeit folgen zu können. Sei es nun eine wissenschaftliche Arbeit, die im Rahmen des Studiums eingefordert wird, sei es ein Bericht einer Arbeitsgruppe oder eine mündliche Präsentation: Ohne klare Struktur wird nicht nachvollziehbar, was berichtet werden soll. Nachvollziehbarkeit aber ist nicht nur zentrales Gütekriterium von Wissenschaftlichkeit, es ist überhaupt die Grundlage für jede überzeugende Argumentation.

Im Studium werden wissenschaftliche Arbeiten von Studierenden gefordert, damit diese wissenschaftliche Zugänge kennenlernen, die Prinzipien wissenschaftlichen Arbeitens selbst erlernen und damit sie dokumentieren, dass sie wissenschaftliches Arbeiten beherrschen. Wissenschaft soll jedoch nie Selbstzweck sein. Die Darstellung einer wissenschaftlichen Arbeit steht idealerweise im Dienste einer Weiterentwicklung eines Themas oder einer sinnvollen Übersicht über mehr oder weniger komplexe Zusammenhänge, die anderen die Auseinandersetzung mit dieser Thematik erleichtern soll. Die eigene wissenschaftliche Auseinandersetzung mit einer Thematik darzustellen, ist deshalb selbst dann lohnenswert, wenn nicht neue Forschungsergebnisse oder revolutionäre Theorien präsentiert werden. Damit die eigene Auseinandersetzung mit einer Thematik aber für andere tatsächlich gewinnbringend ist, muss die Darstellung transparent, klar und nachvollziehbar sein. Neben der sprachlichen Klarheit ist es insbesondere die klare Struktur einer Arbeit mit einem gut erkennbaren Roten Faden, welche die Darstellung der eigenen Auseinandersetzung nachvollziehbar macht. Der Struktur und dem Aufbau einer wissenschaftlichen Arbeit kommt deshalb eine ganz bedeutende Rolle zu. Und nicht zuletzt ist das Erarbeiten einer klaren Struktur für sich selbst ein entscheidender Lernprozess, bei dem das Thema greifbar und durchschaubar gemacht wird. Ohne herausgearbeitete Struktur bleibt der eigene Lernprozess unvollständig, die eigene Übersicht über die Thematik ist nicht gewährleistet.

6.1.2 Wichtige Begriffe

Brainstorming
Methode der Ideenfindung, bei der alleine oder in Gruppen spontan Gedanken zu einem Thema geäußert und aufgelistet werden

Mindmap
Eine Art «Gedankenkarte», bei der verschiedene Aspekte eines Themas grafisch dargestellt und Zusammenhänge aufgezeigt werden

Literaturarbeit
Arbeit, in der eine Thematik ausschließlich auf der Grundlage von verfügbaren (wissenschaftlichen) Publikationen bearbeitet wird

empirische Arbeit
Arbeit, die ein eigenes Forschungsprojekt beinhaltet, bei dem systematisch neues Datenmaterial erhoben und ausgewertet oder bereits bestehendes Datenmaterial mit einer neuen Fragestellung selbst ausgewertet wird

Abstract
Eine kurze Inhaltsangabe, die einen Überblick ermöglicht, was in einer Arbeit thematisiert wird Was Sie erwartet

Eine gute Struktur für eine Arbeit zu finden, ist oft eine große Herausforderung. Deshalb widmet sich das erste Teilkapitel verschiedenen Möglichkeiten, eine Struktur für eine Arbeit zu suchen (siehe Kap. 6.2). Weil es ohne mögliche Schreibinhalte aber kaum möglich ist, eine Arbeit sinnvoll zu strukturieren und einen logischen Aufbau zu bestimmen, zeigt Kapitel 6.2.1 auf, wie Ideen für mögliche Textteile gesammelt und aufgelistet werden können. Erst auf dieser Grundlage wird es möglich sein zu überlegen, wie die gesammelten und aufgelisteten Schreibinhalte sinnvoll geordnet und gruppiert werden können (siehe Kap. 6.2.2).

Der Aufbau einer gut strukturierten Arbeit ist maßgeblich von den Inhalten abhängig. Dennoch gibt es bei wissenschaftlichen Arbeiten auch einige formale Vorgaben, was in jedem Fall zu einer Arbeit gehört und was in einzelnen Teilen der Arbeit beschrieben werden sollte. Diese Vorgaben sind im zweiten Teilkapitel aufgeführt (siehe Kap. 6.3), wobei das Kapitel 6.3.1 die Gliederung wissenschaftlicher Arbeiten beschreibt und das Kapitel 6.3.2 die Inhalte aufzählt, die innerhalb der einzelnen Teile einer wissenschaftlichen Arbeit aufzuführen sind.

6.1.3 Ziele: Was Sie lernen sollen

Nach der Bearbeitung dieses Kapitels können Sie ...

- verschiedene Möglichkeiten benennen, um Ideen für mögliche Schreibinhalte zu sammeln und aufzulisten.
- verschiedene Möglichkeiten benennen, um Schreibinhalte zu ordnen, zu gruppieren und in eine sinnvolle Struktur zu bringen.
- eine wissenschaftliche Arbeit formal korrekt gliedern.
- die einzelnen Inhalte erklären, die in den verschiedenen Teilen einer wissenschaftlichen Arbeit aufzuführen sind.

6.2 Eine Arbeit strukturieren

Eine Arbeit zu strukturieren, ist eine der anspruchsvollsten Aufgaben beim Verfassen einer wissenschaftlichen Arbeit. Die vielen Informationen, die sich im Laufe der Auseinandersetzung mit einer Thematik angesammelt haben, gilt es in eine sinnvolle Struktur zu bringen. Bei komplexen Themen (wie es Fragestellungen im Bereich von Schule, Lernen und Entwicklung häufig sind) ist dies nicht zuletzt deshalb sehr anspruchsvoll, weil ein Text eine lineare Darstellung einzelner Aspekte erfordert, obwohl die einzelnen Aspekte vielleicht gar nicht so linear, sondern in vielfältigen Wechselbeziehungen zueinander stehen. Die Suche nach einer klaren Struktur entspricht deshalb meist einer Art Übersetzungsarbeit: einer Übersetzung einer komplexen Realität in einen einfachen, linearen Text.

Eine gute Struktur für eine Arbeit zu finden, darf deshalb im Arbeitsprozess keinesfalls unterschätzt werden. Die Strukturierung ist aufwändig, und sie bildet das Herzstück für die inhaltliche Qualität der Arbeit: Sie ist Ausdruck davon, wie klar die bearbeitete Thematik durchdrungen ist, wie differenziert die Thematik auf der persönlichen «kognitiven Landkarte» repräsentiert ist. Die Suche nach einer guten Struktur ist deshalb immer auch eine intensive Arbeit an der Thematik selbst, eine intensive Auseinandersetzung mit der inneren Struktur einer Thematik und somit selbst ein ganz wesentlicher Lernprozess. Unterschätzen Sie also die Suche nach einer guten Struktur nicht, und kürzen Sie diesen Prozess nicht einfach ab!

Die Suche nach einer guten Struktur beinhaltet meist zwei Schritte: *Erstens* braucht es Ideen (also mögliche Schreibinhalte) für den Text. Ohne konkrete Inhalte kann keine sinnvolle Struktur gefunden werden. Ohne Inhalte gibt es nichts zu ordnen, nichts zu strukturieren. Erst wenn Ideen für mögliche Schreibinhalte vorliegen, können *zweitens* die konkreten Schreibinhalte in eine sinnvolle Ordnung gebracht werden.

6.2.1 Schreibinhalte sammeln und auflisten

Es ist offensichtlich, dass ohne vorgängige inhaltliche Auseinandersetzung kaum eine reichhaltige Liste mit möglichen Schreibinhalten entstehen kann. Die vorgängige Lektüre einschlägiger Fachliteratur ist deshalb dringend empfohlen (vgl. dazu Kap. 3). Falls noch zu wenig Schreibinhalte vorhanden sind, hat wahrscheinlich noch keine genügende Auseinandersetzung mit der Thematik stattgefunden. Wenn aber bereits Auseinandersetzungen mit der Thematik stattgefunden haben, gibt es verschiedene Möglichkeiten, sich einen Überblick über die möglichen Schreibinhalte zu verschaffen:

- Machen Sie eine Auslegeordnung sämtlicher Materialien, die Sie bis anhin erarbeitet haben (beispielsweise Exzerpte, Zusammenfassungen, einzelne Notizen, ganze Texte).
- Machen Sie ein Brainstorming: Listen Sie alles auf, was Ihnen zu diesem Thema im weitesten Sinne durch den Kopf geht. Schreiben Sie alle Ideen auf (beispielsweise auf einzelne Kärtchen, die Sie später ordnen können). Brainstorming lebt vom «kritikfreien» Anbieten von Ideen: Halten Sie in einem ersten Schritt ausnahmslos alle Ideen fest und lassen Sie in dieser ersten Phase keinerlei innere Zensur walten. Behindern Sie den Gedankenfluss nicht mit der Frage, wie gut nun eine Idee passt oder nicht. Und geben Sie ja nicht zu früh auf! Halten Sie es aus, einige Zeit weiter nachzudenken, auch wenn Sie nicht gleich weitere Ideen produzieren können. Die ganz guten Ideen kommen oft erst nach dieser ersten Schwelle. Mit einem solchen Brainstorming erhalten Sie eine längere Liste mit möglichen Schreibinhalten, die erst nach dem Abschluss des Brainstormings gesichtet und bewertet werden (vgl. von Werder, 1998). Brainstormings sind gerade auch nach dem Lesen von viel Literatur sinnvoll, weil sie helfen, einen Überblick darüber zu gewinnen, was schon alles erarbeitet wurde – und das ist häufig mehr als gedacht!
- Laden Sie gegebenenfalls auch Kolleginnen und Kollegen zu einem Brainstorming ein: Je mehr Köpfe Ideen produzieren, desto länger wird die Liste mit möglichen Schreibinhalten. Unter Umständen fallen bei einer folgenden Bewertung auch wieder mehr Inhalte weg, weil sie doch nicht zu Ihrer Arbeit passen. Aber auch solche fremden Gedanken bringen oftmals wichtige Assoziationen für die eigene Arbeit hervor.

6.2.2 Schreibinhalte ordnen

Liegen die Inhalte einmal vor, so gibt es verschiedene Schritte, die bei der Suche nach einer guten Struktur hilfreich sein können. All diese Schritte haben eine zentrale Gemeinsamkeit: Sie stellen unterschiedliche Möglichkeiten dar, sich mit einem Thema intensiv auseinanderzusetzen: An der inhaltlichen Auseinandersetzung mit dem Thema führt kein Weg vorbei! Folgende Möglichkeiten können dabei hilfreich sein:

- Sprechen Sie über das Thema, diskutieren Sie mit Kolleginnen und Kollegen oder mit Dozierenden darüber! Erzählen Sie anderen von Ihrem Thema! Jede sprachliche Auseinandersetzung zwingt Sie in eine lineare Darstellung von dem, was Sie bereits wissen. Zudem geben Rückfragen wertvolle Hinweise, welche Informationen nötig sind, um einem Argument folgen zu können.
- Wenn Sie ein Brainstorming gemacht haben und die Ideen für mögliche Schreibinhalte auf Kärtchen aufgelistet haben, können Sie nun die Kärtchen herum schieben und schauen, welche zusammen passen. Mit weiteren (beispielsweise andersfarbigen) Kärtchen können Sie zu bereits gruppierten Kärtchen Überbegriffe suchen und so eine mögliche Struktur Ihrer Arbeit entwickeln.
- Wer schon relativ klar im Kopf hat, welche Aspekte zusammengehören könnten, kann Ähnlichkeiten und Zusammenhänge gedanklich aufspüren und direkt auf einem Blatt Papier oder auf dem Computer entsprechende Kategorien mit den dazugehörigen Aspekten festhalten.
- Machen Sie ein Mindmap mit den aufgelisteten Schreibinhalten. Bei einem Mindmap wird das Hauptthema in die Mitte geschrieben und entsprechende Haupt- und Unteräste werden hinzugefügt (vgl. von Werder, 1998). Ein solches Mindmap kann beliebig stark verzweigt sein (vgl. Abb. 4). Es hilft Ihnen dabei, Zusammenhänge und Strukturen zu erkennen und diese auch für Lesende transparent zu machen. Das Erstellen von Mindmaps fördert strukturiertes Vorgehen und hilft, Zusammenhänge zu verstehen und Beziehungen zu erkennen. Aus einem Mindmap lässt sich leicht eine Text- und Kapitelstruktur ableiten. Diese Gliederung muss im Text auch für die Lesenden sichtbar gemacht werden (mit Haupttitel, Untertitel, Nummerierungen oder Abschnitten).
- Lassen Sie sich von bestehenden Arbeiten inspirieren! Es gibt kaum ein Forschungsthema, bei dem nicht schon die gleiche Thematik mindestens in der Theorie aufgearbeitet wurde. Natürlich können Sie solche Strukturen aus anderen Arbeiten nicht einfach abschreiben und für die eigene Arbeit übernehmen, aber Sie können sich inspirieren lassen und mögliche Ideen für eine sinnvolle Strukturierung erhalten.
- Fügen Sie die bereits vorliegenden möglichen Schreibinhalte in eine Grundstruktur der Arbeit (vgl. dazu Kap. 6.3): Damit geht meist eine Verfeinerung der Grundstruktur einher. Fragen Sie sich bei Ihren Schreibinhalten, welche Elemente zur Begründung der Fragestellung, der Relevanz oder zur Kontextualisie-

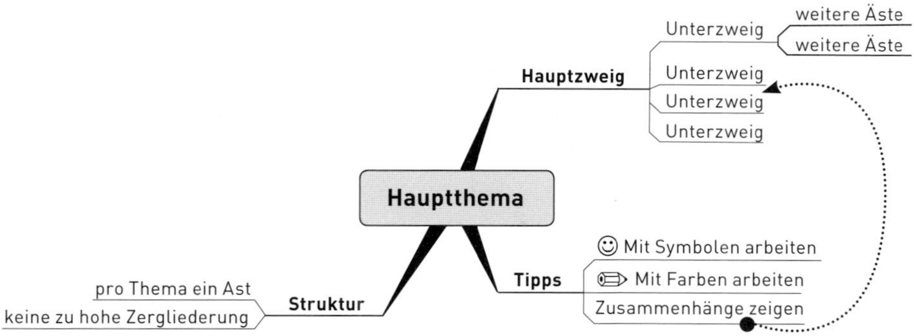

Abbildung 4: Beispiel eines Mindmaps.

rung sind. Fragen Sie sich ganz gezielt, was zusammengehört. Hilfreiche Strukturierungsfragen sind beispielsweise: Welche dieser möglichen Schreibinhalte sind Definitionen, welche sind Theorien, welche empirische Befunde, welche sind Anschauungsbeispiele?

- Klären Sie für sich, wie einzelne Aspekte zueinander stehen: Ist dieses Element ein Beispiel oder eine Veranschaulichung vom vorherigen? Oder ist es ein Gegenargument? Oder eine vertiefende Erklärung? Oder ein paralleler Erklärungsversuch?

Es gibt also verschiedene Möglichkeiten, die bei der Suche nach einer sinnvollen Struktur hilfreich sein können. Alle diese Möglichkeiten sind Ausdruck einer intensiven Auseinandersetzung mit der Thematik. Die Grundregel heißt also: Setzen Sie sich mit dem Thema auseinander!

Häufig sind auch nach längerer Lesephase noch keine konkreten Produkte sichtbar, was zum Gefühl führen kann, nicht vorwärts gekommen zu sein. Das ist manchmal ganz schön frustrierend. Eine Auflistung möglicher Schreibinhalte und eine anschließende Strukturierung beispielsweise in Form eines Mindmaps zeigen aber ganz eindrücklich auf, dass auch noch ohne einen Abschnitt geschrieben zu haben, schon ganz viel geleistet wurde: Ein Mindmap bildet dabei ab, wie differenziert eine eigene «kognitive Landkarte» aufgebaut wurde, ohne dass ein konkretes Produkt sichtbar geworden wäre. Je differenzierter die aufgebaute innere Landkarte über ein Thema ist, desto einfacher ist es anschließend, diese Landkarte in Textform zu überführen.

6.3 Formaler Aufbau einer wissenschaftlichen Arbeit

Die Form einer wissenschaftlichen Arbeit kann je nach Studienbereich, je nach Disziplin und je nach Art der Arbeit unterschiedlich aussehen. Wenn eine kleine Studienarbeit im Umfang von wenigen Seiten geschrieben wird, ist die Arbeit anders strukturiert als wenn in einer wissenschaftlichen Zeitschrift eine umstrittene Position vertreten wird. Eine Dissertation, die als eine empirische Forschungsarbeit eingereicht wird, ist wiederum anders aufgebaut als eine Seminararbeit, die zwei unterschiedliche Theorien vergleicht. Dennoch verfügt die Gliederung jeder guten wissenschaftlichen Arbeit über gewisse Merkmale, die in der Folge vorgestellt werden.

6.3.1 Gliederung einer wissenschaftlichen Arbeit im Überblick

Obwohl es viele unterschiedliche Strukturen für verschiedene Arten von wissenschaftlichen Arbeiten geben kann, lassen sich doch ganz grob zwei Grundtypen unterscheiden: die Struktur einer Literaturarbeit und diejenige einer empirischen Arbeit. Die Literaturarbeit behandelt eine Thematik ausschließlich auf der Grundlage von verfügbaren wissenschaftlichen Publikationen. Demgegenüber beinhaltet eine empirische Arbeit ein eigenes Forschungsprojekt, bei dem systematisch neues Datenmaterial erhoben und ausgewertet oder bereits bestehendes Datenmaterial mit einer neuen Fragestellung selbst ausgewertet wird. Diese beiden Grundtypen wissenschaftlicher Arbeiten unterscheiden sich auch in ihrer Gliederung. Dennoch weisen sie mindestens teilweise vergleichbare Bestandteile auf (vgl. Fromm & Paschelke, 2006; Topsch, 2006; Beinke, Brinkschulte, Bunn & Thürmer, 2008). Die folgende Tabelle 6 gibt einen Überblick über den prototypischen Aufbau von Literaturarbeiten und empirischen Arbeiten.

Die fett dargestellten Bestandteile gehören in jede wissenschaftliche Arbeit. Die Übersicht in Tabelle 6 zeigt, dass sich insbesondere der Hauptteil zwischen Literaturarbeiten und empirischen Arbeiten unterscheidet, wobei es bei der empirischen Arbeit genauere Vorgaben gibt, was im Hauptteil zu thematisieren ist. Das folgende Kapitel beschreibt nun, was innerhalb dieser einzelnen Bestandteile aufgeführt werden sollte.

Tabelle 6: Prototypischer Aufbau von Literaturarbeiten und empirischen Arbeiten.

Literaturarbeit	empirische Arbeit
Titelblatt	**Titelblatt**
ev. Abstract (je nach Umfang)	ev. Abstract (je nach Umfang)
ev. Vorwort (freiwillig)	ev. Vorwort (freiwillig)
Inhaltsverzeichnis	**Inhaltsverzeichnis**
Einleitung	**Einleitung**

Literaturarbeit	empirische Arbeit
Hauptteil: • *Theoretische und analytische Durchdringung des Themas* Anzahl Unterkapitel je nach Umfang und Thematik	**Hauptteil:** • *Theoretische Durchdringung des Themas* Anzahl Unterkapitel je nach Umfang und Thematik • *Methode* Fragestellung – Hypothesen (bei quantitativen Zugängen) –Forschungsmethode/-design – Beschreibung der Stichprobe – Forschungsinstrumente – Datenauswertungsverfahren • *Ergebnisse*
Diskussion	**Diskussion**
ev. Zusammenfassung (je nach Umfang)	ev. Zusammenfassung (je nach Umfang)
Literaturverzeichnis	**Literaturverzeichnis**
ev. Anhang	ev. Anhang

6.3.2 Die einzelnen Teile

Die folgende **Tabelle 7** gibt einen Überblick, was in den einzelnen Teilen einer wissenschaftlichen Arbeit enthalten sein sollte.

Tabelle 7: Teile einer wissenschaftlichen Arbeit.

Bestandteil	Inhalte
Titelblatt	Das Titelblatt kann meistens sehr kreativ gestaltet werden. Es gibt allerdings einige Institutionen, die auch für das Titelblatt klare Vorgaben machen, wie dieses zu gestalten sei. Klären Sie diese Anforderungen rechtzeitig ab! Unabhängig von der Gestaltung gehören aber folgende Angaben immer auf ein Titelblatt: • Bezeichnung der Institution (Name der Hochschule) sowie Fachbereich, wo die Arbeit eingereicht wird; bzw. Bezeichnung der Institution, in der eine Arbeit ausgeführt wurde (bspw. Name der Schule) • Titel der Arbeit, gegebenenfalls Untertitel • Art der Arbeit (bspw. Bachelorarbeit, Seminararbeit, Leistungsnachweis, Bericht einer Arbeitsgruppe)

Tabelle 7: Fortsetzung

Bestandteil	Inhalte
	• Vollständiger Name und Adresse der Verfasserin oder des Verfassers • Name und gegebenenfalls Titel der Betreuungsperson, der Dozentin oder des Dozenten (bspw. «eingereicht bei ...»), resp. des Auftraggebers (bspw. «Bericht erstellt im Auftrag des Rektorats der Schule ...») • Ort und Datum der Fertigstellung
ev. Abstract (je nach Umfang)	Umfangreichen wissenschaftlichen Arbeiten ist oft ein Abstract vorangestellt, das nur etwa 1 bis 2 Abschnitte lang ist. Das Abstract beschreibt in wenigen Sätzen, worum es in der Arbeit geht. Im Gegensatz zu einer Zusammenfassung (welche die wesentlichen Aussagen wiedergeben soll; vgl. unten) benennt ein Abstract kaum konkrete Aussagen, vielmehr beschreibt es relativ abstrakt, was in der Arbeit dargestellt wird. So reicht im Abstract beispielsweise in Bezug auf den Diskussionsteil eine Aussage wie «Folgerungen für die Schulpraxis werden diskutiert.» In einer Zusammenfassung hingegen wären die zentralen Folgerungen kurz aufzuführen. Das Abstract lenkt die Aufmerksamkeitsrichtung und ermöglicht den Leserinnen und Lesern abzuschätzen, welche Informationen sie in der vorliegenden Arbeit erwarten dürfen.
ev. Vorwort (freiwillig)	Viele wissenschaftliche Arbeiten haben ein Vorwort. Allerdings hat dieses noch nichts mit dem Inhalt der Arbeit im engeren Sinn zu tun und ist deshalb nicht unbedingt notwendig. In einem Vorwort können *persönliche* Anmerkungen zur Arbeit formuliert werden, wie beispielsweise Danksagungen für Hilfen und Unterstützungen. Handelt es sich bei der Arbeit um eine Forschungsarbeit, bei der Personen befragt oder Institutionen untersucht wurden, ist es üblich, diesen Personen oder Institutionen für die Teilnahme an der Studie an dieser Stelle zu danken.
Inhaltsverzeichnis	Ein vollständiges Inhaltsverzeichnis mit Seitenangaben ist in wissenschaftlichen Arbeiten unabdingbar. Das Inhaltsverzeichnis ermöglicht ein schnelles Auffinden einzelner Teile in einer Arbeit und verschafft einen ersten Überblick. Deshalb muss es auch übersichtlich gestaltet sein. Inhaltsverzeichnisse über mehrere Seiten sind selbst bei langen Publikationen unübersichtlich. Wird ein Inhaltsverzeichnis einer umfangreichen Arbeit zu lang, wird sinnvollerweise die unterste Hierarchieebene der Gliederungsstruktur nicht im Inhaltsverzeichnis aufgeführt. Textverarbeitungssysteme (wie bspw. die Software Word) beinhalten Funktionen, um Inhaltsverzeichnisse automatischen abzubilden. Nicht nur bei umfangreicheren Arbeiten gewährleisten diese Funktionen eine problemlose und schnelle Darstellung von Inhalts-

Tabelle 7: Fortsetzung

Bestandteil	Inhalte
	verzeichnissen, die per Mausklick aktualisiert werden können (und müssen). Auch bei kurzen Arbeiten sind diese automatischen Funktionen eine enorme Hilfe!
Einleitung	Eine Einleitung gehört zu jeder wissenschaftlichen Arbeit. Sie soll die Lust zum Weiterlesen fördern und beinhaltet folgende Bestandteile: • *Einführung in Alltagssprache*: Dabei wird erklärt, worum es in der Arbeit geht, und das Thema wird in einen größeren Sinn- und Diskussionszusammenhang eingebettet. Theoretische und wissenschaftliche Begriffe werden an dieser Stelle höchstens vereinzelt eingesetzt, wobei jeweils darauf zu verweisen ist, dass eine Klärung der entsprechenden Konzepte später folgen wird. • *Thema eingrenzen*: Ebenfalls in der Einleitung ist aufzuzeigen, welche Aspekte des Themas bearbeitet werden und welche nicht. Begründen Sie, warum eine solche Einengung des Themas sachlich geboten ist, indem Sie beispielsweise auf den zur Verfügung stehenden Umfang verweisen, der eine differenzierte Auseinandersetzung mit weiteren Aspekten nicht zulässt. • *Fragestellung benennen*: Führen Sie die konkrete Fragestellung, die Ihre Arbeit leitet, explizit auf. Die Frage muss klar als solche erkennbar sein und darf keinesfalls nur eine diffuse Zielformulierung sein. Eine formal korrekte Fragestellung endet deshalb auch mit einem Fragezeichen. (Bei empirischen Arbeiten kann die in wissenschaftlichen Begriffen ausformulierte Fragestellung auch erst im Methodenteil aufgeführt sein; vgl. unten). • *Begründung der Relevanz*: Zeigen Sie auf, warum eine Auseinandersetzung mit dieser Fragestellung die Wissenschaft oder die Praxis weiter bringt. Legitimieren Sie also, warum Sie dieses Thema bearbeiten. Wissenschaftliche Arbeiten werden dabei nicht nur subjektiv-persönlich begründet, weil es die Verfasserin oder den Verfasser persönlich interessiert. Vielmehr geht es um die sachliche Begründung, warum die Beantwortung der Fragestellung bei der theoretischen oder empirischen Durchdringung einer Thematik oder bei der praktischen Bewältigung anstehender Herausforderungen einen Nutzen bringt. • *Vorschau auf die Arbeit*: Stellen Sie den Aufbau der Arbeit vor und veranschaulichen Sie, wie Sie bei der Beantwortung der Fragestellung vorgegangen sind. Bei empirischen Arbeiten kann auch in wenigen Sätzen skizziert werden, mit welchen Methoden die Fragestellung beantwortet wird.
Hauptteil	Der Hauptteil einer wissenschaftlichen Arbeit beansprucht meist mehrere Kapitel, wobei der Hauptteil nie mit diesem Begriff («Hauptteil») überschrieben wird. Vielmehr werden entweder inhaltlich gehaltvolle Titel gesetzt (wie beispielsweise «Definition des Quali-

Tabelle 7: Fortsetzung

Bestandteil	Inhalte
	tätsbegriffs», «Erkenntnisse der Schulqualitätsforschung», «Bildungspolitische Forderungen»), oder bei empirischen Forschungsarbeiten wird auch mal «Theorie» oder «Theorieteil» als Übertitel gewählt. Ein solcher abstrakter Titel ist aber nur sinnvoll, wenn in der Folge als Unterkapitel inhaltlich gehaltvolle Titel gewählt werden. Im Hauptteil einer Literaturarbeit oder im Theorieteil einer empirischen Arbeit steht die theoretische Durchdringung der Thematik im Zentrum. Dabei soll die Theorie zum entsprechenden Thema übersichtlich, strukturiert und auf die Forschungsfrage hin zugespitzt dargestellt werden. Dabei sind – meist in dieser Reihenfolge – folgende Aspekte zu bearbeiten: • *Definition zentraler Begriffe und Konzepte:* Ziel solcher Definitionen ist ein einheitliches Verständnis der Grundlagen einer Arbeit. Wenn beispielsweise von «Schulqualität» gesprochen wird, können dabei sehr unterschiedliche Facetten mitgemeint werden. Mit dem Definieren wird geklärt, was in der vorliegenden Arbeit unter diesem Begriff mitgemeint wird und was eben auch nicht. Dabei reicht es nicht aus, eine beliebige Definition aufzuführen, weil die Schärfung des Verständnisses meist erst bei der Auseinandersetzung mit kontrastierenden Definitionen erfolgt. Als Faustregel gilt deshalb, selbst bei ganz kurzen Arbeiten mindestens zwei unterschiedliche Definitionen für eine Begriffsklärung einzubeziehen. Bei größeren Arbeiten dürfen selbstverständlich mehrere Definitionen mit einander verglichen und synthetisiert werden. Entscheidend ist jedoch, dass in jedem Fall eine für die vorliegende Arbeit gültige Definition formuliert wird, die den Gebrauch zentraler Begriffe und Konzepte klärt. • *Theoretische Grundlagen:* Die einschlägigen Theorien zu einer Thematik liefern der eigenen Argumentation das wissenschaftliche Fundament. Deshalb gehört in jede Arbeit ein Überblick über die relevanten Theorien zum Thema. Werden mehrere Theorien oder Theorieansätze dargestellt, gehört auch ein Vergleich zu den theoretischen Grundlagen. Dabei gilt es herauszuarbeiten, inwiefern sich verschiedene Theorien überlappen, sich gegenseitig ergänzen oder allenfalls auch widersprechen. Sind die theoretischen Zugänge sehr unübersichtlich (was bei vielen Themen rund um Schule, Erziehung, Lernen und Entwicklung durchaus der Fall sein kann), ist bei kleineren Arbeiten auch eine Auswahl einzelner Theorien sinnvoll. Aber auch wenn nur eine Auswahl getroffen wird: Die Darlegung der einschlägigen Theorien bildet das Fundament für die eigene Arbeit. Werden Theorien zu knapp erarbeitet, ist dies mit keinem anderen Bestandteil zu kompensieren. • *Stand der Forschung:* In diesem Teil werden empirische Forschungsbefunde zusammengefasst, die in einem Zusammenhang mit der eigenen Fragestellung stehen oder einzelne Aspekte davon

Tabelle 7: Fortsetzung

Bestandteil	Inhalte
	beleuchten. Die Abgrenzung zwischen den theoretischen Grundlagen (vgl. oben) und dem Stand der Forschung ist oft unscharf, weshalb diese beiden Teile auch zusammen fließen können. Bei den theoretischen Grundlagen werden meist weit anerkannte und breit überprüfte Erklärungen für bestimmte Phänomene berichtet, die aus einer Vielzahl einzelner Forschungsbefunde verdichtet wurden. Beim Stand der Forschung hingegen stehen eher Ergebnisse einzelner Studien im Vordergrund. So können beispielsweise die Befunde von Studien wie PISA (Programme for International Student Assessment) oder TIMSS (Third International Mathematic and Science Study) für eine Fragestellung durchaus von Bedeutung sein, einen theoretischen Hintergrund aber geben diese Befunde nicht ab. Die Anzahl der Unterkapitel in diesem Teil variiert natürlich je nach Umfang und Thematik. Als Faustregel kann aber gelten, dass selbst bei äußerst umfangreichen Arbeiten mehr als 6 Unterkapitel kaum sinnvoll sind und die Übersichtlichkeit beeinträchtigen.
Methodenteil (nur bei empirischen Arbeiten)	Der Methodenteil bildet in einer empirischen Arbeit meist ein eigenes Hauptkapitel und beinhaltet in der Regel *alle* untenstehenden Aspekte, die in eigenen Unterkapiteln bearbeitet werden. Im Methodenteil geht es darum, die eigene Untersuchung so darzustellen, dass andere diese Untersuchung wiederholen könnten. Damit wird im Methodenteil ein ganz zentrales Merkmal von Wissenschaftlichkeit eingelöst: die Nachvollziehbarkeit. Wissenschaftliche Arbeiten werden jeweils so dargestellt, dass sie bis ins Detail nachvollzogen und damit auch überprüft werden können. Um die Nachvollziehbarkeit zu gewährleisten, beinhaltet der Methodenteil deutlich mehr als nur eine Beschreibung, welche Schritte gemacht wurden. Vielmehr gilt es, die einzelnen Schritte zu *begründen* und mit den theoretischen Auseinandersetzungen zu verknüpfen. • *Fragestellung*: Die Fragestellung wird bei empirischen Arbeiten erst aus der oben dargestellten Theorie und nach Sichtung der vorliegenden Forschungsbefunde konkretisiert. Dabei werden nur noch Schlüsselbegriffe verwendet, die im Theorieteil erklärt wurden. Die konkrete Fragestellung endet mit einem Fragezeichen. • *Hypothesen (nur bei quantitativen Zugängen)*: Hypothesen werden jeweils von der Theorie und den verfügbaren Forschungsbefunden abgeleitet und plausibel begründet. So sind Hypothesen theoretisch plausible Antworten auf die Fragestellungen, es sind Antworten, wie sie aufgrund der Lektüre des Theorieteils gegeben würden. Bloße Behauptungen, die sich auf keine Aspekte der referierten Theorie oder aufgeführter Forschungsbefunde

Tabelle 7: Fortsetzung

Bestandteil	Inhalte
	beziehen, taugen nicht als Hypothesen für eine wissenschaftliche Forschungsarbeit. Eine Hypothese wird so formuliert, dass sie eindeutig geprüft werden kann, dass also die eigenen Ergebnisse beantworten können, ob die Hypothese zu verwerfen ist oder ob sie sich in den eigenen Ergebnissen bewährt. Wenn Sie qualitativ arbeiten, können Sie auf Hypothesen verzichten. Bei qualitativen Zugängen werden Hypothesen meist erst am Ende aus den Ergebnissen abgeleitet. • *Forschungsmethode*: In diesem Teil ist der methodische Zugang ganz grundsätzlich zu beschreiben: Dabei wird begründet, warum welche Datenerhebungsverfahren angewendet wurden. Es wird also z. B. begründet, warum eine Fragestellung besser mit einer mündlichen oder schriftlichen Befragung beantwortet werden kann als mit einer Beobachtung. Dabei wird auch skizziert, wie das Datenerhebungsverfahren funktioniert. Das ist gar nicht so trivial, wenn bestimmte Befragungsmethoden abzugrenzen sind (wie beispielsweise biografische, narrative und themenzentrierte Leitfaden-Interviews). • *Beschreibung der Stichprobe*: In diesem Teil wird erklärt, wie die Stichprobe ausgewählt wurde. Idealerweise lässt sich mit Hinweisen aus der Theorie begründen, warum gerade diese Personen (und nicht andere) befragt wurden, warum gerade diese Gegebenheit (und nicht eine andere) gefilmt wurde oder warum gerade diese Dokumente (und nicht andere) analysiert wurden. Neben der Begründung, wie die Stichprobe ausgewählt wurde, gehört auch eine Beschreibung der Stichprobe zu diesem Teil. Immer, wenn Menschen involviert sind (bei mündlichen und schriftlichen Befragungen, bei Beobachtungen, bei der Analyse von persönlichen Dokumenten wie beispielsweise Aufsätzen), ist die Zusammensetzung bezogen auf Alter und Geschlecht anzugeben sowie bezogen auf weitere Faktoren, die für die Fragestellung relevant sind (beispielsweise Schulstufe, Funktion etc.). Falls möglich, soll auch eine Aussage darüber gemacht werden, welche Personen oder Personengruppen *nicht* an der Studie teilgenommen haben oder ausgestiegen sind (sogenannte «Dropouts»). Solche Ausfälle müssen nach Möglichkeit deklariert werden, weil sie das Ergebnis verzerren können. • *Erhebungsinstrumente*: Die Erhebungsinstrumente (beispielsweise ein Beobachtungsraster, ein Fragebogen oder ein Interview-Leitfaden) sind so genau wie möglich zu beschreiben. Auf jeden Fall gehört dazu, die zentralen Inhalte des Instrumentes (oder der Instrumente) aufzuzählen und zu begründen, wie diese Inhalte hergeleitet wurden. Dabei ist auf den Theorieteil zu verweisen, weil die Erhebungsinstrumente Ausdruck der theoretischen Auseinandersetzung sein sollten. Das Erhebungsinstrument

Tabelle 7: Fortsetzung

Bestandteil	Inhalte
	selbst wird allerdings in diesem Teil nur beschrieben. Das vollständige Instrument (beispielsweise mit ausformulierten Items und Fragen) wird nur im Anhang aufgeführt. • *Datenauswertungsverfahren*: In diesem Unterkapitel wird genau dargelegt, wie die Daten ausgewertet wurden. Auch hier muss die Beschreibung ermöglichen, dass jemand anderes die vorliegenden Daten noch einmal mit den gleichen Verfahren auswerten könnte und dabei (mindestens im Idealfall) auf die gleichen Ergebnisse kommen müsste.
Ergebnisteil (nur bei empirischen Arbeiten als solcher gekennzeichnet)	Im Ergebnisteil – der häufig auch mit dem Titel «Ergebnisse» überschrieben wird – wird ganz nüchtern dargestellt, was die Datenauswertungen hervorgebracht haben. In diesem Teil muss jeder Satz mit den vorliegenden Daten belegbar sein. Je nach Fragestellungen und Auswertungsverfahren ist es durchaus üblich, den Ergebnisteil in mehrere Unterkapitel zu gliedern. In der Regel finden sich im Ergebnisteil Tabellen, Abbildungen und Grafiken, die zentrale Ergebnisse verdichten und auf einen Blick veranschaulichen. Jeder Ergebnisteil beginnt mit einer sachlichen Beschreibung der Daten. Dabei werden die verschiedenen Aspekte entlang inhaltlicher Kriterien geordnet (bspw. entlang der Fragestellungen), nie entlang des Vorgehens beim Auswerten. Umfangreiche Kennwerte von statistischen Analysen können in übersichtlichen Tabellen aufgeführt werden, dann sind im Fließtext jeweils nur noch die Hauptergebnisse herauszustreichen. Beim Berichten von statistischen Auswertungen gehört auch dazu, die jeweiligen Fallzahlen (das sogenannte «n») anzugeben. Der Ergebnisteil ist nüchtern und beschreibend gehalten, persönliche Meinungen oder Interpretationen haben dabei keinen Platz. Häufig verstecken sich Interpretationen in kleinen Füllwörtern wie beispielsweise «nur»: In der Aussage «Nur 32.5 % der Befragten schätzen diese Reform als hilfreich ein» bedeutet das Wort «nur» eine bewertende Aussage des Faktums, dass 32.5 % der Befragten diese Reform als hilfreich einschätzten. Im Ergebnisteil ist ganz besonders darauf zu achten, dass mit den gewählten Formulierungen keine solchen Bewertungen transportiert werden.
Diskussion	Der Diskussionsteil ist in einer wissenschaftlichen Arbeit von zentraler Bedeutung. Dieser Teil ist nicht nur ein «Anhängsel» nach getaner Arbeit, sondern trägt ganz wesentlich zur Kohärenz der Arbeit bei. An dieser Stelle wird die Arbeit abgerundet und der Bogen zur Einleitung geschlossen. In einen Diskussionsteil gehören viele Aspekte, weshalb dieses Kapitel auch mehrere Unterkapitel und einen ansehnlichen Umfang haben darf: • In jedem Fall beginnt der Diskussionsteil mit einer bilanzierenden und expliziten Beantwortung der Fragestellung.

Tabelle 7: Fortsetzung

Bestandteil	Inhalte
	• Bei empirischen Arbeiten werden im Diskussionsteil die eigenen Ergebnisse in die theoretische Auseinandersetzung eingebettet. Das heißt, es ist hier – und erst hier im Diskussionsteil – zu diskutieren, wie weit die eigenen Ergebnisse anderen Befunden entsprechen oder ob sie gegebenenfalls in einem Widerspruch stehen. Gerade wenn eigene Ergebnisse nicht mit bereits vorliegenden Befunden überein stimmen, sind Vermutungen über mögliche Gründe anzustellen. • Wurden bei quantitativen Zugängen Hypothesen formuliert, so erfolgt im Diskussionsteil deren explizite Überprüfung. Denken Sie daran, dass sich Hypothesen zwar eindeutig verwerfen, nie aber definitiv beweisen lassen. Mit anderen Forschungsmethoden könnten Hypothesen, die sich in Ihrer Studie vielleicht bewährt haben, durchaus wieder verworfen werden. Formulieren Sie also vorsichtig und vermeiden Sie das Wort «beweisen»! Geeignete Formulierungen dafür sind beispielsweise: «Die in Hypothese 1 formulierte Vermutung scheint aufgrund der vorliegenden Ergebnisse durchaus plausibel.» Oder: «Hypothese 2 hat sich im Rahmen dieser Studie bewährt.» • Bei qualitativen Arbeiten ist der Diskussionsteil der Ort, um aus den eigenen Ergebnissen weiterführende Hypothesen abzuleiten. • Bei Literaturarbeiten und bei empirischen Arbeiten gehört auch eine Reflexion des Vorgehens zur Diskussion. So ist beispielsweise bei Literaturarbeiten zu diskutieren, wie umfassend die einbezogene Literatur ist und welche weiteren Aspekte sich bei der Berücksichtigung anderer Quellen aufdrängen würden. Damit ist u.a. die Reichweite der Aussagen angesprochen, die es auch bei empirischen Arbeiten zu diskutieren gilt: Je nach Stichprobe können die Ergebnisse eine sehr unterschiedliche Aussagekraft haben. In diesem Zusammenhang gilt es außerdem das methodische Vorgehen zu reflektieren und darzulegen, welche Aspekte mit dem gewählten Vorgehen besonders gut erfasst werden konnten, welche anderen – gegebenenfalls auch relevanten – Aspekte aber bei diesem Zugang nicht erfasst wurden. • Bei Literaturarbeiten und bei empirischen Arbeiten gehört zur Diskussion ein klares Fazit. An dieser Stelle können Sie als Verfasserin oder Verfasser klar Position beziehen, indem Sie verschiedene Argumente gegeneinander abwägen. Die eigene Position ist jedoch immer sachlich mit Argumenten zu begründen, die im Hauptteil der Arbeit eingeführt wurden. Rein subjektive Begründungen im Sinne von «Ich finde, dass...» haben auch im Diskussionsteil keinen Platz. Eine aus den Argumenten der Arbeit abgeleitete eigene Position wie z.B. «Die Übersicht über die verschiedenen Befunde hat deutlich gemacht, dass...» darf jedoch sehr wohl formuliert werden. Der Unterschied liegt dabei nicht nur

Tabelle 7: Fortsetzung

Bestandteil	Inhalte
	bei der Formulierung. In der Formulierung wird aber deutlich, ob ein Autor oder eine Autorin die wissenschaftliche Auseinandersetzung in der Arbeit genutzt hat, um sich ein gut begründetes (und gut begründbares) Urteil über einen Sachverhalt zu machen, oder ob eine persönliche Meinung unabhängig davon formuliert wird. • Eine gut begründete eigene Position kann beispielsweise in weiter führenden Thesen formuliert werden, die es in anderen Arbeiten zu überprüfen gilt. Wenn Sie weiter führende Überlegungen nicht in Form von Thesen skizzieren wollen, können Sie auch neue Fragestellungen formulieren, die sich aus der Arbeit heraus ergeben haben. In einer guten Arbeit wird erwartet, dass in der einen oder anderen Form über die eigene Arbeit hinaus gedacht wird und in Form eines Ausblicks Möglichkeiten für die Weiterarbeit skizziert werden.
ev. Zusammenfassung (je nach Umfang)	Bei längeren Arbeiten ist ein eigenes Kapitel für eine Zusammenfassung sinnvoll. Im Gegensatz zu einem Abstract (das mehr beschreibt, worum es geht; vgl. oben) werden in einer Zusammenfassung die wesentlichen Argumentationsgänge der Arbeit skizziert. Werden im Diskussionsteil nur die Fragestellungen zusammenfassend beantwortet (vgl. oben), gehört in eine eigenständige Zusammenfassung auch eine Skizzierung der zentralen Theorien, des methodischen Vorgehens und der weiterführenden Überlegungen. Eine Zusammenfassung dient dazu, dass jemand, der nur die Zusammenfassung liest, alles Wesentliche der Arbeit weiß. Die Zusammenfassung darf keinerlei neue Informationen enthalten, die nicht schon vorher aufgeführt sind.
Literaturverzeichnis	Im Literaturverzeichnis sind alle benutzen und in der Arbeit aufgeführten Quellen alphabetisch aufzuführen. Dabei dürfen nur solche Quellen aufgeführt werden, die auch tatsächlich selbst benutzt wurden. Für jede Quellenangabe in der Arbeit werden im Literaturverzeichnis die vollständigen bibliografischen Angaben aufgeführt, umgekehrt muss zu jedem Eintrag im Literaturverzeichnis mindestens eine Quelle in der Arbeit aufgeführt sein. Im Literaturverzeichnis wird so ein zentrales Prinzip von Wissenschaftlichkeit eingelöst: Es gewährleistet die Nachvollziehbarkeit und die Überprüfbarkeit. Jede Aussage, die aus einer bestimmten Quelle übernommen wurde, kann bei Bedarf ausfindig gemacht und überprüft werden. Meist dienen die Einträge im Literaturverzeichnis aber dazu, bei besonderem Interesse weitere Angaben zu einem Sachverhalt finden zu können. Zudem erlaubt es eine Einschätzung, wie solide und verlässlich das Fundament ist, auf welchem eine eigene Argumentation entwickelt wurde. Relevanz und Aktualität der aufgeführten Quellen erlauben deshalb auch eine schnelle Einschätzung des inhaltlichen Fundamentes einer Arbeit.

Tabelle 7: Fortsetzung

Bestandteil	Inhalte
	Für die formale Gestaltung des Literaturverzeichnisses gibt es je nach Institution oder Disziplin unterschiedliche Vorgaben. Allen Vorgaben gemeinsam ist, dass sie äußerst detailgetreu zu übernehmen sind und die Handhabung etwas Übung und Konzentration abverlangt. Eine gängige Konvention im Bereich der deutschsprachigen Bildungs- und Sozialwissenschaften ist in Kapitel 5.4 beschrieben.
Anhang	Im Anhang wird all das aufgeführt, was den Lesefluss in der Arbeit stören würde, was sehr umfangreich ist, was aber dennoch für eine genaue Nachvollziehbarkeit der Arbeit nötig ist. Der Anhang ist kein unübersichtliches Sammelsurium beliebiger Dokumente, sondern jeder Bestandteil des Anhangs wird in der Arbeit eingeleitet, beispielsweise mit Sätzen wie «Der vollständige Fragebogen findet sich in Anhang 2.» Ist der Anhang sehr umfangreich, wird er jeweils mit einem eigenen kleinen Inhaltsverzeichnis versehen («Verzeichnis der Anhänge»). Allerdings braucht dieses Inhaltsverzeichnis nicht unbedingt Seitenangaben, weil sich gewisse Dokumente im Anhang (wie beispielswiese speziell gelayoutete Fragebögen) nicht in die regulären Seitennummerierungen integrieren lassen. Die einzelnen Teile des Anhangs werden betitelt (beispielsweise «Anhang 2: Fragebogen für Lehrpersonen»), wobei diese Titel sowohl im «Verzeichnis der Anhänge» als auch auf dem entsprechenden Anhang selbst aufgeführt sind. Typischerweise finden sich im Anhang die vollständigen Erhebungsinstrumente (beispielsweise Interview-Leitfäden, Fragebögen, Beobachtungsraster), Anschreiben an die befragten Personen, ausführliche Daten bspw. in Form von gut anonymisierten Transkriptionen oder analysierten Dokumenten sowie umfangreiche Tabellen mit weiter führenden Ergebnissen.

6.4 Zusammenfassung

Wenn Sie zu einem Thema viel Literatur zusammen getragen und gesichtet haben, wenn Sie Exzerpte und Zusammenfassungen geschrieben und sich damit einen Überblick über das Thema verschafft haben, so gilt es anschließend diese Erkenntnisse zu sammeln, zu gruppieren und zu strukturieren. Eine klare Struktur ist für die Darstellung der Erkenntnisse unabdingbar: Sie ermöglicht die Nachvollziehbarkeit der Argumentation, was nicht nur zentrales Gütekriterium von Wissenschaftlichkeit ist, sondern überhaupt die Grundlage für jede überzeugende Argumentation darstellt.

Eine gute Struktur für eine Arbeit zu finden, ist oft eine große Herausforderung. Weil es ohne konkrete Schreibinhalte aber kaum möglich ist, eine Arbeit sinnvoll zu strukturieren und einen logischen Aufbau zu bestimmen, gilt es zuerst, Ideen für mögliche Textteile zu sammeln und aufzulisten. Hilfreich können dabei verschiede Techniken sein: eine Auslegeordnung sämtlicher Materialien, die bis anhin erarbeitet wurden, ein Brainstorming alleine oder in einer Gruppe etc. Wird dabei die Liste mit möglichen Schreibinhalten zu kurz, hat wahrscheinlich noch keine genügende Auseinandersetzung mit dem Thema stattgefunden.

Erst auf der Grundlage einer inhaltlichen Auseinandersetzung wird es möglich, die gesammelten und aufgelisteten Schreibinhalte sinnvoll zu ordnen und zu strukturieren. Auch bei einem solchen Strukturierungsprozess können verschiedene Techniken hilfreich sein: Diskussionen und Besprechungen mit Dozierenden oder Kolleginnen und Kollegen, Kategorisieren und Gruppieren von auf Zetteln aufgeführten Aspekten, Mindmaps erstellen und diskutieren, sich von anderen Arbeiten inspirieren lassen, bestehende Schreibinhalte in eine Grundstruktur der Arbeit einfügen oder Beziehungen zwischen einzelnen Aspekten klären. Die Strukturierung einer Arbeit erfordert immer eine intensive Auseinandersetzung mit einer Thematik, die meist auch zeitintensiv ist.

Der Aufbau einer gut strukturierten Arbeit ist maßgeblich von den Inhalten abhängig. Dennoch gibt es bei wissenschaftlichen Arbeiten auch einige formale Vorgaben, was in jedem Fall zu einer Arbeit gehört und was in einzelnen Teilen der Arbeit beschrieben werden sollte. Dabei unterscheiden sich die prototypischen Gliederungen zwischen Literaturarbeiten und empirischen Arbeiten an einigen Stellen. In jedem Fall gehören zu einer wissenschaftlichen Arbeit folgende Teile:

- Titelblatt
- Inhaltsverzeichnis
- Einleitung
- Hauptteil
- Diskussion
- Literaturverzeichnis

Je nach Umfang wird der Arbeit ein kurzes Abstract vorausgestellt und/oder eine Zusammenfassung angefügt. Die Unterschiede zwischen Literaturarbeiten und empirischen Arbeiten zeigen sich insbesondere im Hauptteil, der die theoretische Durchdringung des Themas beinhalten muss. Bei empirischen Arbeiten gehören zum Hauptteil zusätzlich nähere Angaben zu methodischen Aspekten sowie ein eigenes Ergebniskapitel.

Ihre Arbeit ist gut strukturiert, wenn …

- Sie mit Haupttiteln, Untertiteln und Abschnitten gearbeitet haben,
- die einzelnen Teile Ihrer Arbeit logisch aufeinander aufbauen,

- bereits ein Blick ins Inhaltsverzeichnis einer geübten Leserin oder einem geübten Leser einen angemessenen Überblick über den Inhalt Ihrer Arbeit gibt,
- alle wichtigen Teile vorhanden sind (Titelblatt, Inhaltsverzeichnis, Einleitung, Hauptteil, Diskussion, Anhang, Literaturverzeichnis),
- der Hauptteil – je nach Typ Ihrer Arbeit – alle relevanten Teile enthält, z. B. Theorie, Methode und Ergebnisse,
- jeder Teil Ihrer Arbeit die dafür vorgesehenen Elemente und Angaben enthält (im Methodenteil beispielsweise sollten Fragestellung, ev. Hypothesen, Forschungsmethode, Erhebungsinstrument und Auswertungsmethode dokumentiert sein).

6.5 Lernaufgaben

Kontrollfragen

1. Welche zwei Schritte braucht es, um eine Arbeit zu strukturieren?
2. Was ist ein Brainstorming und welche Regeln gilt es dabei zu beachten?
3. Was ist ein Mindmap? Warum eignet sich ein Mindmap gut, um eine Struktur für eine Arbeit zu entwickeln?
4. Welche einzelnen Bestandteile gehören in jedem Fall zu einer wissenschaftlichen Arbeit?
5. Welche Bestandteile einer wissenschaftlichen Arbeit gehören nur zu empirischen Arbeiten, nicht aber zu Literaturarbeiten?
6. Wie unterscheiden sich Vorwort und Einleitung in einer wissenschaftlichen Arbeit?
7. Wie unterscheiden sich Abstract und Zusammenfassung in einer wissenschaftlichen Arbeit?
8. Was ist in einem Diskussionsteil einer wissenschaftlichen Arbeit immer zu thematisieren?

Übungsaufgaben

9. Welche Möglichkeiten gibt es, Inhalte einer Arbeit zu ordnen, zu gruppieren und sinnvoll zu strukturieren? Listen Sie Vor- und Nachteile ver-

schiedener Vorgehensweisen auf und diskutieren Sie, welche Möglichkeiten Ihren Lern- und Arbeitsgewohnheiten am besten entsprechen!

10. Machen Sie ein Brainstorming zu einem Thema, mit dem Sie sich kürzlich auseinandergesetzt haben.
11. Strukturieren Sie die Ideen, die aus diesem Brainstorming entstanden sind, anhand eines Mindmaps. Stellen Sie anschließend Ihr Mindmap einer Kollegin oder einem Kollegen vor – erklären Sie und fragen Sie nach.
12. Beurteilen Sie in verschiedenen Publikationen die Inhaltsverzeichnisse: Wie übersichtlich, wie gut lesbar sind sie? Arbeiten Sie heraus, was ein Inhaltsverzeichnis besonders übersichtlich macht!

Diskussionsaufgaben/Vertiefungsaufgaben

13. Suchen Sie in verschiedenen Publikationen nach Abstracts, lesen Sie diese Abstracts und vergleichen Sie, welche Informationen jeweils aufgeführt sind. Welche Informationen werden immer aufgeführt? Was wissen Sie bereits über den Inhalt dieser Publikationen nach der Lektüre des Abstracts und welche weiterführenden Fragen zu diesen Publikationen stellen sich Ihnen nach der Lektüre des Abstracts?
14. Welche Bestandteile einer wissenschaftlichen Arbeit stellen für Sie persönlich eine besonders große Herausforderung dar? Was denken Sie, welche Teile sind für Sie am schwierigsten zu bearbeiten? Warum? Welche möglichen Hilfestellungen könnten Sie dabei unterstützen? Wer könnte Ihnen solche Hilfestellungen bieten?

6.6 Literatur

Weiterführende Literatur

Ebster, C. & Stalzer, L. (2003). *Wissenschaftliches Arbeiten für Wirtschafts- und Sozialwissenschafter.* Wien: UTB. (Kap. 5 und 14)

Esselborn-Krumbiegel, H. (2004). *Von der Idee zum Text. Eine Anleitung zum wissenschaftlichen Schreiben.* Paderborn: Ferdinand Schöningh GmbH. (Kap. 5)

Fromm, M. & Paschelke, S. (2006). *Wissenschaftliches Denken und Arbeiten. Eine Einführung und Anleitung für pädagogische Studiengänge.* Münster: Waxmann. (Kap. 5.6)

Hunziker, A.W. (2004). *Spass am wissenschaftlichen Arbeiten.* Zürich: Verlag SKV. (Kap. 7).

Karmasin, M. & Ribing, R. (2006). *Die Gestaltung wissenschaftlicher Arbeiten. Ein Leitfaden für Haus- und Seminararbeiten, Magisterarbeiten, Diplomarbeiten und Dissertationen.* Wien: UTB. (Kap. 1 und 2)

Maxlmoser, W. (1998). *Mind Mapping im Unterricht. Vom Gedankenfluss zum Wissensnetz.* Wien: ÖBV.

Müller, H. (2008). *Mind Mapping.* Freibung im Beisgau: Haufe Verlag.

Verwendete Literatur

Beinke, C., Brinkschulte, M., Bunn, L. & Thürmer, S. (2008). *Die Seminararbeit. Schreiben für den Leser.* Konstanz: UVK Verlagsgesellschaft mbH.

Fromm, M. & Paschelke, S. (2006). *Wissenschaftliches Denken und Arbeiten. Eine Einführung und Anleitung für pädagogische Studiengänge.* Münster: Waxmann.

Topsch, W. (2006). *Leitfaden Examensarbeit für das Lehramt. Bachelor- und Masterarbeiten im pädagogischen Bereich.* Weinheim: Beltz Verlag.

von Werder, L. (1998). *Kreatives Schreiben von Diplom- und Doktorarbeiten.* Berlin: Schibri-Verlag.

7 Verfassen wissenschaftlicher Arbeiten

«Die Erstellung einer wissenschaftlichen Arbeit ist – und bleibt – eine intellektuelle Leistung» *(Manfred Kammer).*

7.1 Einleitung

Sie haben zu Ihrer Fragestellung viel Literatur gesammelt, gesichtet, Exzerpte geschrieben und eine Struktur erarbeitet. Anschließend haben Sie die festgelegte Struktur mit Inhalten gefüllt. Die dafür verwendeten Inhalte finden sich in den bereits früher erstellten Exzerpten. Diese können nun zu einem in sich stimmigen Fließtext miteinander verwoben werden. Der entstehende Text bildet den gegenwärtigen Stand des Wissens zu Ihrer Fragestellung ab.

Schule Obertor hat für ihren Bericht zum Thema «Schulqualität» bereits verschiedene Exzerpte erstellt und eine Struktur festgelegt. Anschließend hat die Arbeitsgruppe die Inhalte den einzelnen Teilen des Berichts zugeordnet. Nun ordnen die Lehrpersonen die einzelnen Passagen aus den Exzerpten in einen logischen Gedankengang ein, heben Strukturen hervor und schreiben Einleitungen, Überleitungen sowie Zusammenfassungen. Da sich der Bericht an eine breite Öffentlichkeit wendet, verwenden die Lehrpersonen eine einfache Sprache und führen die Lesenden Schritt für Schritt durch den Bericht. Schule Obertor ist sich ihrer Vorbildfunktion bewusst und achtet deshalb darauf, beide Geschlechter im Bericht gleichermaßen zu erwähnen. Bevor der Bericht im Kollegium und auf dem Internet veröffentlicht wird, überprüft das Sekretariat der Schule nochmals, ob das Layout des Berichts einheitlich und sauber ist. Am Ende wird der Bericht nochmals genau gelesen und einer außenstehenden Person zum Gegenlesen gegeben; die Rückmeldungen werden in die Überarbeitung des Berichts einbezogen.

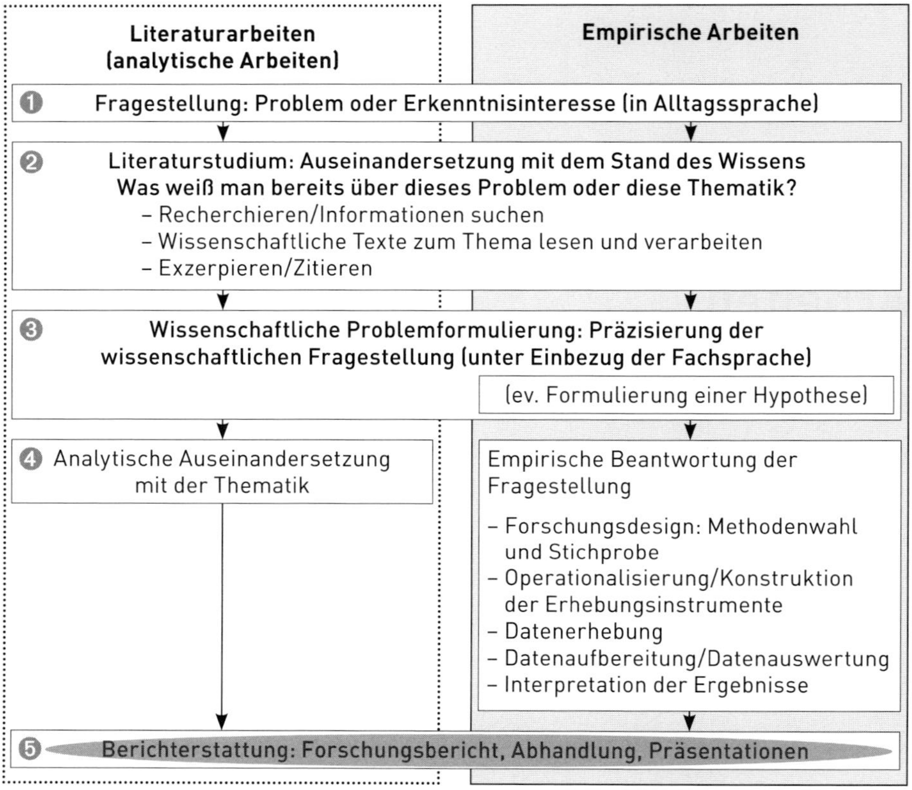

7.1.1 Bedeutung des Themas

Lehrpersonen und Schulen kommen immer wieder in die Lage, dass sie etwas verschriftlichen müssen, so etwa Ergebnisse einer internen Evaluation, ein Leitbild, ein Schul- oder Förderkonzept. Es handelt sich dabei zwar nicht um wissenschaftliche Arbeiten im engeren Sinn, aber die beim Erstellen wissenschaftlicher Studienarbeiten erlernten Kompetenzen lassen sich in solchen Fällen leicht übertragen.

Die beste wissenschaftliche Arbeit bringt nichts, wenn sie für die Adressatinnen und Adressaten nicht lesbar und verständlich ist. Insbesondere ist es wichtig, die Lesenden durch den Text zu begleiten und zu führen sowie die einzelnen Argumente gut verständlich auszuführen. Geht nämlich der Rote Faden verloren, brechen die Lesenden meistens die Lektüre ab. Der strukturierte Aufbau eines Textes kann verglichen werden mit einer klar gegliederten Unterrichtslektion. Ob mündlich oder schriftlich: Eine klare Struktur ist in beiden Fällen wichtig.

Beim Verfassen wissenschaftlicher Texte gilt es einige formale Regeln einzuhalten. Einige dieser Regeln betreffen nicht nur wissenschaftliche Texte – sie sind auch beim Schreiben alltäglicher Texte im Lehrberuf hilfreich. Und eine geschlechterbewusste Sprache ist im Lehrberuf nicht nur schriftlich, sondern auch in der mündlichen Kommunikation im Unterricht von großer Bedeutung.

7.1.2 Wichtige Begriffe

Verständlichkeitshilfen
Sprachliche Hilfsmittel, die zur Verständlichkeit von Texten beitragen (z. B. Gliederung, Prägnanz, Einfachheit, zusätzliche Anregungen)

gendergerecht
Sprachlicher Stil, der die beiden Geschlechter gleichwertig darstellt (mit «gender» wird im Gegensatz zum biologischen Geschlecht das soziale Geschlecht hervor gehoben)

Leseführung
Führung der Lesenden durch den Bericht mittels Einleitungen, Überleitungen, Zusammenfassungen usw.

Layout
Die äußere Gestaltung des Berichts (Schriftarten, Gestaltung der einzelnen Seiten, Seitenumbrüche usw.)

Schlussredaktion
Abschließende Überprüfung des Berichts, ob alle wichtigen Kriterien eingehalten wurden

7.1.3 Was Sie erwartet

Beim Schreiben gilt es zunächst einmal den eigenen Schreibfluss in Gang zu bringen und in Gang zu halten. Wie Sie den Schreibprozess konkret gestalten können, erfahren Sie in Kapitel 7.2. Damit Lesende den Text leicht verstehen, werden beim Schreiben verschiedene Verständlichkeitshilfen eingesetzt (Kap. 7.3.1). Außerdem ist es wichtig, die Lesenden vor dem geistigen Auge zu haben und sich gezielt an sie zu adressieren, indem sie durch eine gute Leseführung Schritt um Schritt durch die Arbeit geführt werden (Kap. 7.3.2). Unterstützt wird diese Verständlichkeit, wenn Sie einige formale Regeln wissenschaftlicher Arbeiten konsequent einhalten. Diese Regeln beziehen sich z. B. auf die Beschriftung von Tabellen und Abbildungen (Kap. 7.4.1), auf eine gendergerechte Sprache (Kap. 7.4.3) oder auf ein einheitliches und sauberes Layout (Kap. 7.4.4). In Kapitel 7.5 erfahren Sie schließlich, wie Sie einen Text vor der Veröffentlichung einer eingehenden Schlussredaktion unterziehen können.

7.1.4 Ziele: Was Sie lernen sollen

Nach der Bearbeitung dieses Kapitels können Sie …

- verschiedene Hilfsmittel erläutern, die beim Verfassen eines kohärenten Fließtextes hilfreich sind.

- Verständlichkeitshilfen in Ihren Texten einsetzen.
- unterschiedliche Möglichkeiten der Leseführung benennen.
- erklären, wie Tabellen und Abbildungen korrekt zu beschriften und in den Text einzubinden sind.
- unterschiedliche Möglichkeiten erläutern, wie Texte gendergerecht formuliert werden können.
- ein einheitliches Layout gestalten.
- eine Vorgehensweise für eine sorgfältige Schlussredaktion eines Berichts beschreiben.

7.2 Schreibprozess

Unter Studierenden sind Schreibblockaden keine Seltenheit. Gewissen Studierenden fällt es schwer, sich festzulegen und die ersten Worte oder Sätze zu Papier zu bringen. Gerade bei der Arbeit am Computer sind diese ersten Worte oder Sätze aber nicht problematisch, weil sich missratene Ansätze oder Formulierungen leicht wieder korrigieren lassen. Bringen Sie den Schreibfluss in Gang und erhalten Sie diesen aufrecht, indem Sie möglichst ohne innere Zensur zu schreiben beginnen. Am Ende müssen die Texte sowieso eingehend überarbeitet werden.

Wenn Sie den Text am Computer entwerfen, müssen Sie diesen nicht der Reihe nach schreiben. Beginnen Sie also mit jenem Teil, der Ihnen am leichtesten fällt. Suchen Sie sich für den Einstieg ins Schreiben in Ihrer Gliederung ein (Unter-) Kapitel aus, zu dem Sie schon viele Informationen gesammelt haben und sich somit schon gut einarbeiten konnten. Es kann Ihnen helfen, wenn Sie für dieses Unterkapitel für sich zuerst eine stichwortartige Gliederung der Gedankenführung zurecht legen. Wenn Sie sich in diesem Thema gut auskennen, können Sie in Ihren Exzerpten leicht nach passenden Inhalten suchen.

Achten Sie darauf, dass Sie die verschiedenen Positionen angemessen zu Wort kommen lassen. Beschreiben Sie, was zu diesem Thema bereits veröffentlicht wurde und berichten Sie allenfalls vorhandene empirische Befunde. Diese Inhalte können Sie aus den angefertigten Exzerpten in den Bericht kopieren, um sie durch Überleitungen und Strukturierungen zu einem in sich stimmigen Text zu verweben (vgl. Beinke, Brinkschulte, Bunn & Thürmer, 2008, S. 57). Vergessen Sie dabei nicht, die Quellenangaben zu übernehmen und im Exzerpt zu markieren, welche Inhalte bereits verarbeitet wurden.

Richten Sie dabei Ihr Augenmerk abwechselnd auf Details (einzelne Sätze, Wörter) und wieder auf den ganzen Text. Wichtig ist dabei, dass Sie beim Schreiben einerseits Ihr Ziel und andererseits Ihre Adressatinnen und Adressaten vor dem inneren Auge behalten. Häufig richtet sich ein wissenschaftlicher Text im Studium an Dozierende, welche die Arbeit beurteilen müssen. Da Studierende in diesem Fall ein großes Vorwissen bei den Lesenden voraussetzen, lassen sie oft wichtige Angaben und Erklärungen weg. Besser wäre es, sich im Text (auch) an Mitstudierende zu richten. So bleibt gewährleistet, dass alles schrittweise und lückenlos erklärt wird.

Gewöhnen Sie sich an, die zentralen Qualitätskriterien jeder wissenschaftlichen Arbeit bereits beim Schreiben periodisch zu prüfen, ohne sich aber davon blockieren zu lassen. Stellen Sie sich periodisch etwa die folgenden Fragen:

- Ist der Aufbau logisch und klar gliedert?
- Ist das Thema angemessen eingegrenzt?
- Sind die zentralen Begriffe klar definiert und werden sie konsistent verwendet?
- Wurde das Thema aus verschiedenen Perspektiven beleuchtet (verschiedene Theorien, Personengruppen usw.)?
- Ist das gewählte Vorgehen sinnvoll für die Beantwortung der Fragestellungen?
- Inwiefern leisten die einzelnen Abschnitte einen Beitrag zur Klärung der Fragestellungen?
- Wurde die wichtigste Literatur zum Thema erfasst und einbezogen?

Besonders zentral ist außerdem die Frage, ob der Text für die Lesenden verständlich ist. Mit diesem Thema befasst sich das folgende Unterkapitel.

7.3 Verständlichkeit

Geschriebene Texte sind kürzer, präziser und formal korrekter als gesprochene Sprache, weil Lesende bei Bedarf den Text mehrmals durchgehen können. Im Gegensatz zur gesprochenen Sprache ist aber bei Texten keine Möglichkeit zur Rückfrage gegeben. Deshalb müssen Texte besonders verständlich verfasst werden. Diesem Zweck dienen einerseits verschiedene Verständlichkeitshilfen und andererseits eine gute Leseführung.

7.3.1 Verständlichkeitshilfen

Zunächst sei darauf hingewiesen, dass treffende Verben anstelle abstrakter Nomen den Lesenden dabei helfen, Texte zu verstehen. Im folgenden Beispiel stehen im ersten Satz die Nomen im Zentrum, im zweiten (verständlicheren) die Verben.

> **Beispiele:** Ein Anstieg der Raumtemperatur führt zu Konzentrationsschwächen bei den Kindern.
>
> Steigt die Raumtemperatur an, so können sich die Kinder schlechter konzentrieren.

Außerdem haben Untersuchungen gezeigt, dass Texte dann leicht lesbar und erfassbar sind, wenn sie folgende vier Verständlichkeitshilfen berücksichtigen (vgl. Schulz von Thun, 1994, S. 142 ff.):

1	Gliederung und Struktur:	Abschnitte bilden, Zwischentitel setzen, die Textstruktur sprachlich verdeutlichen, z. B. mit Wendungen wie: Zusammenfassend ..., Von besonderer Bedeutung ..., Es gibt fünf Fälle, nämlich erstens ...
2	Kürze und Prägnanz:	Sich knapp halten – und dennoch das Wesentliche hervorstreichen
3	Einfachheit:	Einen einfachen Satzbau wählen, eher wenige und dafür gut erklärte, sauber definierte Fremdwörter und Fachbegriffe verwenden
4	zusätzliche Anregung:	Abstrakte, wissenschaftliche Texte mit zusätzlichen Anregungen in Form von Beispielen, Grafiken, Symbolen, Bildern, Tabellen oder Anwendungen veranschaulichen

Die Verständlichkeit wird auch erhöht, wenn ein sinnvolles Maß an bewussten Wiederholungen (Redundanzen) eingeplant wird. Als grobe Hilfe bei der Gliederung und Strukturierung einer ganzen Arbeit oder auch eines einzelnen Kapitels kann folgende vereinfachte Faustregel dienen (siehe dazu Verständlichkeitshilfe «Gliederung und Struktur»):

1. sagen, was Sie sagen werden (Einleitung)
2. sagen, was Sie zu sagen haben (Hauptteil)
3. sagen, was Sie gesagt haben (Zusammenfassung)

Diese drei Aspekte sind ein wesentlicher Bestandteil einer guten Leseführung. Darauf wird im Folgenden eingegangen.

7.3.2 Leseführung

Ihre Arbeit ist wie ein Museum mit vielen wertvollen Prachtstücken. Solche Prachtstücke verstauben im Museum aber nicht einfach in der Besenkammer. Vielmehr werden sie geordnet, beschriftet, kommentiert, beleuchtet – eben: ausgestellt und präsentiert. Führen Sie die Lesenden Schritt um Schritt durch den Text – wie bei einer Museumsführung!

Eine ausführliche Leseführung ist zentral für einen gut verständlichen Text. Sie verdeutlicht insbesondere die Gliederung der Arbeit und hilft, den Roten Faden im Text immer klar vor Augen zu haben:

- Am Anfang eines Kapitels (und zum Teil auch eines Unterkapitels) wird den Lesenden verraten, was sie hier erwarten können, welche Überlegungen allenfalls hinter der Strukturierung stehen und wie diese im Detail aussieht. Geeignete Formulierungen dazu sind bspw.:

- Im Zentrum dieses Kapitels stehen Überlegungen zu [...]. Deshalb wird zuerst [...] thematisiert, um anschließend [...] zu diskutieren. Eine kurze Zusammenfassung wird den Abschnitt über [...] abschließen.
- Dieses Kapitel beginnt mit [...]. Erst vor diesem Hintergrund wird es anschließend möglich sein, die Bedeutung dieser Thematik für [...] zu begründen.
- Zu einer kritischen Auseinandersetzung mit dem Thema [...] gehört auch die Frage, welche Risiken oder unerwünschten Nebeneffekte [...] mit sich bringen könnte. So ist einerseits zu beachten, dass...
- Für die Beantwortung der Fragestellung ist es zuerst nötig zu klären, was unter [...] zu verstehen ist.

- Am Ende eines Kapitels steht ein Fazit zum Kapitel, eine Standortbestimmung, ein Ausblick oder eine Überleitung zum nächsten Kapitel. So fühlen sich die Lesenden geführt und begleitet, weil sie jederzeit wissen, wo sie in Ihrer Arbeit stehen, was bereits behandelt wurde und was noch bevorsteht. Geeignete Formulierungen dazu sind bspw.:
  - Zusammenfassend kann festgehalten werden, dass...
  - Eine Zusammenstellung dieser Argumente macht deutlich, dass...
  - Eine Bilanz der angeführten Argumente weist auf [...] hin. Deshalb fokussiert das nächste Kapitel nun auf [...].
  - In Ergänzung zu [...] folgen im anschließenden Kapitel nun Überlegungen zu [...].
  - Auch wenn nun definiert ist, was unter dem Begriff [...] zu verstehen ist, so bleibt immer noch unklar, welche Rolle [...] zukommt. Das folgende Kapitel thematisiert deshalb [...].
  - Obwohl in diesem Kapitel zahlreiche Argumente für [...] aufgeführt wurden, finden sich in der Literatur auch Hinweise auf mögliche Gefahren oder Nachteile. Der nächste Abschnitt thematisiert deshalb [...].

Sagen Sie den Lesenden immer, was Sie warum schreiben wollen – und zwar bevor Sie es tun. Zum Beispiel «Im Folgenden werden jene Begriffe definiert, welche für die vorzunehmende Untersuchung zentral sind. Den Auftakt macht der Begriff ‹Aufmerksamkeit›. Anschließend wird dieser Begriff gegenüber der ‹Konzentration› abgegrenzt, bevor ...». So können sich die Lesenden auf das Kommende einstellen und aktiv mitdenken. Dies unterstützt das Verständnis des Textes.

7.3.3 Sprache und Stil einer wissenschaftlichen Arbeit

Trotz guter Leseführung schreiben gewisse Autorinnen und Autoren Texte, die nur schwer verständlich sind. Dies ist etwa dann der Fall, wenn Autorinnen und Autoren die Verständlichkeitshilfe «Einfachheit» missachten, weil sie glauben, wissenschaftliche Texte müssten in einem abgehobenen, unverständlichen Stil verfasst werden. Ein solcher Stil ist aber überhaupt kein Merkmal wissenschaftlichen Schreibens.

Gute wissenschaftliche Texte sind nicht grundsätzlich schwieriger zu verstehen als andere Textarten. Sie sind unter Umständen zwar vom Inhalt her voraussetzungsreich und beschreiben komplexe Sachverhalte – dies sollte sich allerdings nicht auf die Sprache und den Stil niederschlagen. Ein Text wird nicht wissenschaftlicher, indem mehr Fremdwörter eingebaut oder indem längere und komplexere Sätze formuliert werden. Ein wissenschaftlicher Schreibstil kennzeichnet sich vor allem durch folgende Merkmale:

- *Sachlichkeit*: Wissenschaftliche Texte sind an der Sache orientiert, die Sprache also sachlich und entsprechend eher unpersönlich (ent-subjektiviert) und nüchtern (ent-emotionalisiert). Im Zentrum steht die inhaltliche Argumentation, nicht eine persönliche Meinung. Aussagen wie «Ich finde…» haben deshalb in einer wissenschaftlichen Arbeit keinen Platz. Überhaupt wird die 1. Person Singular («ich») höchstens sehr zurückhaltend eingesetzt, bspw. wenn das eigene Vorgehen beschrieben wird – aber nicht in einem Theorie- oder Ergebnisteil. Es geht um die Sache, nicht um die Person. Zudem wird Objektivität angestrebt. Deshalb versuchen wissenschaftliche Texte, möglichst nicht zu emotionalisieren (wie dies bspw. in journalistischen oder belletristischen Texten bewusst angestrebt wird). Es geht nicht um subjektives Berührt-Werden, sondern um nüchterne Darstellungen.
- *Eindeutigkeit*: Wissenschaftliche Texte sind eindeutig und präzise, sie beinhalten geklärte (also vorgängig definierte) Begrifflichkeiten und verwenden diese konsistent. Im Gegensatz zu belletristischen Texten werden also gerade keine Synonyme gesucht, sondern bewusst die gleichen Begriffe verwendet, wenn von der gleichen Sache die Rede ist. So ist auch auf das unpersönliche «man» zu verzichten, weil damit nicht klar wird, wer gemeint ist.
- *Bewusste Unterscheidung von Aussagen*: In wissenschaftlichen Texten wird so formuliert, dass bei jeder Aussage klar wird, ob Sie das nun vermuten, für plausibel erachten, ob Sie dabei etwas definieren, ob Sie die Aussage empirisch belegen oder mit theoretischen Bezügen untermauern können.

7.4 Formale Regeln

Neben dem Einsatz von Verständlichkeitshilfen, einer transparenten Leseführung und einem verständlichen Schreibstil kann auch das Einhalten von formalen Regeln die Nachvollziehbarkeit größerer Arbeiten erhöhen – solche formalen Regeln werden im Folgenden thematisiert.

Beim Verfassen wissenschaftlicher Arbeiten gilt es gewisse Regeln einzuhalten. Sie beziehen sich z. B. auf Tabellen und Abbildungen, auf die Struktur und Nummerierung der (Unter-)Kapitel, auf eine gendergerechte Sprache oder ein sauberes und einheitliches Layout der Arbeit.

7.4.1 Tabellen und Abbildungen

Tabellen und Abbildungen unterstützen Sie dabei, den Lesenden konzentrierte Information zu vermitteln und diese zu veranschaulichen. Mit beiden Mitteln lassen sich auf knappem Raum viele Informationen gut nachvollziehbar darstellen. Dabei gilt es aber, einige Regeln einzuhalten:

1. Ein Kapitel beginnt nie direkt mit einer Tabelle oder einer Abbildung. Zuerst kommt immer ein einführender Text – und wenn es ein einziger Satz ist.

2. Alle Tabellen und Abbildungen werden knapp, aber informativ beschriftet und aufsteigend nummeriert. Zu einer korrekten Beschriftung gehört die Bezeichnung und Nummerierung der Abbildung, resp. der Tabelle sowie eine inhaltliche Beschreibung, was in der Abbildung oder in der Tabelle dargestellt ist (z. B. «Tab. 2: Vor- und Nachteile einer frühen Einschulung»).

3. Tabellen werden oberhalb beschriftet, Abbildungen unterhalb. Solche Beschriftungen lassen sich im Word automatisieren (Word 2003: Einfügen/Referenz/Beschriftung; Word 2007/2010: Verweise/Beschriftung einfügen).

4. Im Text muss auf alle Tabellen und Abbildungen verwiesen werden – und zwar bevor sie im Bericht aufscheinen (z. B. «vgl. Tab. 34»). Wird im Word mit der automatischen Beschriftung gearbeitet, so lassen sich auch diese Verweise automatisieren (Word 2003: Einfügen/Referenz/Querverweis; Word 2007/2010: Verweise/Querverweis).

5. Wenn es ganze Serien von sehr ähnlichen Tabellen oder Abbildungen zu präsentieren gilt, so werden diese meist in den Anhang ausgelagert. Umfangreiche, repetitive Sammlungen von Grafiken oder Tabellen werden als Anhang beigefügt, damit der Lesefluss nicht allzu stark von solchen Elementen beeinträchtigt wird.

6. Es ist darauf zu verzichten, bestimmte Ergebnisse sowohl in Tabellenform als auch in Form von Abbildungen darzustellen.

7. Eigentlich müssten Lesende zu (fast) allen wesentlichen Informationen kommen, wenn sie nur den Text lesen und die Grafiken oder Tabellen gar nicht anschauen (vgl. Deutsche Gesellschaft für Psychologie, 1997, S. 31). Umgekehrt müssen Grafiken und Tabellen auch selbsterklärend sein (vgl. ebenda), zumal sie oft aus Arbeiten herauskopiert und isoliert weitergegeben werden (z. B. als Folie bei Referaten).

8. Wird in Tabellen mit Prozenten gearbeitet, so muss immer angegeben werden, wo 100 % liegen. Auch Grafiken müssen klar und deutlich beschriftet werden. So muss etwa ersichtlich sein, welche Maßeinheit die Achsen einer Grafik repräsentieren (Prozente, Anzahl, Maßeinheit usw.) und was die Achsen inhaltlich bedeuten (Motivation, IQ-Punkte usw.).

9. Wird eine Tabelle oder Abbildung aus einem Buch entnommen, muss auf die Quelle verwiesen werden (bspw. in Klammern nach der Beschriftung). Die

Quellenangabe alleine reicht jedoch für die Beschriftung der Abbildung oder der Tabelle nicht aus. Die Quellenangabe muss auf jeden Fall durch eine sinnvolle Beschreibung des Inhaltes ergänzt werden, bspw.: Tab. 2: Zentrale Dimensionen der Motivation (Rheinberg, 2006, S. 37).

Tabellen enthalten oft differenziertes Zahlenmaterial. Bruchzahlen werden dabei in sozialwissenschaftlichen Arbeiten auf höchstens 3 Stellen hinter dem Komma gerundet; wie viele Stellen im Einzelfall gewählt werden, ist Ermessensfrage – es soll aber keine Scheingenauigkeit vorgetäuscht werden. Gerundete Zahlen können in manchen Fällen die Ergebnisse besser verdeutlichen als präzise Zahlen (vgl. Deutsche Gesellschaft für Psychologie, 1997, S. 43). Auf jeden Fall haben vergleichbare Zahlen immer die gleiche Anzahl von Nachkommastellen.

7.4.2 Struktur und Nummerierung der Kapitel

Bereits das Inhaltsverzeichnis einer Arbeit soll den Lesenden differenziert Auskunft darüber geben, wie der Text aufgebaut ist, damit auf diesem Hintergrund entschieden werden kann, ob sich eine Lektüre lohnt bzw. wo diese Lektüre begonnen werden soll. Wissenschaftliche Werke werden nämlich oft nicht von A-Z gelesen, sondern zum Teil nur ausschnittweise.

Erstellen Sie deshalb ein Inhaltsverzeichnis mit Kapiteln und Unterkapiteln. Word kann Ihnen ein solches Inhaltsverzeichnis automatisch erstellen und laufend aktualisieren, wenn Sie alle Titel konsequent mit der Formatvorlage «Überschrift1» (bzw. «Überschrift2» usw.) versehen haben.

Achten Sie auf eine durchdachte Kapitelstruktur. So sollte z. B. nie ein Titel auf einer Hierarchieebene alleine stehen. Ein Kapitel 5.1 darf es somit nur geben, wenn mindestens noch ein Kapitel 5.2 existiert. Auf der gleichen Hierarchieebene sollten aber auch nicht zu viele Einträge erscheinen, nach Möglichkeit nicht mehr als sechs (also z. B. Kp. 5.1; 5.2; 5.3; 5.4; 5.5 und 5.6). Verwenden Sie maximal drei Hierarchieebenen, zur Not vier. Im Idealfall sind alle Kapitel und Unterkapitel in etwa gleich stark verästelt.

7.4.3 Sprachlicher Umgang mit den beiden Geschlechtern

Sprache prägt die Art, wie Menschen denken und die Welt wahrnehmen. Wenn in gewissen Zusammenhängen nur von männlichen und in anderen Zusammenhängen nur von weiblichen Personen die Rede ist, entsteht der Eindruck, diese Bereiche seien nur dem einen Geschlecht vorbehalten bzw. diese Erwartungen würden sich nur an das eine Geschlecht richten. Dadurch können Rollenbilder entstehen, welche die Handlungsfreiheiten des einen oder anderen Geschlechts einschränken können. Die Vorstellung, Lehrpersonen seien immer weiblich oder Lastwagenfahren sei männlich usw. gilt es somit zu vermeiden.

Achten Sie deshalb in Ihren Texten auf einen gleichberechtigten Umgang mit den beiden Geschlechtern. Versuchen Sie aber Formen zu vermeiden, welche die

Sprache allzu stark strapazieren (vermeiden Sie z.B. die Form «LehrerInnen»). In Tabellen, Abbildungen, Formularen usw. können Sie diese Regel zur Not brechen und aus Platzmangel auf die Form Lehrer/-innen ausweichen.

Folgende Strategien können Ihnen in Anlehnung an Müller (2007) beim gendergerechten Formulieren hilfreich sein (vgl. Tab. 8).

Am besten gewöhnen Sie sich eine gendergerechte Sprache möglichst bald auch mündlich an. So haben Sie beim schriftlichen Formulieren weniger Probleme. Außerdem dienen Sie als Lehrperson auch mit Ihrer mündlichen Sprache als Vorbild.

7.4.4 Layout

Achten Sie darauf, dass das Layout Ihrer Arbeit sauber daher kommt. Natürlich lässt sich über Geschmack trefflich streiten. Am zielführendsten ist es, wenn Sie gelungene bisherige Studienarbeiten Ihrer Institution oder vergleichbare Dokumente (wie Forschungs- oder Evaluationsberichte) anschauen und sich vom verwendeten Layout inspirieren lassen. Grundsätzlich gilt, dass wissenschaftliche Arbeiten (anders als Arbeitsblätter, Lehrmittel oder Broschüren) vom Layout her eher etwas nüchtern und schlicht gehalten werden.

Wenn gewisse Elemente Ihrer Arbeit immer wieder anders formatiert sind, hinterlässt dies bei den Lesenden einen unsauberen Eindruck. Um dies zu verhindern, richten Sie im Word am besten bereits am Anfang Formatvorlagen ein und setzen

Tabelle 8: Strategien zum gendergerechten Formulieren.

Strategie	Beispiel
1. Suchen Sie Begriffe, die beide Geschlechter umfassen (wenn Sie diese in der Mehrzahl verwenden, lassen sich die Satzkonstruktionen oft deutlich vereinfachen)	Lehrpersonen, Lehrkräfte, Kinder, Schulkinder, Schulhausleitungen, Erziehungsberechtigte, Fachleute, Fachpersonen, Angestellte, Jugendliche, Studierende, Lernende, Unterrichtende, Dozierende, Forschende, Assistierende usw. Ein Jugendlicher, der... → Jugendliche, die ...
2. Erwähnen Sie beide Geschlechter	Schülerinnen und Schüler, Lehrerinnen und Lehrer, Mütter und Väter
3. Verwenden Sie geschlechtsneutrale Pronomen	niemand, alle, jemand, wer usw.
4. Formulieren Sie kreativ	Zebrastreifen (statt: Fußgängerstreifen), benutzungsfreundlich (statt: benutzerfreundlich), Verständlichkeitshilfen (statt: Verständlichkeitshelfer), der Unterricht darf nicht gestört werden (statt: die Schüler dürfen den Unterricht nicht stören)

diese konsequent ein! Falls Sie die Formatvorlagen anfänglich vergessen haben, können Sie sich auch mit der «Pinsel-Funktion» von Word behelfen. Kontrollieren Sie am Schluss das Layout: Wurde wirklich überall die genau gleiche Formatierung verwendet?

Der Drucksatz Ihrer Arbeit wirkt harmonischer, wenn Sie die Silbentrennung konsequent anwenden. Möchten Sie in Ihrem Text Trennungszeichen einfügen, so tun Sie dies entweder mit «ctrl» und «-» oder Sie verwenden im Word das Silbentrennungsprogramm (Word 2003: Extras/Sprache/Silbentrennung/Manuell; Word 2007/2010: Seitenlayout/Silbentrennung/Manuell). Verlassen Sie sich jedoch im Word nie auf die automatische Silbentrennung – es geschehen zu viele Fehler (wählen Sie deshalb «manuell» und geben Sie bei jedem fraglichen Wort selber an, wo es getrennt werden soll).

Beim Ringen um sauber ausformulierte Sätze ist es unerlässlich, gewisse Passagen wieder zu löschen, zu ersetzen, umzuformulieren usw. Unschön ist es, wenn in Ihrer Arbeit Spuren dieses Kampfes in Form von Doppelleerschlägen zu finden sind (zwischen zwei Wörtern zweimal die Leerschlagtaste gedrückt). Solche Doppelleerschläge lassen sich am Schluss beseitigen, indem die Doppelleerschläge automatisch durch einfache Leerschläge ersetzt werden (Word 2003: Bearbeiten/Ersetzen; Word 2007/2010: Start/Ersetzen).

7.5 Schlussredaktion

Niemand schreibt auf Anhieb druckreif. Sie müssen also Ihre Arbeiten gut kontrollieren. Am besten warten Sie damit aber ein paar Tage, damit Sie von Ihrer Schreib-Rolle besser in die Rolle von unwissenden Lesenden wechseln können.

Rechnen Sie genügend Zeit für die Schlussredaktion Ihrer Studienarbeit ein. Meist wird dieser Zeitaufwand drastisch unterschätzt. Lesen Sie Ihre Arbeit ausgedruckt nochmals von A bis Z durch, weil die Fehler auf Papier meist viel besser sichtbar werden als auf dem Bildschirm. So können Sie mit den Augen von Lesenden Ihren eigenen Text nochmals hinsichtlich folgender Kriterien überprüfen:

- Ist der Inhalt korrekt und vollständig?
- Trägt die Leseführung zum Verständnis des Textes bei? Wird der Rote Faden ersichtlich?
- Umschreiben die (Unter-)Titel genau, worum es im zugehörigen Text geht?
- Werden die aufgeworfenen Fragen explizit beantwortet?
- Sie die einzelnen Sätze verständlich?
- Entspricht der Schreibstil den wissenschaftlichen Gepflogenheiten?
- Wurde die Arbeit auf Fehler bzgl. Rechtschreibung und Grammatik kontrolliert?
- Sind sämtliche formalen Aspekte (Beschriftungen, Quellenverweise usw.) korrekt?

- Ist das Layout einheitlich und übersichtlich (Seitenumbrüche, Schriftarten usw.)?

Am besten geben Sie Ihren Entwurf jemandem zum Gegenlesen. Bitten Sie die Person, auf oben stehende Aspekte besonders zu achten. Vier Augen sehen mehr als zwei!

7.6 Zusammenfassung

Um den Schreibfluss zu erhöhen, soll der Einstieg ins Verfassen einer wissenschaftlichen Arbeit bei jenem Unterkapitel erfolgen, das am einfachsten scheint. Zu diesem Zweck werden die Exzerpte danach durchforstet, was sie fürs Verfassen eines einzelnen Unterkapitels hergeben.

Mit Einleitungen, Überleitungen, Vergleichen, stringenten Schlussfolgerungen und Kommentaren werden passende Elemente aus den Exzerpten in den zu verfassenden Text eingebunden. Eine Vorschau, ein Überblick, ein Zwischen- oder Schlussfazit hilft enorm beim Verstehen. Wenn den Lesenden die Überlegungen transparent gemacht werden, die zur gewählten Strukturierung der Arbeit geführt haben, so ist auch das eine entscheidende Verständnishilfe. Auf jeden Fall müssen die Lesenden behutsam durch einen wissenschaftlichen Text geführt werden.

Der wohl wichtigste Tipp im Zusammenhang mit dem Schreiben lautet denn auch, die Lesenden nicht aus den Augen zu verlieren. Bei wissenschaftlichen Arbeiten im Studium ist es sinnvoll sich als Publikum nicht (nur) die Dozentin oder den Dozenten vorzustellen, sondern vor allem Mitstudierende. Verständlichkeitshilfen wie Struktur, Prägnanz, Einfachheit und zusätzliche Anregungen können die Lesbarkeit von Texten stark erleichtern. Wenn starke Verben eingesetzt werden und einzelne wichtige Gedanken wiederholt aufgegriffen werden, wird der Text noch verständlicher.

Im Zusammenhang mit formalen Regeln gilt es unter anderem Tabellen und Abbildungen korrekt zu beschriften und in den Text einzubinden. Eine gendergerechte Sprache sollte genauso Standard sein wie ein einheitliches Layout.

Bereits während des Schreibens unterbrechen Sie die Arbeit sinnvollerweise gelegentlich und überlegen sich, ob das gewählte Vorgehen tatsächlich erfolgsversprechend ist und wie es allenfalls optimiert werden könnte. Besonders viel Zeit muss aber rechtzeitig vor dem Abgabetermin für die Schlussredaktion eingeplant und eingesetzt werden.

Sie haben eine gute Arbeit verfasst, wenn diese...

- klar und logisch gegliedert ist,
- für die Adressatinnen und Adressaten gut verständlich ist,
- eine saubere Leseführung aufweist,

- korrekt beschriftete und eingebundene Tabellen sowie Abbildungen enthält,
- gendergerecht verfasst ist,
- ein ansprechendes und einheitliches Layout aufweist,
- keine formalen Fehler enthält (Grammatik, Rechtschreibung, Silbentrennung).

7.7 Lernaufgaben

Kontrollfragen

1. Nennen Sie vier Verständlichkeitshilfen!
2. Welche sprachlichen Strategien gibt es, um einen Text gendergerecht zu formulieren?
3. Worauf achten Sie beim Beschriften von Tabellen und Abbildungen?
4. Worauf achten Sie bei der Schlussredaktion eines Textes?

Übungsaufgaben

5. Schauen Sie in einem wissenschaftlichen Buch nach, wie die Leseführung gewährleistet wird.
6. Schauen Sie in einem wissenschaftlichen Buch nach, wie die Beschriftung der Tabellen und Abbildungen gelöst wurde.
7. Schauen Sie in drei verschiedenen wissenschaftlichen Büchern nach, wie das Layout gestaltet ist und stellen Sie Vergleiche an.
8. Überprüfen Sie einen wissenschaftlichen Text daraufhin, inwiefern dieser gendergerecht verfasst wurde.
9. Suchen Sie gendergerechte Formulierungen für: Leseführung, adressatengerecht, Sekretärin, benutzerfreundlich, partnerweise.
10. Nehmen Sie einen bereits fertigen eigenen Text und bauen Sie gezielt Verständlichkeitshilfen ein.
11. Nehmen Sie einen bereits fertigen eigenen Text und unterziehen Sie diesen einer sorgfältigen Schlussredaktion.

Diskussionsaufgaben/Vertiefungsaufgaben

12. Vergleichen Sie Ihre bisherige Vorgehensweise beim Verfassen von Texten mit dem hier vorgeschlagenen Vorgehen!
13. Wo weicht das von Ihnen bevorzugte Vorgehen beim Verfassen wissenschaftlicher Texte vom hier vorgeschlagenen Vorgehen ab? Weshalb?

7.8 Literatur

Weiterführende Literatur

Bünting, K.-D., Bitterlich, A. & Pospiech, U. (2000). *Schreiben im Studium: mit Erfolg – Ein Leitfaden.* Berlin: Cornelsen Scriptor.

Pyerin, B. (2007). *Kreatives wissenschaftliches Schreiben: Tipps und Tricks gegen Schreibblockaden.* Weinheim: Juventa-Verlag.

Winter, W. (2005). *Wissenschaftliche Arbeiten schreiben. Hausarbeiten, Diplom- und Magisterarbeiten, MBA-Abschlussarbeiten, Dissertationen.* 2. Auflage. Frankfurt am Main: Redline Wirtschaft.

Verwendete Literatur

Beinke, C., Brinkschulte, M., Bunn, L. & Thürmer, S. (2008). *Die Seminararbeit – Schreiben für den Leser.* Konstanz: Verlagsgesellschaft.

Deutsche Gesellschaft für Psychologie. (1997). *Richtlinien zur Manuskriptgestaltung.* 2. überarbeitete und erweiterte Auflage. Göttingen: Hogrefe.

Müller, H.P. (2007).*Geschlechtergerecht sprechen und schreiben.* Bern: PH Bern.

von Werder, L. (1998). *Kreatives Schreiben von Diplom- und Doktorarbeiten.* Berlin: Schibri-Verlag.

8 Exkurs: Arbeitstechniken und Selbstmanagement

«Wer den Hafen nicht kennt, in den er segeln will,
für den ist kein Wind ein günstiger»
(Seneca).

8.1 Einleitung

Sie haben alle bisherigen Schritte nachvollzogen – oder jedenfalls fast alle! Vielleicht sind Sie nämlich irgendwo vor der Schlussredaktion mit Ihrer Arbeit stecken geblieben. Aus der Tatsache, dass diesem Phänomen hier im Sinne eines Exkurses ein ganzes Kapitel gewidmet wird, können Sie schließen, dass Sie nicht die einzige Person sind, die vor solchen Problemen steht. Eine eigene Arbeit zu schreiben, ist eine große intellektuelle und emotionale Leistung, die oft viel Zeit in Anspruch nimmt. Wenn es Ihnen also schwer fällt Zeit für das Schreiben zu finden oder wenn Ihnen gelegentlich die Motivation dazu fehlt, so sind Sie in bester Gesellschaft. Dennoch stellt sich die Frage, was sich in einer solchen Situation unternehmen lässt. Solchen Fragen wird in diesem Kapitel nachgegangen.

Das Verfassen des Berichts zum Thema «Schulqualität» klappt nicht so reibungslos wie erhofft: Unerwartet hat eine Lehrerin, die beim Verfassen des Berichts eine führende Rolle hatte, während des Jahres die Stelle gewechselt und ihre Mitarbeit am Bericht nieder gelegt. Die verbleibenden Lehrpersonen hatten teilweise schon zuvor mit Motivationsproblemen zu kämpfen. Weil der Schul- und Unterrichtsbetrieb das volle Engagement der Lehrpersonen erforderte, verzögerte sich die Berichtserstellung laufend. Hinzu kamen verschiedene Computerprobleme. Schließlich gerieten sich die Lehrpersonen in die Haare und stellten den Sinn des Berichts «Schulqualität» grundsätzlich in Frage. Die Schulleitung musste intervenieren und die Fertigstellung des Berichts ultimativ einfordern. In diesem Zusammenhang appellierte sie an das Verantwortungsbewusstsein und die Selbstdisziplin der betroffenen Lehrpersonen. Die involvierten Lehrpersonen konnten bei der Informatiklehrerin einen Word-Fortgeschrittenenkurs besuchen und die Probleme ihrer Zusammenarbeit mit einem externen Berater besprechen. Im Rahmen dieser Beratung wurde die Zusammenarbeit geregelt und eine Arbeitsplanung mit klar definierten Verantwortlichkeiten bzw. Zwischenzielen erstellt. Außerdem wurden von der Schulleitung mehr Zeitressourcen zur Verfügung gestellt und ein kleines schulinternes Fest im Zusammenhang mit der Veröffentlichung des Berichts in Aussicht gestellt. Das gab Auftrieb!

8.1.1 Bedeutung des Themas

Der Umgang mit sich selbst, der Umgang mit der Zeit und Fragen der Planung spielen heute praktisch in jedem Beruf eine wichtige Rolle – so auch im Lehrberuf.

Immer mehr Aus- und Weiterbildungen fordern das Verfassen von Studienarbeiten ein. In Schulen werden umfangreiche Konzepte für (lokale) Schulentwicklungsprojekte verfasst. Diese werden anschließend einer internen Evaluation unterzogen. Auch in diesem Fall ist ein ausführlicher Bericht zu schreiben. Lehrpersonen müssen also in der Lage sein, umfangreichere Texte und Berichte zu verfassen.

Neben dem inhaltlichen und technischen Wissen brauchen Sie dazu auch Strategien, um sich für diese Arbeit zu motivieren, Zeit einzuplanen usw. Im hektischen Arbeitsalltag ist das nicht einfach, zumal immer andere, dringendere Aufgaben anstehen – wie z. B. die Planung der nächsten Unterrichtsstunde oder ein Elterngespräch. Aber auch in der Grundausbildung zur Lehrperson müssen die Studierenden in der Lage sein, verschiedene Aufgaben (Leistungsnachweise, Praktika, Vorlesungen, das Verfassen eigener Studienarbeiten) unter einen Hut zu bringen.

8.1.2 Wichtige Begriffe

Selbstmanagement
Reflexion über sich selbst und bewusster, kompetenter Umgang mit sich selbst, um eigene Ziele zu setzen und sie zu erreichen

Gantt-Diagramm
Diagramm zur Veranschaulichung von Projektphasen bzw. Arbeitsprozessen in ihrem zeitlichen Verlauf

Pendenzenliste
Auflistung der anstehenden Arbeiten

Motivation
Psychische Kräfte, welche die Richtung des aktuellen Verhaltens beeinflussen und das Verhalten auf bestimmte Ziele hin ausrichten (Verhaltensbereitschaft)

Vermeidungsstrategie
Strategie, um nicht mit der eigentlichen Arbeit beginnen zu müssen (z. B. Pult aufräumen, telefonieren)

8.1.3 Was Sie erwartet

Das vorliegende Kapitel soll Sie einladen, über das wichtigste Arbeitsmittel nachzudenken, das Ihnen zur Verfügung steht – nämlich über Sie selbst mit Ihrem Willen, Ihren Einstellungen, Ihren Zielen, Ihrer Zeitplanung und Ihren Arbeitstechniken. In einem ersten Schritt geht es um Ihre Motivationsquellen, Ihre Selbstdisziplin und die Art und Weise, wie Sie sich eigene Ziele setzen (Kap. 8.2). Auf dieser Grundlage können Sie in einem zweiten Schritt eine langfristige Zeitplanung für das Verfassen von Studienarbeiten vornehmen. Damit Sie im Alltag tatsächlich dazu kommen, an Ihrer Arbeit zu schreiben, braucht es darüber hinaus auch eine kurzfristige Tages- und Wochenplanung (Kap. 8.3). Im Zusammenhang mit den Arbeitstechniken wird anschließend kurz auf den Umgang mit der Textverarbeitungssoftware Word eingegangen – wenn Sie diese gut beherrschen, können Sie viel Zeit gewinnen (Kap. 8.4). Zum Schluss wird das *gemeinsame* Verfassen von Studienarbeiten thematisiert, zumal Studierende gelegentlich zu zweit oder in kleinen Gruppen Studienarbeiten verfassen (müssen). Dabei wird vor allem auf Vor- und Nachteile von gemeinsam verfassten Studienarbeiten eingegangen (Kap. 8.5).

8.1.4 Ziele: Was Sie lernen sollen

Nach der Bearbeitung dieses Kapitels können Sie …

- eine langfristige Planung Ihrer Arbeit mit Hilfe eines Gantt-Diagramms vornehmen.
- eine strukturierte Pendenzenliste im Zusammenhang mit Ihrer Studienarbeit erstellen.
- darlegen, welche Strategien zur eigenen Motivation eingesetzt werden können.
- eigene Vermeidungsstrategien identifizieren und Gegenstrategien planen.
- darlegen, welche Arbeiten beim Verfassen einer Studienarbeit eingeplant werden müssen.
- klare und eindeutige Arbeitsziele für sich formulieren.
- Strategien entwickeln, wie Sie sich bisher unbekannte Funktionen der Software Word aneignen, die für das Verfassen von Studienarbeiten hilfreich wären.
- darlegen, welche Vor- und Nachteile das *gemeinsame* Verfassen von Studienarbeiten hat.

8.2 Motivation und Selbstdisziplin

Wissenschaftliches Arbeiten besteht über weite Strecken aus harter Knochenarbeit. Geduldiges Recherchieren, Sammeln, Strukturieren, Formulieren, Rechnen, Umformulieren, Korrigieren, Formatieren usw. ist mitunter sehr anstrengend. Da beim wissenschaftlichen Arbeiten eine direkte Kontrolle von außen weitgehend fehlt, braucht es sehr viel Selbstdisziplin und Frustrationstoleranz, um die Arbeit zu einem guten Ende zu führen (vgl. Fromm & Paschelke, 2006, S. 113 ff.). Ein gutes Selbstmanagement ist deshalb eigentlicher Bestandteil wissenschaftlichen Arbeitens.

Natürlich sollte das Schreiben einer wissenschaftlichen Arbeit letztlich auch Spaß machen (vgl. Eco, 2003, S. 265). Das kann dann der Fall sein, wenn Sie ein spannendes Thema gewählt haben, das Sie auch persönlich weiter bringt, wenn Sie ganz und gar in ein Thema eintauchen und wenn Sie erkennen, dass sich Ihr Handwerk nach und nach immer mehr perfektioniert.

Es werden sich Ihnen aber auch immer wieder Hindernisse in den Weg stellen, die zunächst unüberwindbar erscheinen. Solche Widerstände, Unsicherheiten oder Umwege sind beim wissenschaftlichen Arbeiten ganz normal. Bei diesen Hindernissen kann es sich um die mangelnde Eignung des Themas, eine ungeeignete Zuspitzung der Fragestellung, unauffindbare Fachliteratur, technische Probleme am Computer oder ganz schlicht um Motivationsprobleme handeln. Bei all diesen Hindernissen ist es nicht weiter erstaunlich, wenn Sie Vermeidungsstrategien entwickeln, wenn Sie sich also ablenken, andere Arbeiten vorziehen und die eigentliche Arbeit immer wieder aufschieben. Um effizient arbeiten zu können, sollten Sie deshalb versuchen Ihre eigenen Vermeidungsstrategien aufzudecken und gezielt Gegensteuer zu geben (Fromm & Paschelke, 2006, S. 116 f.).

Vereinfacht formuliert lässt sich als Gegenmittel die Strategie «erst die Arbeit, dann das Vergnügen» empfehlen. Wenn Sie ein Zwischenziel erreicht haben, haben Sie eine Belohnung verdient – aber erst dann (bspw. Zeitung lesen, Kaffee trinken, ein angenehmes Telefongespräch führen). Um die Realisierungswahrscheinlichkeit eines solchen Vorsatzes zu erhöhen, kann sich der Abschluss eines Vertrages mit sich selbst empfehlen (vgl. Fromm & Paschelke, 2006, S. 118 ff.).

Ein mündlich oder schriftlich formulierter Vertrag sollte auf klaren Arbeitszielen basieren. Wenn Sie sich Ziele für einen Arbeitsabschnitt setzen, so sollten Sie diese SMART formulieren (vgl. Jäger, 2007, S. 37). Gemäß Buhren & Rolff (2009) bedeutet dies, dass Sie Ihre Ziele näher beschreiben (vgl. S. 70) und damit überprüfbar machen (vgl. Tab. 9).

Demgemäß könnte ein Ziel lauten: «Bis Freitag habe ich ein Exzerpt zum Kapitel 4 bezüglich der Frage ‹Welchen Bildungsauftrag hat die Thurgauer Schule› geschrieben, das ich später direkt in meine Arbeit kopieren kann.»

8.3 Zeitplanung

Wahrscheinlich werden die allermeisten Studienarbeiten erst ganz kurz vor dem Abgabetermin fertig – einige auch gar nie. Darin spiegelt sich die Tatsache, wie schwierig es ist, sich selber zu motivieren und die nötige Selbstdisziplin an den Tag zu legen. Damit die Arbeit rechtzeitig fertig wird, ist eine gründliche Planung notwendig (vgl. Hofmann & Löhle, 2004, S. 72). Dabei kann zwischen einer lang- und einer kurzfristigen Planung unterschieden werden:

8.3.1 Langfristige Planung

Für die langfristige Planung besteht ein Erfolgsrezept darin, sich den Termin für die Abgabe der Arbeit einige Tage oder Wochen früher als dieser effektiv angesetzt ist, in die Agenda einzutragen. Ob Sie nun 15 oder «nur» 14 Monate Zeit haben, um eine Bachelorarbeit zu verfassen, stört Sie zu Beginn noch überhaupt nicht. Kurz

Tabelle 9: Ziele SMART formulieren.

S	spezifisch	Ziele müssen situations- und personenorientiert sein.
M	messbar	Ziele müssen überprüfbar und messbar sein.
A	attraktiv	Ziele müssen anziehend und herausfordernd sein.
R	realistisch	Ziele müssen überschaubar und inhaltlich begrenzt sein.
T	terminiert	Ziele müssen zeitlich festgelegt sein.

vor dem Abgabetermin ist es jedoch entscheidend, ob Sie noch ein paar zusätzliche Tage/Wochen aus dem Ärmel schütteln können oder nicht. Gerade der für die am Schluss anfallenden Arbeiten zu erbringende zeitliche Aufwand wird nämlich oftmals unterschätzt. Deshalb sollten Sie für die letzten Arbeiten an Ihrem Text ausreichend Zeit einplanen.

Wenn Sie Ihre Arbeit zwei bis drei Kolleginnen oder Kollegen zum Gegenlesen geben, sie auch nochmals selber lesen und anschließend überarbeiten wollen, braucht dies Zeit, die rechtzeitig eingeplant werden muss. Bei umfangreicheren Dokumenten kann es sein, dass das Textverarbeitungsprogramm immer häufiger nicht mehr einwandfrei arbeitet oder dass unsaubere Formatierungen Schwierigkeiten bereiten. So kann beispielsweise der Seitenumbruch, das Inhaltsverzeichnis oder die Kopf- und Fußzeile (Seitennummerierung) zum Problem werden, das Zeit und Nerven kostet. Nicht zu unterschätzen ist auch der Aufwand für das Ausdrucken, Kopieren, Binden, Einschicken oder Abgeben der Arbeit. Außerdem kann hier nicht genug betont werden, dass Umwege und Irrwege bei wissenschaftlichen Arbeiten eher die Regel als die Ausnahme darstellen (vgl. Fromm & Paschelke, 2006, S. 116). Dafür ist entsprechend Zeit einzuplanen.

Für die langfristige zeitliche Planung Ihres Projektes ist ein Gantt-Diagramm meistens ausreichend (vgl. Tab. 10). Ein Gantt-Diagramm ist ein Balkendiagramm, bei dem die horizontale Achse die Gesamtzeit des Projekts (d. h. die Zeit, die Ihnen für die wissenschaftliche Arbeit zur Verfügung steht) darstellt und die vertikale Achse die für das Projekt nötigen Aktivitäten (z. B. Literaturrecherche, Korrekturlesen etc.). Durch die Länge der Balken wird die Dauer der geplanten Aktivitäten dargestellt (vgl. Ebster & Stalzer, 2003, S. 23). Natürlich können sich einzelne Arbeiten auch zeitlich überlagern.

Gewisse Phasen wissenschaftlichen Arbeitens (etwa die Themensuche, Wahl der Fragestellung oder Recherche) bergen ein großes Potenzial, sich endlos auszudehnen und damit zu einer Vermeidungsstrategie zu werden (vgl. Fromm & Paschelke, 2006, S. 117). Setzen Sie sich v. a. in solchen Fällen eine klare zeitliche Begrenzung, die Sie auf keinen Fall überschreiten.

Eine saubere, langfristige Planung unterstützt Sie dabei, die gröbsten arbeitstechnischen Klippen zu meistern. Eine Hilfestellung dazu finden Sie im Anhang in Kapitel 16.2. Obwohl die dort dargestellten Schritte in dieser modellhaften Arbeitsplanung seriell erscheinen, lassen sich gewisse Schritte parallelisieren. Dies steigert das Arbeitstempo.

8.3.2 Kurzfristige Planung

Neben dieser langfristigen Planung sollten Sie Ihre Arbeit auch kurzfristig planen – am besten schriftlich. Wenn Sie Ihr Zeitmanagement schriftlich dokumentieren, wird Ihre Planung verbindlicher (vgl. Hofmann & Löhle, 2004, S. 89).

Bezogen auf die zu verfassende Studienarbeit lohnt es sich eine Pendenzenliste mit den anstehenden Aufgaben anzulegen. Am besten halten Sie zu jeder Aufgabe fest, wie viel Zeit Sie dafür einrechnen und wie prioritär sie ist (vgl. Tab. 11). So kön-

Tabelle 10: Beispiel eines Gant-Diagramms.

Monat	1	2	3	4	5	6	7	8	9	10	11	12
Rahmenbedingungen klären	■											
Dokumentvorlage erstellen	■											
Themenwahl	■	■										
Literaturrecherche		■	■	■	■	■	■					
Fragestellung entwickeln			■									
Exzerpte schreiben			■	■	■							
Aufbau bestimmen					■	■						
Arbeit entwerfen						■	■	■				
Inhaltliche Überarbeitung									■			
Layout und Formales										■		
Korrekturlesen (lassen)											■	
Reserve												■

Tabelle 11: Beispiel einer Pendenzenliste.

Aufgabe	Aufwand	Priorität
Exzerpte zur Frage X erstellen	1 Tag	Hoch
Kapitel 12.1 überarbeiten	4 Stunden	Hoch
Bücher in Bibliothek zurück bringen	1 Stunde	Hoch
Kapitel 9 entwerfen	3 Tage	Mittel
Mail an Prof. X zur Klärung der Frage Y	10 Minuten	Mittel
Einscannen von Abbildung 28	10 Minuten	Gering
Formatierung von Tabelle 22	30 Minuten	Gering

nen Sie mit einem Blick auf die Pendenzenliste und einem zweiten Blick auf die Uhr entscheiden, welche Aufgabe sinnvollerweise angepackt werden soll. Noch besser ist es natürlich, wenn Sie sich einen Wochenplan und ev. sogar einen Tagesplan erstellen (vgl. Hofmann & Löhle, 2004, S. 75 ff.).

Möglicherweise halten Sie nach Erledigung einer Arbeit auch fest, wie lange Sie effektiv dafür gebraucht haben. So lernen Sie Ihren Zeitbedarf immer genauer einzuschätzen. Überhaupt kann es sich lohnen, den eigenen Umgang mit der Zeit zu untersuchen und zu versuchen Zeitfresser zu erkennen (vgl. Hofmann & Löhle, 2004, S. 72). Natürlich gibt es beim Verfassen wissenschaftlicher Arbeiten gewisse Aufgaben, die zeitintensiv sind, wenn sie gewissenhaft erledigt werden. Zeitfresser sind aber nicht diese Aufgaben, sondern jene Dinge, die von diesen Aufgaben abhalten, wie z. B. das in der Bibliothek vergessene Buch, der lange Schwatz beim Kaffee, das schlechte Ablagesystem oder die Ablenkung durch das ständige Sichten der eingehenden E-Mails.

Menschen sind nicht zu jeder Tageszeit gleichermaßen leistungsfähig. Finden Sie heraus, welches Ihre besten Arbeitszeiten sind und richten Sie sich danach, indem Sie anspruchsvolle Arbeiten (z. B. Korrekturlesen) nur dann vornehmen, wenn Sie konzentriert arbeiten können und andere, leichtere Aufgaben (formatieren, Abbildungen erstellen) dann erledigen, wenn Sie nicht so leistungsfähig sind. Darüber hinaus ist es wichtig, dass Sie für ausreichend Schlaf, Erholung, Bewegung und gesundes Essen sorgen. Dies steigert Ihre kognitive Leistungsfähigkeit, die für wissenschaftliche Arbeiten immer sehr beansprucht wird (vgl. Fromm & Paschelke, 2006, S. 113 f.).

Planen Sie Pausen und Erholungsphasen ein; nur so sind Sie über längere Zeit leistungsfähig. Lassen Sie also die Arbeit auch einmal ruhen, damit Sie etwas Abstand gewinnen und anschließend wieder mit neuem Elan an die Arbeit gehen können. Pausen sollten systematisch eingesetzt werden. Sie dienen dem Arbeitsrhythmus und ermöglichen Erholung, sodass intensive Arbeitsphasen über längere Zeit aufrecht erhalten werden können. Pausen sind aber auch Belohnung für das bisher Geleistete. Es ist ratsam, eher häufig, dafür kurz zu pausieren und in diesen Pausen tatsächlich Pausen zu machen und nicht in anderer Form weiter zu arbeiten (vgl. Hofmann & Löhle, 2004, S. 82 ff.).

Nutzen Sie diese Pausen also auch nicht dazu, mit weiterführenden Funktionen von Word herumzuspielen. Dies können Sie nach der Pause immer noch nachholen. Das folgende Unterkapitel gibt Ihnen einige Anregungen dazu.

8.4 Arbeitstechniken am Computer (Word)

Um eine Studienarbeit erfolgreich zu verfassen, ist es heute unabdingbar, dass Sie sich mit Textverarbeitungssoftware auskennen. Die Einarbeitungszeit ist lohnenswert, weil Ihnen diese Kenntnisse in Ihrem ganzen Arbeitsleben nützlich sein werden.

Besonders verbreitet ist das Textverarbeitungsprogramm Word von Microsoft. Allerdings gibt es mehrere Versionen davon, weshalb hier nicht auf weitere Details dieses Programms eingegangen werden soll. Vielmehr sollen Sie ermutigt werden, sich bei Mitstudierenden und allenfalls bei Dozierenden und Betreuungspersonen über Einzelheiten der Software-Bedienung zu erkundigen. In Buchhandlungen und in der Bibliothek finden Sie eine Reihe von Anleitungen zur Bedienung von Word – wählen Sie mit Vorteil eine, die reich bebildert ist, das kann Ihnen viel Lesezeit ersparen. Möglicherweise werden an Ihrer Institution auch entsprechende Word-Kurse angeboten, die Sie gratis oder kostengünstig besuchen können; nutzen Sie diese Chance! Auch in der «Hilfe» von Word und im Internet finden Sie entsprechende Informationen.

An dieser Stelle wird vorausgesetzt, dass Sie einen Computer und ein Programm aufstarten können und dass Sie Dateien speichern, öffnen, verschieben und kopieren können. Auch das Schreiben und Formatieren von Texten, das Löschen, Verschieben und Kopieren von Textpassagen gehört wahrscheinlich zu Ihrem Standardrepertoire. Damit Sie Ihre Studienarbeiten effizient verfassen können, sollten Sie überdies lernen …

- mit Formatvorlagen umzugehen.
- mit Kopf- und Fußzeilen umzugehen.
- automatische Inhaltsverzeichnisse zu erstellen.
- die Silbentrennfunktion einzusetzen.
- ein Seitenlayout zu verändern.
- Bilder, Tabellen, Grafiken einzufügen.
- mit Verweisen zu arbeiten (Beschriftungen, Querverweise).

Word 2007 und 2010 verfügen außerdem über eine Quellenverwaltung, mit der sich Literaturverzeichnisse automatisch erstellen lassen. Am besten informieren Sie sich über diese Themen und üben die entsprechenden Techniken beim Verfassen Ihrer Studienarbeit.

Eine Möglichkeit, die eigenen Computerkenntnisse zu erweitern, ist außerdem eine gemeinsam mit anderen Studierenden verfasste Studienarbeit. Beim gemeinsamen Konzipieren, Formulieren und Formatieren am Computer lernen Sie voneinander bestimmt auch den einen oder anderen Trick bei der Bedienung des Computers.

8.5 Zusammenarbeit

Es wäre nichts Ungewöhnliches, wenn Sie sich mit dem Gedanken tragen, eine Studienarbeit nicht alleine, sondern zu zweit oder in einer kleinen Gruppe zu verfassen. Schließlich findet Forschung heute zumeist in Teams statt (vgl. Stickel-Wolf & Wolf, 2006, S. 82). Wenn Sie eine gemeinsame Studienarbeit schreiben möchten, gilt es allerdings gewisse Klippen zu meistern.

Bei Gruppenarbeiten besteht eine gewisse Gefahr, dass unter dem hohen Druck der gemeinsamen Arbeit Freundschaften zerbrechen. Seien Sie sich dieser Gefahr bewusst und sehen Sie sich entsprechend vor. Insbesondere können sich Schwierigkeiten ergeben, wenn Arbeiten ungleich verteilt sind oder wenn Rivalitäten auftreten. Außerdem benötigen Partner- und Gruppenarbeiten in jedem Fall einen höheren Koordinationsaufwand (vgl. Rost, 2005, S. 75). Bei gemeinsamen Studienarbeiten besteht die Herausforderung oft darin, verschiedene Schreibstile, Arbeitsweisen und Vorstellungen auf einen gemeinsamen Nenner zu bringen, was nicht immer so einfach ist. Gleichzeitig kann in der vertieften Auseinandersetzung um unterschiedliche Zugänge oder Verständnisse ein Thema umfassender und intensiver durchdrungen werden. Die «kognitiven Konflikte» – die dann entstehen, wenn unterschiedliche Interpretationen eines Sachverhaltes zusammen geführt werden – bedeuten mehr Aufwand, sie ermöglichen jedoch auch ein vertieftes Verstehen des Themas.

Wenn Sie Ihre Studienarbeit nicht alleine schreiben, haben Sie den Vorteil, dass Sie eine soziale und emotionale Stütze an Ihrer Seite haben und möglicherweise schneller auf Fehler und Irrwege aufmerksam gemacht werden. «Gruppen erzielen häufig (aber nicht immer!) qualitativ bessere Ergebnisse als Einzelpersonen, insbesondere wenn synthetisches Denken gefordert ist und jeder aus seinem Spezialbereich beitragen kann. Bei komplexen Problemen oder schwierigen Fragestellungen können so verschiedene Aspekte mehrperspektivisch hinzugesteuert und eingehend diskutiert werden» (Rost, 2005, S. 76).

Suchen Sie vorausschauend nach Strategien für den Fall, dass jemand aus Ihrem Team das Studium abbricht oder verzögert. Damit die Zusammenarbeit nicht unproduktiv wird oder im Streit endet, sollten Sie klare Regeln für die Zusammenarbeit formulieren (vgl. Rost, 2005, S. 78). So wird die gemeinsam verfasste Studienarbeit zu einer positiven Lernerfahrung.

8.6 Zusammenfassung

Für das Verfassen wissenschaftlicher Arbeiten ist Selbstdisziplin eine unabdingbare Voraussetzung. Einfacher geht es, wenn Sie ein Thema und eine methodische Vorgehensweise finden, die Ihnen gut liegen. Fehlt diese Motivation, so gilt es die eigenen Vermeidungsstrategien aufzudecken und entsprechende Gegenstrategien zu entwickeln. In einem Vertrag mit sich selbst können Sie sich außerdem kleine Belohnungen in Aussicht stellen, wenn Sie klar definierte Zwischenziele erreicht haben («erst die Arbeit, dann das Vergnügen»).

Um eine Übersicht über die langfristige Planung Ihrer Arbeit zu gewinnen, eignet sich ein Gantt-Diagramm. Obwohl sich gewisse Arbeiten parallelisieren lassen, lohnt es sich, eine planvolle Abfolge der einzelnen Arbeiten einzuhalten. Planen Sie vor dem Abgabetermin einen ausreichenden Puffer ein, da zeitliche Engpässe bei Arbeiten mit festgelegten Abgabeterminen eher die Regel als die Ausnahme darstellen. Die kurzfristige Planung sieht strukturierte Pendenzenlisten, Wochen- und Tagespläne sowie gezielte (Kurz-)Pausen vor. Tageszeiten, zu denen Sie sehr leistungsfähig sind, sollten Sie in Ihrer Planung besonders gut beachten. Um effizient an der eigenen Arbeit zu schreiben, ist es außerdem hilfreich, sich mit erweiterten Funkionen der Textverarbeitungssoftware vertraut zu machen.

Das Verfassen gemeinsamer Studienarbeiten hat Vor- und Nachteile. Falls Sie eine gemeinsame Studienarbeit planen, sollten Sie die Regeln der Zusammenarbeit absprechen und schriftlich festhalten.

Sie können Ihr Selbstmanagement als ausgereift betrachten, wenn Sie ...

- Ihren Umgang mit der Zeit laufend überprüfen und optimieren,
- eine Form der kurz- und langfristigen Zeitplanung einsetzen und sich daran halten können,
- Word so gut bedienen können, dass Sie sich nur selten über dieses Programm ärgern müssen,
- die Zusammenarbeit mit Studienkolleginnen und -kollegen so vereinbaren und planen, dass belastete Beziehungen vermieden werden können,
- es Ihnen gelingt, eine gute Arbeit rechtzeitig und stressfrei abzugeben.

8.7 Lernaufgaben

Kontrollfragen

1. Mit welchen Strategien lässt sich die Zeitplanung optimieren?
2. Wie kann die eigene Motivation und Selbstdisziplin erhöht werden?
3. Was ist ein Gantt-Diagramm?
4. Welche Arbeiten gilt es im Rahmen der langfristigen Planung einer wissenschaftlichen Arbeit einzuplanen?
5. Welche Vor- und Nachteile haben gemeinsam verfasste Studienarbeiten?

Übungsaufgaben

6. Formulieren Sie ein SMARTES Ziel!
7. Führen Sie für einige Tage ein Tagebuch über Ihre Tätigkeiten an einer wissenschaftlichen Arbeit und suchen Sie nach Optimierungspotenzial!
8. Erstellen Sie ein Gantt-Diagramm zu Ihrer nächsten größeren Arbeit, die Sie anpacken!

9. Erstellen Sie eine Liste mit Word-Funktionen, die Sie sich aneignen wollen. Bringen Sie in Erfahrung, wie diese Funktionen zu handhaben sind und probieren Sie diese aus.

Diskussionsaufgaben/Vertiefungsaufgaben

10. Welches sind Ihre Vermeidungsstrategien? Welche Gegenstrategien haben sich bewährt?
11. Welches sind Ihre persönlichen Motivationsquellen?
12. Welche kleinen Belohnungen könnten Sie sich gönnen, wenn Sie ein Zwischenziel erreicht haben?
13. Welche Erfahrungen haben Sie beim gemeinsamen Verfassen von (Studien-)Arbeiten bereits gemacht?
14. Welches sind die Vorteile von SMARTEN Zielen?
15. Welche persönlichen und arbeitstechnischen Schwierigkeiten können beim Verfassen von Studienarbeiten auftreten und was ließe sich dagegen unternehmen?

8.8 Literatur

Weiterführende Literatur

Jäger, R. (2007). *Selbstmanagement und persönliche Arbeitstechniken.* Schriftenreihe «Organisation», 8. Gießen: Schmidt.

Metzger, Ch. (2008) *Lern- und Arbeitsstrategien: Ein Fachbuch für Studierende an Universitäten und Fachhochschulen.* Aarau: Sauerländer.

Schwarzenbach, E.A. & Osterwalder, K. (2001). *Fit für morgen – Kompetenzentrainer für Lernende.* Bern: hep.

Spoun, S. & Domnik, D.B. (2004). *Erfolgreich studieren – Ein Handbuch für Wirtschafts- und Sozialwissenschaftler.* München: Pearson.

Verwendete Literatur

Buhren, C. G., & Rolff, H.-G. (2009). *Personalmanagement für die Schule: Ein Handbuch für Schulleitung und Kollegium.* Weinheim: Beltz.

Ebster, C. & Stalzer, L. (2003). *Wissenschaftliches Arbeiten für Wirtschafts- und Sozialwissenschaftler.* Wien: UTB.

Eco, U. (2003). *Wie man eine wissenschaftliche Abschlussarbeit schreibt.* Heidelberg: Müller.

Fromm, M. & Paschelke, S. (2006). *Wissenschaftliches Denken und Arbeiten.* Münster: Waxmann.

Hofmann, E. & Löhle, M. (2004). *Erfolgreich Lernen – effiziente Lern- und Arbeitsstrategien für Schule, Studium und Beruf.* Göttingen: Hogrefe.

Jäger, R. (2007). *Selbstmanagement und persönliche Arbeitstechniken.* Gießen: Schmidt.

Kornmeier, M. (2008). *Wissenschaftlich schreiben leicht gemacht – für Bachelor, Master und Dissertation.* Bern: Haupt.

Rost, F. (2005). *Lern- und Arbeitstechniken für das Studium.* Wiesbaden: Verlag für Sozialwissenschaften.

Stickel-Wolf, C. & Wolf, J. (2006). *Wissenschaftliches Arbeiten und Lerntechniken.* Wiesbaden: Gabler.

9 Der Forschungsprozess im Überblick: Einführung in den 2. Teil

«Ernst zu nehmende Forschung erkennt man daran,
dass plötzlich zwei Probleme existieren, wo es vorher nur eines gegeben hat.»
(Thorstein Bunde Veblen)

9.1 Einleitung

Die bisherigen theoretischen Überlegungen und das Literaturstudium führten zu einem immer klareren Bild des Forschungsgegenstandes. Falls dabei deutlich wurde, dass die wirklich interessierenden Aspekte nur mit einer eigenen empirischen Studie bearbeitet werden können, muss eine entsprechende Planung vorgenommen werden. Doch bevor das Forschungsprojekt geplant werden kann, gilt es eine Übersicht zu gewinnen, wie ein empirisches Forschungsprojekt abläuft. Weil empirisches Arbeiten quasi den Prototyp des wissenschaftlichen Arbeitens darstellt, sind auch hier systematische, regelgeleitete Zugänge nötig. Doch diese systematischen Vorgehensweisen können sich sehr stark unterscheiden je nach Art der Forschung, je nach Erkenntnisinteresse. Es ist deshalb auch genau zu überlegen, welche Zugänge gewählt werden und welche Art von Aussagen angestrebt wird.

Die Arbeitsgruppe «Schulqualität» der Schule Obertor weiß nun genau, wie unterschiedlich die Qualität einer Schule erlebt werden kann. Sie kennt die wichtigsten Dimensionen, die Qualität ausmachen; sie weiß um die unterschiedlichen Erwartungen verschiedener Personengruppen an ihre Schule. Sie hat einen entsprechenden Bericht zuhanden des Kollegiums, der Schulleitung und des Schulrats verfasst, eine Zusammenfassung davon allen Eltern zugestellt und die Homepage aktualisiert.

Doch wie steht es ganz genau um die Schulqualität an der eigenen Schule, an der Schule Obertor? Die Meinungen darüber gehen weit auseinander. Das hört man im Lehrerzimmer oder bei Gesprächen mit Eltern. Deshalb will die Arbeitsgruppe eine Aussage über die Qualität an ihrer Schule machen, die möglichst systematisch alle Perspektiven einbezieht. Sie entschließt sich deshalb zu einem eigenen Forschungsprojekt, bei dem die Sicht möglichst vieler Beteiligter einbezogen werden soll. Doch wie ist ein solches Forschungsprojekt überhaupt zu planen? Welche Schritte braucht es dazu? Und welche Aussagen sind denn wirklich wichtig, um ein Bild über die Schulqualität im Schulhaus Obertor zu erhalten?

9.1.1 Bedeutung des Themas

Forschung ist *die* zentrale wissenschaftliche Tätigkeit. In der Wissenschaft geht es vor allem darum, systematisch und methodisch kontrolliert neues Wissen zu entwickeln. Dies geschieht vor allem durch Forschung. Empirische Forschung ist – im Gegensatz zu einer analytischen Auseinandersetzung mit einem Thema (wie sie bspw. in Literaturarbeiten geleistet wird) – eine direkte Auseinandersetzung mit der «realen Welt», nicht nur mit einer Abhandlung «über die reale Welt».

«Empirie» bedeutet Erfahrung und leitet sich vom griechischen Wort für «Sinneserfahrung» ab (vgl. Brüsemeister, 2008, S. 13). «Empirie» steht für eine Überprüfung von Annahmen an der Erfahrung und ist deshalb als Gegensatz zu einer rein philosophischen Spekulation zu betrachten. So bedeutet empirische Forschung das Bemühen, eine eigene, subjektive Alltagsperspektive einzuklammern und so genau wie möglich wahrzunehmen, wie sich ein Sachverhalt zeigt (vgl. ebd., S. 14). Zentral für diese empirische Auseinandersetzung ist deshalb auch die Trennung dieser Wahrnehmung (sei dies über Beobachtungen, über Befragungen oder über Messungen) von eigenen Sichtweisen und theoretischen Vermutungen.[7]

Dieser Grundsatz empirischen Arbeitens ist für Lehrerinnen und Lehrer von überaus hoher Bedeutung. Lehrerinnen und Lehrer müssen immer wieder Urteile fällen über Sachverhalte in der «realen Welt» – sei dies beispielsweise bei der Beurteilung von Schülerinnen und Schülern oder beim Schlichten eines Konflikts im Schulzimmer. Eine klare Unterscheidung zwischen tatsächlicher Wahrnehmung und eigenen Interpretationen (beispielsweise aufgrund von Vorerfahrungen, d.h. aufgrund eigener subjektiver Theorien) ist dabei zentraler Anspruch an professionelles Handeln. Auch wenn im Arbeitsalltag von Lehrpersonen die Wahrnehmungen nicht immer wie bei wissenschaftlichen Arbeiten objektiviert, also schriftlich fixiert oder auf andere Weise festgehalten werden müssen, ist es auch für Lehrerinnen und Lehrer wichtig, dass andere nachvollziehen können, was sachliche Beobachtung und was eigene Interpretation ist. Ein empirischer Forschungsprozess, wie er in diesem Kapitel beschrieben wird, ist eine Form, wie diese grundlegende Art des Denkens kultiviert und eingeübt werden kann.

9.1.2 Wichtige Begriffe

Empirie
Erfahrung, resp. Sinneserfahrung; bezeichnet die methodisch kontrollierte Auseinandersetzung mit der «realen Welt»

qualitative Forschung
Forschung, die tendenziell eher auf Verstehen im jeweiligen Kontext und auf Rekonstruktion von Sinnzusammenhängen zielt

quantitative Forschung
Forschung, die tendenziell eher auf Messen und Zählen von Sachverhalten zielt

Triangulation
Einbezug verschiedener Zugänge zur Beantwortung einer Fragestellung (z.B. verschiedene Personengruppen, Zeitpunkte und/oder Methoden)

Repräsentativität
Gültigkeit von Aussagen, die aufgrund von Erhebungen in einer Stichprobe für die Grundgesamtheit gemacht werden

7 Diese Trennung bedeutet hingegen nicht, dass Daten frei von theoretischen Vorannahmen ausgewertet würden – im Gegenteil: Für eine sinnvolle Auswertung der Daten ist meist eine intensive Auseinandersetzung mit der Theorie notwendig.

Objektivität
Unabhängigkeit einer Messung von der forschenden Person

Reliabilität
Zuverlässigkeit und Genauigkeit einer Messung

Validität
Gültigkeit einer Messung

Intersubjektive Validierung
Überprüfung, wie weit Deutungen und Auslegungen von verschiedenen Personen geteilt werden

Konstrukte
Theoretische Begriffe, die nicht direkt empirisch erfassbare Sachverhalte bezeichnen

Indikatoren
direkt beobachtbare Größen, die zur Erfassung eines Konstruktes geeignet sind

Operationalisierung
Übersetzung von theoretischen Begriffen in empirisch erfassbare Merkmale

Variablen
Merkmale, die verschiedene Ausprägungen annehmen können

Hypothese
Begründete Vermutung über einen Sachverhalt, die empirisch widerlegt werden kann

9.1.3 Was Sie erwartet

Ein empirisches Forschungsprojekt durchzuführen, ist eine anspruchsvolle Angelegenheit. Im Kapitel 9.2 wird der idealtypische Forschungsprozess im Überblick vorgestellt. Dabei wird auch diskutiert, inwiefern sich die Durchführung eines empirischen Forschungsprojektes vom generellen Prozess wissenschaftlichen Arbeitens unterscheidet, resp. welche zusätzlichen Schritte für die empirische Beantwortung einer Forschungsfrage nötig werden.

Die empirische Beantwortung einer Forschungsfrage ist grundsätzlich über zwei unterschiedliche Zugänge möglich: über einen qualitativen oder über einen quantitativen Zugang. Diese beiden Zugänge, die je ein unterschiedliches Erkenntnisinteresse verfolgen und je unterschiedliche Arten von Aussagen generieren, werden in Kapitel 9.3 thematisiert und einander gegenübergestellt. Im anschließenden Kapitel 9.4 wird diskutiert, welchen Gütekriterien qualitative und quantitative Forschung genügen muss.

Ein zentrales Gütekriterium verlangt, dass auch tatsächlich das gemessen wird, was zu messen vorgegeben wird. Da viele wichtige Sachverhalte im Kontext von

Schule und Bildung aber nicht direkt gemessen werden können, ist dieser Anspruch gar nicht so trivial. Die dafür notwendige Übersetzung von nicht direkt erfassbaren Begriffen in direkt erfassbare Merkmale wird «Operationalisierung» genannt und in Kapitel 9.5 beschrieben. Welche Begriffe für ein Forschungsprojekt zu operationalisieren sind, hängt einerseits von der Fragestellung und andererseits von den Hypothesen ab. Hypothesen geben bei quantitativen Zugängen dem Forschungsprozess eine genaue Richtung vor. Was Hypothesen sind und welche Kriterien sie im Kontext einer empirischen Forschung erfüllen müssen, kommt in Kapitel 9.6 zur Sprache.

9.1.4 Ziele: Was Sie lernen sollen

Nach der Bearbeitung dieses Kapitels können Sie …

- die Unterschiede zwischen qualitativen und quantitativen Zugängen erklären.
- einschätzen, ob für die Beantwortung einer bestimmten Fragestellung eher qualitative oder quantitative Zugänge erforderlich sind.
- benennen, welchen Ansprüchen qualitative und quantitative Forschung genügen muss.
- theoretische Begriffe operationalisieren und dadurch empirisch erfassbar machen.
- empirisch überprüfbare Hypothesen formulieren.

9.2 Der Forschungsprozess im Überblick

Im einführenden Kapitel 1 wurden analytische und empirische Fragestellungen unterschieden. Dabei wurden *analytische* Fragestellungen definiert als diejenigen Fragestellungen, die in der Regel auf der Grundlage von Literatur beantwortet werden können und deshalb in sogenannten Literaturarbeiten abgehandelt werden. Im Gegensatz dazu erfordern *empirische* Arbeiten eine eigene Überprüfung eines Sachverhaltes «draußen in der realen Welt»; sie erfordern einen empirischen Zugang. Dieser empirische Zugang entspricht einer methodisch kontrollierten Erhebung von Informationen oder Daten, die über den interessierenden Sachverhalt Auskunft geben. Empirische Zugänge erfordern also die systematische Erhebung von Datenmaterial sowie eine systematische, regelgeleitete Auswertung dieses Datenmaterials. Mögliche empirische Zugänge zu den Beispielfragen aus dem Kapitel 1 sind in Tabelle 12 skizziert.

Ebenfalls im einführenden Kapitel 1 wurde der idealtypische Ablauf beim wissenschaftlichen Arbeiten eingeführt. Die fünf zentralen Phasen, wie sie in Abbildung 5 (S. 155) dargestellt sind, gelten grundsätzlich auch für empirische Arbeiten. Deshalb entspricht der Forschungsprozess weitgehend dem Prozess des

Tabelle 12: Empirische Fragestellungen und mögliche empirische Zugänge.

Beispiele von empirischen Fragestellungen	Möglicher empirischer Zugang zur Beantwortung der Fragestellungen
• Welche Vorstellungen von Intelligenz haben amtierende Lehrpersonen, die im Kanton Thurgau in der Primarstufe unterrichten? • Welche Bedeutung schreiben sie der Intelligenz für den Schulerfolg zu?	• Interviews mit Lehrpersonen, in denen die Lehrpersonen frei über ihre Vorstellungen von Intelligenz berichten können • Schriftliche Befragung von Lehrpersonen mit einem Fragebogen, auf dem die Bedeutung der Intelligenz für verschiedene Aspekte von Schulerfolg eingeschätzt wird
• Wie unterscheidet sich das Vorgehen beim Erledigen von Hausaufgaben zwischen Kindern mit unterschiedlichem familiärem Hintergrund?	• Beobachtung von unterschiedlichen Kindern beim Erledigen von Hausaufgaben sowie schriftliche Befragung von unterschiedlichen Elterngruppen zum Hausaufgabenverhalten ihrer Kinder
• Wie häufig werden in den Deutschen Grundschulen offene Lernformen angewendet? • Welche offenen Lernformen werden besonders häufig angewendet? Gibt es Unterschiede in der durchschnittlichen Häufigkeit zwischen Klassenstufen und/oder zwischen Bundesländern?	• Schriftliche Befragung von Grundschullehrpersonen in Deutschland; mit einem Fragebogen zur Angabe, wie häufig sie offene Lernformen einsetzen • Schriftliche Befragung von Grundschullehrpersonen in Deutschland (mit stufenspezifischer und bundeslandspezifischer Auswertung)

wissenschaftlichen Arbeitens insgesamt. Bei empirischen Arbeiten sind jedoch gewisse Besonderheiten zu beachten:

1. *Fragestellung*: Gute empirische Fragestellungen können eigentlich erst im Laufe der Auseinandersetzung mit einem Thema entwickelt werden. Es gibt meist viel mehr empirische Studien zu einem Sachverhalt als man zu Beginn der Auseinandersetzung mit einem Thema meinen könnte! Und einfach noch einmal zu erforschen, was bereits andere gemacht haben, ist manchmal sogar für Studienarbeiten zu wenig. Bei empirischen Fragen steht deshalb am Beginn entweder eine Fragestellung in Alltagssprache, die im Laufe des Literaturstudiums aber wahrscheinlich noch modifiziert werden muss; oder die Auseinandersetzung beginnt mit einem Interesse für ein Themengebiet, in welchem während des Literaturstudiums eine spannende empirische Fragestellung entwickelt wird.

Abbildung 5: Der Prozess des wissenschaftlichen Arbeitens im Überblick.

2. *Literaturstudium*: Auch bei empirischen Arbeiten ist ein ausführliches Literaturstudium unabdingbar. Im Gegensatz zu Literaturarbeiten geht es bei empirischen Arbeiten in dieser Phase auch darum, gezielt vorliegende Studien und deren empirische Zugänge kennenzulernen. Wie haben andere diesen Sachverhalt empirisch erfasst? Was hat sich dabei bewährt, resp. wo sind dabei Grenzen der Aussagekraft? – Manchmal kommt es auch vor, dass beim intensiven Literaturstudium klar wird, dass die eigene empirische Fragestellung eigentlich schon beantwortet ist. Wieweit es sich lohnt, die Fragestellung zu modifizieren oder bereits erfolgte empirische Untersuchungen in einem neuen Kontext (bspw. in einem anderen Kanton oder auf einer anderen Schulstufe) zu replizieren, also zu wiederholen, ist eine schwierige Frage, die sich am besten in einem Gespräch mit einer Betreuungsperson oder einer erfahrenen Fachperson klären lässt.

3. *Wissenschaftliche Problemformulierung*: Die wissenschaftliche Problemformulierung erfolgt bei analytischen und empirischen Fragestellungen weitgehend analog. Die gewählte Problemstellung wird unter Verwendung der Fachsprache strukturiert und trennscharf von über- und nebengeordneten Problemen abgegrenzt. Bei empirischen Fragestellungen werden zu wissenschaftlichen Problem-

formulierungen jedoch häufig gut begründete Hypothesen formuliert, die in der Folge getestet werden und dem Forschungsprozess eine klare Richtung vorgeben. Zudem wird meist der Geltungsbereich definiert; es wird also festgehalten, für welchen Kontext die Ergebnisse gültig sein sollen (bspw. für alle Lehrpersonen eines bestimmten Bundeslandes; oder für Unterstufenlehrpersonen im Kanton Luzern).

4. *Empirische Beantwortung der Fragestellung*: Bei empirischen Arbeiten sind spezielle methodische Grundsätze bei der Datenerhebung und -auswertung zu beachten. Die empirische Beantwortung einer Fragestellung folgt deshalb einem bestimmten Ablauf:

   a) *Forschungsdesign: Methodenwahl und Stichprobe*: Welcher empirische Zugang ist geeignet, um die Fragestellung sinnvoll zu beantworten? Sind die entscheidenden Informationen beispielsweise am besten zu beobachten, über ein Interview zu erfragen oder über Fragebögen zu erheben? Wie ist der Untersuchungsablauf zu planen? Zu welchem Zeitpunkt scheint eine Datenerhebung sinnvoll? Soll allenfalls zu verschiedenen Zeitpunkten eine Datenerhebung stattfinden? Bei wem können die notwendigen Informationen am besten erhoben werden? In welchen Situationen? Wie viele Daten brauche ich, um gute Antworten auf meine Frage geben zu können? Wichtige Argumente für die Beantwortung dieser Fragen finden sich in Kapitel 10.

   b) *Operationalisierung/Konstruktion der Erhebungsinstrumente*: Woran lassen sich die interessierenden Merkmale festmachen? Wie lassen sie sich einer empirischen Datenerhebung zugänglich machen? Wie lassen sich die interessierenden Merkmale messen? Hinweise über die Bedeutung einer solchen Operationalisierung finden sich in Kapitel 9.5; Grundlagen für die Entwicklung einiger häufig verwendeter Erhebungsinstrumente sind in Kapitel 11 für die Beobachtung, in Kapitel 12 für mündliche Befragungen und in Kapitel 13 für schriftliche Befragungen aufgeführt.

   c) *Datenerhebung*: Die Datenerhebungen erfolgen je nach methodischem Zugang auf sehr unterschiedliche Art und Weise, jeweils mit unterschiedlichen Qualitätskriterien. Diese werden in den Kapiteln 11, 12 und 13 eingeführt.

   d) *Datenaufbereitung und Datenauswertung*: Die Datenaufbereitung und Datenauswertung erfolgt immer regelgeleitet. Einige Grundregeln sind in den Kapiteln 14 und 15 beschrieben.

   e) *Interpretation der Ergebnisse*: Mit der Datenauswertung ist ein empirisches Forschungsprojekt noch nicht abgeschlossen. Ganz entscheidend ist immer auch die inhaltliche Interpretation der Ergebnisse: Was bedeuten sie? Was folgt daraus – einerseits für die praktische Arbeit, andererseits für weitere theoretische Auseinandersetzungen? Können aufgrund der Ergebnisse Interventionen geplant werden, die zu einer Optimierung der Situation beitragen könnten? Wie stehen die Ergebnisse zur Hypothese oder zu anderen relevanten Studien zum Thema? Gibt es allenfalls Widersprüche oder Überraschendes? Inwiefern dürfen diese Ergebnisse allgemeine Gültigkeit beanspruchen, inwiefern ist die Aussagekraft beschränkt?

5. *Berichterstattung*: Die empirische Beantwortung einer Forschungsfrage wird ebenso dokumentiert wie die analytische Auseinandersetzung mit einem Thema. Bei empirischen Arbeiten kommt der Beschreibung des methodischen Vorgehens jedoch ein besonders hoher Stellenwert zu. Im Kontext von Forschungsfragen zu Schule, Bildung und Erziehung erfolgen empirische Zugänge oftmals über Befragungen von Lehrpersonen, Eltern, Schulleitungen, Schulbehörden oder Schülerinnen und Schülern. Diese Menschen haben ein legitimes Interesse zu erfahren, was aus ihren Aussagen, Beschreibungen oder Antworten gemacht wurde. Gerade bei empirischen Forschungsprojekten ist es deshalb besonders wichtig zu überlegen, wie die Ergebnisse den betroffenen und beteiligten Personenkreisen zugänglich gemacht werden können.

In der Praxis werden diese Tätigkeiten jedoch nicht so seriell abgearbeitet, wie dies in der Übersicht dargestellt ist. Außerdem muss der konkrete Verlauf eines Forschungsprojekts dem jeweiligen konkreten Gegenstand flexibel angepasst werden können. Dieser idealtypische Ablauf zeigt aber auf, welche Aspekte in einem empirischen Forschungsprojekt unbedingt zu bearbeiten sind.

9.3 Qualitative und quantitative Forschung

Empirische Forschung kann qualitativ und/oder quantitativ orientiert sein. Damit sind zwei unterschiedliche Zugänge zu einem Thema gemeint: *Quantitative* Verfahren sind Verfahren, welche die Menge von etwas messen bzw. etwas zählen. Sie bringen Häufigkeiten oder Wahrscheinlichkeiten von bestimmten Phänomenen in Erfahrung und können so auch quantitative Repräsentativität ihrer Forschungsergebnisse beanspruchen. *Qualitative* Forschung befasst sich demgegenüber mit jenen Phänomenen, die nur schwer oder gar nicht in Zahlen gefasst werden können. Qualitative Forschung untersucht *Bedeutungen*. Bedeutungen lassen sich nicht messen; sie werden vielmehr inhaltlich in ihrem Sinn rekonstruiert. Qualitative Forschung versucht zu verstehen, weshalb Menschen so handeln, wie sie handeln. Während also quantitative Forschung jene Phänomene der sozialen Welt, welche quantifizierbar sind, «vermisst», erschließt qualitative Forschung Bedeutungen und rekonstruiert Sinn. Das entsprechende methodische Vorgehen der qualitativen Forschung wird oft unter dem Begriff des «Verstehens» zusammengefasst.

Welcher Zugang im Kontext von Schule, Erziehung und Bildung nun angemessener ist, war über lange Zeit sehr umstritten; es tobte ein heftiger Streit, ein eigentlicher «Krieg der Paradigmen» (Kelle, 2008, S. 26). Heute wird jedoch immer mehr versucht, die beiden Zugänge innerhalb einer Untersuchung zu verbinden. Dieser frühere Streit über die Überlegenheit des einen oder anderen Verfahrens kann heute als weitgehend unfruchtbar und überholt angesehen werden. Die beiden Zugänge sind viel eher als sinnvolle Ergänzung zu betrachten, die jeweils unterschiedliche Facetten einer Thematik beleuchten. So können beispielsweise Ergebnisse aus der quantitativen Forschung häufig durch qualitative Studien differenzierter erklärt werden, oder umgekehrt werden Ergebnisse der qualitativen Forschung anhand quantitativer Methoden umfassender geprüft (vgl. Hascher, 2008; Thonhauser, 2008). Welches Vorgehen, ob das qualitative oder quantitative, in einer bestimmten Untersuchung zur Anwendung kommt, hängt von der Fragestellung ab.

Doch was ist genau mit quantitativen und qualitativen Zugängen gemeint? Die folgenden Ausführungen zeigen prototypische Unterschiede auf.

9.3.1 Qualitative Forschung

Qualitative Forschung zielt darauf ab, Bedeutungen zu rekonstruieren und den Sinn von Handlungen zu verstehen. Zu diesem Zweck arbeitet die qualitative Forschung mit nicht-standardisierten Daten (wie bspw. biografischen Interviews oder Erzählungen) und legt diese aus. Es geht dabei nicht darum, getroffene Vorannahmen zu überprüfen oder zu widerlegen, sondern eher um neue Sichtweisen, die sich aus dem Datenmaterial ergeben. Qualitative Fragestellungen sind offen formuliert und lassen eine Vielzahl von Antworten zu. Typische qualitative Fragestellungen sind beispielsweise[8]:

- Welche Bedeutung schreiben Familien mit Migrationshintergrund der Schule zu?
- Wie gehen Lehrpersonen vor, um die Leistungen von Kindern mit Migrationshintergrund zu beurteilen?
- Welche Erfahrungen machen Kinder mit Migrationshintergrund, wenn sie in der Schweiz neu eingeschult werden?
- Was halten Lehrpersonen von der gelieferten Computer-Hardware und vom entsprechenden Zubehör?

Qualitative Forschung führt meist zu Beschreibungen und Analysen, die verbal dargestellt werden oder in Form von Grafiken Zusammenhänge oder Strukturen veranschaulichen. Im Folgenden finden Sie einen Ausschnitt aus einem Evaluationsbericht zum Thema «Computer im Unterricht der Stadtzürcher Volksschulen» (vgl. Roos, 2004, S. 53). Dieser Ausschnitt stellt die Ergebnisse eines qualitativen Zugangs zum entsprechenden Projekt mit dem Namen «KITS» dar:

> Trotz der hohen Werte im quantitativen Teil der Untersuchung, äußerten sich viele Lehrpersonen in den verbalen Rückmeldungen unzufrieden über die Hardware-Ausstattung ihrer Schulzimmer: Im Schulzimmer fehlt es einerseits am Platz, andererseits aber auch an der Anzahl der Geräte. Wenn auf z. B. 22 Schü-

8 Sobald aus der Theorie oder aus anderen qualitativen Studien genügend Hinweise vorliegen, lassen sich zu diesen Fragen auch quantitative Aussagen machen.

lerinnen und Schüler zwei Geräte kommen, werde der sinnvolle Einsatz im Unterricht schwierig, wird von mehreren Lehrpersonen kritisiert. Die Ergänzung mit mobilen Geräten schaffe hier nur beschränkt Abhilfe. Mehrere Lehrpersonen beklagen sich, dass der Aufwand des Ausleihens mühsam sei und viel Unruhe in den Schulbetrieb bringe. In einem Fall fehlt eine Ladestation für die Notebooks, sodass diese innert kurzer Zeit wieder einsatzfähig wären.

Die meisten negativen verbalen Rückmeldungen beziehen sich auf die Langsamkeit der Geräte, insbesondere der Notebooks. Langsamkeit werde u. a. dann spürbar, wenn sich mehrere Kinder nacheinander einloggen oder wenn Word aufgestartet wird. Von einer Lehrperson wird deshalb bedauert, dass es nicht möglich sei, sich mit dem privaten Notebook im KITS- Netzwerk anzumelden.

Viele Rückmeldungen kamen auch zur Frage nach dem Mobiliar. Es scheint, dass viele Schulhäuser kein spezielles Mobiliar geliefert bekamen. Wo Mobiliar geliefert wurde, bemängeln Lehrpersonen, dass die gelieferten Tische zu hoch seien. Ebenfalls Anlass zu Klagen geben die Netzanschlüsse. Eine Lehrkraft meint, dass sechs Anschlüsse pro Zimmer nicht ausreichen, während eine andere Lehrperson längere Netzkabel benötigen würde. Mehrere Stimmen wünschten sich eine Wireless-Lösung, da sie sich am aktuellen «Kabelsalat» stören.

Dieses Beispiel zeigt, dass qualitative Analysen vorwiegend mit sprachlichen Mitteln arbeiten. Die nachfolgend zu erläuternden quantitativen Analysen basieren dagegen primär auf Zahlen.

9.3.2 Quantitative Forschung

Quantitative Forschung bedeutet grundsätzlich Messen und Zählen, allenfalls auch Schätzen. Deshalb arbeitet quantitative Forschung vor allem mit standardisierten Daten, also beispielsweise mit klar vorgegebenen Antwortmöglichkeiten in einem Fragebogen. So können bestimmte Antworthäufigkeiten ausgezählt (d. h. quantifiziert) werden. Damit verfolgt quantitative Forschung das Ziel, bestimmte Phänomene in Zahlen zu fassen sowie einen Sachverhalt in einer Grundgesamtheit zu verorten, also Rückschlüsse über Verhältnisse in der Population zu ziehen, bspw. wie häufig bestimmte Einstellungen oder Haltungen verbreitet sind.[9]

Quantitative Forschung ist linear gedacht: Aus der Theorie werden Variablen – also Merkmale, die verschiedene Ausprägungen annehmen können – bestimmt und in der Folge gemessen und zueinander in Beziehung gesetzt. Typische quantitative Fragestellungen sind beispielsweise:

- Wie viele Immigrantenkinder besuchen die Primarschule in der Zentralschweiz? Gibt es diesbezüglich Unterschiede zwischen den Kantonen?

9 Die Grundgesamtheit oder Population bezeichnet die Gesamtheit aller Individuen, auf die sich die Erkenntnisse einer Untersuchung beziehen sollen (vgl. dazu Kapitel 10)

- Welche Schulleistungen erbringen Kinder mit einem Migrationshintergrund? Unterscheiden sich diese Leistungen von Kindern ohne Migrationshintergrund?
- Wie hoch schätzen Lehrpersonen die Zweckmäßigkeit der gelieferten Computerhardware ein?

Im Folgenden finden Sie einen Ausschnitt aus einem Evaluationsbericht zum Thema «Computer im Unterricht der Stadtzürcher Volksschulen» (vgl. Roos, 2004, S. 52). Dieser Ausschnitt stellt die Ergebnisse eines quantitativen Zugangs dar (M = Mittelwert):

> Eine Skala, die die Stellungnahmen der Lehrpersonen zur Hardware erhob, beinhaltete Items (konkrete Fragen oder Aussagen) zum Funktionieren der Computer, zur Menge der Computer, zu den Positionen der Netzwerkanschlüsse und zur Zweckmäßigkeit des Mobiliars (vgl. Tab.). Zudem interessierte, ob die KITS-Infrastruktur für das Umsetzen der Unterrichtsideen geeignet sei und ob sich, wo Notebooks zur Anwendung kommen, deren Einsatz bewährt.
>
> **Tabelle:** Skala «Hardware».

Nr.	Item	% Zustimmung	Median	Mittelwert	Standardabweichung
4.1	Die Computer funktionieren einwandfrei.	87.8	4	4.33	.80
4.2	Die vorhandene KITS-Infrastruktur ermöglicht mir das Umsetzen meiner Unterrichtsideen.	53.0	4	3.49	1.26
4.3	Ich kann auf genügend Geräte zugreifen, um einen sinnvollen Unterricht zu realisieren.	42.8	3	3.09	1.55
4.4	Die Netzwerkanschlüsse befinden sich an einem zweckmäßigen Ort.	70.0	5	3.97	1.28
4.5	Das gelieferte Mobiliar ist zweckmäßig.	73.9	5	4.02	1.27
Skala insgesamt			**4.00**	**3.78**	**.82**

Die Lehrpersonen beantworten diese Items auf der fünfstufigen Antwortskala (1–5) eher positiv: Die Computer funktionieren in der Regel einwandfrei (M = 4.33), das gelieferte Mobiliar ist recht zweckmäßig (M = 4.02) und der Ort der Netzwerkanschlüsse ist mehrheitlich gut gewählt (M = 3.97). Gut die Hälfte der Lehrpersonen (53 %) ist der Ansicht, die vorhandene KITS-Infrastruktur ermögliche ihnen das Umsetzen ihrer Unterrichtsideen. Am häufigsten wird die Menge der Geräte kritisiert. Nur 43 % der Befragten haben für die Realisation eines sinnvollen Unterrichts genügend Computer zur Verfügung. Diesbezüglich fällt die hohe Streuung (Standardabweichung) von 1.55 und somit der große Unterschied im Antwortverhalten auf. Weiter sticht ins Auge, dass die Lehrpersonen mit zunehmendem Dienstalter weniger Computer in ihrem Schulzimmer zur Verfügung haben ($r = -.24$; $p<.01$).

9.3.3 Gegenüberstellung von qualitativer und quantitativer Forschung

Die Beschreibung der beiden Zugänge macht deutlich: Qualitative und quantitative Zugänge liefern unterschiedliche Arten von Ergebnissen. Welcher Zugang geeigneter ist, hängt natürlich von der Fragestellung ab. Gewisse Fragen lassen sich nur mit einem quantitativen Zugang beantworten, andere nur mit einem qualitativen Zugang. Allerdings formulieren Sie die Forschungsfrage in der Regel selber. Sie können also selbst beeinflussen, ob Sie in der Folge eher qualitativ oder quantitativ arbeiten werden.

Um die prototypischen Unterschiede zu verdeutlichen, werden in Tabelle 13 tendenzielle Orientierungen dieser beiden Zugänge gegenüber gestellt. In der Realität aber geht es meist nicht um ein ausschließliches «Entweder-Oder», sondern um Gewichtungen, die etwas mehr auf die eine oder die andere Seite tendieren.

9.4 Gütekriterien empirischer Forschung

Was gute empirische Forschung ist, lässt sich anhand verschiedener Kriterien einschätzen. Grundsätzlich ist Forschung dann gut, wenn (vgl. Brüsemeister, 2008, S. 32 ff.) …

- die Erhebungs- und Auswertungsverfahren regelgeleitet verlaufen;
- das Verfahren sauber dokumentiert und damit nachvollziehbar ist;
- die Forschenden möglichst nah am Forschungsgegenstand waren;
- die Interpretation der Daten mit Argumenten abgesichert ist, resp. wenn Aussagen mit Daten belegt werden können;
- verschiedene Personengruppen einbezogen sind, im Idealfall unter Verwendung unterschiedlicher Methoden (Triangulation).

Tabelle 13: Qualitative und quantitative Forschungsstrategien im Vergleich.

Quantitativ	Qualitativ
Möglichst genau messen, zählen: Zähl- und Messbares im Vordergrund	Sinn verstehen, Bedeutungen nachvollziehen: Rekonstruktionen, Deutungsmuster und Sinnzusammenhänge im Vordergrund
Erklären: Phänomene auf Ursachen zurückführen (kausales Erklären)	Verstehen: individuellen Sinn nachvollziehen, rekonstruieren (nicht-kausales Erklären)
«Harte Daten»: Zahlen (bspw. geschlossene Antworten auf Fragebögen, ausgezählte Beobachtungen)	«Weiche Daten»: möglichst differenziert erfassen, strukturieren, ordnen (bspw. offene Interviews)
standardisierte Verfahren; statistische Auswertungen (werden deshalb oft als objektiver bezeichnet)	fallorientierte Verfahren; interpretierende, rekonstruierende und inhaltsanalytische Auswertungen (werden deshalb oft als subjektiver bezeichnet)
linearer Forschungsprozess: Variablen aus Theorie ableiten – messen – auswerten (bspw. Kategorien aus der Theorie ableiten und dann auszählen)	zirkulärer Forschungsprozess: pendeln zwischen Theorie und Datenmaterial (bspw. Kategorien im Verlaufe des Prozesses suchen)
Hypothesen testen/Theorien bestätigen	Hypothesen suchen/Theorien entwickeln
normiert, geschlossen, vergleichbar, abstrakt	offen, weniger vergleichbar, konkret, am Kontext orientiert
Datenerhebung von der Theorie her abgeleitet	Datenerhebung offen für Unerwartetes

Zu diesen allgemeinen Kriterien gibt es für qualitative und für quantitative Zugänge je weitere Gütekriterien. Spezifisch für *qualitative* Forschung gilt (vgl. Strauss, 1998):

- *Breite Abstützung der Datenauslegung und Interpretation*: Beim qualitativen Arbeiten geht es nicht darum, Daten auszuzählen, sondern Vorstellungen und Sichtweisen möglichst präzise herauszuarbeiten. Um der Komplexität der Daten gerecht zu werden und um diese angemessen zu erschließen, dürfen nicht zu früh bestimmte «Lesarten» festgelegt werden. Wer interpretiert und zu «verstehen» sucht, muss bereit sein, vorläufige Interpretationsergebnisse («Lesarten») immer wieder zu hinterfragen, bis es genügend Hinweise gibt, dass die Interpretation tragfähig ist.

- *Intersubjektive Validierung*: Deutungs- und Auslegeprozesse sind immer auch von der auslegenden und deutenden Person abhängig. Forscherinnen und Forscher gehen nie «neutral» an die Daten, sondern tragen als in einer bestimmten Gesellschaft und Kultur verankerte Personen immer ein bestimmtes wissenschaftliches und alltägliches Vorverständnis an das Datenmaterial heran. Je mehr verschiedene Forschende einen Text auslegen und sich über das Material austauschen, desto stärker steigt in der Regel die Chance, dass eine angemessene Interpretation erreicht wird.
- *Plausibilität*: Es ist ein grundsätzliches Kriterium jeglicher Forschung, die eingesetzten Verfahren sauber zu dokumentieren und dabei nachvollziehbar zu machen (siehe oben). Für qualitative Zugänge ist eine sorgfältige und ausführliche Darstellung der Deutungsprozesse besonders wichtig, weil sie weniger standardisierten Abläufen folgen und sich stärker an den vorliegenden Fällen orientieren. Nur so kann die Plausibilität der Ergebnisse gewährleistet werden kann.

Spezifisch für *quantitative* Forschung gelten folgende Testgütekriterien (vgl. Diekmann, 2005, S. 216 ff.):

- *Objektivität* bezeichnet die Unabhängigkeit eines Forschungsprozesses von der Person, die diese Forschung durchführt. Die Forschungsergebnisse sind dann unabhängig von der Forscherin oder vom Forscher, wenn eine andere Person, die die gleiche Untersuchung durchführen würde, auf die genau gleichen Ergebnisse käme. Je standardisierter der Prozess der Datenerhebung und der Datenauswertung ist, desto unabhängiger von der Forscherin oder vom Forscher sind in der Regel die Ergebnisse.
- *Reliabilität* bezeichnet die Zuverlässigkeit und Genauigkeit einer Datenerhebung. Wenn die Untersuchung mehrmals durchgeführt würde (und sich der zu untersuchende Sachverhalt überhaupt nicht verändern würde), dann müssten wiederholte Messungen zum genau gleichen Ergebnis führen.
- *Validität* bezeichnet die Gültigkeit der Ergebnisse. Forschungsergebnisse sind dann valide, wenn auch tatsächlich das gemessen wurde, was zu messen beabsichtigt war, wenn also das «Richtige» gemessen wurde. Wenn beispielsweise «Schulqualität» erhoben werden soll, dann sind Mathematikleistungen keine validen Ergebnisse, weil sie nur einen Teil von dem ausmachen, was «Schulqualität» ist.

Gerade im Bereich von Schule und Bildung ist es häufig eine große Herausforderung, valide Ergebnisse zu erhalten. Häufig soll etwas erhoben werden, was nicht direkt gemessen werden kann: Konstrukte wie beispielsweise «Intelligenz», «Schulqualität» oder «Gewaltbereitschaft» sind nicht direkt sicht- oder messbar. Solche Variablen werden *latente* Variablen genannt, die nur aufgrund direkt beobachtbarer oder messbarer Indikatoren – sogenannt *manifester* Variablen – erschlossen werden können. Die latente Variable «Intelligenz» kann beispielsweise über die manifeste Variable «Anzahl gelöster Aufgaben in einem Intelligenztest» erschlossen werden (vgl. Beller, 2008, S. 14). Dabei stellt sich immer die Frage, ob mit den manifesten Variablen richtigerweise auf die latente Variable geschlossen wird – ob also ein valider Schluss gezogen wird: Gerade in Bezug auf die Intelligenz ist es zum Beispiel sehr umstritten, ob gängige Intelligenz-Tests tatsächlich eine genaue Aussage über die wahre Intelligenz eines Kindes – oder über das, was mit dem Begriff «Intelligenz» assoziiert wird – machen können, ob sie also eine valide Aussage über die Intelligenz eines Kindes machen können.

Um latente Variablen valide zu erfassen, ist deshalb meist ein aufwendiger Vorgang nötig. Dieser Prozess, ein nicht direkt sicht- oder messbares Merkmal erfassbar oder messbar zu machen, wird in der quantitativen Forschung «Operationalisierung» genannt. Natürlich ist aber eine analoge Übersetzung der zu untersuchenden Konstrukte in erfassbare Merkmale auch im Bereich der qualitativen Forschung zentral.

9.5 Der Operationalisierungsvorgang

Die Operationalisierung ist die Zuordnung von manifesten Variablen (Indikatoren) zu latenten Variablen (vgl. Beller, 2008, S. 29). Mit der Operationalisierung werden also Konstrukte oder theoretische Begriffe, die nicht direkt beobachtbar oder messbar sind, übersetzt in etwas, was einer Datenerhebung zugänglich ist (vgl. Schnell, Hill & Esser, 2008, S. 127). Gerade im Kontext von Schule und Bildung ist dieser Operationalisierungsvorgang teilweise äußerst anspruchsvoll: Wenn beispielsweise die Schulreife (als Konstrukt) eingeschätzt werden soll, gilt es eine Reihe von beobachtbaren und messbaren Indikatoren zu bestimmen, mit denen möglichst valide erschlossen werden kann, ob ein Kind nun schulreif ist oder nicht. Aber auch auf den ersten Blick ganz einfache Konstrukte wie beispielsweise «Schulerfolg» sind schwierig zu operationalisieren: Sind Schulnoten in bestimmten Fächern geeignete manifeste Variablen, um den Erfolg in der Schule einzuschätzen? Oder gibt es noch weitere Indikatoren, die ebenfalls berücksichtigt werden müssten?

Der Operationalisierungsvorgang ist deshalb so entscheidend, weil damit die Bedeutung eines Konstruktes festgelegt wird (vgl. Beller, 2008, S. 29): Wird das Konstrukt «Schulqualität» über die Indikatoren «Schulleistungen der Schülerinnen und Schüler» erfasst, wird unter Umständen ein ganz anderes Bild entstehen, als wenn das gleiche Konstrukt mit den Indikatoren «subjektives Wohlbefinden der Schülerinnen und Schüler», «Arbeitszufriedenheit der Lehrpersonen» und «Zufriedenheit der Eltern mit der Schule» erfasst würde. Die Operationalisierung kann deshalb auch als das Herzstück empirischer Forschung aufgefasst werden.

Der Operationalisierungsvorgang läuft meist in drei Schritten ab (vgl. auch **Abb. 6**):

1. *Definition des relevanten Konstruktes/der relevanten Konstrukte*: Eine sinnvolle Messung ist nicht möglich, so lange nicht wirklich bekannt ist, was gemessen werden soll (vgl. Schnell et al., 2008, S. 127). Dies erfordert eine theoretische Auseinandersetzung mit dem Begriff: Welche Dimensionen und Aspekte gehören dazu?

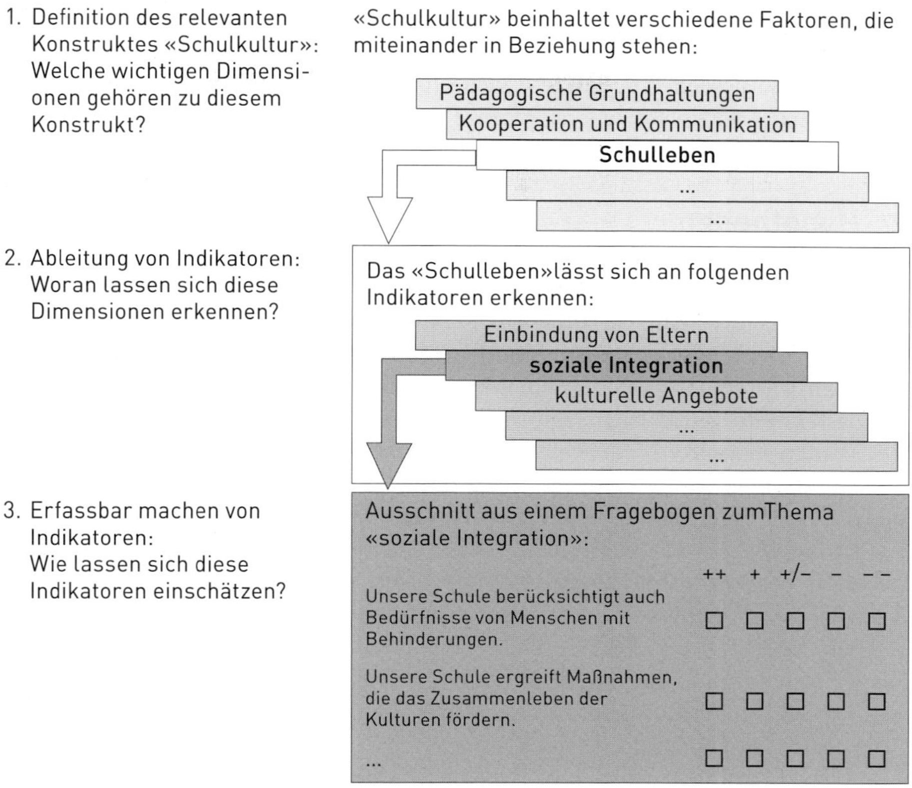

Abbildung 6: Beispiel eines Operationalisierungsprozesses (in Anlehnung an das Institut für Qualitätsentwicklung des Bundeslandes Hessen, 2010).

2. *Ableitung von Indikatoren*: Für die Formulierung von Indikatoren ist es nötig zu bestimmen, woran die wichtigen Dimensionen und Aspekte des Konstruktes erkannt werden können. Indikatoren sind direkt beobachtbare Größen, die zur Erfassung eines Konstruktes geeignet sind. Indikatoren des Konstruktes «Intelligenz» sind beispielsweise Wahrnehmungsgeschwindigkeit oder Gedächtnisleistungen.

3. *Messbar machen von Indikatoren:* Um die Indikatoren messbar, beobachtbar oder einschätzbar zu machen, gilt es Aufgaben zu konstruieren, Fragen (und mögliche Antwortkategorien) zu formulieren oder Situationen zu bestimmen, in denen ein Indikator direkt beobachtbar wird. Um den Indikator «Gedächtnisleistung» messbar zu machen, wären also beispielsweise Aufgaben für einen Gedächtnistest zu konstruieren.

Es empfiehlt sich, ein Konstrukt über mehrere Indikatoren zu erfassen und jeden Indikator mit mehreren Fragen oder in mehreren Situationen einzuschätzen oder zu messen. Damit werden die Ergebnisse breiter abgestützt und damit stabiler.

Doch welche Konstrukte müssen überhaupt operationalisiert werden? Das hängt natürlich von der Fragestellung ab. Bei quantitativen Fragestellungen werden häufig auch Hypothesen formuliert, die wiederum vorgeben, was operationalisiert werden muss.

9.6 Hypothesen

Im allgemeinen Sinn ist eine Hypothese eine begründete Vermutung über einen Sachverhalt. Sie ist eine vorläufig geltende, widerspruchsfreie Aussage, die empirisch falsifiziert – also widerlegt – werden kann (vgl. Atteslander, 1995, S. 56). Wissenschaftliche Hypothesen machen immer Aussagen über die Beziehung zwischen mindestens zwei gehaltvollen, empirisch erfassbaren Begriffen. Sie dienen dazu, die Erklärung von Sachverhalten einer systematischen Prüfung zugänglich zu machen. Das ist nur möglich, wenn alle verwendeten Begriffe eindeutig festgelegt sind und in der Folge angemessen operationalisiert werden. Hypothesen geben deshalb dem Forschungsprozess eine klare Richtung vor: Sie legen fest, welchen Aspekten einer Thematik besondere Aufmerksamkeit geschenkt werden soll und welche Begriffe deshalb im weiteren Forschungsverlauf ganz zentral werden.

Hypothesen werden in der Regel nur bei quantitativen Zugängen formuliert und beziehen sich immer auf eine konkrete Fragestellung. Sie sind in der Regel nicht rein subjektive Vermutungen, sondern beziehen vorhandene Erkenntnisse und Erfahrungen mit ein und sind mit diesen verträglich. So stellen sie eine Art vermutete Antwort auf die Fragestellung dar, wie sie aufgrund der vorliegenden Erkenntnisse und Theorien erwartet wird. Um gehaltvolle Hypothesen formulieren zu können, ist deshalb eine Auseinandersetzung mit der Fachliteratur und eine gute Kenntnis des Forschungsfeldes unabdingbar. Hypothesen müssen bestimmte Kriterien erfüllen, die in Tabelle 14 zusammen gestellt sind (vgl. Atteslander, 1995, S. 56 f.; Schnell et al., 2008, S. 53 f.).

In den Sozialwissenschaften zielen Hypothesen nicht auf einen Einzelfall. Sozialwissenschaftliche Hypothesen stellen viel mehr wahrscheinlichkeitstheoretische Aussagen dar: Auch wenn sich die Hypothese bewähren sollte, so hat nicht jede Lehrperson mit viel Erfahrung automatisch einen höheren Unterrichtserfolg als Novizinnen und Novizen. Die Wahrscheinlichkeit, dass erfahrene Lehrpersonen mehr Unterrichtserfolg haben, wäre in diesem Fall aber überzufällig hoch.

Qualitative und quantitative Forschungsmethoden unterscheiden sich deutlich beim Umgang mit Hypothesen. Während quantitative Methoden auf die Überprüfung von Hypothesen abzielen, dienen qualitative Methoden eher dem Entdecken von Hypothesen. Deshalb stehen Hypothesen bei quantitativen Studien eher am Anfang der Arbeit, bei qualitativen eher am Ende.

Tabelle 14: Kriterien an wissenschaftliche Hypothesen.

Kriterium	Beispiel
1. Eine Hypothese ist eine Aussage; sie ist keine Frage und kein Befehl.	Auf die Forschungsfrage «Inwiefern unterscheidet sich der Unterrichtserfolg zwischen Lehrpersonen mit unterschiedlicher Berufserfahrung?» könnte eine Hypothese lauten: Lehrpersonen mit viel Erfahrung haben mehr Unterrichtserfolg als Lehrpersonen mit wenig Erfahrung.
2. Die Aussage enthält mindestens zwei inhaltlich gehaltvolle Begriffe.	«Lehrpersonen mit Erfahrung»; «Unterrichtserfolg»
3. Die inhaltlich gehaltvollen Begriffe sind (mindestens gedanklich) mit dem logischen Operator «wenn-dann» oder «je-desto» verbunden.	wenn viel Erfahrung, dann Unterrichtserfolg; resp. je mehr Erfahrung, desto mehr Unterrichtserfolg
4. Die Aussage ist logisch widerspruchsfrei.	Viel Erfahrung zu haben schließt nicht aus, Unterrichtserfolg zu haben.
5. Die Aussage muss falsifizierbar sein.	Es ist möglich, dass Lehrpersonen mit wenig Erfahrung mehr Unterrichtserfolg haben als sehr erfahrene Lehrpersonen.
6. Die inhaltlich gehaltvollen Begriffe müssen messbar, also operationalisierbar gemacht werden können.	«Erfahrung» lässt sich bspw. über die Anzahl Jahre, die eine Lehrperson unterrichtet hat, operationalisieren. «Unterrichtserfolg» ist wesentlich schwieriger zu operationalisieren, wichtige Dimensionen aber könnten bspw. über Beobachtungen oder über Befragungen von Schülerinnen und Schülern eingeschätzt werden.

9.7 Zusammenfassung

Empirische Arbeiten erfordern eine eigene Überprüfung eines Sachverhaltes «draußen in der realen Welt». Wie beim wissenschaftlichen Arbeiten generell beginnt auch ein Forschungsprozess mit einer Fragestellung, die jedoch im Laufe des Literaturstudiums zu differenzieren und zu modifizieren sein wird. Auch ein fundiertes Literaturstudium gehört zu einem Forschungsprojekt wie zu jeder anderen Form wissenschaftlicher Arbeit. Bei empirischen Fragestellungen wird aber bereits beim Literaturstudium speziell darauf geachtet, welche empirischen Zugänge in der Thematik schon umgesetzt wurden. Die wissenschaftliche Problemformulierung wird bei empirischen Arbeiten häufig mit Hypothesen ergänzt, vor allem bei quantitativen Zugängen. Für die empirische Beantwortung einer Fragestellung ist zuerst das Forschungsdesign festzulegen: Mit welchen Methoden und in welcher Stichprobe können die interessierenden Merkmale erfasst werden? In der Folge müssen diese Merkmale empirisch erfassbar gemacht sowie die Erhebungsinstrumente konstruiert und die Datenerhebung durchgeführt werden. Die darauf folgende Datenaufbereitung und Datenauswertung orientieren sich an klaren Regeln, während die Interpretation der Ergebnisse eigene Befunde in Beziehung zu anderen Ergebnissen setzt und nach Verwertungsmöglichkeiten und Konsequenzen für Theorie und Praxis fragt. Eine Berichterstattung mit einer nachvollziehbaren Beschreibung des Vorgehens schließt den Forschungsprozess ab und legt die Grundlage für eine angemessene Information über das Projekt und die wichtigen Erkenntnisse.

Empirische Forschung kann quantitativ und/oder qualitativ orientiert sein. Während über lange Zeit heftig gestritten wurde, welcher Zugang nun adäquater oder besser sei, werden die beiden Zugänge heute meist als sinnvolle Ergänzung betrachtet, die jeweils unterschiedliche Facetten einer Thematik zu beleuchten vermögen. Qualitative Forschung zielt tendenziell eher auf das Verstehen von subjektiven Sinnzusammenhängen und versucht, individuelle Bedeutungen zu rekonstruieren und Deutungsmuster zu beschreiben. Qualitative Forschung arbeitet tendenziell mit wenig standardisierten Verfahren. Demgegenüber zielt quantitative Forschung tendenziell auf das Erklären von Wirkungszusammenhängen und versucht, möglichst genau zu messen, zu zählen oder zu schätzen. Quantitative Forschung arbeitet mit stark standardisierten Verfahren.

Forschung ist dann gut, wenn die Erhebungs- und Auswertungsverfahren regelgeleitet verlaufen, sauber dokumentiert und nachvollziehbar sind sowie wenn die Aussagen mit Daten belegt werden können. Qualitative Forschung ist dann gut, wenn die Datenauslegung breit abgestützt ist, die Deutungsprozesse intersubjektiv validiert werden und die Ergebnisse plausibel gemacht werden. Quantitative Forschung ist dann gut, wenn sie unabhängig vom Forscher oder der Forscherin, also objektiv ist; wenn sie zuverlässig und genau misst, wenn sie also reliabel ist; und wenn sie das misst, was sie zu messen vorgibt, wenn sie also valide ist. Dies ist dann der Fall, wenn die interessierenden Konstrukte, die selbst nicht direkt erfassbar sind, angemessen operationalisiert wurden: Wenn die empirisch erfassten Indikatoren also eine angemessene Übersetzung des interessierenden Konstruktes darstellen. Operationalisiert werden müssen alle Merkmale, die für die Beantwortung der Fragestellung von Bedeutung sind, resp. die in Hypothesen formuliert sind.

Hypothesen sind begründete Vermutungen, wie die Beantwortung einer Fragestellung aufgrund des aktuellen Forschungsstandes und der Theorie ausfallen müsste. Sie werden bei quantitativen Zugängen formuliert, um der Forschung eine genaue Richtung vorzugeben und zu präzisieren, welche Konstrukte operationalisiert werden müssen.

Bei der Beantwortung einer empirischen Fragestellung gilt der Forschungsprozess dann als gelungen, wenn Sie ...

- für die Beantwortung Ihrer Fragestellung einen angemessenen qualitativen und/oder einen quantitativen Zugang gewählt haben;
- sämtliche Schritte im Forschungsprozess angemessen bearbeitet haben;
- die Gütekriterien empirischer Forschung eingehalten haben;
- alle relevanten Begriffe angemessen operationalisiert haben;
- bei quantitativen Zugängen mindestens eine Hypothese formuliert haben, die alle erforderlichen Kriterien erfüllt.

9.8 Lernaufgaben

Kontrollfragen

1. Welches sind die wesentlichen Schritte zur Beantwortung einer empirischen Forschungsfrage?
2. Wie unterscheiden sich qualitative von quantitativen Zugängen?
3. Was bedeutet «Operationalisierung» und welche Schritte sind beim Operationalisierungsvorgang zu bearbeiten?
4. Welchen Kriterien müssen wissenschaftliche Hypothesen genügen? Was denken Sie, welche dieser Kriterien sind wohl besonders schwierig einzulösen?

Übungsaufgaben

5. Formulieren Sie typische quantitative und qualitative Fragestellungen aus der Schulpraxis!
6. Überlegen Sie, mit welchen Zugängen Sie diese Fragestellung beantworten und wie Sie die (gehaltvollen) theoretischen Begriffe operationalisieren könnten.
7. Formulieren Sie eine sinnvolle Hypothese zur oben formulierten quantitativen Fragestellung. Überprüfen Sie zusammen mit einer Kollegin oder einem Kollegen, ob diese Hypothese alle notwendigen Kriterien erfüllt!
8. Operationalisieren Sie die folgenden Konstrukte: Schichtzugehörigkeit; Schulfähigkeit; Schulerfolg; Fremdsprachigkeit; Burnout.

Diskussionsaufgaben/Vertiefungsaufgaben

9. Wozu eignen sich qualitative Zugänge besonders? Was sind ihre Stärken? Was ihre Nachteile?

10. Wozu eignen sich quantitative Zugänge besonders? Was sind ihre Stärken? Was ihre Nachteile?

11. Welche Rolle spielen Theorien bei qualitativen Zugängen? Welche bei quantitativen Zugängen?

12. Suchen Sie eine empirische Studie zu einem Thema Ihrer Wahl und beurteilen Sie die Angemessenheit der Operationalisierung. Überlegen Sie, ob die zentralen Begriffe auch anders hätten operationalisiert werden können!

9.9 Literatur

Weiterführende Literatur

Hofmann, F., Schreiner, C. & Thonhauser, J. (Hrsg.). (2008). *Qualitative und quantitative Aspekte. Zu ihrer Komplementarität in der erziehungswissenschaftlichen Forschung.* Münster: Waxmann.

Kelle, U. (2008). *Die Integration qualitativer und quantitativer Methoden in der empirischen Sozialforschung. Theoretische Grundlagen und methodologische Konzepte.* Wiesbaden: VS Verlag für Sozialwissenschaften. (Darin speziell Kap. 2.1: «Der ‹Krieg der Paradigmen›. Ein historischer Überblick»)

Verwendete Literatur

Atteslander, P. (1995). *Methoden der empirischen Sozialforschung.* Berlin: Walter de Gruyter.

Beller, S. (2008). *Empirisch forschen lernen. Konzepte, Methoden, Fallbeispiele, Tipps.* Bern: Verlag Hans Huber.

Brüsemeister, T. (2008). *Qualitative Forschung. Ein Überblick (2., überarbeitete Auflage).* Wiesbaden: VS Verlag für Sozialwissenschaften.

Diekmann, A. (2005). *Empirische Sozialforschung – Grundlagen, Methoden – Anwendungen.* Reinbek bei Hamburg: Rowohlt.

Hascher, T. (2008). Quantitative und qualitative Forschung – Berührungspunkte. In F. Hofmann, C. Schreiner & J. Thonhauser (Hrsg.), *Qualitative und quantitative Aspekte. Zu ihrer Komplementarität in der erziehungswissenschaftlichen Forschung* (S. 117–132). Münster: Waxmann.

Institut für Qualitätsentwicklung des Bundeslandes Hessen. (2010). Hessischer *Referenzrahmen Schulqualität.* Online unter http://www.iq.hessen.de/irj/IQ_Internet? cid=612167c60e0abb6af3 2beba76e7caff7. Verifiziert am 12. Januar 2011.

Kelle, U. (2008). *Die Integration qualitativer und quantitativer Methoden in der empirischen Sozialforschung. Theoretische Grundlagen und methodologische Konzepte.* Wiesbaden: VS Verlag für Sozialwissenschaften.

Roos, M. (2004). *Externe Evaluation von KITS für Kids in der Stadt Zürich.* Zürich: Forschungsbereich Schulqualität und Schulentwicklung des Pädagogischen Instituts der Universität Zürich.

Schnell, R., Hill, P. B. & Esser, E. (2008). *Methoden der empirischen Sozialforschung.* München: Oldenbourg Wissenschaftsverlag GmbH.

Strauss, A. (1998). *Grundlagen qualitativer Sozialforschung. Datenanalyse und Theoriebildung in der empirischen soziologischen Forschung.* München: Wilhelm Fink.

Thonhauser, J. (2008). Zwischen konstruierten Gegensätzen und fruchtbarer Dialektik. Neun Thesen über einen Paradigmenstreit. In F. Hofmann, C. Schreiner & J. Thonhauser (Hrsg.), *Qualitative und quantitative Aspekte. Zu ihrer Komplementarität in der erziehungswissenschaftlichen Forschung* (S. 31–44). Münster: Waxmann.

10 Forschungsdesign

«Niemand plant, zu versagen,
aber die meisten versagen beim Planen»
(Lee Iacocca).

10.1 Einleitung

Die bisherigen theoretischen Überlegungen und das Literaturstudium führten zu einem immer klareren Bild des Forschungsgegenstandes. Gleichzeitig konnten aber auch die Forschungsfragen immer präziser formuliert werden. Die zentralen Konstrukte sind operationalisiert und ein Grundsatzentscheid für ein quantitatives, ein qualitatives oder kombiniertes Verfahren ist getroffen. Falls quantitative Verfahren eingesetzt werden, wurden außerdem bereits Hypothesen aufgestellt.

Nun gilt es zu bestimmen, wie die zu untersuchenden Personen ausgewählt werden sollen. Es müssen Personen ausgewählt werden, deren Untersuchung in Bezug auf die interessierende Fragestellung möglichst aussagekräftig ist. Dabei gilt es zu beachten, dass die Auswahl dieser Personen bei qualitativen und quantitativen Untersuchungen unterschiedlich vorgenommen wird. Dies ist notwendig, weil qualitative und quantitative Untersuchungen unterschiedliche Zielsetzungen verfolgen.

Es gilt aber auch zu entscheiden, ob die Erhebung nur einmal oder mehrmals erfolgen soll und ob allenfalls verschiedene Personengruppen in die Erhebung einbezogen werden sollen.

Außerdem stellt sich die Frage nach der Erhebungsmethode. Soll eine Beobachtungsstudie, eine Interviewstudie oder eine Fragebogenerhebung durchgeführt werden?

Die Arbeitsgruppe «Schulqualität» der Schule Obertor überlegt, von welchen Personengruppen sie am ehesten Antworten auf ihre Fragen erwarten kann. Dabei wird deutlich, dass die Antworten der Schülerinnen und Schüler, der Lehrpersonen, der Schulleitung oder der Eltern wahrscheinlich unterschiedlich ausfallen werden. Deshalb kreisen die Gedanken um die Idee, verschiedene Personengruppen zu befragen – wenn da nur nicht ein so hoher Aufwand damit verbunden wäre. Bei der Schulleitung stellt sich das Problem, dass diese mit drei

Personen sehr klein ist. Die Projektleitung zweifelt daran, dass es aussagekräftig ist, eine derart kleine Gruppe zu befragen, zumal die Zahl der Eltern viel größer ist. Aber auch bei den anderen Personengruppen stellt sich die Frage, wie viele Personen ausgewählt werden müssen und wie diese Auswahl getroffen werden muss, damit die Resultate der Erhebung aussagekräftig werden.

Die geplante Erhebung zur Schulqualität der Schule Obertor wird einen Anhaltspunkt liefern, wie die befragten Personen die Qualität der Schule heute einschätzen. Ob sich auf Grund von Schulentwicklungsmaßnahmen in Zukunft aber Verbesserungen ergeben, kann mit einer einmaligen Erhebung nicht beurteilt werden. Sollte also bei der bevorstehenden Erhebung bereits eine weitere Erhebung zu einem späteren Zeitpunkt mitgedacht werden? Aus den Veränderungen zwischen diesen beiden Erhebungszeitpunkten ließe sich dann ablesen, ob die auf Grund der ersten Erhebung getroffenen Maßnahmen der Schulentwicklung gefruchtet haben. Aber was müsste bereits bei der ersten Erhebungswelle beachtet werden, wenn später eine weitere geplant ist?

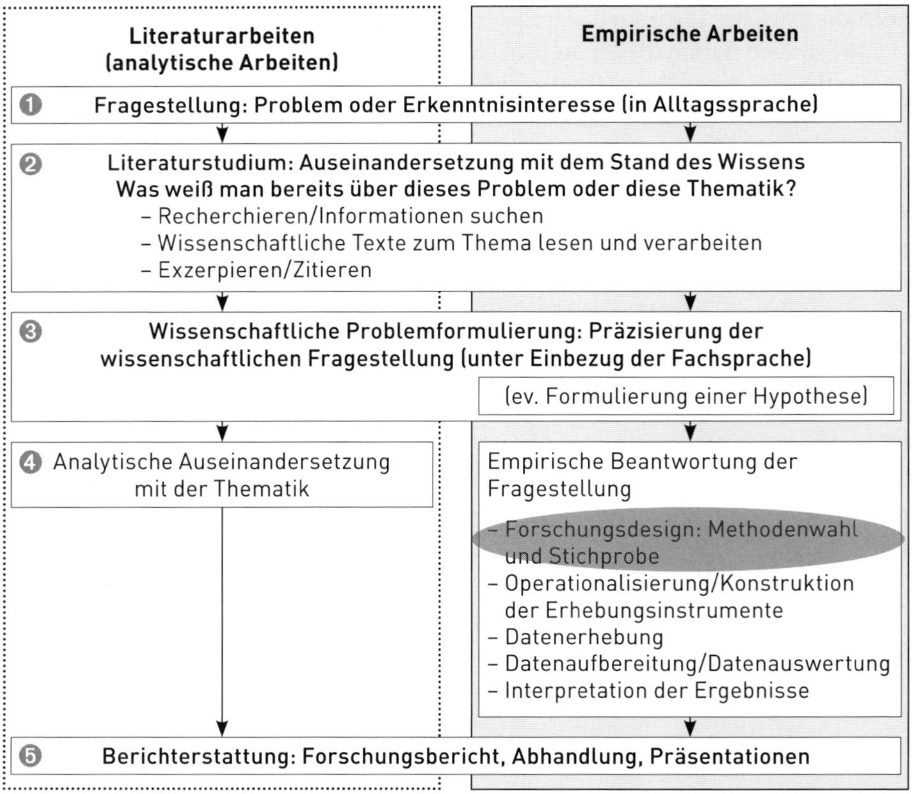

10.1.1 Bedeutung des Themas

Der Planung des Forschungsdesigns kommt in der Sozialforschung ein ausgesprochen hoher Stellenwert zu. Aber auch für Lehrpersonen ist es nützlich, in diesem Bereich Grundkenntnisse zu erwerben. Warum das Forschungsdesign so wichtig ist, wird im Folgenden erläutert.

Bei der methodischen Planung eines Forschungsvorhabens müssen Sie zahlreiche entscheidende Weichenstellungen vornehmen. Wohl gibt es jeweils mehrere Wege, die zum Ziel führen können. Diese Wege sind aber teilweise unterschiedlich elegant bzw. beschwerlich. Außerdem sind die resultierenden Ergebnisse je nach methodischem Design mehr oder weniger aussagekräftig. Damit fällt bereits bei der methodischen Planung eines Forschungsvorhabens eine Vorentscheidung, welche Qualität Ihre Studie haben wird. Ist beispielsweise die Stichprobenziehung bezogen auf die Fragestellung, die Erhebungsmethode oder das Erkenntnisinteresse nicht angemessen, so kann es sein, dass die mühsam erarbeiteten Resultate wertlos sind. Unsauberes Arbeiten in dieser Phase kann sich hinterher auch rächen, wenn zwar solide Ergebnisse vorliegen, diese aber nicht interpretiert werden können. Dies kann etwa der Fall sein, wenn keine Vergleichsdaten vorliegen: Wie war es vorher? Wie wäre es, wenn keine Maßnahmen ergriffen worden wären? Wie ist es in einer vergleichbaren anderen Personengruppe?

Im Rahmen interner Evaluationen werden Lehrpersonen schnell mit grundsätzlichen Fragen zum Forschungsdesign konfrontiert: Reicht es aus, drei Klassen zu befragen und auf dieser Basis einen Rückschluss auf das ganze Schulhaus zu ziehen? Oder wäre es besser, aus jeder Klasse eine Auswahl von Schülerinnen und Schülern zu treffen? Muss diese Auswahl in großen und kleinen Klassen immer gleich groß sein? In welchem zeitlichen Abstand müssen Erhebungen angesetzt werden, damit realistischerweise Veränderungen aufgezeigt werden können?

Aber auch wenn Lehrpersonen wissenschaftliche Studien lesen und für die Schul- und Unterrichtsentwicklung interpretieren wollen, kommen sie nicht umhin, die Qualität und damit die Aussagekraft dieser Studien zu beurteilen. Ein einfaches «Studien haben ergeben, dass ...» reicht hier nicht aus. Es braucht fundierte Kenntnisse zur Forschungsmethodik um die Reichweite von Forschungsergebnissen abschätzen zu können. Wenn Sie Studien mit dem entsprechenden Hintergrundswissen lesen, können gewisse Ergebnisse vielleicht relativiert werden – das entlastet unter Umständen von voreilig eingeleiteten, aufwendigen Maßnahmen, die später wieder korrigiert werden müssen.

Bei Studien im Zusammenhang mit Schulen sollen oft Wirkungen untersucht werden, was allerdings ein äußerst anspruchsvolles Vorhaben darstellt. Auf die Analyse einer Wirkung zielt etwa die folgende Forschungsfrage: «Haben die Schülerinnen und Schüler mit der neuen Methode mehr gelernt als mit der alten?» Um solche Wirkungen einwandfrei zu belegen, würden idealerweise Experimente durchgeführt. Im Zusammenhang mit Schulen sind aber Studien eher selten, die alle Anforderungen an ein Experiment erfüllen. Dies liegt daran, dass die für Experimente erforderliche Art der Stichprobenziehung nicht praktikabel ist oder daran, dass ethische Vorbehalte die Durchführung klassischer Experimente in der Schule verbieten. Die Auseinandersetzung mit Experimenten ist aber dennoch wertvoll, weil sich dadurch das Verständnis für die empirische Forschungslogik vertieft. Dieses Verständnis ist hilfreich, wenn Sie Forschungsdesigns planen, die gewisse Grundzüge von Experimenten haben, aber die harten Anforderungen an Experimente nicht ganz erfüllen (sogenannte Quasi-Experimente).

10.1.2 Wichtige Begriffe

Einzelfallstudie
Studie, die an einem einzelnen Fall (z. B. einer Person, einer Klasse, einer Schule) durchgeführt wird – im Idealfall mit mehreren verschiedenen Methoden

Experimentalgruppe
Gruppe von Personen, die am zu untersuchenden (Schul-)Versuch teilnimmt (diese Gruppe wird auch als Untersuchungs- oder Treatmentgruppe bezeichnet)

Kontrollgruppe
Gruppe von Personen, die *nicht* am zu untersuchenden (Schul-)Versuch teilnimmt und deshalb als Vergleichsgruppe dienen kann

Prätest
Erhebung, die vor einem (Schul-)Versuch durchgeführt wird, und somit die Situation vor der Intervention beschreibt

Posttest
Erhebung, die nach einem (Schul-)Versuch durchgeführt wird, und somit die Situation nach der Intervention beschreibt

Grundgesamtheit Population
Gesamtheit der Individuen, auf die sich die Erkenntnisse einer Untersuchung beziehen sollen

Stichprobe
Auswahl von Individuen aus der Grundgesamtheit

Vollerhebung
Befragung von allen Individuen einer bestimmten Grundgesamtheit, z. B. alle Lehrpersonen der Schule Obertor

Querschnitt
Erhebung, die nur zu einem einzigen Zeitpunkt stattfindet

Panelstudie
Studie, bei der die gleichen Personen zu mindestens zwei Zeitpunkten untersucht werden, um *individuelle* Entwicklungen aufzuzeigen

Trendstudie
Studie, bei der unterschiedliche Personen (der gleichen Grundgesamtheit) zu mindestens zwei Zeitpunkten untersucht werden, um Entwicklungen in der Gruppe (d. h. in der Grundgesamtheit) aufzuzeigen

Längsschnitt
Oberbegriff, der für Studien steht, die Erhebungen zu mehreren Zeitpunkten vorsehen (d. h. Oberbegriff für Trend- und Panelstudien)

10.1.3 Was Sie erwartet

Dieses Kapitel thematisiert vielfältige Fragen, die sich jeweils im Zusammenhang mit der Gestaltung von Forschungsdesigns ergeben.

Dabei wird zunächst auf die Stichprobenziehung eingegangen (Kap. 10.2), wobei zwischen qualitativen und quantitativen Stichproben unterschieden wird. Im Hinblick auf qualitative Stichproben werden Fragen der Stichprobengröße, der Auswahl typischer Fälle und der Zusammensetzung der Stichprobe diskutiert (Kap. 10.3). Bei den quantitativen Stichproben wird zwischen verschiedenen Arten der Stichprobenziehung zu unterscheiden sein: Zufallsstichproben, Klumpenstichproben sowie geschichtete Zufallsstichproben (Kap. 10.4).

In den Sozialwissenschaften wird bei Untersuchungen oftmals mehr als eine Erhebung durchgeführt. Meist werden komplexe Kombinationen verschiedener Erhebungen bei unterschiedlichen Personengruppen zu einem oder zu mehreren Zeitpunkten vorgenommen. Auf einige gängige Varianten wird unter dem Titel «Quer- und Längsschnittstudien» eingegangen (Kap. 10.5).

Im Hinblick auf Experimente wird anschließend aufgezeigt, wie diese aufgebaut sein müssen, damit sie Wirkungszusammenhänge erklären können (A wirkt auf B). Anschließend werden einige gebräuchliche Arten von Experimenten vorgestellt (Kap. 10.6).

Bei der Planung des Forschungsdesigns reicht es nicht aus, die zu befragenden Personengruppen, das Vorgehen bei der Stichprobenziehung und die Erhebungszeitpunkte festzulegen. Das Forschungsdesign umfasst zudem auch Entscheide zu den eingesetzten Erhebungsmethoden (z. B. Beobachtung, Fragebogenerhebungen oder Interviews). Deshalb werden zum Schluss einige Überlegungen präsentiert, die beim Entscheid für ein Erhebungsverfahren hilfreich sein können (Kap. 10.7).

10.1.4 Ziele: Was Sie lernen sollen

Nach der Bearbeitung dieses Kapitels können Sie …

- Vorgehensweisen nennen, die bei einer qualitativen bzw. quantitativen Stichprobenziehung zum Zuge kommen.
- eine Stichprobenziehung vornehmen, die der Fragestellung und dem Erkenntnisinteresse angemessen ist.
- den Aufbau eines Experiments erklären und ein eigenes kleines Experiment durchführen.

- methodische Argumente nennen, die für bzw. gegen das Forschungsdesign einer bestimmten Studie sprechen.
- Quer- und Längsschnittstudien unterscheiden.
- ein einfaches Forschungsdesign entwickeln und mit korrekten Fachbegriffen beschreiben.

10.2 Stichprobenziehung

Manchmal richtet sich das Forschungsinteresse auf einen einzelnen Fall, d.h. auf eine einzelne Person, eine Personengruppe (z.B. eine Schulklasse) oder eine Organisation (z.B. eine einzelne Schule). Bei einer solchen sogenannten Einzelfallstudie wird der Fall meist über eine längere Zeit begleitet, um dessen Entwicklung zu dokumentieren und zu analysieren. Damit Einzelfallstudien fundierte Erkenntnisse ans Tageslicht bringen können, sollten aber mehrere Forschungsmethoden eingesetzt werden (vgl. Kromrey, 2002, S. 523 f.), so z.B. Beobachtungen, Interviews und Dokumentenanalysen. Wenn verschiedene Methoden eingesetzt werden, resultiert ein umfassenderes Bild. Da bei Einzelfallstudien nur ein einzelner Fall untersucht wird, kann diese Stichprobe nicht in einem statistischen Sinn repräsentativ sein. Dennoch kann aus einem einzelnen, sauber analysierten und dokumentierten Fall viel gelernt werden. Um die Nachvollziehbarkeit zu gewährleisten, muss aber sehr genau beschrieben werden, warum und wie der Fall ausgewählt wurde. Außerdem muss dieser Fall samt Umfeld genau beschrieben werden. Eine Ausweitung der Untersuchungsanlage «Einzelfallstudie» kann vorgenommen werden, indem mehrere Einzelfälle untersucht werden. Bei solchen Fallstudien oder fallvergleichenden Studien geht es z.B. darum, aus mehreren Fällen Gemeinsamkeiten und Unterschiede herauszuarbeiten (vgl. Miles & Huberman, 1994, S. 172 ff.).

Häufig sind die Sozialwissenschaften jedoch daran interessiert eine Fragestellung anhand einer größeren Personengruppe zu untersuchen und damit auch Aussagen zu machen, die sich nicht nur auf einzelne Fälle beziehen, sondern die ganze interessierende Personengruppe. Diese bei jedem Forschungsprojekt zu definierende größere Personengruppe wird auch als «Grundgesamtheit» oder «Population» bezeichnet. Damit sind alle Personen gemeint, die ein bestimmtes Merkmal oder eine Merkmalskombination aufweisen (vgl. Rasch, Friese, Hofmann, & Naumann, 2006, S. 23). So könnten etwa alle Eltern, die an einem bestimmten Stichtag mindestens ein Kind in der *Schule Obertor* hatten, die Grundgesamtheit einer Studie darstellen. Je nach Fragestellung könnte die Grundgesamtheit aber auch alle Eltern beinhalten, die an einem bestimmten Stichtag mindestens ein Kind in einer öffentlichen Schule eines bestimmten *Kantons* hatten.

Wenn alle Personen einer Grundgesamtheit untersucht werden, so wird eine sogenannte Vollerhebung durchgeführt (sie wird manchmal auch als «Totalerhebung» bezeichnet). Aus Zeit- und Kostengründen ist es aber oft nicht möglich, alle Personen der entsprechenden Grundgesamtheit zu untersuchen. Deshalb müssen einzelne aus der Grundgesamtheit ausgewählt werden, die stellvertretend für alle anderen z. B. befragt werden (vgl. Häder, 2010, S. 139 ff.). Wenn anhand einer solchen Stichprobe Schätzungen über die Eigenheiten der Grundgesamtheit vorgenommen werden, wird diese Schätzung bei quantitativen Studien umso genauer ausfallen, je größer und repräsentativer die Stichprobe ist (vgl. Rasch et al., 2006, S. 23). Von den befragten Personen kann dann auf die ganze Gruppe zurück geschlossen werden. Ganz nach dem Motto: Um festzustellen, wie der Wein in einem Fass schmeckt, muss nicht das ganze Fass ausgetrunken werden – schon ein kleiner Schluck ermöglicht ein (vorläufiges) Urteil.

Die Grundprinzipien der Stichprobenziehung unterscheiden sich je nachdem, ob qualitative oder quantitative Forschungsstrategien eingesetzt werden. Deshalb wird auf diese beiden Forschungsparadigmen im Folgenden separat eingegangen.

10.3 Stichproben qualitativer Studien

Qualitative Studien zielen aufs Verstehen (vgl. Häder, 2010, S. 69). Und verstehen lassen sich Sichtweisen, Probleme, Gefühle, Verbesserungsvorschläge usw. bereits dann, wenn sie von einzelnen Personen gut begründet vorgetragen werden. Qualitative Studien kommen deshalb bereits mit sehr kleinen Stichproben aus (vgl. ebenda). In der Praxis handelt es sich meist um Stichprobengrößen von 5 bis 50 Fällen. Wird nur ein einzelner Fall analysiert, so handelt es sich um eine Einzelfallstudie (vgl. Kromrey, 2002, S. 523 ff.).

Die Auswahlkriterien bei qualitativen Studien folgen nicht statistischen Kriterien der Repräsentativität (vgl. Kap. 10.4), sondern orientieren sich vor allem an Kriterien der inhaltlichen Bedeutsamkeit. Eine solche inhaltliche Relevanz lässt sich entweder theoretisch herleiten – oder sie ergibt sich durch die Analyse des Forschungsfeldes (vgl. Froschauer & Lueger, 2003, S. 55).

Bei der qualitativen Sozialforschung wird u. a. mit der Auswahl typischer Fälle gearbeitet. Dabei werden gezielt besonders charakteristische, exemplarische Fälle ausgewählt. Um zu wissen, welches die typischen Fälle sind, muss aber selbstverständlich bereits ein bestimmtes Vorwissen über die Zusammensetzung der Grundgesamtheit und über den Forschungsgegenstand vorliegen (vgl. Häder, 2010, S. 175).

Eine weitere qualitative Auswahlstrategie ist das theoretische Sampling, das im Rahmen der «grounded theory» verwendet wird. Bei der sogenannten «grounded theory» wird eine sich im Zuge qualitativer Forschung allmählich entwickelnde Theorie über einen Untersuchungsgegenstand laufend an neuem Datenmaterial überprüft. Dies geschieht, indem auf der Basis der ersten Auswertungen bestimmt wird, wer im Weiteren befragt werden soll oder welche weiteren Daten besonders geeignet sind, um erste vorläufige Erkenntnisse zu überprüfen. Dieses Vorgehen wird als «Theoretisches Sampling» bezeichnet (vgl. Kuckartz, Dresing, Rädiker, & Stefer, 2008, S. 75). Mit diesem Vorgehen werden fortlaufend neue Fälle (Personen) ausgewählt, an denen die Theorie überprüft wird. Gelingt es der vorläufigen Theorie, auch extreme Fälle abzudecken, so kann sie als ausreichend robust bezeichnet werden. Sie gilt dann als «empirisch gesättigt». Eine statistische Repräsentativität ist dabei kein Kriterium (vgl. Glaser & Strauss, 1998).

Stichproben für qualitative Studien sollten in Bezug auf die relevanten Merkmale möglichst heterogen zusammengesetzt sein (vgl. Reinders, 2005, S. 135). Bei einer Schülerbefragung an einer bestimmten Schule bedeutet dies je nach Fragestellung z. B., dass Mädchen, Knaben, Kinder der verschiedenen Schulstufen und sozialen Schichten, Einheimische und Ausländerinnen, solche mit kurzem und solche mit langem Schulweg, leistungsstarke und schwächere, bravere und weniger brave oder sportliche und weniger sportliche Kinder usw. vertreten sein sollten. Eine solchermaßen heterogen zusammengesetzte Stichprobe gewährleistet am ehesten, dass alle Probleme, Sichtweisen, Einstellungen, Wünsche usw. auf den Tisch kommen. Und erst wenn dies gelingt, kann eine Thematik in ihrer gesamten Komplexität angemessen erfasst werden.

10.4 Stichproben quantitativer Studien

Quantitative Studien zielen aufs Erklären (vgl. Häder, 2010, S. 69). Darüber hinaus sind sie geeignet eine Aussage über die Verbreitung eines Phänomens (z. B. Schulangst) in der Grundgesamtheit zu machen oder grundsätzliche Unterschiede (z. B. zwischen Knaben und Mädchen) darzustellen. Tendenziell müssten Stichproben für quantitative Studien möglichst groß sein. Je größer eine Stichprobe, desto eher ist nämlich gewährleistet, dass die einzelnen Untergruppen der Grundgesamtheit in der Stichrobe tatsächlich vertreten sind. Noch viel wichtiger als die Größe der Stichprobe ist aber die angemessene Vertretung ihrer jeweiligen Untergruppen. Man spricht in diesem Zusammenhang auch von der Repräsentativität einer Stichprobe: Die Stichprobe repräsentiert die Grundgesamtheit. Repräsentativ ist eine Stichprobe dann, wenn sie hinsichtlich zentraler Merkmale das proportional verkleinerte Abbild der Grundgesamtheit darstellt (vgl. Bortz & Döring, 2003, S. 400 f.).

Konkret bedeutet dies, dass eine gezogene Stichprobe hinsichtlich zentraler Merkmale und Merkmalskombinationen mit ihrer Grundgesamtheit verglichen werden muss. Übertragen auf eine Schülerbefragung in einem Schulhaus lautet die Frage z. B.: «Haben wir in unserer Schülerbefragung prozentual ungefähr gleich viele Mädchen einbezogen, wie deren Anteil im Schulhaus insgesamt beträgt?» Auf jeden Fall muss in wissenschaftlichen Arbeiten angegeben werden, für welche Grundgesamtheit die Stichprobe repräsentativ sein soll (z. B. für alle Lehrpersonen des Schulhauses Obertor oder für Kindergartenlehrpersonen mit Burnout).

Bei der Art und Weise der quantitativen Stichprobenziehung existieren verschiedene Modelle bzw. Vorgehensweisen. Unter anderem werden Zufallsstichproben, Klumpenstichproben und geschichtete Zufallsstichproben unterschieden. Diese Vorgehensweisen der quantitativen Stichprobenziehung werden im Folgenden näher vorgestellt.

10.4.1 Zufallsstichproben

Bei einer Zufallsstichprobe ist wichtig, dass jedes einzelne Element der Grundgesamtheit (bspw. jede einzelne Person) die gleiche Wahrscheinlichkeit hat, zur Stichprobe zu gehören (vgl. Bortz & Döring, 2003, S. 402). Gemäß den Gesetzen der

Wahrscheinlichkeit wird eine Stichprobe dann repräsentativ, wenn die Personen völlig zufällig ausgewählt wurden, d. h. wenn jede einzelne Person die genau gleiche Wahrscheinlichkeit hatte, in der Stichprobe vertreten zu sein. So einfach sich dies liest, in der Praxis ist es ungemein schwer, diese Forderung zu erfüllen.

In der Praxis wird dazu z. B. jede fünfte Person auf einer Liste abgezählt und ausgewählt. Oder es werden Lose gezogen. Dies setzt aber eine zufällig geordnete, aktuelle, vollständige Personenliste voraus, auf der keine Person doppelt vorkommt und keine Person aufgeführt ist, die nicht zur Grundgesamtheit gehört (vgl. Friedrichs, 1990, S. 128). Eine solche Liste ist oft schwierig zu bekommen bzw. zu erstellen, weil die nötigen Informationen fehlen.

10.4.2 Klumpenstichproben

Bei Klumpenstichproben liegen bereits vorgruppierte Teilmengen vor (z. B. Schulklassen). Die Teilmengen – die sogenannten Klumpen – werden völlig zufällig gezogen. Innerhalb der Klumpen (also z. B. innerhalb einer einbezogenen Schulklasse) werden alle Personen erfasst (vgl. Gollwitzer & Jäger, 2009, S. 46).

Ein solches Vorgehen bietet sich an, weil es oft aus praktischen Gründen nicht möglich ist, die einzelnen zu befragenden Personen völlig zufällig auszuwählen. Einerseits müsste eine vollständige Liste mit allen Personen der Grundgesamtheit vorliegen, aus der eine Zufallsauswahl getroffen werden könnte. Andererseits würde dies bei einer Schülerbefragung z. B. bedeuten, dass aus der Klasse 4b in Allikon nur Maja Gerber befragt werden müsste und aus der Klasse 5a in Sins nur Sven Berger usw. Bei einem solchen Vorgehen wäre es aber schwierig, die einzelnen Schülerinnen und Schüler zu kontaktieren oder gar aufzusuchen. Der Aufwand, um an diese Adressen zu kommen, resp. für die Reisezeiten für mündliche Befragungen, wäre wohl kaum zu legitimieren.

Einfacher wäre es, aus einer vollständigen Liste aller Klassen eines Gebiets bestimmte Klassen zufällig auszuwählen. Anschließend könnte die Klassenlehrperson kontaktiert und gebeten werden, die Befragung mit der ganzen Klasse durchzuführen (idealerweise würde die Klasse sogar von den Forschenden besucht, damit die Lehrperson die Befragung nicht beeinflussen kann). Weil hier nicht Einzelpersonen, sondern ganze Gruppen (Klumpen) zufällig ausgewählt werden, wird diese Stichprobe als Klumpenstichprobe bezeichnet (vgl. Kromrey, 2002, S. 126).

10.4.3 Geschichtete Zufallsstichproben

Mit sogenannten geschichteten Stichproben kann dem Zufall etwas nachgeholfen werden: Mit diesem Verfahren kann garantiert werden, dass die einzelnen Subgruppen in der Stichprobe angemessen vertreten sind (vgl. Kromrey, 2002, S. 295). Ist z. B. über eine Region bekannt, wie viele Lehrerinnen und Lehrer unterrichten und wie sich diese Lehrkräfte auf die einzelnen Stufen verteilen (Grundgesamtheit), so kann anhand dieser Merkmale eine Stichprobe gebildet werden, welche exakt als verkleinertes Abbild der Grundgesamtheit hinsichtlich der kontrollierten

Merkmale dient. Geschichtete Stichproben zeichnen sich somit dadurch aus, dass aus vorher definierten Teilpopulationen (z. B. Männer/Frauen; Schulstufen) zufällig Personen gezogen werden (vgl. Gollwitzer & Jäger, 2009, S. 46).

Zu diesem Zweck muss das Adressmaterial zunächst nach den jeweiligen Kriterien sortiert werden (in unserem Beispiel nach Geschlecht und Stufe). Anschließend werden aus jeder Teil-Grundgesamtheit (z. B. weibliche Unterstufenlehrpersonen) zufällig einzelne Lehrpersonen gezogen. Dabei wird jede Teil-Grundgesamtheit so stark berücksichtigt, dass sie in der Stichprobe prozentual gleich vertreten ist wie in der Grundgesamtheit. Geschichtete Zufallsstichproben stellen somit eine Möglichkeit dar, die Verlässlichkeit von Verallgemeinerungen zu erhöhen (vgl. Kromrey, 2002, S. 296).

Geschichtete Zufallsstichproben werden dann angewendet, wenn bereits im Voraus klar ist, dass die Daten nach bestimmten Kriterien (Geschlecht, Schulstufe) ausgewertet werden sollen. Ein Nachteil geschichteter Zufallsstichproben ist darin zu suchen, dass sie Repräsentativität lediglich hinsichtlich jener Merkmale beanspruchen können, die als Auswahlkriterien benutzt wurden.

10.5 Quer- und Längsschnittstudien

Untersuchungen, die nur einmalig durchgeführt werden, werden als sogenannte Querschnittstudien bezeichnet. Eine Querschnittstudie prüft zu einem bestimmten Zeitpunkt Zusammenhänge zwischen verschiedenen Variablen. Das Ziel könnte z. B. darin bestehen, Unterschiede in den Sprachkompetenzen zwischen verschiedenen Altersgruppen ausfindig zu machen.

Längsschnittstudien dagegen beziehen sich auf die Untersuchung von Daten, die mit dem gleichen Erhebungsinstrument zu unterschiedlichen Zeitpunkten erhoben werden. Damit könnte z. B. die Entwicklung bestimmter Sprachkompetenzen im Verlaufe der Zeit überprüft werden. Bei solchen Längsschnittstudien existieren zwei unterschiedliche Varianten: (a) Trendstudien und (b) Panelstudien.

a) Bei einer Trendstudie werden mehrere Querschnittstudien zum gleichen Thema durchgeführt. Dabei werden die gleichen Instrumente eingesetzt, aber unterschiedliche Personen (aus der gleichen Grundgesamtheit) befragt. So lassen sich Veränderungen in der untersuchten Grundgesamtheit aufzeigen (vgl. Häder, 2010, S. 124). Bei einer Trendstudie wird eine Befragung also mehrmals an Personen wiederholt, die nach dem gleichen Kriterium ausgewählt wurden. Die einzelne Person nimmt aber höchstens zufälligerweise mehrmals an der Befragung teil.

b) Panelstudien sind Trendstudien mit verschärften Bedingungen. Hier werden nämlich die gleichen Personen mehrmals mit dem gleichen Instrument befragt. So kann nicht nur eine Aussage darüber gemacht werden, ob sich die Gruppe insgesamt verändert hat, sondern auch darüber, ob sich die einzelnen Personen verändert haben (vgl. Häder, 2010, S. 124). Da in der Schule oftmals solche individuellen Entwicklungen oder Lernprozesse belegt werden sollen, werden in diesem Feld nach Möglichkeit Panelstudien eingesetzt.

Mit Panelstudien können auch Ursache-Wirkungszusammenhänge erforscht werden. Idealerweise werden für die Erforschung von Ursache-Wirkungszusammenhänge jedoch Experimente eingesetzt – darauf wird im Folgenden eingegangen.

10.6 Experimente

Oftmals sollen empirische Studien eine Wirkung «beweisen», z. B.

- das neue Englischlehrmittel «X» führt zu einer höheren Fachleistung in Englisch als das alte Lehrmittel «Y».
- klassische Musik beruhigt eine Schulklasse.
- das Friedensstifterprojekt führt zu weniger Konflikten auf dem Pausenplatz.
- Erlebnispädagogik in der freien Natur steigert das Selbstwertgefühl.

Beim ersten Beispiel soll geprüft werden, ob die Art des Englischlehrmittels einen höheren oder geringeren Lernerfolg bewirkt. Bei solchen Wirkungszusammenhängen ist in der Wissenschaft die Rede von «Kausalitäten» oder «Kausalzusammenhängen». Die Ursache (z. B. die Art des Englischlehrmittels) wird dabei als «unabhängige Variable» und die vermutete Wirkung (Fachleistung Englisch) als «abhängige Variable» bezeichnet (vgl. **Abb. 7**).

Die Fachleistung in Englisch ist in diesem Fall die «abhängige Variable», weil sie von der Art des Englischlehrmittels abhängig sein soll: Je nach Ausprägung des Englischlehrmittels wird die Fachleistung in Englisch anders ausfallen.

Nun sind solche Wirkungen schwer zu beweisen: Vielleicht erzielen die Schülerinnen und Schüler unabhängig vom Englischlehrmittel höhere Fortschritte, weil in den Medien außerhalb der Schule die englische Sprache stärker dominiert. Oder die Lehrpersonen sind durch das neue Englischlehrmittel frisch motiviert für den Englischunterricht und bewirken durch ihre Motivation (und nicht durch das Lehrmittel) eine bessere Fachleistung. Vielleicht sind es die engagierten, innovati-

Abbildung 7: Abhängige und unabhängige Variablen.

ven Schulen, die von Kindern aus bildungsnahen Elternhäusern besucht werden, welche zuerst auf das neue Lehrmittel umstellen – und wegen diesen Rahmenbedingungen bessere Aussichten auf Lernerfolg haben. Vielleicht freuen sich die Schülerinnen und Schüler so sehr, dass sie ein neues Englischlehrmittel erproben dürfen und dabei erst noch erforscht werden, dass sie sich stärker anstrengen und deshalb höhere Fachleistungen erbringen. Oder aber die Kinder mit dem neuen Englischlehrmittel haben tatsächlich mehr Erfolg – aber nur zufällig.

Wenn es darum geht, die Wirkung des neuen Englischlehrmittels – und nur dieser Variable – zu überprüfen, müssen alle anderen Erklärungsmöglichkeiten ausgeschlossen werden können. Sonst wird nicht klar, ob eine allenfalls höhere Fachleistung wirklich auf das neue Lehrmittel oder aber auf andere Faktoren zurückzuführen ist. Nun gibt es mehrere Möglichkeiten, wie die Variable «neues Englischlehrmittel» isoliert und geschätzt werden kann. Dazu braucht es z. B. komplexere statistische Verfahren, die nicht nur an die Forschenden hohe Anforderungen stellen, sondern auch an das Datenmaterial.[10] Der «Königsweg» zum Aufdecken und Belegen von Kausalitäten besteht jedoch in der Durchführung eines Experiments (vgl. Kromrey, 2002, S. 103).

Es handelt sich dabei in einem gewissen Sinn um ein bestimmtes Forschungsdesign, das im Folgenden beschrieben wird. Denn das Experiment ist keine besondere Art der Erhebung oder Messung sozialer Daten, sondern eine bestimmte Untersuchungsanordnung (vgl. Atteslander, 2003, S. 196).

10.6.1 Design von Experimenten

Bei Experimenten wird die unabhängige Variable gezielt manipuliert. Im Beispiel mit dem Englischlehrmittel würde das bedeuten, dass die unabhängige Variable «Art des Englischlehrmittels» so variiert wird, dass die eine Gruppe mit dem alten und die andere Gruppe mit dem neuen Lehrmittel arbeitet. Bei einem echten Experiment ist es wichtig, dass dabei die Zuweisung zu den beiden Gruppen rein zufällig erfolgt (z. B. mit Losentscheid). Außerdem müssen alle denkbaren Störvariablen, die auf dieses Setting einwirken könnten und ebenfalls die abhängige Variable beeinflussen, systematisch ausgeschaltet, reduziert oder kontrolliert werden (vgl. Hauser & Humpert, 2009). Damit präsentiert sich die Anordnung des Experiments wie folgt (vgl. Abb. 8):

Wenn die beiden zufällig gebildeten Gruppen vor dem Start mit diesem Englischlehrmittel die gleiche Fachleistung in Englisch erbrachten, wenn während dem Arbeiten mit dem alten bzw. neuen Lehrmittel alle erdenklichen Störvariablen systematisch ausgeschaltet wurden und sich hinterher die Fachleistungen in Englisch unterscheiden, dann darf angenommen werden, dass die unterschiedlichen Fachleistungen tatsächlich auf die unterschiedlichen Lehrmittel zurückzuführen sind.

10 wie bspw. die Kontrolle bzw. Konstanthaltung von Störvariablen oder Strukturgleichungsmodelle

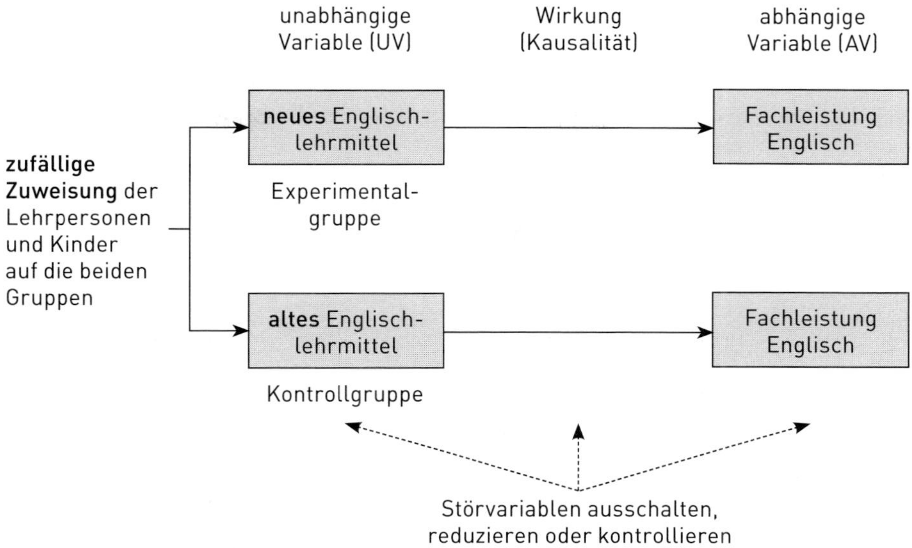

Abbildung 8: Struktur eines Experiments.

So einleuchtend dies alles klingen mag, in der Praxis wird ein solches Experiment nur schwer zu realisieren sein. Schon bei der Zuweisung der Lehrpersonen und v. a. der einzelnen Kinder auf die Experimental- und Kontrollgruppe werden sich Widerstände oder praktische Probleme zeigen.

Um kausale Fragestellungen zu untersuchen, wird deshalb eine Vielzahl von Variationen der experimentellen Methode verwendet. Im Folgenden werden die wichtigsten Arten unterschieden.

10.6.2 Laboratoriums- vs. Feldexperimente

Eine Laborumgebung ist für Experimente geeignet, weil sie eine weitgehende Ausschaltung oder Kontrolle von Störvariablen ermöglicht, welche die abhängige Variable beeinflussen könnten (vgl. Bortz & Döring, 2003, S. 60). Laboratoriumsexperimente werden unter planmäßig vereinfachten, künstlichen Bedingungen durchgeführt: «Eine Experimentalgruppe und eine Kontrollgruppe werden in einer ‹künstlichen› Situation daraufhin beobachtet, ob ein *Kausalfaktor* (= unabhängige Variable) auch tatsächlich die ihm zugeschriebene *Wirkung* (= abhängige Variable) hervorruft» (Atteslander, 2003, S. 200). Damit können im Labor ideale Bedingungen zur Untersuchung einer bestimmten Forschungsfrage gestaltet werden.

Ob sich aber Menschen in der Unnatürlichkeit des Labors gleich verhalten wie im «echten Leben» ist sehr fraglich. Deshalb werden viele sozialwissenschaftliche Untersuchungen in der natürlichen Umwelt durchgeführt (vgl. Kromrey, 2002, S. 520), z. B. in Schulklassen. Wenn die experimentell zu untersuchenden Personen nicht aus ihrer natürlichen Umgebung herausgelöst werden, so ist die Rede von

Feldexperimenten (vgl. Atteslander, 2003, S. 200). Sie finden in natürlichen, von den Forschenden kaum veränderten Umgebungen statt. Nach Bortz und Döring (2003) charakterisieren die Ergebnisse somit ein Stück unverfälschter Realität, dafür können störende Einflussgrößen nicht kontrolliert werden (vgl. S. 60).

10.6.3 Experimentelle vs. quasiexperimentelle Untersuchung

Bei solchen Feldexperimenten ist es oft schwierig, die hohen Anforderungen einzuhalten, die an die korrekte Durchführung eines Experiments gestellt werden. Um eine experimentelle Untersuchung handelt es sich nämlich nur, wenn drei Bedingungen vorliegen (vgl. Diekmann, 2005, S. 296):

1. Es werden mindestens zwei Gruppen gebildet (Experimental- und Kontrollgruppe).
2. Die Versuchspersonen werden den beiden Gruppen nach einem Zufallsverfahren zugewiesen (Randomisierung).
3. Die unabhängige Variable wird vom Forscher «manipuliert».

Insbesondere die absolut zufällige Zuweisung der einzelnen Personen auf die Versuchs- und Kontrollgruppe stellt sich in Schulen als Problem heraus. Zu diesem Zweck müssten z. B. Schulklassen aufgelöst und neu zusammengesetzt werden oder es müssten Personen gegen ihren Willen an einem Schulversuch teilnehmen. Auf Grund solcher Probleme werden oft Abstriche von den obigen Anforderungen an ein «reines» Experiment gemacht. Diese «Experimente» heißen dann «Quasi-Experimente» – sie werden oft bei Evaluationen und Wirkungsstudien eingesetzt (vgl. Kromrey, 2002, S. 520). Meistens werden die Gruppen bei Quasi-Experimenten nicht rein zufällig gebildet, sondern bereits bestehende, natürliche Gruppen in die Studie aufgenommen (vgl. Diekmann, 2005, S. 309). So könnten z. B. bestehende Klassen, die mit dem alten bzw. neuen Englischlehrmittel arbeiten, im Rahmen eines Quasi-Experiments untersucht werden.

10.7 Entscheid über das Datenerhebungsverfahren

Ob Sie nun ein Experiment durchführen oder einen Längs- oder Querschnitt vornehmen, auf die eine oder andere Art müssen Sie die zur Erhellung der Fragestellung benötigten Daten erheben. Dieser Entscheid für oder gegen ein bestimmtes Datenerhebungsverfahren fällt bereits im Rahmen der Festlegung des Forschungsdesigns.Dabei ist allerdings zu beachten, dass Datenerhebungsverfahren mit Vorteil miteinander kombiniert werden. So kann beispielsweise eine Beobachtungsstudie mit einer Fragebogenerhebung oder mit einem Interview kombiniert werden. Zunehmender Beliebtheit erfreut sich insbesondere die Kombination von quantitativen und qualitativen Strategien (vgl. Kuckartz et al., 2009, S. 89).

Wenn zur Erforschung eines Gegenstandes unterschiedliche Zugangsweisen und Perspektiven eingesetzt werden, so wird dies auch als «Triangulation» bezeichnet. Dabei können etwa die Sichtweisen von verschiedenen Personengruppen, die Ergebnisse von verschiedenen Messzeitpunkten oder verschiedenen Erhebungsmethoden trianguliert werden. «Unter den verschiedenen Formen der Triangulation ist für die Evaluationsforschung vor allem die Methodentriangulation relevant. Hierbei wird das gleiche Phänomen mit unterschiedlichen Methoden erfasst» (Kuckartz et. al., 2009, S. 89). Mit Hilfe der Triangulation wird versucht, «durch die Kombination von verschiedenen Erhebungstechniken, Auswahlverfahren, Versuchsanordnungen und Messtechniken die spezifischen Schwächen der einen Strategie durch den Einsatz einer anderen, die dort ihre besondere Stärke hat, zu kompensieren» (Denzin, 1970, S. 308, zitiert nach Schnell, Hill & Esser, 2005, S. 262).

Egal ob nur eine Erhebungsmethode oder ob mehrere Erhebungsmethoden ausgewählt und kombiniert werden – auf jeden Fall muss bei der Konzeption des Forschungsdesigns ein bewusster Entscheid bezüglich der Erhebungsmethoden gefällt werden. Um diesen Entscheid zu erleichtern, werden in den folgenden Kapiteln (siehe Kap. 11, 12 und 13) verschiedene Datenerhebungsverfahren vorgestellt. Welches dieser Verfahren für eine bestimmte Fragestellung am besten geeignet ist, muss sorgfältig abgewogen – und im Forschungsbericht dann auch begründet – werden. In dieser Phase ist es hilfreich, sich nicht vorschnell für ein Verfahren zu entscheiden, sondern die Ausgangslage, Fragestellung und Zielsetzung genau zu analysieren, forschungsmethodische Fachliteratur zu den entsprechenden Datenerhebungsverfahren heranzuziehen und erfahrene Forschende bzw. Begleitpersonen zu Rate zu ziehen.

Eine erste Überlegung bezieht sich auf die Frage, ob eher qualitative oder eher quantitative Methoden zum Einsatz gelangen sollen (siehe Kap. 9.3; wie noch zu zeigen sein wird, ist es bei Beobachtungen, Interviews und Fragebögen möglich sowohl eher qualitativ als auch eher quantitativ ausgerichtete Erhebungsinstrumente zu konstruieren). Anschließend gilt es zu entscheiden, ob die interessierenden Personen bzw. die Spuren ihrer Handlungen beobachtet werden sollen oder ob die Personen befragt werden sollen. Falls der Entscheid zugunsten einer Befragung fällt, ist zu überlegen, ob die Befragung mündlich (Interview) oder schriftlich (Fragebogen) erfolgen soll.

Für eine Beobachtungsstudie (siehe Kap. 11) spricht …

- eine Population mit Personen, die nicht angemessen in der Lage sind, mündlich oder schriftlich Auskunft über den Forschungsgegenstand zu geben (z. B. Kleinkinder, Fremdsprachige, geistig Behinderte).
- ein neuartiger Forschungsgegenstand, über den noch wenig bekannt ist.
- die begründete Befürchtung, dass eine Befragung zu beabsichtigten oder unbeabsichtigten Falschangaben führen würde.
- ein Forschungsgegenstand, über den die Befragten keine Auskunft geben können, weil er unbewusstes Verhalten betrifft.

- ein Forschungsgegenstand, der sich so operationalisieren lässt, dass er beobachtet werden kann.

Für eine Interviewstudie (siehe Kap. 12) spricht …

- eine Population, die über ein gutes Hörverstehen und eine gute mündliche Ausdrucksfähigkeit, aber vielleicht eine schlechte Lese- oder Schreibkompetenz verfügt.
- die Absicht, die Befragten für die Beantwortung der interessierenden Fragen nicht zu sehr einzuengen.
- eine Fragestellung, die sich auf das persönliche Erleben, auf subjektive Sichtweisen, Erfahrungen oder Interpretationen bezieht.
- eine Fragestellung, die nicht so persönlich bzw. intim ist, dass sie nur bei einer anonymen Befragung ehrlich beantwortet würde.

Für eine Fragebogenstudie (siehe Kap. 13) spricht …

- ein Forschungsgegenstand, der sich theoretisch gut strukturieren bzw. standardisieren lässt und bereits recht gut erforscht ist.
- ein Forschungsgegenstand, der sich auf Daten und Fakten bzw. persönliche Meinungen und Haltungen bezieht.
- die Absicht, eine große Stichprobe mit relativ beschränkten personellen Mitteln zu befragen.
- eine Population, die fähig und willens ist einen Fragebogen auszufüllen, die also mutmaßlich über die notwendige Zeit, Motivation, Lese- und Schreibkompetenz verfügt.
- eine Fragestellung, die ehrlicher beantwortet wird, wenn die Befragung anonym erfolgt.

Selbstverständlich gibt es darüber hinaus viele weitere Formen der Gewinnung, Strukturierung und Auswertung von Daten, auf die in dieser Einführung nicht näher eingegangen werden kann (z. B. Sekundäranalysen, Replikationen, Delphi-Befragungen, telefonische Befragungen oder Peer Reviews). Bei Interesse an solchen methodischen Vorgehensweisen sei auf die entsprechende Fachliteratur verwiesen.

10.8 Zusammenfassung

Quantitative Stichproben müssen eher groß und hinsichtlich zentraler Merkmale ähnlich gelagert sein wie die Grundgesamtheit. Nur so können sie Repräsentativität für sich beanspruchen. Als Königsweg der quantitativen Stichprobenziehung kann die Zufallsauswahl der zu untersuchenden Elemente gelten. Im Rahmen der qualitativen Stichprobenziehung werden eher wenige, dafür aber inhaltlich relevante, charakteristische Fälle untersucht. Bei deren Auswahl wird auf eine möglichst große Heterogenität der zu untersuchenden Fälle geachtet. Im Rahmen einer qualitativen Stichprobenziehung kann es auch sein, dass während des Forschungsprozesses auf Grund der bisherigen Erkenntnisse laufend neue Fälle ausgewählt werden, an denen die vorläufigen Erkenntnisse überprüft werden (theoretisches Sampling im Rahmen der *grounded theory*).

Die Stichprobenziehung kann ganz unterschiedlich vorgenommen werden. Zum einen können verschiedene Personen (-gruppen) zu einem ganz bestimmten Zeitpunkt analysiert werden (Querschnitt). Es kann aber auch sein, dass ein Erhebungsverfahren zu mehreren Zeitpunkten wiederholt eingesetzt wird (Längsschnitt). Dabei ist zu unterscheiden, ob die genau gleichen Personen mehrmals befragt werden (Panelstudie) oder ob zu den verschiedenen Zeitpunkten unterschiedliche Personen befragt werden (Trendstudie). Neben unterschiedlichen Zeitpunkten und Personengruppen können auch mehrere methodische Strategien eingesetzt werden. Wenn mehrere Zugänge zu einem Forschungsgegenstand in einem Forschungsdesign miteinander kombiniert werden, so wird dies als «Triangulation» bezeichnet.

Aus dem vorgestellten Vorgehen bei Experimenten lässt sich lernen, dass zur Untersuchung von Wirkungen mit Vorteil eine Längsschnitterhebung geplant wird. Um tatsächliche Wirkungen nachzuweisen, braucht es neben der Experimentalgruppe außerdem eine Kontrollgruppe, die nicht am zu untersuchenden (Schul-) Versuch teilnimmt und somit keine Intervention erfährt. Wenn die Aufteilung auf Versuchs- und Kontrollgruppe rein zufällig erfolgt, handelt es sich um ein Experiment. Wenn anstelle von zufälligen Zuweisungen natürliche Gruppen in ein «Experiment» einbezogen werden (z. B. ganze Schulen oder Schulklassen), so handelt es sich um ein Quasi-Experiment.

Insgesamt haben Sie das Forschungsdesign dann gut gewählt, wenn Sie ...

- bei Einzelfallstudien verschiedene Datenerhebungsverfahren kombiniert haben;
- bei einer qualitativen Fragestellung möglichst unterschiedliche Fälle einbezogen haben;
- bei einer quantitativen Fragestellung eine repräsentative Stichprobe zusammen gestellt haben;
- bei einer Frage nach Wirkungszusammenhängen einen quasi-experimentellen Zugang gewählt haben.

10.9 Lernaufgaben

Kontrollfragen

1. Was ist der Unterschied zwischen einem Längs- und einem Querschnitt?
2. Was ist das Besondere an einer Panel-Studie?
3. Vervollständigen Sie folgende Aussage: «Um keine Vollerhebung durchführen zu müssen, wird aus der .... eine Stichprobe gezogen.»
4. Welche Aussagen treffen auf Stichproben qualitativer Studien zu?
   a) Die Stichprobe muss mindestens 400 Personen umfassen.
   b) Die Stichprobe sollte möglichst heterogen zusammengesetzt sein.
   c) Die Stichprobe muss statistisch repräsentativ sein.
   d) Bei der Stichprobenziehung muss darauf geachtet werden, dass qualitative Studien aufs Erklären zielen.
   e) Es können schrittweise neue Fälle einbezogen werden.
5. Welche Aussagen treffen auf Stichproben quantitativer Studien zu?
   a) In der Stichprobe müssen die jeweiligen Untergruppen der Grundgesamtheit proportional angemessen vertreten sein.
   b) Bei quantitativen Stichproben werden hohe Fallzahlen angestrebt.
   c) Die Stichprobe muss nicht repräsentativ sein.
   d) Eine gezogene Stichprobe muss hinsichtlich zentraler Merkmale mit ihrer Grundgesamtheit verglichen werden und sich dabei als ähnlich erweisen.
6. Was ist der Unterschied zwischen einer Klumpenstichprobe und einer Zufallsstichprobe?
7. Welche Aussage passt zur jeweiligen Art von Stichprobe? Ordnen Sie zu!

Zufalls-stichproben	Es werden einzelne Gruppen der Grundgesamtheit zufällig ausgewählt.
Stichprobe	Jede Untergruppe ist in der Stichprobe prozentual gleich vertreten wie in der Grundgesamtheit; die einzelne Person wird aber zufällig «gezogen».
geschichtete Zufalls-stichproben	Jede einzelne Person der Grundgesamtheit hat die genau gleichen Chancen, in der Stichprobe vertreten zu sein.
Klumpen-stichproben	Eine nicht näher bezeichnete Auswahl aus einer Grundgesamtheit.

8. Mehrere Teilstichproben werden zu einem Stichprobendesign zusammengestellt. Welche Aussage passt zum jeweiligen Stichprobendesign? Ordnen Sie zu!

Kontrollgruppendesign	Zusammenhänge zwischen verschiedenen Variablen werden zu einem Zeitpunkt geprüft.
Querschnittstudie	Dieselbe Person wird zu zwei oder mehr Zeitpunkten befragt.
Trendstudie	Die Befragung wird mehrmals in der gleichen Grundgesamtheit wiederholt, wobei unterschiedliche Personen befragt werden können..
Panel-Studie	Zwei Gruppen werden so ausgewählt, dass sie hinsichtlich zentraler Merkmale möglichst vergleichbar sind.

Übungsaufgaben

9. Entwickeln Sie eine eigene Fragestellung aus dem Bereich von Schule oder Unterricht und skizzieren Sie dafür ein geeignetes Forschungsdesign sowie ein geeignetes Vorgehen für die Stichprobenziehung, wobei ...
   a) die Stichprobenziehung gemäß quantitativer Sozialforschung erfolgen soll,
   b) die Stichprobenziehung gemäß qualitativer Sozialforschung erfolgen soll.

10. Skizzieren Sie eine sinnvolle Forschungsfrage, bei der theoretisches Sampling ein geeignetes Vorgehen der Stichprobenziehung darstellt.

Diskussionsaufgaben/Vertiefungsaufgaben

11. Welches wäre im Beispiel zu Beginn dieses Kapitels (Schule Obertor) eine sinnvolle Stichprobe?

12. Welche Probleme ergeben sich bei Klumpenstichproben?

13. Wie unterscheiden sich qualitative von quantitativen Untersuchungsdesigns?

14. Was macht eine gute Stichprobe bei einem qualitativen Untersuchungsdesign aus?

15. Was macht eine gute Stichprobe bei einem quantitativen Untersuchungsdesign aus?

16. Welche Möglichkeiten haben Sie, um bei einem quantitativen Untersuchungsdesign eine gute Stichprobe zusammenzustellen?
17. Helga möchte eine quantitative Untersuchung zu Arbeitsaufträgen in Mathematik machen. Sie hat bei drei Lehrpersonen eine Unterrichtsbeobachtung vorgenommen und möchte nun zur Datenauswertung kommen. Was raten Sie Helga?
18. Wie ließe sich eine Klumpenstichprobe mit einer geschichteten Zufallsstichprobe kombinieren?

10.10 Literatur

Weiterführende Literatur

Huber, O. (2009). *Das psychologische Experiment – eine Einführung.* Bern: Hans Huber.
Petersen, Th. (2002). *Das Feldexperiment in der Umfrageforschung.* Frankfurt/Main: Campus.
Sarris, V. & Reiss, S. (2005). *Kurzer Leitfaden der Experimentalpsychologie.* München: Pearson.

Verwendete Literatur

Atteslander, P. (2003). *Methoden der empirischen Sozialforschung.* Berlin: Walter de Gruyter.
Bortz, J. & Döring, N. (2003). *Forschungsmethoden und Evaluation für Human- und Sozialwissenschafter.* Berlin: Springer.
Diekmann, A. (2005). *Empirische Sozialforschung – Grundlagen, Methoden – Anwendungen.* Reinbek bei Hamburg: Rowohlt.
Friedrichs, J. (1990). *Methoden empirischer Sozialforschung.* Opladen: Westdeutscher Verlag.
Froschauer, U. & Lueger, M. (2003). *Das qualitative Interview.* Wien: Facultas Verlag.
Glaser, B. & Strauss, A. (1998). *Grounded Theory – Strategien qualitativer Forschung.* Bern: Verlag Hans Huber.
Gollwitzer, M. & Jäger, R. (2009). *Evaluation kompakt.* Weinheim: Beltz.
Häder, M. (2010). *Empirische Sozialforschung – eine Einführung.* Wiesbaden: Verlag für Sozialwissenschaften.
Hauser, B. & Humpert, W. (2009). *signifikant? Einführung in statistische Methoden für Lehrkräfte.* Seelze-Velber: Kallmeyer.
Kromrey, H. (2002). *Empirische Sozialforschung.* Opladen: Leske + Budrich.
Kuckartz, U., Dresing, T., Rädiker, S. & Stefer, C. (2008). *Qualitative Evaluation – der Einstieg in die Praxis.* Wiesbaden: Verlag für Sozialwissenschaften.
Kuckartz, U., Ebert, T., Rädiker, S. & Stefer, C. (2009). *Evaluation online – internetgestützte Befragung in der Praxis.* Wiesbaden: Verlag für Sozialwissenschaften.
Miles, M. B. & Huberman, A. M. (1994). *Qualitative data analysis – an expanded sourcebook.* Thousand Oaks: Sage Publications.
Rasch, B., Friese, M., Hofmann, W. & Naumann, E. (2006). *Quantitative Methoden – Einführung in die Statistik.* Heidelberg: Springer Medizin.
Reinders, H. (2005). *Qualitative Interviews mit Jugendlichen führen.* München: R. Oldenbourg Verlag.
Schnell, R., Hill, P. & Esser, E. (2005). *Methoden der empirischen Sozialforschung.* München: Oldenbourg.

11 Beobachtung

«Die Theorie bestimmt,
was wir beobachten können»
(Albert Einstein).

11.1 Einleitung

Nachdem das Thema der empirischen Untersuchung anhand von Fachliteratur theoretisch ausgeleuchtet, die Fragestellung formuliert bzw. eingegrenzt wurde und allenfalls Hypothesen abgeleitet wurden, kann das Forschungsdesign festgelegt werden. Dieses kann unter anderem vorsehen, dass Beobachtungen vorgenommen werden.

In diesem Fall ist zumeist eine besonders eingehende Aufarbeitung der Theorie notwendig, weil es gut zu begründen gilt, wie die zu untersuchenden Konstrukte beobachtet werden können. Eine sorgfältige, theoriegeleitete Operationalisierung ist dafür unabdingbar. Neben diesen theoretischen Überlegungen gilt es eine Reihe weiterer Entscheide über das konkrete Vorgehen bei der Beobachtung zu treffen, bevor die effektive Beobachtung beginnen kann. Nur über eine methodisch klar strukturierte Erhebung und Auswertung können brauchbare Ergebnisse gewonnen werden.

Bevor ein Fragebogen erstellt wird, möchte Schule Obertor eventuell zuerst einige Beobachtungen vornehmen und auswerten. Erst auf dieser Grundlage sollen dann die Fragen für den Fragebogen formuliert werden. Im Hinblick auf eine Beobachtungsstudie ergeben sich in der Arbeitsgruppe aber viele Fragen, die nicht auf Anhieb beantwortet werden können: Wer soll beobachten? Was soll beobachtet werden? Welche Personen sollen beobachtet werden? Wo? Wie lange? In welchen Zeitabständen? Wie sollen die Beobachtungen genau vorgenommen werden? Wie sollen die Beobachtungen dokumentiert werden? Wie sollen die Beobachtungen ausgewertet werden? Die Arbeitsgruppe beschließt, sich bezüglich dieser Fragen zunächst kundig zu machen und erst anschließend zu entscheiden, ob eine Beobachtungsstudie tatsächlich in Frage kommt.

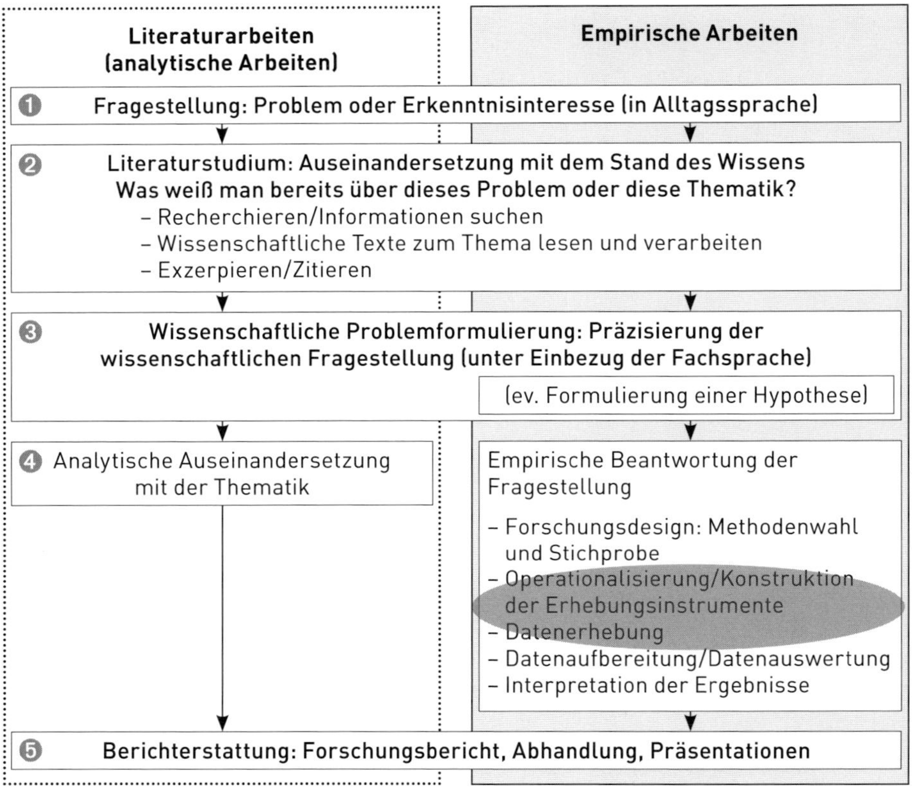

11.1.1 Bedeutung des Themas

Die Beobachtung gilt als eine besonders «harte» Forschungsmethode. Während die Befragten bei Fragebögen oder Interviews eine subjektiv gefärbte, allenfalls geschönte Meinung bzw. Handlungsweise angeben können, zählt bei Beobachtungen nur das, was die untersuchten Personen tatsächlich tun bzw., was andere sehen.

Beobachtungen sind im pädagogischen Kontext nicht nur im Zusammenhang mit (Feld-)Forschung wichtig. Vielmehr handelt es sich beim Beobachten um eine zentrale berufliche Fähigkeit von Lehrpersonen. Bereits in der Grundausbildung lernen angehende Lehrpersonen im Praktikum vieles durch Beobachtung. Aber auch im Berufsalltag von Lehrpersonen ist ständiges Beobachten unabdingbar, weil eine zentrale Aufgabe von Lehrpersonen in der Förderung der Kinder besteht. Eine ziel- und passgenaue Förderung ist aber nur auf der Grundlage einer präzisen Diagnose möglich. Dies setzt voraus, dass die Lehrperson den Lernstand und das Lernverhalten ihrer Schülerinnen und Schüler im Detail kennt (vgl. Roos, 2001). Deshalb ist es wichtig, dass Lehrpersonen ihre Beobachtungsfähigkeiten aufbauen und üben.

Im Rahmen der Qualitätssicherung und Entwicklung führen die Lehrpersonen vieler Schulen gegenseitige Hospitationen im Unterricht durch. Auch bei solchen Hospitationen müssen Lehrpersonen in der Lage sein Beobachtungen vorzunehmen.

Im Schulalltag können Beobachtungen zumeist nicht so präzise vorgenommen werden, wie dies für wissenschaftliche Zwecke erforderlich ist. Die Auseinandersetzung mit Beobachtungsverfahren mit wissenschaftlichem Anspruch kann aber die Sensibilität für Beobachtungsaufgaben erhöhen. Dies führt auch zu differenzierteren, besser abgesicherten oder zurückhaltender interpretierten Beobachtungen im Schulalltag.

11.1.2 Wichtige Begriffe

Beobachten
Bewusste, gezielte, methodisch kontrollierte Wahrnehmung und Dokumentation unter Verwendung dafür entwickelter Forschungsinstrumente (Beobachtungsplan, Kategorienraster)

Beobachtungsplan
Plan, der vor der Durchführung der Beobachtungen festhält, wie bei der Beobachtung im Detail vorzugehen ist: Wer? Wen? Wie? Was? Wann? Wo? Wie häufig? Wie lange? …?

Kategorienraster
Teil des Beobachtungsplanes, der vorgibt, in welchen Rubriken die angestellten Beobachtungen festgehalten werden sollen und wie diese Dokumentation genau erfolgen soll

Ereignisstichprobe
Protokollierung der Häufigkeit eines bestimmten Ereignisses unabhängig vom zeitlichen Verlauf

Zeitstichprobe
Dokumentation des aktuellen Geschehens in regelmäßigen Zeitabständen, um später den zeitlichen Verlauf einer Situation wieder rekonstruieren zu können

Reaktivität
Besonderes Verhalten von Personen, die wissen, dass sie beobachtet werden und sich deshalb anders verhalten als in einem unbeobachteten Moment

11.1.3 Was Sie erwartet

In diesem Kapitel wird zuerst auf die Frage eingegangen, was in den Sozialwissenschaften unter «Beobachtung» genau zu verstehen ist und an welchen Gütekriterien sich Beobachtungen orientieren sollten (Kap. 11.3).

Bei Beobachtungen muss sorgfältig abgewogen werden, in welcher Form diese genau erfolgen sollen. Deshalb werden die wichtigsten Arten der Beobachtung kurz vorgestellt, um für konkrete Beobachtungsvorhaben verschiedene Möglichkeiten der Beobachtung zur Wahl zu stellen (Kap. 11.4). Anschließend wird darauf eingegangen, was unter einem Beobachtungsplan zu verstehen ist und welche Aspekte dieser umfasst (Kap. 11.5). Das Herzstück des Beobachtungsplanes – das Kategoriensystem – wird anschließend anhand von Beispielen für Zeit- und Ereignisstichproben genauer erläutert.

Zum Schluss wird auf zwei Spezialfälle der Beobachtung eingegangen, die im schulischen Kontext von Bedeutung sein können. Dabei handelt es sich einerseits um die sogenannte nicht-standardisierte, teilnehmende (Feld-)Beobachtung, die weniger strukturiert und theoriegeleitet vorgeht als konventionelle Formen der wissenschaftlichen Beobachtung (Kap. 11.6). Andererseits werden nicht-reaktive Forschungsstrategien vorgestellt, also Vorgehensweisen, bei denen es sich im engeren Sinne nicht um Beobachtungen handelt, weil keine *Verhaltensweisen*, sondern «nur» *Spuren* von Handlungen «beobachtet» werden (Kap. 11.7).

11.1.4 Ziele: Was Sie lernen sollen

Nach der Bearbeitung dieses Kapitels können Sie …

- erklären, wie sich alltägliche und wissenschaftliche Beobachtung unterscheiden;
- begründen, wann die Beobachtung eine angemessene Forschungsmethode ist;
- verschiedene Arten der Beobachtung unterscheiden;
- Beobachtungsraster erstellen, erproben und weiter entwickeln;
- Beobachtungen durchführen und dokumentieren.

11.2 Merkmale wissenschaftlicher Beobachtung

Beobachten ist ein alltäglicher Vorgang. Im Alltag nehmen wir laufend mehr oder weniger bewusst Menschen, Fahrzeuge, Tiere oder bestimmte Situationen wahr. Für wissenschaftliche Zwecke reicht eine solche unspezifische Alltagswahrnehmung jedoch nicht aus:

> Beobachtung im engeren Sinne nennen wir das Sammeln von Erfahrungen in einem nichtkommunikativen Prozess mit Hilfe sämtlicher Wahrnehmungsmöglichkeiten. Im Vergleich zur Alltagsbeobachtung ist wissenschaftliche Beobachtung stärker zielgerichtet und methodisch kontrolliert. Sie zeichnet sich durch Verwendung von Instrumenten aus, die die Selbstreflektiertheit, Systema-

tik und Kontrolliertheit der Beobachtung gewährleisten und Grenzen unseres Wahrnehmungsvermögens auszudehnen helfen. (Laatz, 1993, S. 169, zitiert nach Bortz & Döring, 2003, S. 262)

In den Sozialwissenschaften wird unter Beobachtung auch das «systematische Erfassen, Festhalten und Deuten sinnlich wahrnehmbaren Verhaltens zum Zeitpunkt des Geschehens» (Atteslander, 2003, S. 79) verstanden. Beobachtende richten dabei ihre Aufmerksamkeit ganz gezielt und methodisch kontrolliert auf das zu beobachtende Objekt. Bei diesem «Objekt» handelt es sich um Prozesse, die sich während des Beobachtens ständig verändern (vgl. Kromrey, 2002, S. 336), z. B. die Klassenführung einer Lehrperson.

Die Suche nach möglichst «unverfälschten» Ergebnissen ist häufig der Grund für den Einsatz von Beobachtungen. Beobachtungen werden v. a. dann eingesetzt, wenn befürchtet werden muss, dass Probandinnen und Probanden bei einer mündlichen oder schriftlichen Befragung die Untersuchungsresultate bewusst oder unbewusst verfälschen würden. Interessiert beispielsweise, wie gleichmäßig eine Lehrperson Mädchen und Knaben im Unterricht aufruft, ist eine direkte Befragung der Lehrperson kaum zielführend. Allfällige Ungleichmäßigkeiten entstehen meist nicht bewusst und können deshalb auch nicht berichtet werden. Mit einer Beobachtung kann ein solcher Sachverhalt hingegen problemlos aufgezeigt werden. Außerdem bieten Beobachtungen einen guten ersten Zugang zu einem neuen Untersuchungsfeld, indem erste Eindrücke und Informationen gesammelt werden können (vgl. Bortz & Döring, 2003, S. 263).

Allerdings kann von den beobachteten Handlungen nicht direkt auf die *Beweggründe* für das beobachtete Handeln zurück geschlossen werden (vgl. Schnell, Hill & Esser, 2005, S. 401). Beobachtungen können also nur darüber Aufschluss geben, «was» sowie «wie» und «wie häufig» etwas getan wird. Zur Frage, warum etwas getan wird (oder warum es gerade so getan wird), kann hingegen auf Grund von Beobachtungsdaten keine sichere Aussage gemacht werden.

11.3 Kriterien guter Beobachtung

Damit sichere Aussagen möglich werden, setzt wissenschaftliche Beobachtung das Einhalten verschiedener Standards voraus. Auf diese Kriterien guter Beobachtung wird im Folgenden eingegangen.

Beobachtende entdecken, verarbeiten und protokollieren Daten (Ereignisse). Dabei können verschiedene Fehler auftreten (vgl. Schnell, Hill & Esser, 2005, S. 401). Diverse Studien zur Wahrnehmung lassen die Schlussfolgerung zu, dass eine Beobachtung so gut wie nie einer realitätsgetreuen Abbildung des zu Beobachtenden entspricht (vgl. Bortz & Döring, 2003, S. 263). Dies liegt daran, dass unsere menschlichen Wahrnehmungsmöglichkeiten eingeschränkt sind; deshalb sind Beobachtungen zwangsläufig immer selektiv (vgl. Schnell, Hill & Esser, 2005, S. 394). Wir können nicht Farben, Formen, Geräusche, Gerüche und Bewegungen (usw.) gleichzeitig registrieren und dokumentieren – wir müssen zwangsläufig immer eine Auswahl treffen:

> Untersuchungen über die Benutzung von Massenmedien haben gezeigt, dass die Aufnahme von Informationen einem dreifachen Selektionsprozess unterliegt: Man sieht nur bestimmte Sendungen, nimmt in ihnen nur einen Teil wahr und behält hiervon wiederum nur einen Teil. Dies dürfte gleichermaßen für jede Beobachtung gelten, auch sie ist durch selektive Zuwendung, selektive Wahrnehmung und selektives Erinnern gekennzeichnet. (Friedrichs, 1990, S. 271)

Bei wissenschaftlichen Beobachtungen wird die Auswahl nicht zufällig oder situativ getroffen, sondern gezielt und begründet: «Sowohl quantitative als auch qualitative Beobachtungstechniken vermeiden den für Alltagsbeobachtungen typischen Charakter der Subjektivität und des Anekdotischen, indem sie das Vorgehen standardisieren, dokumentieren und intersubjektiv vergleichbar machen» (Bortz & Döring, 2003, S. 262).

Um die Qualität von Beobachtungen zu steigern, empfiehlt es sich, mehrere Beobachtende einzusetzen und zu überprüfen, ob ihre Beobachtungen überein stimmen. Aber selbst eine solche Übereinstimmung ist noch kein abschließender Beweis für eine gültige Beobachtung, schließlich könnten sich auch die verschiedenen Beobachtenden getäuscht haben (vgl. Schnell, Hill & Esser, 2005, S. 405).

Bei offener Beobachtung besteht zudem das Problem der Reaktivität. Damit ist gemeint, dass sich Personen, die darum wissen, dass sie beobachtet werden, kontrollierter verhalten als normalerweise (vgl. Beller, 2008, S. 34). Reaktivität ist also dann zu befürchten, wenn den Beobachteten bewusst ist, dass das Forschungsinteresse ihnen gilt (vgl. Schnell, Hill & Esser, 2005, S. 403).

Eine Schwierigkeit bei Beobachtungen besteht darin, dass es oft nicht leicht ist zwischen dem beobachteten Verhalten und der Interpretation des Verhaltens zu unterscheiden (vgl. Beller, 2008, S. 35). Ein wichtiges Gütekriterium von Beobachtungen ist deshalb die strikte Trennung zwischen Fakten und Interpretationen. Adjektive (z. B. traurig) und abstrakte Nomen (z. B. Motivation, Sucht) sind meist Interpretationen; Verben und konkrete Nomen hingegen sind meist Fakten. Überlegen Sie sich, woran Sie erkennen, dass das Kind traurig ist (z. B. Tränen, schluchzen) oder woran Sie die Motivation erkennen (schnelles Arbeiten, Pausen durcharbeiten usw.). Diese Verhaltensweisen oder konkreten Tätigkeiten sind die zu dokumentierenden Beobachtungen.

Weil es sehr anspruchsvoll ist, gute Beobachtungen vorzunehmen, ist eine eingehende Schulung aller Beobachtenden unabdingbar. Beobachtende müssen wissen, dass ihr persönliches Befinden die Wahrnehmung beeinflussen kann. So wird etwa ein sehr müder Beobachter möglicherweise gewisse wichtige Vorgänge «übersehen», die er beobachten und dokumentieren sollte. Faktoren wie z. B. Müdigkeit, Angst, Hunger, Motivation, welche eine präzise Beobachtung einschränken können, müssen deshalb den Beobachtenden im Vorfeld bewusst gemacht werden. Die Beobachtenden müssen auch die Absichten der Studie kennen – aber nur so differenziert, dass diese Kenntnisse ihre Wahrnehmung nicht beeinflussen. Außerdem muss im Vorfeld selbstverständlich die konkrete Beobachtungsarbeit mit dem Kategorienraster geübt werden (vgl. Friedrichs, 1990, S. 284).

11.4 Arten der Beobachtung

Bei der Beobachtung lassen sich verschiedene Formen unterscheiden. Es gibt dabei keine richtigen und falschen Formen. Vielmehr gilt es bei jeder Forschungsfrage genau zu überlegen (und im Forschungsbericht zu begründen), weshalb welche Beobachtungsform ausgewählt wurde. Im Wesentlichen lassen sich die Formen gemäß Tabelle 15 unterscheiden (vgl. Beller, 2008, S. 33 ff.; Schnell, Hill & Esser, 2005, S. 391 ff.; Bortz & Döring, 2003, S. 267 ff.:

Welche Art der Beobachtung auch immer gewählt wird, zunächst muss der Zugang zum Beobachtungsfeld gefunden werden, was gar nicht immer so einfach ist. Lehrpersonen etwa, die mit einer neuen Unterrichtsmethode oder einem neuen Thema noch wenig vertraut sind, sind eventuell verunsichert und deshalb für Beobachtungen nur schwer zu motivieren. In solchen Fällen ist es wichtig, zunächst das Vertrauen von Schlüsselpersonen zu gewinnen, die dann den Feldzugang eröffnen können (vgl. Schnell, Hill & Esser, 2005, S. 402). In der Schule könnte es sich dabei um Projektverantwortliche, Fachvorstände, Schulleitungen oder besonders engagierte Lehrpersonen handeln.

Tabelle 15: Arten der Beobachtung.

Standardisiert/strukturiert Empirische Sozialforschung erfolgt in den meisten Fällen systematisch, d. h. theorie- und kriteriengeleitet auf der Basis eines Beobachtungsplanes mit Kategoriensystem	**Nicht-standardisiert/nicht-strukturiert** Fehlt eine Theorie für die Beobachtung in einem neuen Gegenstandsbereich, so können Beobachtungen auch ohne starres Beobachtungsraster in relativ freier Form festgehalten werden
Offen Bei offenen Beobachtungen sind die Beobachtenden als solche deklariert und sichtbar. Im Rahmen einer offenen Beobachtung realisieren die Beobachteten deshalb, dass sie untersucht werden, was dazu führen könnte, dass sie sich anders verhalten als in einem unbeobachteten Augenblick (Reaktivität). Wenn über längere Zeit offen beobachtet wird, gewöhnen sich die beobachteten Personen daran und verhalten sich in der Regel immer natürlicher.	**Verdeckt** Bei einer verdeckten Beobachtung ist den beobachteten Personen nicht klar, dass sie beobachtet werden. Solche verdeckte Beobachtungen werden z. B. hinter Einweg-Glasscheiben oder mit versteckten Kameras vorgenommen. Bei der verdeckten Beobachtung stellt sich die Frage, ob eine solche heimliche Vorgehensweise ethisch vertretbar ist.

Tabelle 15: Fortsetzung

Teilnehmend Teilnehmend bedeutet, dass die beobachtende Person am Geschehen aktiv teilnimmt, sich einmischt, mit den untersuchten Personen spricht und handelt usw. und ihre Beobachtungen erst im Nachhinein oder in Pausen schriftlich festhält.	**Nicht-Teilnehmend** Nicht-teilnehmende Beobachtung kann hingegen offen *oder* verdeckt erfolgen; in jedem Fall aber mischen sich nicht-teilnehmende Beobachtende *nicht* aktiv ins Geschehen ein. Vielmehr schauen sie nur zu und konzentrieren sich auf die Protokollierung des Geschehens.
Fremdbeobachtung Das Forschungsinteresse gilt nicht der eigenen, sondern einer anderen Person. Meist wird in der Sozialforschung die Fremdbeobachtung eingesetzt, da hier die Rollen von Forschenden und Erforschten klar getrennt werden können.	**Selbstbeobachtung** Für gewisse Fragestellungen ist die Selbstbeobachtung (Introspektion – «in sich selber hineinschauen») die einzige Zugangsmöglichkeit. Im Allgemeinen gilt sie aber als zu wenig kontrollierbar bzw. zu störanfällig. Die Selbstbeobachtung kann allenfalls zum Zuge kommen, wenn es ums Entwickeln von Hypothesen geht, ums Explorieren (Entdecken) eines neuen Forschungsfeldes oder um Gedächtnisprozesse, die von außen nicht beobachtbar sind.
Feldbeobachtung Feldbeobachtungen finden im natürlichen Lebensumfeld der untersuchten Personen statt. Dies bedeutet, dass die Personen *natürlich* agieren und sich sicher und wohl fühlen können. Das reale Leben kann in seiner ganzen Komplexität untersucht werden.	**Laborbeobachtung** Gewisse Fragestellungen lassen sich besser beantworten, wenn alle möglichen Störvariablen ausgeschaltet bzw. kontrolliert werden. Solche Beobachtungen finden im Labor statt, damit für alle beobachteten Personen die gleichen Bedingungen herrschen.
Apparative Beobachtung Bei der apparativen Beobachtung gelangen technische Apparate zum Einsatz (Video, Tonband, Computer). Videoaufnahmen sind für die Auswertung von großem Vorteil, da die Situation mehrmals angeschaut werden kann. Allerdings verhalten sich die Personen ev. anders, wenn sie wissen, dass sie beispielsweise gefilmt werden (Reaktivität). Auf der anderen Seite ist es aber auch schwierig, eingeschliffene Verhaltensweisen vor einer Kamera einfach abzulegen.	**Nicht-Apparative Beobachtung** Die Beobachtung findet ohne technische Apparaturen statt, z. B. weil dies keine zusätzlichen Erkenntnisse bringen würde, zu aufwändig wäre oder weil die Eltern der Kinder die zum Filmen erforderliche schriftliche Zustimmung verweigert haben, einer Beobachtung ohne Filmaufnahmen aber zustimmen.

11.5 Standardisierte Beobachtungen: Beobachtungspläne und -raster

Im Vorfeld von Beobachtungen muss in der Regel ein Beobachtungsplan erstellt werden, der im Detail festlegt, wie bei der Beobachtung vorgegangen werden soll. Der Beobachtungsplan schreibt vor …

- was (und bei mehreren Beobachtern auch von wem) zu beobachten ist,
- was für die Beobachtung unwesentlich ist,
- ob bzw. in welcher Weise das Beobachtete gedeutet werden darf,
- wann und wo die Beobachtung stattfindet und
- wie das Beobachtete zu protokollieren ist (vgl. Bortz & Döring, 2003, S. 263 f.).

Der Beobachtungsplan schreibt auch vor, welche Einheiten festgehalten werden sollen. Dazu müssen die Beobachtungseinheiten z. B. in einem Kategoriensystem klar definiert und mit Beispielen hinterlegt werden (vgl. Beller, 2008, S. 34). Als «Beobachtungseinheit» wird das kleinste, nicht mehr zu reduzierende Ereignis bezeichnet, das analysiert werden soll. Grundsätzlich lassen sich dabei Ereignisse und Zeiteinheiten unterscheiden (vgl. Schnell, Hill & Esser, 2005, S. 399):

Falls eine sogenannte Ereignisstichprobe gezogen wird, so wird darauf verzichtet, die Ereignisse in ihrem zeitlichen Verlauf zu protokollieren. Es kommt bei diesem Vorgehen einzig darauf an, ob bzw. wie oft ein bestimmtes Verhalten oder Ereignis auftritt (vgl. Bortz & Döring, 2003, S. 272). So kann z. B. untersucht werden, wie häufig einem Kind im Unterricht etwas zu Boden fällt, wie häufig ein bestimmtes Kind aufsteht, mit der Sitznachbarin oder dem Sitznachbarn spricht oder den Kopf zum Fenster hin wendet. Auf Grund der Dokumentation kann aber nicht mehr rekonstruiert werden, was einem bestimmten Ereignis voraus ging und was ihm folgte. Ein Beispiel für ein quantitatives Beobachtungsraster, das auf einer Ereignisstichrobe basiert, findet sich in Tabelle 16. In diesem Beispiel wird zusätzlich festgehalten, ob es sich beim jeweiligen Kind um ein Mädchen oder einen Jungen handelt.

Wie dieses Beispiel zeigt, muss ein quantitativ orientiertes Kategoriensystem, das hinterher für statistische Auswertungen verwendet werden soll, stark strukturiert sein. Es gibt für die einzelnen Beobachtungen eng umgrenzte Kategorien vor. In jedem Fall hält das Raster auch die wichtigsten Rahmenbedingungen der Beobachtung fest (z. B. Ort, Zeit, Datum, Kontext-Informationen, beobachtende Person usw.).

Im folgenden Beispiel (vgl. Tab. 17) sollen die Kinder am Computer eine bestimmte Aufgabe lösen. Sie werden dabei einzeln beobachtet, wie gut es ihnen gelingt die einzelnen Teilaufgaben zu bearbeiten. Für jedes Kind wird mit einem Zahlencode festgehalten, ob es die einzelnen Teilaufgaben gar nicht, nur mit fremder Hilfe, nur mit Umwegen (Versuch und Irrtum) oder selbstständig und auf direktem Weg lösen konnte.

Tabelle 16: Ausschnitt aus einem fiktiven quantitativen Beobachtungsraster (Ereignisstichprobe).

Zeit:	**Von:** 10.10 Uhr	**Bis:** 11.00 Uhr
Schulfach:	Mathematik	
Thema:	Brüche erweitern	
Klassenstufe:	5. Klasse	
Schulhaus/Ort:	Waid in Adorf	
Name der Lehrperson:	Maja Hugentobler	
Name der Beobachtungsperson:	Egon Klausener	
Anzahl Kinder in der Klasse:	12 **Mädchen**	13 **Knaben**
Beobachtung	**Mädchen**	**Knabe**
Kind meldet sich mit einer inhaltlichen Frage	II	III
Kind meldet sich mit einer organisatorischen Frage		IIIIIIIIIIIIIIIIIIIIIII
Kind meldet sich mit einer Antwort (1 Wort)	I	IIIIIIII
Kind meldet sich mit einer Antwort (1 Satz)	IIIII	IIIIIIIIIIIIIIIIIIIIIIIIIII
Kind meldet sich mit einer Antwort (mehrere Sätze)	IIIIIIIIIIIIIIIIIIII	IIII

Tabelle 17: Ausschnitt aus einem quantitativen Beobachtungsraster (Ereignisstichprobe).

Legende:
1 Kind kommt nicht zum Ziel (auch nicht mit Hilfe oder Umwegen)
2 Kind kommt mit fremder Hilfe zum Ziel
3 Kind kommt alleine, aber auf Umwegen zum Ziel (Versuch-Irrtum)
4 Kind kommt alleine, auf direktem Weg zum Ziel

	Kind A	Kind B	Kind C	Kind D	Kind E	Kind F	Kind G	Kind H	Kind I	Kind J
Computer aufstarten	4	4	2	4	4	4	1	4	4	4
Textverarbeitungsprogramm aufstarten	3	4	3	3	4	3	1	3	2	4
Text abschreiben	3	4	3	3	4	3	1	4	2	3
Text formatieren	2	3	4	2	4	2	1	3	2	2
Internet-Browser aufstarten	3	4	3	3	4	3	1	4	2	3
Bild suchen	1	4	3	1	4	3	1	4	4	4
Bild speichern	1	4	3	1	4	2	1	3	3	4
Bild in den Text einfügen	1	2	4	1	4	3	1	4	3	2
Ordner erstellen	3	2	3	1	4	4	1	3	3	2
Text im erstellten Ordner speichern	3	2	2	1	4	2	1	3	2	2
E-Mail mit erstelltem Text im Anhang versenden	4	3	3	1	4	3	1	3	2	2

Auch bei diesem Beobachtungsraster spielt die zeitliche Dimension keine Rolle – es wird einzig darauf geachtet, wie gut das Kind in der Lage ist, eine gewisse Herausforderung am Computer zu meistern.

Soll hinterher der zeitliche Verlauf einer Situation rekonstruiert werden können, so muss eine sogenannte Zeitstichprobe gezogen werden. Dabei wird ein Zeitintervall festgelegt (normalerweise 5 Sekunden bis maximal ca. 20 Minuten), für das beobachtet werden soll, ob ein bestimmtes Ereignis aufgetreten ist (vgl. Schnell, Hill & Esser, 2005, S. 399).

Im folgenden Beispiel (vgl. Tab. 18) wird beobachtet, welche Medien im Unterricht von der Lehrperson eingesetzt werden. Hierbei kann abgelesen werden, dass die beobachtete Lehrperson in den ersten drei Minuten der Lektion mit der Wandtafel gearbeitet hat, dann während zwei Minuten gar kein Medium eingesetzt hat, bevor sie für vier Minuten am Flipchart arbeitete. Da der zeitliche Verlauf ebenfalls dokumentiert wird, handelt es sich um eine Zeitstichprobe.

Bei den bisher vorgestellten Beobachtungsplänen handelte es sich durchgehend um standardisierte Beobachtungen: «Der Beobachtungsplan einer standardisierten Beobachtung schreibt genau vor, was zu beobachten und wie das Beobachtete zu protokollieren ist» (Bortz & Döring, 2003, S. 270). Daneben gibt es aber auch sogenannte nicht-standardisierte Beobachtungen, auf die im Folgenden eingegangen werden soll.

Tabelle 18: Ausschnitt aus einem quantitativen Beobachtungsraster (Zeitstichprobe).

	Minute									
Die Lehrperson nutzt folgende Medien: (Mediennutzung bedeutet: einschalten von ..., schreiben auf..., zeigen auf ..., verweisen auf ..., verbal Bezug nehmen auf ...)	1	2	3	4	5	6	7	8	9	10
Wandtafel	x	x	x							
Overheadprojektor										
Beamer										
Flipchart						x	x	x	x	
Modelle (z. B. Tierpräparat, Skelett)										
Textkärtchen										
Video/Film/DVD										
Radio/Hör-CD/Tonband/Schallplatte										
anderes Medium										
kein Medium eingesetzt				x	x					

11.6 Nicht-standardisierte Beobachtung

Die nicht-standardisierte Beobachtung wird v. a. in der Ethnologie bei der Erforschung fremder Völker eingesetzt (vgl. Atteslander, 2003, S. 86). Oft handelt es sich dabei um offene, teilnehmende Feldbeobachtungen. Dabei wird versucht, ohne ein standardisiertes Erhebungsinstrument eine möglichst vollständige Beschreibung von Handlungen oder Beobachtungsfeldern zu geben (vgl. Friedrichs, 1990, S. 282).

Diese Form der Beobachtung wird auch im pädagogischen Feld eingesetzt, wenn eine standardisierte Beobachtung nicht sinnvoll oder möglich ist. Dies kann dann der Fall sein, wenn bei einer Fragestellung noch zu wenig Theoriewissen vorhanden ist, um basierend auf vorgängig formulierten Hypothesen einen standardisierten Beobachtungsplan mit angemessenem Kategoriensystem zu entwickeln. Dann zielen explorative, nicht-standardisierte Beobachtungsstudien darauf ab, vor dem Hintergrund der dokumentierten Beobachtungen, erste Grundlagen für die Entwicklung von Hypothesen zu sammeln. Diese Erkenntnisse können es später ermöglichen, ein standardisiertes Erhebungsinstrument zu konstruieren (vgl. Diekmann, 2005, S. 458 ff.). Ein weiterer Grund für die Wahl nicht-standardisierter Formen der Beobachtung liegt darin, dass es in gewissen Situationen nicht angemessen oder praktikabel ist, die Beobachtungen direkt vor Ort schriftlich in einem standardisierten Raster festzuhalten (z. B. in kriminellen Jugendbanden).

Bei einer nicht-standardisierten Beobachtung wird in der Regel auf die Vorgabe von Beobachtungsrichtlinien verzichtet, weil ein zu differenzierter Beobachtungsplan die Aufmerksamkeit auf unwesentliche Aspekte des noch wenig erforschten Gegenstandes lenken könnte (vgl. Bortz & Döring, 2003, S. 270). Das Beobachtungsschema enthält in diesem Fall offene Kategorien oder Fragen, welche die Beobachtenden anweisen, worauf während der Beobachtung zu achten ist (vgl. Bortz & Döring, 2003, S. 270).

Bezogen auf das Spielverhalten von Kindern auf dem Pausenplatz beispielsweise könnte ein Beobachtungsschema für die nicht-standardisierte, offene Beobachtung folgende Fragen vorsehen:

- Welche Spiele werden auf dem Pausenplatz gespielt?
- Wie werden die Spielregeln ausgehandelt?
- Wie werden Mannschaften/Gruppen gebildet?
- Wie wird bestimmt, wann das Spiel fertig ist?
- Wie gehen die Kinder mit Sieg und Niederlage um?
- …

Die Beobachtungen werden unmittelbar bei der zugehörigen Frage festgehalten. Pro Beobachtungstermin wird ein neues Formular verwendet (Datum, Zeit, Ort usw. angeben). Falls es in der Beobachtungssituation nicht möglich ist, die Beobachtungen ausführlich aufzuschreiben, können Stichworte festgehalten werden, die erst im Nachgang ausformuliert werden.

Bereiten Sie aber die (Feld-)Beobachtungen möglichst umgehend nach der Erhebung elektronisch auf (indem Sie diese z. B. ins Word eingeben). Dies erleichtert Ihnen eine präzise Dokumentation, da Sie die Beobachtungen und auch die Nuancen noch gut in Erinnerung haben. Am besten verschriftlichen Sie die Beobachtungen möglichst präzise und halten – getrennt von den Beobachtungen (!) – auch schon allfällige Interpretationen für die Beobachtungen fest.

11.7 Nicht-Reaktive Verfahren

Gewisse Autoren unterscheiden bei der Beobachtung zwischen direkter und indirekter Beobachtung. Unter direkter Beobachtung wird die oben beschriebene Verhaltensbeobachtung verstanden, während die indirekte Beobachtung Verfahren bezeichnet, die sich nicht auf die Verhaltensbeobachtung, sondern auf die Auswertung von Spuren des Verhaltens beziehen (vgl. Schnell, Hill & Esser, 2005, S. 391). Bei diesen Verhaltensspuren kann es sich etwa um Tagebücher, Lernjournale, Schulhausleitbilder, Schulhaus- oder Klassenregeln, Hinweisschilder, Graffitis, E-Mails, Beiträge auf Internetforen, Archive, Ausleihstatistiken, Zeitungsartikel, Leserinnen- und Leserbriefe, Logfiles, Lehrmittel, Arbeitsblätter, Wandtafelskizzen, Computer-Lernprogramme, Schulgesetze, Sitzungsprotokolle, Konzepte, Lehrpläne, (Bilder-)Bücher, Spielanleitungen usw. handeln. All diese «Spuren» menschlichen Handelns gelten als nicht-reaktiv und können im Nachhinein mit einem passenden Kategoriensystem untersucht werden. So können beispielsweise Ausleihezahlen von Bibliotheken oder Abnutzungserscheinungen von Büchern einen Rückschluss auf Lesegewohnheiten zulassen (vgl. Schnell, Hill & Esser, 2005, S. 414 f.).

Solche nicht-reaktiven Verfahren sind zur Untersuchung bestimmter Fragestellungen sicher geeignet. Es stellt sich aber die Frage, ob es sich dabei tatsächlich um Beobachtungen handelt. Wenn Beobachtung als das «systematische Erfassen, Festhalten und Deuten sinnlich wahrnehmbaren Verhaltens zum Zeitpunkt des Geschehens» (Atteslander, 2003, S. 79) verstanden wird, können nicht-reaktive Verfahren nicht als «Beobachtung» bezeichnet werden, da sie nicht zum Zeitpunkt des Geschehens zum Einsatz gelangen. Nicht-reaktive Verfahren haben aber den Vorteil, dass die Ergebnisse nicht verfälscht werden können, weil die Befragten bei der Produktion der «Spuren» (noch) nicht wissen, dass diese später untersucht werden.

Wie dem auch sei; nach der Datenerhebung liegen Dokumentationen vor, die eher quantitativer Natur (Zahlen, Auszählungen) oder eher qualitativer Natur (Texte, Beschreibungen) sind. Je nach dem werden für die Auswertung der erhobenen Daten eher qualitative bzw. quantitative Methoden eingesetzt (vgl. Kap. 14 für die quantitativen und Kap. 15 für die qualitativen Auswertungsstrategien).

11.8 Zusammenfassung

Beobachten ist im Hinblick auf die Auswahl geeigneter Fördermaßnahmen eine wichtige Berufsaufgabe aller Lehrpersonen. Gegenüber einer Alltagsbeobachtung zeichnet sich wissenschaftliche Beobachtung aber dadurch aus, dass sie zielgerichteter, strukturierter und methodisch kontrollierter vorgeht und eigens dafür entwickelte Beobachtungsinstrumente verwendet. Beobachtungen werden bei neuartigen Forschungsgegenständen eingesetzt oder wenn davon ausgegangen werden muss, dass Befragungen zu bewussten oder unbewussten Verzerrungen durch die Befragten führen würden. Aber auch bei (offenen) Beobachtungen muss befürchtet und damit berücksichtigt werden, dass Beobachtete ihr Verhalten auf Grund der Untersuchungssituation kontrollieren (Reaktivität).

Im schulischen Kontext gelangen in der Regel standardisierte, offene, nicht-teilnehmende Fremdbeobachtungen im Sinne von Feldbeobachtungen zum Einsatz. Eine besondere Form der Beobachtung, die nicht-standardisierte Beobachtung, verzichtet auf ein theoriebasiertes, vorgefertigtes Kategoriensystem zur Erfassung der Beobachtungen. Hier werden vor dem Hintergrund einer offenen Fragestellung Feldnotizen erstellt, die anschließend einer qualitativen Inhaltsanalyse unterzogen werden. Eine andere Spezialform der Beobachtung, die indirekte Beobachtung (auch als non-reaktive Verfahren bezeichnet), konzentriert sich auf die Analyse von Verhaltens*spuren*.

Sie haben eine gute Beobachtungsstudie durchgeführt, wenn ...

- Sie zielgerichtet, strukturiert und methodisch kontrolliert vorgegangen sind.
- Sie sich bei der Beobachtung der verschiedenen Fehleranfälligkeiten der Beobachtung bewusst waren und diese Fehleranfälligkeit durch ein entsprechend strukturiertes und reflektiertes Vorgehen reduziert haben.
- Sie mehrere, gut geschulte Beobachtende eingesetzt haben.
- Sie sauber zwischen Fakten (oft Verben und konkrete Nomen) und subjektiven Interpretationen (oft Adjektive und abstrakte Nomen) getrennt haben.
- Ihr Beobachtungsplan die Erhebungssituation so differenziert definiert, dass die wichtigsten Einflüsse auf die Beobachtungssituation kontrolliert oder zumindest dokumentiert werden können.
- Sie im Beobachtungsraster, dem Herzstück des Beobachtungsplans, klar festgelegt haben, welche Beobachtungseinheiten im Zentrum des Interesses stehen.
- Sie eine der Fragestellung angemessene Art der Beobachtung ausgewählt und im Methodenteil der Arbeit nachvollziehbar begründet haben.

11.9 Lernaufgaben

Kontrollfragen

1. Was ist der Unterschied zwischen einer alltäglichen und einer wissenschaftlichen Beobachtung?
2. Was bedeutet der Begriff «Reaktivität»?
3. Was ist der Unterschied zwischen einer Zeit- und einer Ereignisstichprobe?
4. Wie unterscheiden sich standardisierte und nicht-standardisierte Beobachtungen?
5. Eric möchte im Praktikum das Gesprächsverhalten von Lehrkräften im Lehrerzimmer untersuchen. Er hat das Team vorgängig über sein Vorhaben informiert, sitzt in den Pausen jeweils mit einem auf der Grundlage der Kommunikationspsychologie entwickelten Beobachtungsraster am Tisch und protokolliert die Beobachtungen, bringt sich aber auch in die Gespräche ein. Um welche Art von Beobachtung handelt es sich dabei?

Übungsaufgaben

6. Erfinden Sie eine Fragestellung, für die eine nicht-teilnehmende, verdeckte, standardisierte Beobachtung geeignet wäre!
7. Eliane möchte auf der Strassenkreuzung beobachten, wie die Kinder über eine gefährliche Strasse gehen. Wie könnte ein standardisierter Beobachtungsplan (inkl. Kategorienraster) aussehen, wenn es um die Frage geht, wie sicher sich Kinder im Strassenverkehr verhalten?
8. Nehmen Sie Beobachtungen auf dem Pausenplatz einer Schule vor. Erstellen Sie dazu einen Beobachtungsplan samt Kategorienraster.

Diskussionsaufgaben/Vertiefungsaufgaben

9. Wie können Sie bei einer Beobachtung in einer für sie fremden Schulklasse die Reaktivität der Kinder möglichst gering halten?
10. Wie können Sie bei einer Beobachtung bei einer für sie fremden Lehrperson die Reaktivität der Lehrperson möglichst gering halten?
11. Welche ethischen Fragen gilt es bei verdeckten Beobachtungen zu berücksichtigen?

12. Welche datenschützerischen Fragen gilt es bei apparativen Beobachtungen zu berücksichtigen?

13. Welche Vor- und Nachteile haben Beobachtungen gegenüber anderen Forschungsmethoden?

11.10 Literatur

Weiterführende Literatur

Girtler, R. (2001). *Methoden der Feldforschung.* Wien: Böhlau Verlag.

Greve, W. & Wentura, D. (1997). *Wissenschaftliche Beobachtung – eine Einführung.* Weinheim: Psychologie Verlags Union.

Martin, E. & Wawrinowski, U. (2006). *Beobachtungslehre – Theorie und Praxis reflektierter Beobachtung und Beurteilung.* Weinheim: Juventa.

Verwendete Literatur

Atteslander, P. (2003). *Methoden der empirischen Sozialforschung.* Berlin: Walter de Gruyter.

Beller, S. (2008). *Empirisch forschen lernen – Konzepte, Methoden, Fallbeispiele, Tipps.* Bern: Huber.

Bortz, J., & Döring, N. (2003). *Forschungsmethoden und Evaluation für Human- und Sozialwissenschafter.* Berlin: Springer.

Friedrichs, J. (1990). *Methoden empirischer Sozialforschung.* Opladen: Westdeutscher Verlag.

Kromrey, H. (2002). *Empirische Sozialforschung.* Opladen: Leske + Budrich.

Roos, M. (2001). *Ganzheitlich Beurteilen und Fördern in der Primarschule.* Chur und Zürich: Rüegger.

Schnell, R., Hill, P. & Esser, E. (2005). *Methoden der empirischen Sozialforschung.* München: Oldenbourg.

12 Interviews

«Die Grenzen der Sprache sind die Grenzen der Welt»
(Ludwig Wittgenstein).

12.1 Einleitung

Wenn Sie das Thema der empirischen Untersuchung anhand von Fachliteratur ausgeleuchtet und konkrete Fragestellungen formuliert haben, werden Sie sich überlegt haben, wie Sie geeignete Daten erheben können, um Ihre Fragestellung fundiert beantworten zu können. Bei vielen Fragenstellungen im Themenkreis von Schule, Bildung und Erziehung werden mündliche oder schriftliche Befragungen eine gute Möglichkeit der Datenerhebung sein. Welche Form der Befragung als Datenerhebung eingesetzt wird, ist entscheidend für die Angemessenheit der Antworten. Entscheiden Sie sich für mündliche Befragungen in Form von Interviews, stehen wiederum eine Vielzahl unterschiedlicher Interviewformen zur Verfügung. Diese unterscheiden sich sehr stark in ihren Zielsetzungen, Ansprüchen und Einsatzmöglichkeiten und weisen je unterschiedliche Vor- und Nachteile auf. Eine bewusste und gut begründete Entscheidung für die eine oder die andere Interviewform ist unabdingbar, um die «richtigen» Daten zu erheben, die erst eine sinnvolle Auswertung erlauben. Zudem sind auch die Vorbereitung und die Durchführung von Interviews sowie die Aufbereitung des Datenmaterials entscheidend für die Qualität des Forschungsvorhabens.

Schule Obertor setzt sich mit Schulqualität auseinander und will die Qualität ihrer Schule evaluieren. Deshalb hat die Arbeitsgruppe «Schulqualität» die Literatur zu unterschiedlichen Aspekten von Schulqualität aufgearbeitet und in einem Bericht festgehalten. Die Arbeitsgruppe hat daraufhin entschieden, dass sie den Aspekt «Umgang mit Heterogenität» genauer untersuchen will. Von einer Beobachtungsstudie wurde aber abgesehen. Die Arbeitsgruppe hat sich vielmehr vorgenommen, Schülerinnen und Schüler verschiedener Altersstufen, Lehrpersonen und Erziehungsberechtigte zum Thema «Heterogenität» zu befragen. Die Lehrpersonen sollen die Gelegenheit haben, ihre Erfahrungen möglichst ausführlich erzählen und ihre eigenen Positionen dazu vertreten zu können. Deshalb hat die Arbeitsgruppe entschieden, mit den Lehrpersonen Interviews zu führen. Wie aber können solche Interviews geführt werden, damit die Antworten ergiebig sind und sich der Aufwand in Grenzen hält? Welche Interviewformen sind dafür geeignet? Wie sind die Interviews vorzubereiten, dass nichts schief läuft und alle Angaben zur systematischen Auswertung verfügbar bleiben? Wie sind die Interviews zu führen, dass sie auch wirklich etwas hergeben?

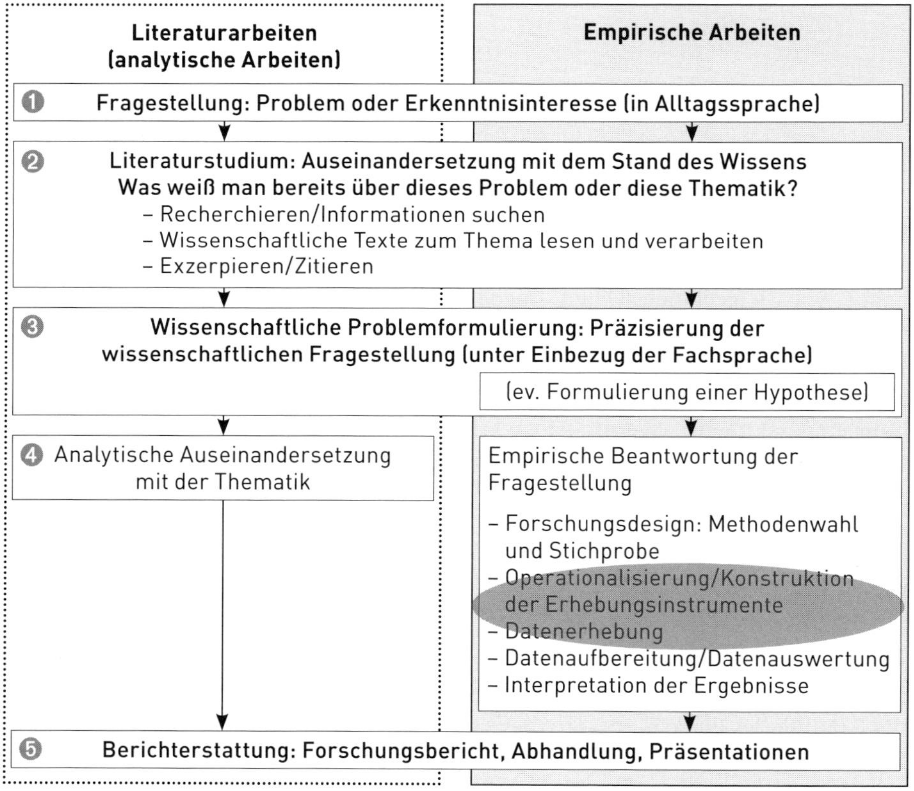

12.1.1 Bedeutung des Themas

In den Sozialwissenschaften stellt die Interview-Methode eine besonders häufige Art der Datenerhebung dar. Insbesondere für qualitative Forschungszugänge wird das Interview besonders oft eingesetzt: Im deutschen Sprachraum wird der überwiegende Anteil qualitativer Forschung mit verschiedenen Varianten von Interviews durchgeführt (vgl. Flick, 2006, S. 215); und für den anglo-amerikanischen Raum gibt es Schätzungen, dass 90 % aller sozialwissenschaftlicher Forschung auf

Interviewdaten beruhen (vgl. ebd.). Damit wird die forschungspraktische Bedeutung von Interviews offensichtlich.

Dennoch ist gut zu überlegen, für welche Fragestellungen und für welches Erkenntnisinteresse Interviews geeignet sind. Im Gegensatz zu standardisierten, schriftlichen Befragungen bieten qualitative Interviews mehr Spielraum für die Beantwortung. Damit wird es möglich, persönlichen Sichtweisen näher zu kommen und auf individuelle Perspektiven der Befragten stärker einzugehen (vgl. Flick, 2006, S. 216). Das qualitative Interview ist deshalb ein Königsweg zum persönlichen Erleben, zu subjektiven, ungefilterten Sichtweisen, zu persönlichen Überlegungen, Planungen, Vorstellungen und Überzeugungen, zu individuellen Einstellungen und Erfahrungen sowie zu subjektiven Bedeutungszuschreibungen und Interpretationen. Wie einzelne Personen oder Personengruppen beispielsweise eine Schulreform beurteilen, wie sie einen bestimmten Führungsstil einer Schulleitung erleben, wie sie die Regeln einer Schulordnung kennen, verstehen und auslegen, solche Informationen lassen sich besonders gut über Interviews erheben.

Auch Fragen nach dem Wie und dem Warum bestimmter Handlungen lassen sich sehr gut in qualitativen Interviews erheben. Entsprechende Antworten wären kaum sinnvoll auf vorgegebenen Antwortskalen abzubilden. Für die Erfassung von Handlungen oder konkreten Verhaltensweisen sind Interviews hingegen keine geeigneten Datenerhebungsverfahren (vgl. Flick, 2006, S. 226). Verbale Beschreibungen von Handlungen stimmen mit den tatsächlichen Handlungen nicht immer überein. Und nur mit Daten aus verbalen Beschreibungen lässt sich nicht eruieren, wie stark diese Beschreibungen von den tatsächlichen Handlungen abweichen. Erlebnisse und Erfahrungen mit bestimmten Handlungen, nachträgliche Bewertungen und Beurteilungen von Handlungen hingegen lassen sich über qualitative Interviews wiederum sehr gut erfassen. Qualitative Interviews werden häufig auch als Vorbereitung für nachfolgende quantitative Verfahren genutzt. Eine Reduktion auf eine solche explorative Funktion würde allerdings den Stärken der Interviews nicht gerecht.

Damit wird deutlich: Interviews eignen sich für Vieles, aber nicht für alles; denn Sprache kann nur einen Ausschnitt des Erlebbaren und des tatsächlich Erlebten abbilden. Zudem stellen Interviews immer auch eine soziale Situation dar, in der bewusste und unbewusste Verhaltensweisen der interviewenden Person sowie gegenseitige Erwartungen die Antworten beeinflussen und verzerren können (vgl. Atteslander, 2008, S. 104). Damit wird auch deutlich, dass die Interview-Technik nur vermeintlich eine «einfache» Methode ist, was häufig als vordergründiger Vorteil gesehen wird (vgl. Reinders, 2005, S. 96). Tatsächlich ist es aber sehr anspruchsvoll, ein Interview systematisch vorzubereiten, zielgerichtet und dennoch offen zu führen und den gesamten Prozess theoriegeleitet zu kontrollieren. Erst diese häufig unterschätzten Anforderungen aber machen aus einer alltäglichen «Befragung» ein wissenschaftliches Interview (vgl. Atteslander, 2008, S. 103).

Das entscheidende Kriterium für die Wahl des Interviews als Datenerhebungsmethode soll deshalb nicht die vermeintliche Nähe zum alltäglichen Gespräch sein, sondern ausschließlich die Angemessenheit dieser Methode für die Beantwortung der Fragestellung: Wenn das Interview im Vergleich zu anderen Methoden einen höheren Erkenntnisgewinn verspricht (vgl. Reinders, 2005, S. 96).

12.1.2 Wichtige Begriffe

Interview
geplante, zielgerichtete und nach bestimmten Regeln durchgeführte Kommunikation zwischen zwei oder mehreren Personen

Strukturierungsgrad von Interviews
Ausmaß, wie stark Formulierung und Reihenfolge von Fragen sowie zu thematisierende Aspekte vor dem Interview festgelegt werden, resp. wie groß der Spielraum für fragende und befragte Person ist, das Interview während der Befragungssituation selbst zu gestalten

Gruppenbefragung
Befragung von mehreren Personen, die stark vorstrukturierte Fragelisten je individuell beantworten

Gruppeninterview
Befragung von mehreren Personen, bei der Fragen in einer Gruppensituation beantwortet werden und die Befragten auch aufeinander Bezug nehmen

Gruppendiskussion
Befragung von mehreren Personen, wobei die befragende Person eine Diskussion anstößt und in der Folge höchstens zurückhaltend moderiert

Leitfaden
Erhebungsinstrument für mündliche Befragungen, in dem die zentralen Aspekte und Fragen vorbereitet sind, die in der Befragung thematisiert werden sollen

Transkription
Übertragung von mündlichen Daten in eine schriftliche Form, die unterschiedliche Genauigkeitsgrade aufweisen kann

12.1.2 Was Sie erwartet

Dieses Kapitel zeigt zuerst die Grundformen von Interviews auf und unterscheidet strukturierte, halbstrukturierte und unstrukturierte Interviews einerseits (Kap. 12.2.1) sowie Einzel- und Gruppeninterviews andererseits (Kap. 12.2.2). In der Folge weist dieses Kapitel auf die notwendigen Vorbereitungen hin, deren Dokumentation sich in einem Interviewleitfaden zeigt (Kap. 12.3). Ein spezielles Augenmerk wird daraufhin der Durchführung von Interviews gewidmet, weil diese Datenerhebungsverfahren immer einmalige Anlässe sind, die nicht wiederholt werden können und deshalb entsprechend umsichtig zu planen sind (Kap. 12.4).

12.1.3 Ziele: Was Sie lernen sollen

Nach der Bearbeitung dieses Kapitels können Sie …

- verschiedene Interviewarten unterscheiden und deren Vor- und Nachteile benennen;
- einen Interviewleitfaden entwickeln;
- Interviews regelgeleitet mit Hilfe eines Leitfadens durchführen;
- Interviews transkribieren.

12.2 Grundformen von Interviews

Interviewformen lassen sich nach verschiedenen Kriterien unterscheiden. Besonders wichtig ist die Unterscheidung nach Strukturierungsgrad, wobei strukturierte, halbstrukturierte und unstrukturierte Interviews unterschieden werden (vgl. Kap. 12.2.1). Zudem ist es forschungspraktisch auch bedeutsam, zwischen Einzel- und Gruppeninterviews zu unterscheiden (vgl. Kap. 12.2.2).

12.2.1 Strukturierte, halbstrukturierte und unstrukturierte Interviews

«Der Variantenreichtum mündlicher Befragungen (Interviews) ist enorm» (Bortz & Döring, 1995, S. 217). Verschiedene Grundformen von Interviews können beispielsweise aufgrund des Strukturierungsgrades unterschieden werden. Die folgende Tabelle 19 beinhaltet eine Übersicht der drei Grundformen strukturierte, halbstrukturierte und unstrukturierte Interviews und führt für jede Grundform Vor- und Nachteile, prototypische Varianten, geeignete Einsatzmöglichkeiten sowie Hinweise auf die Rolle des Interviewers oder der Interviewerin und des Leitfadens auf.

Die Übersicht in Tabelle 19 zeigt die Unterscheidung von Interviewformen nach drei prototypischen Strukturierungsgraden. Allerdings gibt es eine Vielzahl an Mischformen; zwischen den beiden Polen «strukturiert» und «unstrukturiert» sind unbegrenzte Abstufungen möglich. Die Vielfalt an Interviewformen nimmt deshalb ein kaum überblickbares Ausmaß an, ebenso die dafür gebräuchlichen Bezeichnungen. Als eine typische Mischform zwischen halbstrukturiertem und unstrukturiertem Interview kann beispielsweise das «episodische Interview» gelten, das eine Kombination von Erzählen und Befragen darstellt und damit bestimmte Erfahrungen hinsichtlich eines bestimmten Gegenstandsbereichs (wie bspw. einer Schulreform, eines Vorfalls) erhebt. Ein Vorteil des episodischen Interviews liegt in der Tatsache, dass beispielsweise persönliche Überzeugungen und Werthaltungen erfahrungsnah und bezogen auf ganz konkrete Situationen und Umstände erfasst werden können (vgl. Flick, 2006, S. 222).

Die Frage, wie strukturiert Interviews geführt werden sollen, ist vor allem aufgrund des Erkenntnisinteresses zu beantworten. Je nach Fragestellung, aber auch je

Tabelle 19: Strukturierungsgrade von Interviews (vgl. Bortz & Döring, 1995, S. 218 f.; Reinders, 2005, S. 110 ff.).

Unterscheidungsmerkmal	strukturiertes Interview	halb- oder teilstrukturiertes Interview	unstrukturiertes Interview
Grundidee	• Wortlaut, Abfolge und Antwortmöglichkeiten der Fragen sind genau festgelegt • kein Nachfragen oder Erklären durch Interviewer/in • vergleichbar mit einem mündlich erfassten Fragebogen	• zielgerichteter Fragenkatalog (Leitfaden) liegt vor • Wortlaut der Frage wird situativ angepasst • Bei Bedarf zusätzliches Nachfragen (auch Zusatzfragen) • Abweichungen vom Leitfaden möglich	• Gesprächsleitfaden mit Interviewziel, Themen und einzelnen sehr offenen Fragen oder Gesprächsimpulsen liegt vor • freier, aber dennoch gesteuerter Verlauf
Vorteile	• vergleichbare Daten • viele Daten in kurzer Zeit	• entdecken von neuen Sachverhalten und subjektiven Strukturen der Befragten • Antworten werden frei formuliert: Befragte können sich selbst ausdrücken • mehr Tiefe und mehr Zusammenhänge als bei strukturierten Interviews möglich	• vertiefte Auseinandersetzung mit einer Thematik in der ganzen Breite möglich • ergibt viele Informationen und Detailwissen (Kontextualisierung) • Bedeutungsstruktur der Befragten wird ersichtlich
Nachteile	• wichtige Zusatz- und Kontextinformationen werden nicht erfasst • kaum Vertiefung möglich	• eingeschränkte Vergleichbarkeit der erhobenen Daten • größerer Zeitaufwand für die Auswertung als bei strukturierten Interviews	• kaum Vergleichbarkeit der erhobenen Daten • Datenauswertung sehr anspruchsvoll, voraussetzungsreich und zeitaufwendig
häufig eingesetzte, typische Variante	«Strukturiertes Interview»: • auch Personen erfassen, die einen schriftlich vorgelegten Fragebogen nicht beantworten würden/könnten • klar vergleichbare, statistisch auswertbare Antworten	«Fokussiertes Interview»: • Befragte sind Experten ihrer Orientierungen und Handlungen • Erfassung subjektiver Wahrnehmungen und Verarbeitungsweisen	• «Narratives Interview»: Befragte werden aufgefordert, zu einem bestimmten Thema typische Geschichten aus ihrem Leben zu erzählen (bspw. Schlüsselerlenisse)

Eignung/ Einsatzmöglichkeiten	• wird oft bei telefonischen Befragungen eingesetzt • für Aussagekraft große Stichproben nötig • geeignet bei klar umgrenzten Themenbereichen, über die bereits detaillierte Vorkenntnisse bestehen • auch geeignet bei Meinungsumfragen, bei denen es insbesondere um Häufigkeiten geht	• geeignet zur Erfassung von subjektiven Bedeutungen und persönlichen Interpretationen • bei bewusst heterogen zusammengesetzten Stichproben sinnvoll • auch im Rahmen explorativer Studien (am Anfang der Auseinandersetzung mit einem Forschungsgegenstand, um Hypothesen zu generieren)	• geeignet für biografisch orientierte Fragestellungen und zur Beschreibung der subjektiv erlebten Lebenswelten «von innen heraus» (bspw. Lebensstile, Identitäten) • auch im Rahmen explorativer Studien (am Anfang der Auseinandersetzung mit einem Forschungsgegenstand, um Hypothesen zu generieren)
Rolle des Interviewers oder der Interviewerin	• hält sich exakt an die Anweisungen, stellt keine zusätzlichen Fragen, gibt keine zusätzlichen Erklärungen (um Beeinflussungen zu vermeiden)	• versucht, Befragte möglichst frei zu Wort kommen zu lassen • hört zu und fragt nach • achtet darauf, dass alle (geplanten) Themen erfragt werden	• hört aktiv zu und greift nur in die Erzählung ein, wenn der Rote Faden verloren geht • unterbricht die erzählende Person möglichst nicht, fragt erst am Ende der Erzählung nach
Merkmale des Leitfadens	• ein detailliert ausgearbeiteter Interviewleitfaden liegt vor (vergleichbar mit einem schriftlich zu bearbeitenden Fragebogen) • Fragen, Antwortmöglichkeiten, aber auch Anweisungen für den Interviewer/die Interviewerin sind schriftlich formuliert	• der Leitfaden orientiert sich konsequent am interessierenden Problem (Frage) • Ausformulierte Fragen (allenfalls Formulierungsvorschläge) liegen vor, aber keine Antwortvorgaben • auch Kurzfragen zum Ermitteln soziodemografischer Variablen (wie bspw. Alter oder Beruf) • Themen des Gesprächs liegen in vernünftiger Reihenfolge vor	• Befragte werden nicht mit Fragen konfrontiert, sondern zum freien Erzählen animiert • Einladung zur Darstellung von Lebensläufen, Berufsbiografien usw. • Gesprächsimpulse lassen große Freiheiten für die interviewten Personen

nach verfügbarer Zeit sind unterschiedliche Strukturierungsgrade zu wählen. Grundsätzlich gilt: Je mehr individuelle Interpretationen, Beweggründe, Erfahrungen oder Sinnzusammenhänge interessieren, desto weniger strukturiert sind die Interviews zu führen, desto offener also sind die Fragen zu formulieren und desto mehr Raum wird den interviewten Personen für die Entwicklung ihrer Antworten gelassen. Damit wird die Chance größer, an tiefer liegende und hintergründige Einstellungen, Haltungen und Motivationen einzelner Person heranzukommen. Umgekehrt aber gilt: Je mehr Antworten vergleichbar und verallgemeinerbar sein sollen, desto strukturierter sind Interviews zu führen.

In Bezug auf die verfügbare Zeit gilt folgende Faustregel: Je unstrukturierter, je offener ein Interview geführt wird, desto länger dauert das Interview selbst und desto länger dauert die Auswertung. Die Vorbereitung eines Interviews hingegen ist bei allen Interviewformen wichtig. Ein häufig verbreitetes Vorurteil ist, dass bei unstrukturierten Interviews kaum Vorbereitungen nötig seien. Eine theoretische Auseinandersetzung und eine Analyse des befragten Felds sind allerdings für jede Interviewform unabdingbar – auch für unstrukturierte Interviews. Ansonsten erfolgt die Auswahl der zu befragenden Personen zu zufällig und das bilanzierende und gegebenenfalls vertiefende Nachfragen, wie es auch bei sehr offenen Verfahren am Schluss eines Interviews erfolgen muss, ist zu wenig zielgerichtet.

Am meisten verbreitet bei Forschungsprojekten zu Fragestellungen rund um Schule, Bildung und Erziehung sind halb- oder teilstrukturierte Interviews. Sie ermöglichen, subjektive Bedeutungszusammenhänge zu erfassen, tiefer liegende Beweggründe zu erhellen und persönliche Interpretationen einzelner Personen aufzudecken. Gleichzeitig erlauben sie so viel Vergleichbarkeit, dass Perspektiven von verschiedenen befragten Personengruppen (wie bspw. Lehrpersonen, Eltern, Schulleitungen und Schulbehörden) miteinander in Beziehung gesetzt werden und auf eine Schuleinheit oder einen Schulkreis bezogen werden können. Deshalb werden halbstrukturierte Interviews insbesondere auch in der Evaluationsforschung sehr häufig eingesetzt. Die folgenden Ausführungen beziehen sich infolgedessen auch vor allem auf halbstrukturierte Interviews (wie bspw. fokussierte oder problembezogene Interviews).

12.2.2 Einzelinterviews und Gruppeninterviews

Neben der Unterscheidung nach Strukturierungsgrad ist ein häufiges Unterscheidungsmerkmal von Interviews auch die Anzahl Personen, die in einem Interview gleichzeitig befragt werden. Einzelinterviews sind dabei Interviews, bei denen jeweils nur eine einzelne Person interviewt wird. Bei Gruppeninterviews werden zwei oder mehr Personen befragt, wobei gelegentlich zwischen verschiedenen Formen unterschieden wird (vgl. Atteslander, 2008, S. 131):

Gruppenbefragungen:
stark vorstrukturierte Fragelisten werden von mehreren Personen je individuell beantwortet

Gruppeninterviews:
Fragen werden in einer Gruppensituation beantwortet, wobei die befragten Personen aufeinander Bezug nehmen können

Gruppendiskussionen:
ein Gespräch, das anfänglich von einer interviewenden Person angestoßen und höchstens zurückhaltend moderiert wird

Einzelinterviews sind dann geeignet, wenn individuelle Erfahrungen oder ein individueller Informationsstand gefragt ist, oder wenn davon auszugehen ist, dass andere Personen die Antworten beeinflussen (vgl. Beller, 2008, S. 45). Weil in einer Gruppe jeder einzelne Redebeitrag auf die soziale Situation der Gruppe abgestimmt wird, werden die einzelnen Gruppenmitglieder auf bestimmte Aussagen reagieren und mögliche Reaktionen anderer mit berücksichtigen. Dies kann zu Beeinflussungen führen, sodass die Aussagen einzelner Befragter nicht unbedingt ihre individuellen Einstellungen und Haltungen aufzeigen. Solche Verzerrungen des Antwortverhaltens entstehen beispielsweise, wenn in einem Lehrerkollegium enge und klare Ansichten bestehen, dass eine Schulreform den Lehrpersonen nur zusätzlichen Aufwand gebracht habe. Für einzelne Lehrpersonen wäre es in einer solchen Situation vielleicht schwierig, im Beisein von Kolleginnen und Kollegen die Ansicht zu vertreten, dass sie sehr wohl hinter dieser Entwicklung stehen oder dass sie gar Entlastungen spüren. Eine große Stärke der Einzelinterviews liegt deshalb darin, dass die befragten Personen von ihrem sozialen Kontext isoliert werden und sich vergleichsweise frei äußern können (vgl. Froschauer & Lueger, 2003, S. 57).

In Gruppeninterviews wird auch die Dynamik zwischen den Personen ersichtlich, die zusätzlich polarisieren kann. Je nach Fragestellung ist diese Dynamik durchaus interessant oder steht sogar im Zentrum des Interesses. Mit anspruchsvolleren Auswertungsverfahren ist es möglich, daraus «kollektive Erfahrungszusammenhänge» (Bohnsack & Przyborski, 2006, S. 235) zu erschließen, also beispielsweise wie die Zugehörigkeit zu einer Gruppe verstanden wird, wie einzelne Gruppenmitglieder zueinander stehen oder welche ungeschriebenen (Gesprächs-) Regeln existieren. Dabei ist bei den Auswertungen allerdings auf Strukturen und kollektive Phänomene jenseits des wörtlichen Sinngehalts einzelner Aussagen zu achten. Entsprechende Auswertungsverfahren fokussieren deshalb mehr auf die «Dramaturgie des Diskurses» (ebd., S. 234) als auf den Oberflächengehalt der einzelnen Aussagen.

Der Entscheid für Gruppeninterviews kommt nicht selten auch aus forschungsökonomischen Gründen zustande: Gruppeninterviews sind eine effiziente Form, um relativ schnell verschiedene Meinungen erheben zu können. In der Evaluationsforschung haben sich Gruppeninterviews mit drei bis vier Personen als fruchtbar erwiesen. Die Heterogenität in diesen Gruppen zwingt die Beteiligten zu differenzierten Argumentationen, was zu einem umfassenden Bild führt. Dabei ist allerdings auch zu beachten, dass Gruppeninterviews wesentlich anspruchsvoller zu führen sind als Einzelinterviews. Zudem ist eine Transkription ohne Aufnahmegerät kaum möglich.

12.3 Der Interview-Leitfaden

Die Erarbeitung eines Interview-Leitfadens ist an Wichtigkeit und Aufwand nicht zu unterschätzen – eben weil sie Ausdruck einer inhaltlichen Auseinandersetzung mit dem Forschungsfeld darstellt. Ob das zu führende Interview etwas hergibt (und ob sich also der damit verbundene große Aufwand überhaupt lohnt) hängt maßgeblich von der Qualität der Fragen ab. Eine sehr gute Vorbereitung der Fragen ist deshalb unerlässlich.

Bei der Vorbereitung gilt es das eigene Erkenntnisinteresse zu klären und in Bezug auf das bevorstehende Interview zu konkretisieren: Was will ich genau in diesem Gespräch erfahren? Welche Informationen kann mir das Gegenüber liefern, die andere nicht geben können? Was ist speziell an seiner Perspektive auf den Forschungsgegenstand? Was will ich unbedingt von ihm erfahren? – Je fokussierter und zielgerichteter der Interview-Leitfaden ist, desto ertragreicher werden die Antworten ausfallen. Allerdings ist dabei auch zu beachten, dass mit zunehmender Fokussierung des Leitfadens die Möglichkeit eingeschränkt wird, dass im Gespräch neue, nicht erwartete Perspektiven von der befragten Person eingebracht werden (vgl. Froschauer & Lueger, 2003, S. 23).

Der Leitfaden soll alle wichtigen Aspekte und Themen enthalten, die für die Fragestellung von Bedeutung sind – aber nicht nur, «was der Forscher als relevant vermutet, sondern auch dasjenige, was der Befragte davon denkt und hält, und vor allem, wie er dies tut» (Flick, 2006, S. 229). Ein guter Leitfaden wird also der Spannung gerecht zwischen der Strukturierung der Befragung (durch die Forscherin oder den Forscher) einerseits und der Offenheit für die Sichtweise der Befragten, also den Spielraum für Unerwartetes andererseits (vgl. ebd.).

Der Interview-Leitfaden wird immer schriftlich erarbeitet. Die Fragen oder Impulse sind aufgrund des Theoriestudiums und anhand der Schwerpunkte des Forschungsinteresses zu formulieren. Es geht nicht darum, alle möglichen Fragen zu stellen, sondern nach eigenen Interessen und (theoretisch begründeten) Schwerpunkten zu gewichten. Der schriftliche Leitfaden gibt die Grobstruktur des Interviews wieder und dient als Stütze während der Befragung.

Unabhängig vom Strukturierungsgrad der Interviews enthält ein Leitfaden immer drei Teile (vgl. Reinders, 2005, S. 156 ff.):

1. *Einstieg*
   - Begrüssung und Dank für die Bereitschaft zur Teilnahme am Interview
   - Information über den Kontext und den Zweck der Befragung
   - Klärung der Rahmenbedingungen (bspw. Ablauf, Zeitrahmen)
   - Bei Bedarf Einholen des Einverständnisses zum Aufnehmen des Interviews
   - Hinweis auf vertraulichen Umgang mit sämtlichen Aussagen sowie auf konsequente Anonymisierung der Informationen in späteren Berichten
2. *Hauptteil*
   - Fragen, geordnet nach Themenbereichen
   - Eventualfragen, um nachzufragen, wenn die Antworten der befragten Personen gewisse interessierende Aspekte nicht abdecken

3. *Ausklang und Abschluss*
   - Nachfrage, ob wichtige Aspekte im Zusammenhang der Themen nicht angesprochen wurden (nicht bei stark strukturierten Interviews)
   - Gelegenheit zur Ergänzung, Präzisierung oder Betonung einzelner Aussagen (nicht bei stark strukturierten Interviews)
   - Dank für die Teilnahme am Interview
   - Gegebenenfalls Hinweis darauf, wie die befragten Personen über Auswertungen oder Befunde informiert werden (insbesondere bei Evaluationsprojekten)

Die Ausführlichkeit der einzelnen Fragen im Hauptteil des Leitfadens kann sich je nach Strukturierungsgrad des Interviews unterscheiden. Grundsätzlich ist aber bei jeder Frage, resp. bei jedem Erzählimpuls kritisch zu prüfen (Ullrich, 1999, zitiert nach Flick, 2006, S. 229),

- warum diese Frage gestellt wird (theoretische Relevanz, Bezug zur Fragestellung);
- was bei dieser Frage genau erfragt werden soll (inhaltliche Dimension);
- warum die Frage so und nicht anders formuliert ist (Verständlichkeit, Eindeutigkeit, Ergiebigkeit der Frage);
- warum die Frage an dieser Stelle im Leitfaden steht (Grob- und Feinstruktur des Leitfadens).

Bei halb- oder teilstrukturierten Interviews erfüllen gut formulierte Fragen folgende Kriterien (vgl. Beller, 2008, S. 43): Sie sind…

- einfach und eindeutig formuliert,
- offen formuliert, sodass sie zum Erzählen animieren,
- nicht zu allgemein, sondern auf einen klaren Sachverhalt gerichtet,
- von den befragten Personen grundsätzlich beantwortbar, zielen also nicht auf Informationen oder Erfahrungen, über die die befragte Person vermutlich nicht verfügt,
- *nicht* suggestiv im Sinne, dass sie eine bestimmte Antwort nahe legen würden.

Jeder Leitfaden muss getestet werden, bevor er regulär zum Zwecke der Datenerhebung eingesetzt werden kann. Dabei können Personen befragt werden, die mit den später zu befragenden Personen möglichst vergleichbar sind, aber keinesfalls zur eigentlichen Stichprobe gehören dürfen. Bei einem solchen Test geht es darum zu erfahren, ob die Fragen gut verständlich sind, ob sie die erwarteten Antworten auslösen und wie lange ein Interview etwa dauert.

Wird die Datenerhebung im Rahmen einer Qualifikationsarbeit gemacht, ist ein Entwurf des Interview-Leitfadens unbedingt vor dem Einsatz mit der Betreuungsperson zu besprechen. Unschärfen bei den Fragen oder fehlende Themen können keinesfalls mehr wettgemacht werden. Während beispielsweise im Theorieteil einer Arbeit jederzeit weitere Quellen eingearbeitet werden können, wenn sich zeigt, dass wichtige Aspekte fehlen, ist dies bei einem Interview nicht möglich: Ein Interview kann nicht wiederholt werden, die Vorbereitung muss deshalb abgesichert sein.

12.4 Durchführen von Interviews

Die Durchführung von Interviews beinhaltet mehr als nur gerade die Gesprächsführung. Neben der Erarbeitung des Interviewleitfadens gibt es weitere vorbereitende Tätigkeiten zu beachten (Kap. 12.4.1). Wenn das Interview in ein Forschungsvorhaben eingebettet ist, gibt es spezielle Regeln der Gesprächsführung zu beachten, die sich deutlich von alltäglichen Zugängen unterscheiden (Kap. 12.4.2). Dazu gehört auch, ein spezielles Augenmerk auf den Abschluss des Interviews zu legen (Kap. 12.4.3). Schließlich ist es bei Interviews im Kontext von Forschungsprojekten wichtig, die gewonnen Informationen systematisch festzuhalten. Dies wird in der Regel in Form von sogenannten Transkripten gemacht (Kap. 12.4.4).

12.4.1 Planung und Vorbereitung eines Interviews

Wenn Sie auf Grund theoretischer Überlegungen oder auf Grund der Analyse des Forschungsfeldes eine ideale Stichprobe zusammengestellt haben, müssen Sie die ausgewählten Personen für die Teilnahme am Interview gewinnen. Wie können diese Personen erreicht und kontaktiert werden? Gibt es mögliche Zugangsbeschränkungen? Insbesondere wenn in Schulen Interviews geführt oder wenn die Kontakte zu Schülerinnen und Schülern über Schulen vermittelt werden sollen, ist deshalb auch vorab zu klären, welche Genehmigungen einzuholen sind (bspw. bei der Schulleitung, der Schulbehörde oder bei Eltern).

Gerade weil das Schulfeld ein äußerst stark beforschtes Feld ist, sind es beispielsweise Lehrpersonen manchmal leid, schon wieder Zeit für ein Interview oder für das Ausfüllen von Fragebögen aufzuwenden. Umso wichtiger ist es, bereits bei der ersten Kontaktaufnahme aufzuzeigen, dass es sich um ein ernsthaftes, seriöses Projekt handelt – idealerweise auch, dass mit der Beantwortung der Fragestellung etwas optimiert werden kann, das auch im Interesse der anzufragenden Personen liegt.

Stellen Sie sich und das Forschungshaben bei der Anfrage kurz vor: Worum geht es? Was ist das Ziel der Untersuchung? Und was erwarten Sie von den interviewten Personen? Wozu sollen diese Auskunft geben? Zeigen Sie auch die zeitliche Begrenzung auf, wie viel Aufwand auf die Personen zukommen wird. Müssen sich diese eventuell auch vorbereiten? Ist es hilfreich, ihnen bereits einige zentrale Fragen vorab zuzustellen, damit sie fundierter Auskunft geben können? Zeigen Sie unbedingt auch auf, warum Sie gerade diese Person oder diese Schule befragen möchten. Legen Sie beispielsweise offen, dass Sie Lehrpersonen dieser spezifischen Schule befragen möchten, weil diese Schule für die Fragestellung eine besonders typische Zusammensetzung der Schülerschaft aufweist.

Wenn Sie die Zusage zur Teilnahme – und bei Bedarf auch die Bewilligung dafür – haben, vereinbaren Sie einen Termin, den Sie auch schriftlich bestätigen. Achten Sie darauf, dass genügend Zeit zur Verfügung steht und dass Sie das Interview an einem Ort durchführen können, wo es ruhig ist und wo Sie ungestört sind. Den Zeitrahmen des Interviews legen Sie im Voraus fest. Organisieren Sie sich ein Aufnahmegerät mit gutem Mikrofon und vergessen Sie Ersatzbatterien oder Ersatzakku und Ersatzspeichermedien (bspw. Tonbänder oder Speicherkarten) nicht! Probieren Sie vor dem Ernstfall das technische Equipment aus und überprüfen Sie die Empfindlichkeit des Mikrofons: Reicht es aus, wenn das Mikrofon in der Mitte eines Tisches hingelegt wird? Und vergessen Sie nicht: Fragen Sie vor einer Aufnahme bei den Gesprächsteilnehmenden immer um Erlaubnis. Mit dem Versprechen eines vertraulichen Umgangs mit den Aufnahmen und mit dem Hinweis, dass die Aufnahmen nach Abschluss des Forschungsprojektes wieder gelöscht werden, ist es normalerweise kein Problem, die Erlaubnis für eine Aufnahme zu bekommen.

12.4.2 Das Interview führen

Nach der Begrüssung geben Sie nochmals die Rahmenbedingungen, den Grund und die Zielsetzungen des Interviews bekannt. Dazu gehören auch die Wiederholung der vereinbarten Zeitdauer sowie die Vereinbarung, ob die verschriftlichten Interviews durch die Befragten durchgesehen und allfällige Korrekturen angebracht werden können. Halten Sie zu Beginn des Interviews auch die Eckdaten der Befragten fest (beispielsweise Alter, Geschlecht und Schulstufe).

Bei allen nicht vollständig strukturierten Befragungsformen ist es nötig, den Interviewverlauf permanent mit dem Leitfaden zu verknüpfen (vgl. Flick, 2006, S. 230), sodass bereits Gesagtes nicht einfach noch einmal erfragt wird, sondern wenn möglich darauf Bezug genommen wird. So ist eine starre, unflexible «Leitfadenbürokratie» (Hopf, 1978, zitiert nach Flick, 2006, S. 230) unbedingt zu vermeiden, die den großen Vorteil des Interviews, den Gewinn an Offenheit und Kontextinformationen, einschränken würde.

Die große Herausforderung einer guten Interviewführung besteht darin, den Leitfaden flexibel zu handhaben: Einerseits müssen alle zentralen vorbereiteten Fragen in der passenden Formulierung jederzeit präsent sein; andererseits muss dennoch angemessen auf Aussagen und gegebenenfalls auch auf neue Hinweise der interviewten Personen eingegangen werden können. Interviews gut durchzuführen, ist anspruchsvoll und erfordert viel Übung. Generell gilt: «Sich einfühlen, ohne sich mit den Befragten zu identifizieren; verstehen, ohne zu werten; erklären, ohne zu konstruieren; und nachfragen, bis eine eindeutige Antwort vorliegt» (Beller, 2008, S. 46).

Unterschiede bei der Gesprächsführung ergeben sich durch den Strukturierungsgrad des Interviews, wobei zwischen den beiden Polen von stark strukturierten und sehr offenen Interviews fließende Übergänge bestehen (vgl. Tab. 20).

Tabelle 20: Gesprächsführung je nach Strukturierungsgrad des Interviews (nach Froschauer & Lueger, 2003, S. 35).

Unterscheidungsmerkmale	Stark strukturierte Interviews	Offene Interviews
Strukturierung	Strukturierung durch befragende Person	Strukturierung durch befragte Person
Zielsetzung	Fokus auf vorgegebene Fragestellung	Fokus auf befragte Person und deren Lebenswelt
Verhalten der Interviewer/-innen	eher direktiv bezüglich Fragen und Antworten	der befragten Person entgegenkommend
Fragestruktur	klare, detaillierte Fragen in vorgegebener Struktur	offen, nur grob vorgegebene Thematik
Frageform	eher geschlossen mit engem Antwortrahmen	sehr offen mit weitem Antwortrahmen

Unabhängig vom Strukturierungsgrad gelten folgende Regeln für die Interviewführung:

- Interviewen heißt in erster Linie zuhören. Ihr Sprechanteil beträgt höchstens 10 bis 15 %. Zuhören heißt sich informieren lassen, bei Unklarheiten aber auch nachzufragen. Zuhören ist ein Prozess des aktiven Mitdenkens.
- Fragen Sie nach, wenn Sie eine Aussage, eine Antwort nicht verstanden haben.
- Klären Sie inhaltliche Widersprüche und Ungereimtheiten auf.
- Wiederholen Sie bei teilstrukturierten Interviews von Zeit zu Zeit einzelne Aussagen mit Ihren eigenen Worten (paraphrasieren).
- Wenn Gefühle geäußert werden, gehen Sie in angemessenem Maße darauf ein, ohne sich aber selbst gefühlsmäßig zu stark darauf einzulassen.
- Vermeiden Sie wertende Reaktionen auf Äußerungen der Befragten, zeigen Sie aber Verständnis für ihre Situation und Gefühle.
- Unterbrechen Sie die Befragten nicht.
- Stellen Sie keine Verlegenheitsfragen – ertragen Sie auch Stille.
- Vermeiden Sie Fragen, auf die nur mit ja oder nein geantwortet werden kann.
- Benutzen Sie keine «vorbelasteten» Wörter (wie bspw. «Kuschelpädagogik»), da diese klare Wertungen enthalten und deshalb keine neutrale Antwort erlauben.

12.4.3 Abschluss des Interviews

Mit der letzten regulären Frage ist die Situation der Datenerhebung noch nicht beendet. Denken Sie an einen sinnvollen Abschluss, der den Befragten auch ermöglichen soll, Ergänzungen anzubringen oder besonders wichtige Aussagen noch einmal zu betonen. Fragen Sie auch nach, ob eine wichtige Frage noch nicht gestellt worden sei. Bereiten Sie dieses Ende unbedingt vor (vgl. auch die Hinweise zum Interview-Leitfaden, Kap. 12.3).

Wenn die Zeit abgelaufen ist, die relevanten Fragen beantwortet sind oder die befragte Person nichts mehr zu ergänzen wünscht, schließen Sie das Interview mit einem Dank für die Teilnahme am Interview offiziell ab. Es muss klar ersichtlich sein, wann das offizielle Interview endet und wann das informelle Gespräch nach dem Interview beginnt. Rennen Sie nach dem Interview wenn möglich nicht unmittelbar davon. Meist erfahren Sie das Spannendste beim anschließenden gemeinsamen Pausenkaffee, wenn das Aufnahmegerät nicht mehr läuft…

Halten Sie unmittelbar nach dem Gespräch solche Informationen, die Sie im inoffiziellen Teil erhalten, in einem persönlichen Feldbuch fest. Notieren Sie darin auch weitere relevante Eindrücke und halten Sie in wenigen Sätzen die zentralen Erkenntnisse fest. Bei einer systematischen Datenanalyse, die bei größeren Forschungsvorhaben durchaus erst viele Monate nach der Befragung stattfinden kann, sind wichtige Eindrücke und Informationen «zwischen den Zeilen» nicht mehr unbedingt ersichtlich. Sowohl für den Prozess der Datenanalyse als auch für die Interpretation von Ergebnissen sind solche Informationen aber sehr hilfreich.

12.4.4 Transkription

Nicht nur die informell gesammelten Informationen, auch die offiziellen Interview-Daten sollten möglichst umgehend nach dem Interview aufbereitet werden. Das erleichtert die Auswertung ungemein, da Antworten und auch Zwischentöne noch gut in Erinnerung sind. Für eine systematische Auswertung der Interview-Daten müssen die Antworten verschriftlicht werden. Erst durch diese sogenannte *Transkription*, die Übertragung des gesamten Interviews in eine schriftliche Form, werden die mündlichen Daten für die systematische Datenanalyse greifbar.

Ein *Transkript*, also ein in schriftliche Form übertragenes Protokoll des Interviews, enthält mindestens einen Transkriptionskopf und die Verschriftlichung des Interviews (also die Transkription im engeren Sinne).

Der *Transkriptionskopf* enthält (vgl. Reinders, 2005, S. 250 f.)

- Angaben zum Forschungsprojekt (bspw. eine Projektbezeichnung),
- Angaben zum Interview (Name des Interviewers oder der Interviewerin; Aufnahmetag, zeit und -ort; Dauer des Interviews),
- Angaben zur befragten Person oder zu den befragten Personen (gegebenenfalls mit zentralen Angaben wie bspw. zu Geschlecht oder Funktion),

- Angaben zum Transkript (Datum der Erstellung, Name der erstellenden Person, Genauigkeitsanspruch, Hinweise zum Umgang mit Mundartausdrücken; gegebenenfalls Informationen zur eingesetzten Software) sowie
- eine Kurzzusammenfassung der Gesprächsatmosphäre, des Verlaufs (bspw. ob planmäßiger Verlauf oder nicht, Hinweise auf Unterbrüche, Abbruch vor Ende aus Zeitgründen) sowie zentrale Einsichten und Erkenntnisse.

Die *Verschriftlichung des Interviews (die Transkription im engeren Sinne)* kann verschiedene Genauigkeitsgrade aufweisen. Wie genau ein Interview zu transkribieren ist, hängt vom Erkenntnisinteresse, von den geplanten Auswertungsmethoden und vom Anspruchsniveau der Forschungsarbeit ab. Klären Sie im Vorfeld, welcher Genauigkeitsgrad der Transkription in Ihrem Fall angezeigt ist. Folgende Genauigkeitsgrade lassen sich unterscheiden:

- *Aus Erinnerung*: Nach dem Gespräch werden aus der Erinnerung die wesentlichen Fakten notiert. Für ernsthafte Forschungsvorhaben reicht dieser Genauigkeitsgrad nicht aus.
- *Sinngemäß*: Die zentralen Aussagen werden während des Interviews vor Ort (bspw. auf dem Laptop) mitgeschrieben. Die so festgehaltenen Aussagen entsprechen einer Paraphrasierung des Interviews. Für einfache inhaltsanalytische Auswertungen, bei denen wörtliche Aussagen oder bestimmte Verwendungen von Begrifflichkeiten kaum relevant sind, kann eine solche sinngemäße Verschriftlichung durchaus ausreichend sein.
- *Geglättet*: Grundsätzlich wird Wort für Wort niedergeschrieben, allerdings werden abgebrochene Sätze, umständliche Wendungen, Seufzer, Stammeln und Ähnliches ausgemerzt. In der Evaluationsforschung und bei teilstrukturierten Interviews, bei denen vor allem der Sinngehalt der direkt geäußerten Aussagen analysiert wird, ist eine geglättete Transkription sinnvoll. Eine geglättete Transkription ist ohne Aufnahmegerät kaum möglich.
- *Wörtlich*: Bei diesem Genauigkeitsgrad wird ohne Ausnahme Wort für Wort niedergeschrieben, inkl. abgebrochener Sätze etc. Solche wörtliche Transkripte sind Voraussetzung für anspruchsvollere Auswertungsverfahren und eignen sich gut, um später zentrale Ergebnisse in einem Forschungsbericht mit einzelnen Zitaten zu veranschaulichen.
- *Mit speziellen Transkriptionszeichen*: Sind Auswertungsverfahren geplant, die stark interpretativ erfolgen und auf Strukturen und Phänomene jenseits des wörtlichen Sinngehalts einzelner Aussagen zielen, müssen wörtliche Transkripte mit weiteren Angaben ergänzt werden, beispielsweise mit Hinweisen auf spezielle Betonungen («ETWA SO»), auf kurze Pausen («*»), auf lange Pausen («**»), auf Wortabbrüche («/»), oder mit Kommentaren zu nonverbalem Verhalten ({nicken} oder {spielt mit dem Stift}) und zu situationsspezifischen Geräuschen (>Telefon läutet<).

Die Transkription von Interviewdaten ist meist sehr aufwändig. Grundsätzlich gilt: Je genauer ein Transkript sein soll, desto höher ist der Aufwand. Inzwischen existieren aber digitale Aufnahmegeräte, mit denen die Aufnahmen des Interviews direkt auf einen Computer übertragen und dort auch direkt transkribiert werden können; beispielsweise mit einfacher Software, bei der die Abspiel-Geschwindigkeit auf die Schreib- (resp. Tipp-)Geschwindigkeit eingestellt werden kann, sodass ein Interview ohne lästiges Vor- und Zurückspulen in einem Zug relativ schnell transkribiert werden kann.[11]

In der Schweiz müssen Sie mit dem Grundproblem leben, dass Interviews meist auf Mundart geführt werden (müssen), die Transkription aber in Schriftsprache erfolgt. Es ist deshalb unerlässlich, im Transkriptionskopf anzugeben, wie Sie diese Übersetzung handhaben. Die gewählte Handhabung wird jeweils auch im Methodenteil des Berichts kurz erläutert.

Achten Sie bei der Transkription auch auf folgende Punkte:

- Transkribieren Sie eher zu genau als zu ungenau.
- Kennzeichnen Sie die Gesprächsteilnehmenden immer eindeutig (beispielsweise «I» für Interviewer; «B1» für erste Befragungsperson, «B2» für zweite Befragungsperson).
- Setzen Sie bei jedem Sprecherwechsel eine Leerzeile.
- Nummerieren Sie den Text zeilenweise durch.
- Lassen Sie bei der Transkription rechts einen breiten Rand frei, damit dort Kategorien, Anmerkungen usw. angebracht werden können.

12.5 Zusammenfassung

In den Sozialwissenschaften werden qualitative Befragungen in Form von Interviews sehr häufig eingesetzt. Sie sind besonders geeignet, um persönliche Sichtweisen, individuelle Meinungen, Werte und Überzeugungen zu erfassen. Für die Erforschung bestimmter Handlungen oder konkreten Verhaltens sind Interviews aber kaum geeignet.

Die Vielfalt an unterschiedlichen Interviewformen ist überaus groß. Besonders wichtige Unterscheidungen beziehen sich auf den Strukturierungsgrad sowie auf die Anzahl gleichzeitig befragter Personen. Bezüglich Strukturierungsgrad gibt es zwischen stark strukturierten und unstrukturierten Interviews unbegrenzte Abstufungen. Der Strukturierungsgrad ist aufgrund des Erkenntnisinteresses, der Fragestellung und der verfügbaren Zeit zu bestimmen. Grundsätzlich gilt: Je strukturierter ein Interview ist, desto eher lassen sich so gewonnene Daten vergleichen, desto weniger aber werden wichtige Zusatz- und Kontextinformationen erfasst. Je *un*strukturierter, je offener ein Interview ist, desto besser lässt sich eine Thematik

11 z. B. die Software «F4», die unter www.audiotranskription.de/f4.htm kostenlos herunter geladen werden kann

in ihrer ganzen Breite und Tiefe erfassen, desto anspruchsvoller und aufwendiger aber wird die Auswertung. Bezüglich Anzahl gleichzeitig befragter Personen wird zwischen Einzel- und Gruppeninterviews unterschieden. Einzelinterviews sind geeignet, wenn individuelle Erfahrungen interessieren und wenn davon auszugehen ist, dass andere anwesende Personen das Antwortverhalten beeinflussen könnten. In Gruppeninterviews wird auch die Dynamik zwischen den Interviewteilnehmenden ersichtlich. Diese Dynamik kann selbst Gegenstand der Forschung sein, zudem zwingt die Heterogenität von Gruppen die einzelnen Beteiligten zu einer differenzierten Argumentation. Nachteile von Gruppeninterviews sind darin zu suchen, dass eine Gefahr der gegenseitigen Beeinflussung besteht und dass Gruppeninterviews viel anspruchsvoller zu führen sind als Einzelinterviews.

Eine gut begründete, kriterienbezogene Auswahl der zu interviewenden Personen ist ebenso grundlegend wie die schriftliche Ausarbeitung eines adressatenbezogenen Interview-Leitfadens. Der Interview-Leitfaden ist Ausdruck der inhaltlichen Auseinandersetzung mit dem Forschungsfeld und beinhaltet eine wörtliche Formulierung des Einstiegs, je nach Strukturierungsgrad unterschiedlich viele Fragen zum interessierenden Themenbereich sowie einen klar geplanten Ausklang und Abschluss des Interviews.

Die Durchführung des Interviews beinhaltet mehr als nur die Gesprächsführung. Zuerst muss das Interview organisiert, geplant und vorbereitet werden. Im Interview selbst unterscheidet sich die Rolle der interviewenden Person je nach Strukturierungsgrad, wobei in jedem Fall gewisse Regeln einzuhalten sind. Unmittelbar nach der Durchführung des Interviews sind relevante Kontextinformationen, allgemeine Eindrücke sowie zentrale Erkenntnisse festzuhalten. Auch die offiziellen Interview-Daten sollen möglichst zeitnah aufgearbeitet und transkribiert werden, wobei sich der Genauigkeitsgrad der Transkription aus dem Erkenntnisinteresse, den geplanten Auswertungsverfahren und dem Anspruchsniveau der Forschungsarbeit ableitet.

Sie haben eine gute Interviewstudie durchgeführt, wenn ...

- Sie die Interviews anhand eines Leitfadens geführt haben, der
  - auf die jeweiligen Interviewten zugeschnitten ist,
  - Ihrer Fragestellung entsprechend strukturiert ist,
  - die theoretischen Grundlagen berücksichtigt und
  - alle zentralen Aspekte der Fragestellung angemessen operationalisiert.
- Sie die Befragten haben aussprechen lassen und aufmerksam zugehört haben.
- Sie die Interviews so geführt haben, dass die befragten Personen zu den erwarteten Themenbereichen gesprochen haben und Sie inhaltliche Widersprüche oder Ungereimtheiten aufdecken konnten.
- Sie alle erhaltenen Informationen angemessen festgehalten haben (bspw. in Transkriptionen und Feldbüchern).

12.6 Lernaufgaben

Kontrollfragen

1. Was sind die zentralen Unterschiede zwischen alltäglichen Befragungen und wissenschaftlichen Interviews?
2. Für welche Fragestellungen eignen sich mündliche Befragungen besonders gut? Für welche eher nicht?
3. Was sind Vorteile von qualitativen Interviews? Welche Nachteile haben sie?
4. Wie unterscheiden sich strukturierte, teilstrukturierte und unstrukturierte Interviews? Für welche Fragestellungen sind diese unterschiedlichen Formen von Interviews besonders geeignet?
5. Nennen Sie Vor- und Nachteile von Einzel- und Gruppeninterviews!
6. Was beinhaltet ein Interview-Leitfaden und welchen Spannungsfeldern muss er gerecht werden?
7. Welchen Kriterien sollen gute Fragen in einem Interview-Leitfaden genügen?
8. Was ist der Zweck des Transkribierens und welche Genauigkeitsgrade werden dabei unterschieden?
9. Welche impliziten Annahmen liegen strukturierten Interviews zugrunde?
10. Wie unterscheidet sich das Gesprächsverhalten der interviewenden Person bei unterschiedlich stark strukturierten Interviews?
11. Wie unterscheidet sich die Rolle der befragten Person zwischen strukturiertem und narrativem Interview?

Übungsaufgaben

12. Sie interessieren sich für Mobbing in Schulen und möchten zu dieser Thematik ein episodisches Interview mit einer Schulleiterin führen. Entwickeln Sie dafür einen Leitfaden!
13. Wie können Sie ein Interview so führen, dass die Interviewsituation die Antworten möglichst wenig beeinflusst?
14. Formulieren Sie eine eigene Fragestellung, die sich besonders gut über die Auswertung narrativer Interviews beantworten lässt.
15. Formulieren Sie eine eigene Fragestellung, die sich besonders gut über die Analyse von Gruppendiskussionen beantworten lässt.

Diskussionsaufgaben/Vertiefungsaufgaben

16. Welche Vor- und Nachteile haben mündliche Befragungen gegenüber anderen Datenerhebungsverfahren (wie z. B. Beobachtung oder Fragebogenerhebung)?
17. Welche Regeln der Interviewführung erachten Sie für sich persönlich als besonders anspruchsvoll? Wie können Sie sich gegebenenfalls darauf vorbereiten?

12.7 Literatur

Weiterführende Literatur

Atteslander, P. (2008). *Methoden der empirischen Sozialforschung.* Berlin: Erich Schmidt Verlag. (Kap. 4: Befragung)

Bohnsack, R., Przyborski, A. & Schäffer, B. (2006). *Das Gruppendiskussionsverfahren in der Forschungspraxis.* Opladen: Verlag Barbarba Budrich.

Flick, U. (2006). Interviews in der qualitativen Evaluationsforschung. In U. Flick (Hrsg.), *Qualitative Evaluationsforschung. Konzepte, Methoden, Umsetzung* (S. 214–232). Reinbek: Rowohlt.

Reinders, H. (2005). *Qualitative Interviews mit Jugendlichen führen.* München: R. Oldenbourg Verlag.

Verwendete Literatur

Atteslander, P. (2008). *Methoden der empirischen Sozialforschung.* Berlin: Erich Schmidt Verlag.

Beller, S. (2008). *Empirisch forschen lernen. Konzepte, Methoden, Fallbeispiele, Tipps.* Bern: Hans Huber Verlag.

Bohnsack, R. & Przyborski, A. (2006). Diskursorganisation, Gesprächsanalyse und die Methode der Gruppendiskussion. In R. Bohnsack, A. Przyborski & B. Schäffer (Hrsg.), *Das Gruppendiskussionsverfahren in der Forschungspraxis* (S. 233–248). Opladen: Verlag Barbarba Budrich.

Bortz, J. & Döring, N. (1995). *Forschungsmethoden und Evaluation in den Sozialwissenschaften.* Berlin: Springer Verlag.

Flick, U. (2006). Interviews in der qualitativen Evaluationsforschung. In U. Flick (Hrsg.), *Qualitative Evaluationsforschung. Konzepte, Methoden, Umsetzung* (S. 214–232). Reinbek: Rowohlt.

Froschauer, U. & Lueger, M. (2003). *Das qualitative Interview.* Wien: UTB.

Reinders, H. (2005). *Qualitative Interviews mit Jugendlichen führen.* München: R. Oldenbourg Verlag.

13 Fragebogenerhebungen

«Man muss viel gelernt haben, um über das,
was man nicht weiß, fragen zu können»
(Jean-Jacques Rousseau).

13.1 Einleitung

Der Forschungsgegenstand ist geklärt, die Fragestellung ist herausgearbeitet, die entsprechende Theorie ist aufgearbeitet, Hypothesen sind gebildet, die wichtigsten Konstrukte sind operationalisiert und auch ein Forschungsdesign wurde bereits erstellt. Falls das Forschungsdesign eine Fragebogenerhebung vorsieht, sollte an dieser Stelle nochmals kritisch überprüft werden, ob dies wirklich die ergiebigste Methode darstellt. Seriös durchgeführte Fragebogenstudien sind nämlich relativ aufwendig und erfordern einen hohen Rücklauf, um aussagekräftige Ergebnisse zu produzieren. Deshalb sollte der Entscheid für eine Fragebogenerhebung nicht vorschnell gefällt werden.

Soll tatsächlich eine Fragebogenerhebung durchgeführt werden, so kann es nützlich sein, eine qualitative Vorstudie durchzuführen (Dokumentenanalyse, unstandardisierte Beobachtungen, Interviews). So kann die Sensibilität für den Forschungsgegenstand über die theoretische Auseinandersetzung hinaus erhöht werden. Dies bildet eine gute Grundlage für einen soliden Fragebogen, der die Situation der Befragten angemessen erfassen kann.

Schule Obertor hat sich entschieden, basierend auf den Erkenntnissen der Interviewstudie eine Fragebogenerhebung bei den Eltern durchzuführen. Nach all den bisherigen Vorarbeiten interessiert sich die Arbeitsgruppe «Schulqualität» immer mehr dafür, was eigentlich die Eltern unter einer guten Schule verstehen – insbesondere bezüglich des Umgangs mit Heterogenität. In den Interviews wurden nämlich sehr verschiedene Ansichten darüber formuliert, was eine gute Schule ist (gute Fachleistungen der Kinder, gutes Betreuungsangebot über den Unterricht hinaus, vielfältiges Schulleben, reibungslose Schulorganisation, individuelle Förderung usw.). Da bei den Lehrpersonen-Interviews nur eine kleine Stichprobe von acht Lehrpersonen gezogen wurde und da in diesen Interviews immer wieder die Eltern und ihre Erwartungen an die Schule zur Sprache kamen, interessiert nun, welche Meinung die Elternschaft vertritt. Deshalb soll mit Hilfe eines Fragebogens ein möglichst repräsentatives Bild aus Elternsicht gezeichnet werden. Was verstehen die Eltern unter einer guten Schule, die den Umgang mit Heterogenität vorzüglich meistert – und welche diesbezügliche Qualität attestieren sie der Schule Obertor?

Jetzt muss nur noch ein Fragebogen her.

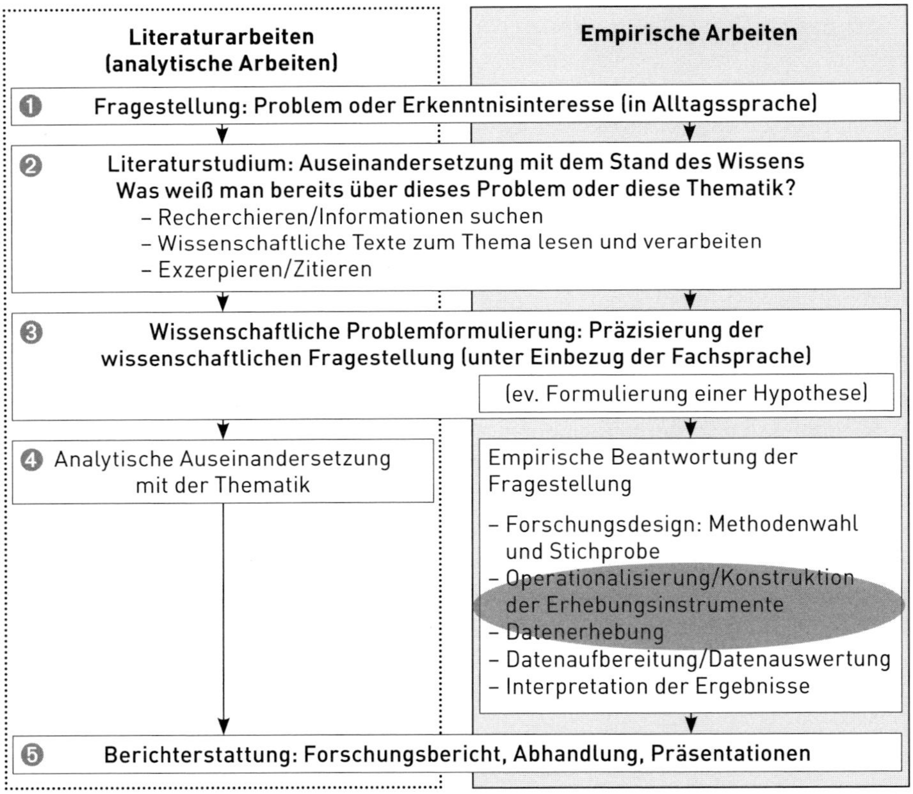

13.1.1 Bedeutung des Themas

Bei Fragebögen handelt es sich um sehr häufig eingesetzte sozialwissenschaftliche Instrumente. Fragebögen sind beliebt, weil sie in standardisierter Form vorgegeben werden können, relativ leicht zu konstruieren sind, ökonomisch anzuwenden und bei entsprechenden Kenntnissen leicht auszuwerten sind und weil zum Teil Normen aus Eichstichproben zum Vergleich vorliegen (vgl. Gollwitzer & Jäger, 2009, S. 142).

In der Schule können Lehrpersonen Fragebögen einsetzen, um ihren eigenen Unterricht aus Sicht der Schülerinnen und Schüler zu beleuchten und daraus Rückschlüsse auf Optimierungsmaßnahmen zu ziehen. Auch im Rahmen von internen und externen Evaluationen werden in den Schulen zunehmend Fragebögen eingesetzt.

Oft werden in der Schule aber auch Formulare gestaltet, die im Alltag nicht als Fragebogen bezeichnet werden (z. B. eine Skilageranmeldung oder die Anmeldung für Ateliers in einer Projektwoche). Dennoch ist es nützlich, auch bei der Gestaltung solcher Formulare Grundwissen zur Erstellung von Fragebögen einfließen zu lassen.

Schließlich sollten Lehrpersonen Forschungsergebnisse, die oft auf Fragebogenerhebungen basieren, interpretieren können, um ihren Unterricht und die Schule auf der Basis des aktuellen Wissensstandes weiterzuentwickeln. Dies gelingt Lehrpersonen mit etwas Basiswissen über die Konstruktion von Fragebögen bedeutend besser, weil sie nachvollziehen können, wie die Forschungsergebnisse entstanden sind.

13.1.2 Wichtige Begriffe

Item
Aufgabe, Aussage oder Frage im Fragebogen, die beurteilt bzw. beantwortet werden soll, z. B. «Ich gehe gerne zur Schule»

Antwortkategorie
Vorgegebene Antwortmöglichkeit im Fragebogen, z. B. «trifft eher zu»

Antwortformat (Antwortskala)
Kombination von vorgegebenen Antwortkategorien, z. B. «trifft genau zu», «trifft eher zu», «trifft teilweise zu», «trifft eher nicht zu» und «trifft überhaupt nicht zu»

Disjunkt
Antwortkategorien, die sich gegenseitig ausschließen

Offene Frage
Frage, die eine beliebige Anzahl von Textantworten zulässt, z. B.: «Wie haben Sie den heutigen Tag erlebt?»

Geschlossene Frage
Frage, die nur vordefinierte Antworten zulässt, z. B.: Bist du ein Mädchen oder ein Knabe?

Multiple Choice
Angebot von mehreren Antwortkategorien, aus denen eine Kategorie ausgewählt werden soll (je nach dem kann auch erlaubt werden, mehrere Kategorien auszuwählen)

Pre-Test
Vortest mit einer kleinen Personenzahl, um zu überprüfen, welche Optimierungen am Fragebogen vorgenommen werden müssen

Item-Schwierigkeit
Ausmaß, in dem die Befragten einem Item zustimmen (bzw. bei Testaufgaben ein Item richtig lösen)

Rücklauf
Anzahl Fragebögen, die ausgefüllt retourniert wurden (oft in % angegeben)

13.1.3 Was Sie erwartet

In diesem Kapitel wird zunächst auf Vor- und Nachteile des Fragebogeneinsatzes eingegangen (siehe Kap. 13.2), um dann verschiedene Arten von Items (siehe Kap. 13.3), deren Formulierung (siehe Kap. 13.4) und deren Schwierigkeitsgrad (siehe Kap. 13.5) zu beleuchten. Aufbau und Form von Fragebögen (siehe Kap. 13.6) werden genauso diskutiert wie die Frage, welches die Vor- und Nachteile von Online-Befragungen über das Internet sind (siehe Kap. 13.7). Zum Schluss wird darauf eingegangen, wie Fragebögen vor ihrem eigentlichen Einsatz an einer kleinen Stichprobe einem Pre-Test unterzogen werden können (siehe Kap. 13.8) und wie der Rücklauf der Fragebögen erhöht werden kann (siehe Kap. 13.9).

13.1.4 Ziele: Was Sie lernen sollen

Nach der Bearbeitung dieses Kapitels können Sie ...

- Fragebogenitems formulieren,
- geeignete Antwortformate auswählen,
- einfache Fragebögen konstruieren,
- die Qualität vorliegender Fragebogeninstrumente beurteilen.

13.2 Einsatz von Fragebögen

Bei der Konzeption einer empirischen Untersuchung denken viele zuerst an eine Fragebogenerhebung. Fragebögen gelten als kostengünstig und wenig aufwendig. Die Befragten können sich die Antworten in aller Ruhe überlegen und werden von den Forschenden dabei nicht direkt beeinflusst (vgl. Bortz & Döring, 2003, S. 253; Raithel, 2006, S. 66). Fragebögen dienen der standardisierten, großflächigen Datenerhebung. Sie werden eingesetzt, wenn möglichst viele Personen zu spezifischen Fragestellungen befragt werden sollen. Mit Fragebögen können Daten und

Fakten, aber auch persönliche Meinungen und Haltungen von Personen erfragt werden.

Neben diesen Vorteilen bringen Fragebogenerhebungen aber auch Nachteile und Schwierigkeiten mit sich: Der Fragebogen muss so klar aufgebaut und einfach formuliert sein, dass ihn die Befragten ohne Rückfragen bearbeiten können. Abgesehen von Schwierigkeiten bei der sprachlichen Formulierung ist das oft gar nicht so einfach, weil sich die Befragten in ganz verschiedenen Situationen befinden, die zum Teil nur schwer vorausgesehen werden können. Außerdem ist nicht kontrollierbar, ob die Befragten den Fragebogen alleine lösen oder ob sie dabei von jemandem «beraten» werden. Schließlich senden viele Personen, die befragt werden sollen, den Fragebogen gar nicht zurück – oder sie bearbeiten den Fragebogen nur lückenhaft und unsorgfältig (vgl. Atteslander, 2003, S. 175). Dies hängt auch damit zusammen, dass Fragebögen sehr populäre Forschungsinstrumente sind, die manchmal fast inflationär eingesetzt werden. So sinkt die Motivation der Befragten, einen Fragebogen zu bearbeiten, v. a. wenn dieser unprofessionell konzipiert wurde.

Die Konzeption von Fragebögen ist sehr anspruchsvoll, denn sie setzt bereits große Theorie- und Feldkenntnisse voraus. Bei jeder Fragebogenkonstruktion ist der gesamte Operationalisierungsprozess zu durchlaufen (vgl. Kap. 9.5). Es sind also aus den theoretischen Begriffen oder Konstrukten beobachtbare und einschätzbare Indikatoren abzuleiten, zu denen in der Folge einzelne Fragen, Aufgaben oder Aussagen formuliert werden. Zur Erhöhung der Genauigkeit (Reliabilität) der Messung sollte jedes Konstrukt durch mehrere Items erfasst werden.

Die Formulierung der Items stellt nur den letzten Schritt der Fragebogenkonstruktion dar. Ohne vorgängiges Theoriestudium können deshalb kaum sinnvolle Fragebögen konstruiert werden. Außerdem sollten die Forschenden bereits wissen, wie die Akteure in ihrem Untersuchungsfeld «ticken». Mit diesem Wissen können sie den Fragebogen so formulieren, dass er zur konkreten Situation der Befragten passt.

13.3 Arten von Items

Die einzelnen Fragen oder Aufgaben eines Fragebogens werden als «Items» bezeichnet Bei der Formulierung solcher Items wird versucht, ein Konstrukt oder einen einzelnen Aspekt davon zu operationalisieren (d. h. erfassbar zu machen). Um z. B. einen Aspekt des Konstrukts «Schulklima» zu operationalisieren, könnte gefragt werden: «Gehst du gerne zur Schule?» Über das Antwortverhalten der Schülerinnen und Schüler wird ein Aspekt des Schulklimas beobachtbar bzw. messbar – jedenfalls in einer Annäherung.

Items können formal auf verschiedene Arten vorgelegt und mit verschiedenen Antwortformaten versehen werden (vgl. Raithel, 2006, S. 67 ff.; Schnell, Hill, & Esser, 2005, S. 175). In Tabelle 21 finden Sie eine Übersicht über verschiedene Formen von Items.

Tabelle 21: Übersicht über mögliche Formen von Items.

Form	Beispiel
Offene Fragen	Welche positiven Erfahrungen machten Sie im Rahmen des Projekts «Pausenplatzgestaltung»? ____________________ ____________________
Satzergänzungsverfahren	Wenn ich in die Schule gehe, freue ich mich auf … ____________________ ____________________
Multiple-Choice-Fragen	Wer hat diesen Fragebogen ausgefüllt? ☐ Mutter ☐ Vater ☐ Kind ☐ Andere
Rating-Skalen (Likert-Skalen)	Ich gehe gern zur Schule. ☐ Trifft voll und ganz zu ☐ Trifft eher zu ☐ Trifft teilweise zu ☐ Trifft eher nicht zu ☐ Trifft überhaupt nicht zu
Semantisches Differenzial	Beschreibe deine Lehrerin! streng ☐ ☐ ☐ ☐ ☐ ☐ ☐ milde misstrauisch ☐ ☐ ☐ ☐ ☐ ☐ ☐ vertrauensselig interessant ☐ ☐ ☐ ☐ ☐ ☐ ☐ langweilig

Bei der Formulierung der Items muss sorgfältig überprüft werden, ob sie zu den vorgegebenen Antwortkategorien passen. So wäre es beispielsweise unsinnig zum Item «Wann haben Sie Ihr letztes Unterrichtsprojekt durchgeführt?» die Antwortkategorien «trifft genau zu», «trifft eher zu» (usw.) vorzugeben.

Da die Entwicklung eigener Items sehr anspruchsvoll ist, lohnt es sich, bestehende Instrumente zu suchen, allenfalls anzupassen und einzusetzen. Sie finden sich teilweise im Anhang von wissenschaftlichen Studien oder lassen sich aus den Ergebnissen von Studien erschließen. Wenn solche bestehenden Instrumente verwendet werden, liegen in den meisten Fällen auch gerade Vergleichswerte vor, was für die Einschätzung und Interpretation der eigenen Ergebnisse hilfreich ist.

Sehr umstritten ist die Frage nach der Zahl der Antwortkategorien (vgl. Bortz & Döring, 2003, S. 179). Zum einen besteht keine Einigkeit darüber, ob eher wenige oder eher viele Antwortkategorien vorgegeben werden sollen. Wenige Kategorien haben den Vorteil, dass das Layout des Fragebogens und die Auswertung der Daten übersichtlich bleibt. Für eine größere Anzahl von Antwortkategorien sprechen die differenzierteren Möglichkeiten für die Beantwortung und anschließend für die Auswertung der Items.

Zum anderen existieren unterschiedliche Ansichten darüber, ob eine gerade oder eine ungerade Anzahl von Antwortkategorien verwendet werden soll (vgl. Stier, 1999, S. 68 f.). Während eine ungerade Anzahl über eine «mittlere» Antwortkategorie verfügt, fehlt diese bei einer geraden Anzahl. Liegt eine mittlere Antwortkategorie vor, so besteht die Gefahr, dass diese übermäßig häufig gewählt wird (vgl. Raithel, 2006, S. 69). Dies erschwert aber die Interpretation der Ergebnisse, weil nicht klar ist, was diese Personen mit ihrer mittleren Antwort ausdrücken wollten. Sie könnten damit etwa «weiß nicht», «weder noch», «kann mich nicht entscheiden» oder «ist mir egal» meinen (vgl. Stier, 1999, S. 68 f.).

Umgekehrt werden Items mit gerader Anzahl von Antwortmöglichkeiten erfahrungsgemäß häufiger gar nicht beantwortet (vgl. Häder, 2010, S. 235). Dies könnte daran liegen, dass Personen die tatsächlich unentschieden sind, ihre Einstellung bei einem solchen Antwortformat gar nicht angemessen ausdrücken können. Etwas Abhilfe bzw. Klarheit kann geschaffen werden, wenn das Antwortformat immer auch eine Kategorie «weiß nicht» besitzt (vgl. Raithel, 2006, S. 68). Für die Wahl der Anzahl Antwortkategorien gibt es also keine eindeutig richtige oder falsche Entscheidung. Überlegen Sie sich bei jedem Fragebogen von Neuem, ob eher eine gerade oder eher eine ungerade Anzahl Antwortkategorien für Ihre Fragestellung angemessen ist.

Bei offenen Fragen gilt es zu bedenken, dass diese zwar wertvolle Hinweise zum Umfeld der Befragten und zu ihren persönlichen Argumentationen ergeben können. Es muss aber auch beachtet werden, dass bei einem Fragebogen mit vielen offenen Fragen mit einem großen Anteil nicht beantworteter Fragen gerechnet werden muss (vgl. Kuckartz, Ebert, Rädiker, & Stefer, 2009, S. 13). Auf jeden Fall empfiehlt es sich, gegen Ende eines Fragebogens eine Möglichkeit für Kommentare und Rückmeldungen vorzusehen.

13.4 Itemformulierung

Die Formulierung von guten Items ist anspruchsvoll und muss deshalb geübt werden. Folgende Punkte sollten Sie bei der Formulierung der Items beachten (vgl. Kuckartz, Ebert, Rädiker & Stefer, 2009, S. 33 f.; Faulbaum, Prüfer, & Rexroth, 2009, S. 128 ff.).

1. Denken Sie bei der Formulierung der Items stets an die Adressaten und ihre besonderen Merkmale bzw. ihre Sprache, damit die Formulierungen entsprechend angepasst werden können.
2. Fokussieren Sie den Fragebogen auf die Forschungsfrage(n) und nicht auf all das, was auch noch schön zu wissen wäre.
3. Somit sollten die Items einen direkten Bezug zum Forschungsgegenstand haben.
4. Formulieren Sie die Items kurz, verständlich und präzise – ohne Fremdwörter, doppelte Verneinungen («ich war nie Nichtraucher») oder gestelzte Formulierungen.
5. Formulieren Sie jedes Item so, dass es von allen in gleicher Weise interpretiert wird.
6. Vermeiden Sie Anbiederungen, mundartliche oder nur in bestimmten Milieus benutzte Formulierungen (so auch bspw. SMS-Vokabular).
7. Vermeiden Sie ebenfalls Fragen, die gleichzeitig zwei Fragen beinhalten («Lieben Sie Äpfel und Birnen?»). Bei solchen «Doppel-Items» wird nicht klar, worauf sich die Antwort bezieht.
8. Auf wertbesetzte Begriffe wie z. B. «Gerechtigkeit» oder «Freiheit» sollten Sie verzichten, weil diese sehr unterschiedlich interpretiert werden.
9. Vermeiden Sie suggestive Formulierungen (z. B. «Finden Sie nicht auch, dass es in der Veranstaltung oft zu laut war?»), weil sonst eine unabhängige Einschätzung eines Sachverhaltes erschwert wird.
10. Die Antwortkategorien sollen erschöpfend formuliert sein (damit alle etwas ankreuzen können) und sich nicht überlappen, d. h. sie sollten disjunkt sein, damit sich alle für eine einzige Antwort entscheiden können, was eine klare Auswertung ermöglicht (auf die Frage nach den Lieblingsfächern wären folgende Antwortvorgaben nicht disjunkt: Sport, Mathematik, Sprachen, Englisch).
11. Grenzen Sie den Zeitraum für die Fragen ein, sodass die Befragten wissen, ob sich ihre Antworten auf die letzten zwei Wochen oder auf die letzten zwei Jahrzehnte beziehen sollen.
12. Polen Sie die Items in unterschiedliche Richtungen, d. h. formulieren Sie diese teilweise positiv und teilweise negativ.

Der letzte Punkt berücksichtigt die grundsätzliche Tendenz vieler Menschen, Fragen mit «ja» zu beantworten. Um dieser Tendenz entgegen zu wirken empfiehlt es sich, gewisse Items negativ zu formulieren, d. h. negativ zu polen (vgl. Häder, 2010, S. 215). Wenn sowohl negativ als auch positiv gepolte Items eingesetzt werden, bilden sie das zu messende Konstrukt genauer (reliabler) ab. Am Beispiel des Konstrukts «Unterrichtsinteresse» könnten sich folgende positiv bzw. negativ gepolte Items ergeben:

Positiv gepolt: Ich finde den Unterricht spannend.

Negativ gepolt: Ich finde den Unterricht langweilig.

13.5 Schwierigkeit von Items

Items können so formuliert werden, dass eine Mehrheit der Befragten zustimmt oder so, dass die meisten das Item ablehnen. Je nach Formulierung kann also die «Zustimmungsrate» zu einem Item beeinflusst werden. Diese «Zustimmungsrate» wird auch als «Itemschwierigkeit» bezeichnet. «Schwierigen» Items stimmen nur wenige Personen zu, «leichten» Items hingegen viele. Damit beeinflusst die Itemschwierigkeit die Verteilung der Antworten sehr stark (vgl. Bortz & Döring, 2003, S. 218). Tabelle 22 zeigt ein Item mit hoher bzw. geringer Itemschwierigkeit.

Meist erzeugen Items mit mittlerer Schwierigkeit die größte Streuung («Ich habe den Kurs positiv erlebt»). Eine gewisse Streuung ist anzustreben, weil Auswertungen uninteressant wären, wenn alle das Gleiche angekreuzt hätten, d. h. wenn die Streuung gleich 0 wäre. Nur wenn unterschiedliche Antworten gewählt wurden, lassen sich z. B. Unterschiede zwischen Schülerinnen und Schülern oder zwischen Klassen aufdecken.

13.6 Aufbau und Form des Befragungsinstruments

Normalerweise sind Fragebögen so aufgebaut, dass zuerst die allgemeineren Fragen aufgeführt sind (inkl. «Aufwärmfragen», die von allen leicht zu beantworten sind), bevor die konkreteren Fragen folgen (vgl. Moser, 1998, S. 51). Die Fragen zur Person

Tabelle 22: Items mit hohem und geringem Schwierigkeitsgrad im Vergleich.

Hoher Schwierigkeitsgrad	Geringer Schwierigkeitsgrad
Der Kurs hat mich von A-Z absolut restlos begeistert.	Der Kurs hatte einzelne Elemente, die mich angesprochen haben.
(Hier werden nur wenige Personen mit gutem Gewissen ein JA ankreuzen können.)	(Hier werden viele Personen ein JA ankreuzen können.)

– also die sozialstatistischen oder soziodemografischen Daten – sollten in der Regel erst am Ende des Fragebogens erhoben werden (vgl. Kuckartz et al. 2009, S. 36).

Beachten Sie zudem folgende Hinweise:

- Zu jedem Fragebogen gibt es einen Begleitbrief, der das Anliegen erklärt und zur Befragung einlädt.
- Der Fragebogen hat ein Deckblatt mit Titel, Logo, Rücklaufadresse, Telefonnummer oder E-Mail-Adresse der Forscherinnen und Forscher.
- Eine Anleitung erklärt genau, wie der Fragebogen auszufüllen ist (bspw. ob mehrere Antworten angekreuzt werden dürfen oder wie falsche Antwortwahlen korrigiert werden sollen).
- Der Fragebogen beschränkt sich auf wenige verschiedene Frage- bzw. Antwortformate. Es soll einerseits beim Ausfüllen nicht langweilig werden; andererseits sollte auch nicht jedes Item ein neues Eindenken in die Form der Aufgabenstellung erfordern.
- Der Fragebogen ist übersichtlich gestaltet und fehlerfrei formuliert.

Um die spätere Datenerfassung zu vereinfachen, lohnt es sich, bereits im Fragebogen entsprechende Codes anzubringen (siehe **Abb. 9**).

Wie die Auswertung der mittels Fragebogen erhobenen Antworten vorgenommen wird, entnehmen Sie Kapitel 14.

Förderung im Unterricht	trifft nicht zu	trifft eher nicht zu	trifft teilweise zu	trifft eher zu	trifft zu	weiß nicht
1 Ich erkenne Schwierigkeiten der Schülerinnen und Schüler sehr früh.	☐1	☐2	☐3	☐4	☐5	☐6
2 Wenn ich Schwierigkeiten bei Schülerinnen und Schülern entdecke, leite ich sofort Maßnahmen ein.	☐1	☐2	☐3	☐4	☐5	☐6
3 Es gelingt mir gut, auf den Stärken der einzelnen Kinder aufzubauen.	☐1	☐2	☐3	☐4	☐5	☐6

Abbildung 9: Ausschnitt aus einem Fragebogen für Lehrpersonen.

13.7 Online vs. Papier

In letzter Zeit setzen sich schriftliche Befragungen im Internet immer mehr durch (sogenannte Online-Befragungen). Aber auch hier müssen Vor- und Nachteile sorgfältig gegeneinander abgewogen werden, bevor ein entsprechender Entscheid gefällt wird.

Die Vorteile von Online-Befragungen beziehen sich darauf, dass durch den Wegfall von Fragebogendruck, Fragebogenversand und Dateneingabe Kosten in erheblichem Umfang gespart werden können. Außerdem können Fehler bei der Dateneingabe vermieden werden; teilweise können unlogische oder unmögliche Angaben bereits bei der Eingabe zurückgewiesen werden; auch «Verzweigungen» im Fragebogen – sogenannte Filter – können elegant realisiert werden. Wenn offene Fragen gestellt werden, ergibt sich der Vorteil, dass die Befragten die Textantworten selber elektronisch erfassen, was den Aufwand der Dateneingabe für die Forschenden reduziert. Erfolgt die Einladung zu einer quantitativen Befragung per E-Mail, so spielt es vom Aufwand her praktisch keine Rolle, ob nur 20 oder 2000 Personen an der Befragung teilnehmen (vgl. Kuckartz et al., 2009, S. 12ff.). Kurz: «Die Vorteile der Online-Forschung liegen auf der Hand: größere Schnelligkeit, größere Stichproben und Reduzierung der Kosten für die Datenerhebung, insbesondere entfällt die Transkription von verbalen Daten» (Kuckartz et al., S. 9).

Nachteile ergeben sich dadurch, dass die Aufmerksamkeit und Energie der Befragten am Bildschirm nicht so hoch ist (mehr als 15 Minuten werden kaum akzeptiert). Deshalb müssen Online-Befragungen kürzer gehalten werden als Papierfragebögen (vgl. Kuckartz et al., 2009, S. 37). Außerdem muss bei Online-Verfahren mit zum Teil deutlich niedrigeren Rücklaufquoten gerechnet werden (vgl. Kuckartz et al., 2009, S. 13). Auf jeden Fall muss gut überlegt werden, ob die zu befragenden Personen Zugang zum Internet haben und technisch in der Lage sind, einen Online-Fragebogen auszufüllen.

13.8 Pre-Test

Egal ob die Befragung online oder mit Papierfragebögen durchgeführt wird: Items müssen immer klar und eindeutig sein und von der Zielgruppe vollständig verstanden werden. Um dies zu gewährleisten, wird meist ein Pre-Test (Vortest) bei der entsprechenden Zielgruppe durchgeführt (vgl. Bortz & Döring, 2003, S. 256). Falls der Fragebogen Fehler, Probleme oder Schwachstellen beinhaltet, wäre ansonsten der Schaden relativ groß: Viele Leute würden «belästigt» und am Ende wären die Daten ev. trotzdem nicht auswertbar.

Ein Pre-Test, der diesem Problem entgegen wirkt, entspricht einem Probedurchlauf mit einigen wenigen Probanden der Zielgruppe. Beim Pre-Test werden diese wenigen Personen befragt, die den Fragebogen probehalber ausgefüllt haben. Bei dieser Befragung wird ermittelt, wie lange das Ausfüllen gedauert hat, ob die Anweisungen eindeutig sind, ob es unklare Fragen gibt, ob die vorgegebenen Antwortkategorien adäquate Antworten ermöglichen und ob alle Fragen beantwortbar und gut verständlich sind (vgl. Raithel, 2006, S. 62).

Ergänzend zu einem probeweisen Ausfüllen des Fragebogens können die Teilnehmenden auch gebeten werden,

- zu erklären, wie sie zu ihrer Antwort kamen,
- das Item in eigenen Worten zu formulieren,
- während des Ausfüllens des Fragebogens laut zu denken (vgl. Schnell et al., 2005, S. 349).

Außerdem sollte der Fragebogen Expertinnen und Kollegen vorgelegt werden, um auch hier ein Feedback einzuholen (vgl. Raithel, 2006, S. 62). Auf der Grundlage dieses Feedbacks bzw. des Pre-Tests kann der Fragebogen optimiert werden – was bei größeren Anpassungen einen erneuten Pre-Test erforderlich macht. Normalerweise erreicht dieser Optimierungsprozess irgendwann eine Sättigung. Wenn nur noch wenige Hinweise auf Verbesserungen vorliegen bzw. wenn gewisse Aspekte immer wieder hin und her geändert werden, weil es keine optimale Lösung gibt, ist der Zeitpunkt gekommen, ein mutiges Ende der Fragebogenentwicklung zu finden und die Befragung zu starten.

13.9 Erhöhung des Rücklaufs

Bei quantitativen Fragebogenerhebungen sollte die Stichprobe einerseits eher groß sein (siehe Kap. 10.4). Andererseits sollten möglichst viele der angeschriebenen Personen an der Befragung teilnehmen, weil bei einem kleinen Rücklauf unklar bliebe, ob nur die besonders motivierten oder die besonders verärgerten Personen an der Befragung teilgenommen haben. Solche Verzerrungen des Rücklaufs sind umso unwahrscheinlicher, je größer der Rücklauf ist.

Fragebögen werden eher ausgefüllt, wenn die befragten Personen ein hohes Bildungsniveau und eine große Routine im Ausfüllen von Fragebögen haben. Außerdem ist der Rücklauf größer, wenn die Befragten am Forschungsthema interessiert sind (vgl. Bortz & Döring, 2003, S. 256). Der Rücklauf, also die Anzahl tatsächlich ausgefüllter und zurückgesandter Fragebögen, kann durch verschiedene einfache Maßnahmen erhöht werden (vgl. auch Atteslander, 2003, S. 176):

- sauber gestalteter Fragebogen (übersichtlich, klar, nicht zu dicht, grafisch aufgelockert)
- freundliches Begleitschreiben (am besten mitunterzeichnet von anerkannten Autoritäten)
- Zusicherung der Anonymität der Befragten
- Versand des Fragebogens, sodass er an einem Freitag bei den Befragten eintrifft
- Ansetzen einer ca. zwei- bis dreiwöchigen Rücksendefrist

- Beilegen eines frankierten und adressierten Rücksendeumschlags
- Erinnerungsschreiben bei Ablauf der Rücksendefrist und verlängern der Rücklauffrist
- Ev. telefonisches Nachhaken

Da die schriftliche Befragung in vielen Fällen anonym erfolgt, ist es nicht möglich die säumigen Befragten persönlich zur Teilnahme aufzufordern. Deshalb empfiehlt es sich, allen Personen nochmals einen Brief zu schreiben, in dem die bereits retournierten Fragebögen verdankt werden und die anderen Personen aufgefordert werden, ihren Fragebogen innerhalb einer verlängerten Frist ebenfalls zurück zu senden (vgl. Bortz & Döring, 2003, S. 259).

13.10 Zusammenfassung

Quantitativ ausgerichtete Fragebögen werden eingesetzt, wenn es eine Hypothese an einer größeren Stichprobe zu überprüfen gilt und sich die Fragestellung gut standardisieren lässt. Bevor ein Fragebogen erstellt wird, sollte sorgfältig geprüft werden, ob nicht andere Designs oder Erhebungsmethoden den gleichen oder einen besseren Erfolg versprechen würden. Insbesondere vor einem Entscheid für eine Online-Erhebung sollten die erhofften Vorteile gegenüber den damit eingehandelten Nachteilen abgewogen werden. Auf jeden Fall erfolgt der großflächige Einsatz des Fragebogens erst nach einem Pre-Test an einer kleinen Stichprobe sowie nach einer kritischen Prüfung durch fachlich bzw. methodisch versierte Personen. Inhaltlich sollte aus der Qualität des Fragebogens sichtbar werden, dass vor dessen Erstellung vertiefte Theorie- und Feldkenntnisse erworben wurden. Eine hohe Qualität des Fragebogens ist leichter zu erreichen, wenn bestehende Instrumente eingesetzt oder adaptiert werden.

Ein guter Fragebogen ...

- verfügt über ein sauber gestaltetes Deckblatt mit den wichtigsten Angaben zur Befragung, eine Anleitung zum Ausfüllen des Fragebogens sowie einen Begleitbrief, der das Anliegen erläutert.
- ist übersichtlich und formal korrekt gestaltet.
- ist so aufgebaut, dass zuerst die allgemeinen Fragen gestellt werden, bevor konkretere Fragen folgen. Soziodemografische Angaben werden am Schluss erhoben; offene Fragen werden dosiert eingesetzt.

- verwendet Items, welche die entsprechenden Konstrukte angemessen operationalisieren, wobei jedes Konstrukt durch mehrere Items erfasst wird. Diese Items sind sowohl positiv als auch negativ gepolt und haben in der Regel eine mittlere Item-Schwierigkeit.
- verwendet Items, die auf Anbiederung, mundartliche Wendungen, wertbesetzte Begriffe, unerklärte Fremdwörter, doppelte Verneinungen sowie suggestive Formulierungen verzichten.
- umfasst ausschließlich Items, die kurz, verständlich und präzise formuliert sind; dies umfasst auch die Forderung, pro Item nur immer einen Sachverhalt zu erfragen.
- verwendet Itemformulierungen, die mit den Antwortkategorien formal zusammen passen.
- variiert zwar die Antwortformate, beschränkt sich aber dennoch auf einige wenige passende Varianten. Bei den Antwortkategorien ist außerdem darauf zu achten, dass diese erschöpfend und disjunkt sind. Das Antwortformat sollte immer auch eine Kategorie «weiß nicht» umfassen.

Um den Rücklauf zu erhöhen, werden verschiedene Maßnahmen ergriffen. Insbesondere das Nachfassen mit einem höflichen Erinnerungsschreiben ist hier zielführend.

13.11 Lernaufgaben

Kontrollfragen

1. Worauf sollten Sie bei der Formulierung von Fragebogenitems achten?
2. Wie ist ein Fragebogen sinnvollerweise aufgebaut?
3. Welche verschiedenen Arten von Items gibt es?

Übungsaufgaben

4. Entwickeln Sie fünf Items, die in einem Lehrpersonenfragebogen erfassen könnten, ob diese die Mädchen und Knaben im Unterricht gleichberechtigt behandeln.
5. Operationalisieren Sie das Konstrukt «Methodenvielfalt im Unterricht» mit Hilfe von fünf Items, sodass Sie in einer Befragung von Lehrpersonen untersuchen könnten, wie vielfältig der Unterricht der Lehrpersonen ist.

6. Welche soziodemografischen Angaben würden Sie von den Eltern der Beispiel-Schule Obertor in einem Fragebogen zum Umgang der Schule mit dem Thema «Heterogenität» erfragen?

7. Skizzieren Sie eine Situation, in der Sie einen Papierfragebogen einsetzen würden – und eine andere Situation, in der Sie einen Online-Fragebogen verwenden würden. Begründen Sie jeweils Ihre Wahl.

8. Die folgenden Items wurden von einem Studenten für die Kinder einer sechsten Klasse formuliert. Sie sollen mit einer fünfstufigen Antwortskala von «trifft genau zu» bis «trifft überhaupt nicht zu» beurteilt werden. Allerdings sind die Formulierungen nicht überall gelungen. Bitte helfen Sie nach:
   a) Ich gehe gerne in die Schule und liebe Mathematik, Sport und Deutsch.
   b) Die Heterogenität in unserem sozialen System Schulklasse ist zu groß.
   c) Ich ärgere mich nie, wenn ich keine Strafe bekomme.
   d) An unserer Schule gibt es viel Action.
   e) Wie die meisten Erwachsenen, bin ich auch der Meinung, dass man nicht für die Schule, sondern für das Leben lernen sollte.
   f) Unsere Lehrerin ist so was von cool.
   g) Unsere Lehrer sind oft gut gelaunt und machen Witze.

Diskussionsaufgaben/Vertiefungsaufgaben

9. Sie haben in aufwendiger Arbeit einen Fragebogen erstellt und diesen an eine Schulleitung zur Feinverteilung an die Lehrpersonen weiter gegeben. Nun gibt Ihnen die Schulleitung den Fragebogen wieder zurück mit der Begründung, der Fragebogen sei sprachlich und inhaltlich zu wenig ausgereift. Wie reagieren Sie?

10. In zwei Tagen läuft die Rücklauffrist Ihrer Fragebogenerhebung bei den Lehrpersonen von drei Schulhäusern einer Gemeinde ab. Aktuell beträgt der Rücklauf 22.6 %. Was unternehmen Sie?

13.12 Literatur

Weiterführende Literatur

Faulbaum, F., Prüfer, P. & Rexroth, M. (2009). *Was ist eine gute Frage? Die systematische Evaluation der Fragenqualität.* Wiesbaden: VS Verlag für Sozialwissenschaften.

Kuckartz, U., Ebert, T., Rädiker, S. & Stefer, C. (2009). *Evaluation online – internetgestützte Befragung in der Praxis.* Wiesbaden: Verlag für Sozialwissenschaften.

Verwendete Literatur

Atteslander, P. (2003). *Methoden der empirischen Sozialforschung.* Berlin: Walter de Gruyter.

Bortz, J. & Döring, N. (2003). *Forschungsmethoden und Evaluation für Human- und Sozialwissenschafter.* Berlin: Springer.

Faulbaum, F., Prüfer, P. & Rexroth, M. (2009). *Was ist eine gute Frage? Die systematische Evaluation der Fragenqualität.* Wiesbaden: VS Verlag für Sozialwissenschaften.

Gollwitzer, M. & Jäger, R. (2009). *Evaluation kompakt.* Weinheim: Beltz.

Häder, M. (2010). *Empirische Sozialforschung – eine Einführung.* Wiesbaden: Verlag für Sozialwissenschaften.

Kuckartz, U., Ebert, T., Rädiker, S. & Stefer, C. (2009). *Evaluation online – internetgestützte Befragung in der Praxis.* Wiesbaden: Verlag für Sozialwissenschaften.

Moser, H. (1998). *Instrumentenkoffer für den Praxisforscher.* Freiburg im Breisgau: Lambertus.

Raithel, J. (2006). *Quantitative Forschung – ein Praxiskurs.* Wiesbaden: Verlag für Sozialwissenschaften.

Schnell, R., Hill, P. & Esser, E. (2005). *Methoden der empirischen Sozialforschung.* München: Oldenbourg.

Stier, W. (1999). *Empirische Forschungsmethoden.* Berlin: Springer.

14 Quantitative Datenauswertung: Statistik

«Ich stehe Statistiken etwas skeptisch gegenüber,
denn laut Statistik haben ein Millionär
und ein Habenichts je eine halbe Million»
(Franklin D. Roosevelt).

14.1 Einleitung

Die Auseinandersetzung mit den theoretischen Grundlagen führte zu einem vertieften Verständnis für den Forschungsgegenstand. Dabei wurden aber auch weiterführende Forschungsfragen herausgearbeitet, die empirisch zu klären sind. Falls der Entscheid zugunsten einer quantitativen Methode fiel, wurden – basierend auf der erarbeiteten Theorielage – entsprechende Hypothesen zu den Forschungsfragen abgeleitet. Um diese Hypothesen zu prüfen, wurden die wesentlichen Konstrukte operationalisiert, eine Stichprobe gezogen und ein geeignetes Datenerhebungsverfahren eingesetzt, z. B. Fragebögen oder standardisierte Beobachtungen.

Nach der Durchführung einer solchen Datenerhebung liegen zahlreiche Messdaten vor, die statistisch ausgewertet werden sollen. Diese Auswertung zielt darauf ab, die Forschungsfragen zu klären bzw. die Hypothesen zu prüfen.

Schule Obertor hat die lange geplante Fragebogenerhebung inzwischen durchgeführt. 488 Erziehungsberechtigte haben den Fragebogen ausgefüllt – der hohe Rücklauf von 78 % freut die Verantwortlichen sehr. Aber wie soll es nun weitergehen? Momentan liegen die Fragebögen auf einem Stapel im Büro des Schulleiters und die Arbeitsgruppe «Schulqualität» fragt sich, wie sie bei der Auswertung vorgehen könnte. Irgendwie muss es doch möglich sein mit diesem Fragebogenberg die aufgeworfenen Fragestellungen zu beantworten! Aber wie?

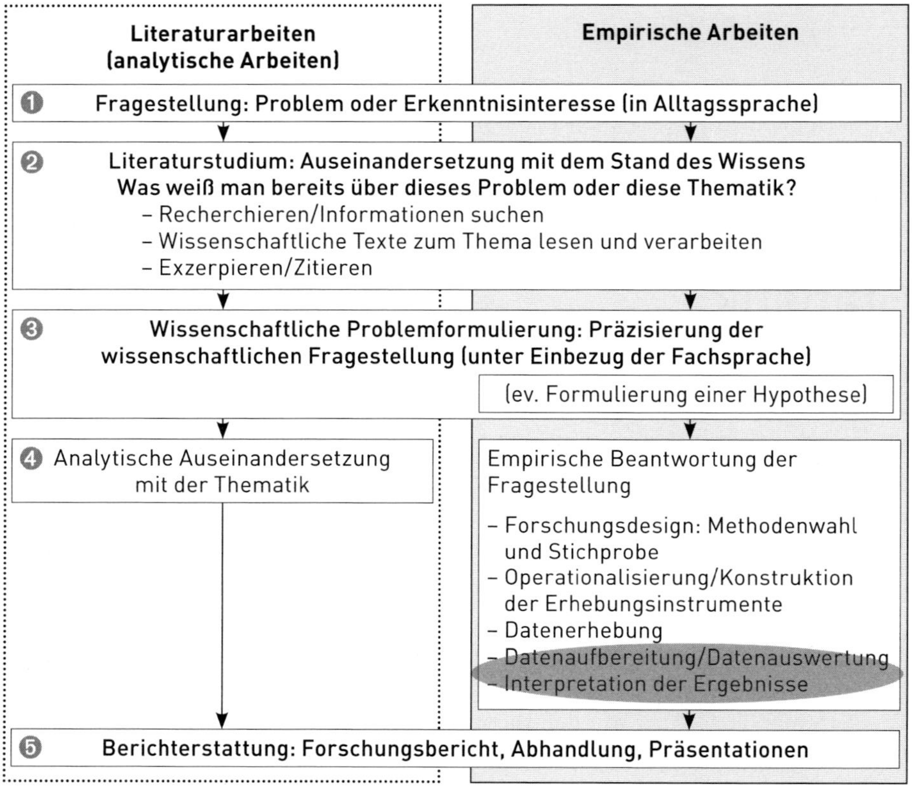

14.1.1 Bedeutung des Themas

Egal mit welcher Methode quantitative Daten erhoben wurden, egal welche Stichproben gezogen wurden, die statistischen Vorgehensweisen bei der Datenauswertung bleiben sich grundsätzlich immer gleich. So wird z.B. ein Mittelwert immer gleich berechnet, damit die Ergebnisse verständlich, verlässlich und vergleichbar sind (siehe auch Testgütekriterien in Kap. 9.4). Da die statistischen Verfahren so universell einsetzbar sind, lohnt sich eine vertiefte Auseinandersetzung mit diesem Thema.

Lehrpersonen begegnen statistischen Fragen, wenn sie im Sportunterricht Wettkämpfe durchführen (z.B. Orientierungslauf, Skirennen), wenn sie Prüfungen bewerten, wenn sie Fragebögen zur Erfassung ihrer Unterrichtsqualität auswerten oder wenn sie interne Evaluationen mit quantitativen Methoden durchführen. Aber auch bei der Lektüre von Fachbüchern oder Fachzeitschriften für die individuelle Weiterbildung sind immer wieder statistische Kennzahlen zu verstehen und zu interpretieren. Dafür ist es hilfreich, einige Grundkonzepte der Statistik zu kennen und damit Möglichkeiten und Grenzen statistischer Auswertungen abschätzen zu können.

14.1.2 Wichtige Begriffe

Variable
Merkmal, das unterschiedliche Ausprägungen annehmen kann

Skalenniveau
Eigenschaft von Variablen, die eine Aussage darüber macht, welche Rechenoperationen erlaubt sind und welchen Informationsgehalt die Variable hat

Nominal
Skalenniveau, das die gemessenen Werte in verschiedene, gleichrangige Gruppen einteilt (z. B. die Freizeitaktivitäten reisen, singen oder lesen).

Ordinal
Skalenniveau, das die gemessenen Werte in eine Rangreihenfolge bringt (z. B. die T-Shirtgrößen S, L, XL und XXL)

Intervall
Skalenniveau, das auf stets gleichen Abständen zwischen den Skalenwerten basiert (z. B. das Lebensalter in Jahren, also 20, 21, 22, 23 Jahre)

Urliste
Liste aller Messwerte der untersuchten Personen (dient als Grundlage für vielfältige statistische Auswertungen)

Deskriptiv
Beschreibend

Modus
Messwert, der angibt, welche Ausprägung am häufigsten vorkommt

Median
Messwert, der angibt, welcher Wert in der Mitte zu liegen kommt, wenn die Werte der Reihe nach geordnet vorliegen (teilt die geordneten Messwerte in zwei gleich große Hälften)

Mittelwert
Messwert, der den «Durchschnitt» (arithmetisches Mittel) ausdrückt

Standardabweichung
Maß für die «Unterschiedlichkeit» (Variabilität) der gemessenen Daten (auch als «Streuung» bezeichnet)

Korrelation
Zusammenhang zwischen zwei Variablen

Univariat
Statistische Auswertungen mit einer einzigen Variable

Bivariat
Statistische Auswertungen mit zwei Variablen

Kausalität
Zusammenhang von Ursache und Wirkung

Signifikanz
Irrtumswahrscheinlichkeit beim Rückschluss von einer Stichprobe auf die Population

14.1.2 Was Sie erwartet

Quantitative Daten lassen sich nicht ohne statistische Grundkenntnisse auswerten. Deshalb werden im Folgenden die wichtigsten Grundlagen der deskriptiven Statistik vorgestellt. «Die deskriptive Statistik beschäftigt sich mit der Organisation und Zusammenfassung von Daten, um sie übersichtlich und für den Betrachter leicht fassbar zu machen. Zu diesen Zwecken bedient sie sich verschiedener Mittel wie Tabellen und Diagramme» (Rasch, Friese, Hofmann & Naumann, 2006, S. 1).

Zuerst müssen die sogenannten Skalenniveaus geklärt werden (Kap. 14.2). Sie sind so etwas wie die verwendeten «Maßstäbe» und damit absolut grundlegend für alle folgenden Auswertungen. Bevor aber Auswertungen vorgenommen werden können, muss mit den gemessenen Werten eine Urliste erstellt werden, indem pro Person je auf einer Zeile alle Messwerte aufgeführt werden (Kap. 14.3). Anschließend können deskriptive Auswertungen vorgenommen werden (Kap. 14.4), z. B. indem Häufigkeiten ausgezählt und dargestellt werden oder indem Tendenzen und große Abweichungen (Streuungen) aus den Daten herausgearbeitet werden. Weil bei diesen Auswertungen gleichzeitig nur mit einer einzigen Variable gerechnet wird, werden sie als «univariate Statistik» bezeichnet (vgl. Hirsig, 2006, S. 2.2). Wie univariate, deskriptive Kennmasse mit Excel berechnet werden können, wird in Kapitel 14.5 erklärt[12].

Oft sollen bei Auswertungen zwei Variablen zueinander in Beziehung gesetzt werden. In diesem Zusammenhang ist von sogenannt «bivariater Statistik» die Rede (vgl. Hirsig, 2006, S. 2.50). Die einfachste bivariate, deskriptive Auswertungsform ist die sogenannte Kreuztabelle. Kreuztabellen stellen die eine Variable (z. B. das Geschlecht) in den Zeilen, die andere (z. B. das Hobby) in den Spalten dar. So kann eine erste Übersicht geschaffen werden (Kap. 14.6). Mit gewissen Daten ist es auch möglich, Zusammenhänge zwischen zwei Variablen in Form von Korrelationen zu berechnen (Kap. 14.7). Wenn solche Testverfahren eingesetzt werden, muss jeweils auch berichtet werden, wie groß die Wahrscheinlichkeit eines Irrtums ist, wenn auf Grund der Resultate in der Stichprobe auf die Verhältnisse in der Grundgesamtheit zurück geschlossen wird (Kap. 14.8).

---

12 Weiterführende statistische Analysen wie z. B. Hypothesentests oder Berechnungen mit mehr als zwei Variablen (sogenannte multivariate Datenanalysen) werden normalerweise in professionellen Statistikprogrammen (wie z. B. SPSS) vorgenommen. Auf solche Statistikprogramme wird hier nicht näher eingegangen

14.1.3 Ziele: Was Sie lernen sollen

Nach der Bearbeitung dieses Kapitels können Sie …

- eine Urliste erstellen.
- Skalenniveaus bestimmen und erklären.
- einfache deskriptive Datenauswertungen mit Excel vornehmen und interpretieren.
- Signifikanzen inhaltlich korrekt interpretieren.

14.2 Skalenniveaus

Ein wesentliches Merkmal quantitativer Studien ist die Übersetzung aller Informationen in numerische Codes. Das heißt, jede Angabe – oder jede mögliche Angabe – in einem Fragebogen muss in eine Zahl übersetzt werden. Nur so können die für statistische Auswertungen notwendigen Berechnungen vorgenommen werden. Bei quantitativen Untersuchungen werden die Beobachtungen bzw. Messungen deshalb meist in Zahlen übersetzt, bevor Auswertungen vorgenommen werden. Wird auf einem Fragebogen beispielsweise nach der Nationalität von Schülerinnen und Schülern gefragt, wird der Antwort «Frankreich» z. B. der Wert «1» zugeordnet, der Antwort «Deutschland» der Wert «2» usw. Der T-Shirt-Größe «L» könnte der Wert «3» zugeordnet werden und dem Lebensalter «13 Jahre» der Wert «13».

Die so gebildeten Variablen können unterschiedliche Skalenniveaus aufweisen. Besonders bedeutsam sind die Nominal-, Ordinal- und Intervallskala, die in **Abbildung 10** näher erläutert werden.[13]

Je nach Skalennvieau können andere statistische Verfahren eingesetzt werden. So wäre es z. B. nicht zulässig, einen Mittelwert aus den Nationalitäten «1» (Frankreich), «2» (Deutschland) und «3» (Schweiz) zu berechnen. Beim Lebensalter hingegen ist die Berechnung eines Mittelwertes möglich. Deshalb müssen Sie vor den Auswertungen zuerst das Skalenniveau der vorliegenden Messwerte festlegen. «Skalenniveaus sind in allen empirischen Sozialwissenschaften von entscheidender Bedeutung, denn erst sie ermöglichen einen sinnvollen Umgang mit statistischen Verfahren» (Rasch et al., 2006, S. 8).

Dabei sollten Sie beachten, dass die drei vorgestellten Skalenniveaus hierarchisch zu verstehen sind (vgl. **Abb. 11**). Intervallskalen sind das höchste, d. h. informativste Skalenniveau, Ordinalskalen sind etwas weniger informativ und Nominalskalen sind am informationsärmsten: «Je höher das Skalenniveau ist, desto größer ist auch der Informationsgehalt der betreffenden Daten und desto mehr mathematische Verfahren können angewendet werden. Deshalb wird zumeist ein möglichst hohes Messniveau angestrebt» (Raithel, 2006, S. 41).

---

13 Der Einfachheit halber wird hier auf eine weitere Differenzierung zwischen Ratioskala (Verhältnisskala) und Intervallskala verzichtet.

Nationalität	Wert
Frankreich	1
Deutschland	2
Schweiz	3
Italien	4
Türkei	5

T-Shirt-Größe	Wert
XXL	5
XL	4
L	3
M	2
S	1

Lebensalter	Wert
12 Jahre	12
13 Jahre	13
14 Jahre	14
15 Jahre	15
16 Jahre	16

Nominalskala:
Jeder «Beobachtung» (hier: Nationalität) wird ein anderer, eindeutiger Wert zugeordnet; die Werte drücken aber *keine* Reihenfolge aus.

Ordinalskala:
Die «Beobachtungen» können in eine eindeutige Reihenfolge gebracht werden (ein T-Shirt «XL» ist größer als ein T-Shirt «L», es ist aber unklar, wie groß der «Abstand» zwischen diesen beiden Größen ist). Einer größeren Ausprägung (hier: T-Shirt-Größe) wird ein höherer Wert zugewiesen.

Intervallskala:
Die Messwerte haben eine eindeutige Reihenfolge und darüber hinaus exakt gleiche Abstände (die Differenz zwischen 12 und 13 Jahren ist genau gleich groß wie jene zwischen 15 und 16 Jahren).

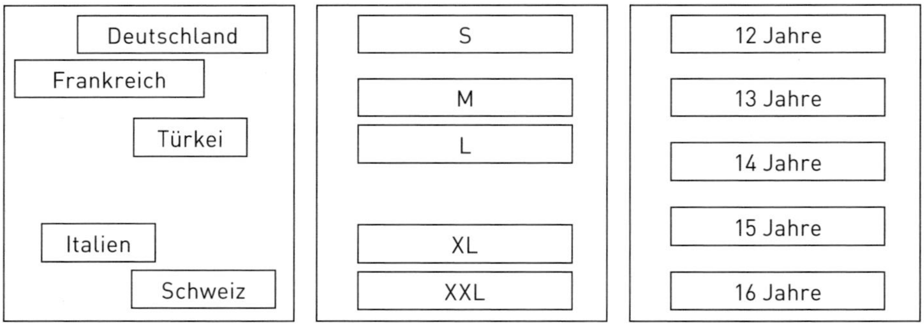

Beispiele:
- Religionszugehörigkeit
- Politische Parteien
- Nationalitäten
- Freizeitaktivitäten
- Schulhäuser

Beispiele:
- Schultypen
- Berufliche Positionen
- Kleidergrößen
- Ranglisten beim Sporttag
- Häufigkeiten (nie, selten, manchmal, oft immer)

Beispiele:
- Dienstalter
- Körpergröße
- Einkommen
- Intelligenzquotient

Abbildung 10: Skalenniveaus.

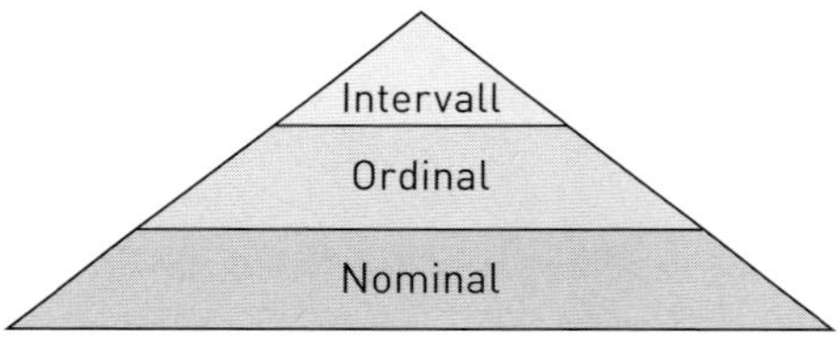

Abbildung 11: Hierarchie der Skalenniveaus

Nun ist es möglich, Intervallskalen (z. B. das genaue Lebensalter in Jahren) auf ordinales Skalenniveau hinunterzutransformieren, indem nur noch die Rangreihenfolge der Messwerte fokussiert wird. Analog kann bei ordinalen Daten (z. B. bei T-Shirtgrößen) darauf verzichtet werden, eine Aussage über die Rangreihenfolge zu machen und unterschiedliche T-Shirtgrößen nur noch als «verschieden», aber nicht mehr als größer oder kleiner anzuschauen. Wer bereit ist einen Informationsverlust hinzunehmen, darf somit jederzeit die Daten von einem höheren auf ein tieferes Skalenniveau hinuntertransformieren. Der umgekehrte Vorgang ist jedoch nicht möglich.

14.3 Urliste und Codeplan

Um die quantitativen Daten für eine Auswertung aufzubereiten, muss zunächst eine Datenmatrix oder Urliste erstellt werden. Dabei werden die Fälle (z. B. Personen) jeweils in Zeilen dargestellt und die erhobenen Variablen in Spalten (siehe Tab. 23).

Die Codes, also die numerischen Entsprechungen der Antworten auf dem Fragebogen, werden anschließend in diese Urliste übertragen (siehe Abb. 12). Fehlt im Fragebogen eine Antwort, reicht es für einfache Auswertungen aus, wenn die entsprechende Zelle einfach leer gelassen wird. Am besten wird eine solche Urliste direkt in einem Tabellenkalkulationsprogramm (z. B. im «Excel») erstellt.

Um die Fragebögen später bei Bedarf wieder eindeutig identifizieren zu können, wird auf dem Fragebogen und in der ersten Spalte der Urliste eine fortlaufende Nummer eingetragen, die Fragebogennummer (vgl. Abb. 13).

Tabelle 23: Aufbau einer Urliste (Datenmatrix).

	Variable 1	Variable 2	Variable 3	Variable 4	usw.
Fall 1					
Fall 2					
Fall 3					
Fall 4					
usw.					

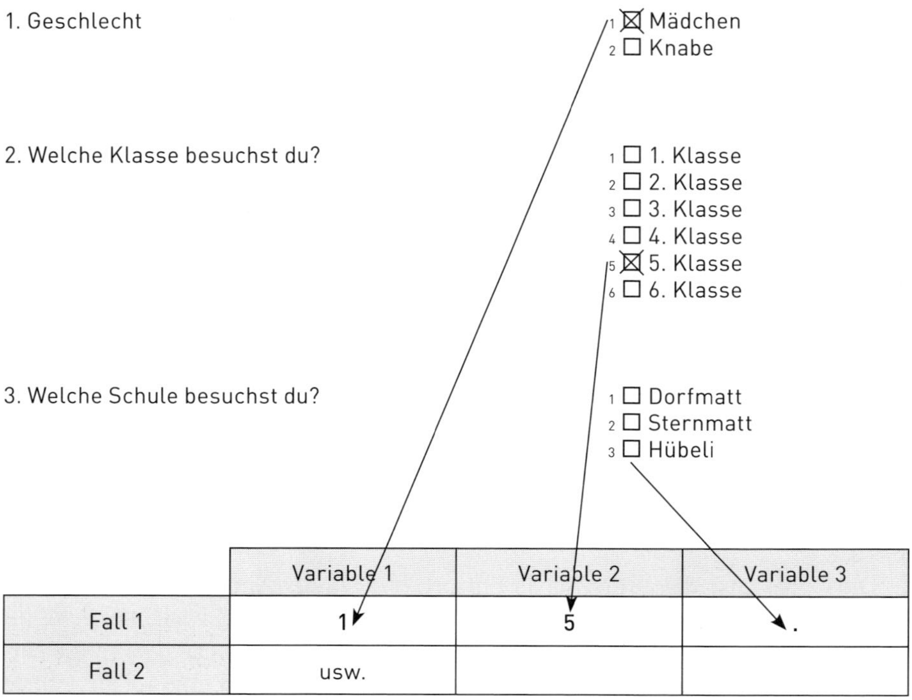

Abbildung 12: Übertragung der Angaben im Fragebogen in die Urliste anhand der Codes im Fragebogen.

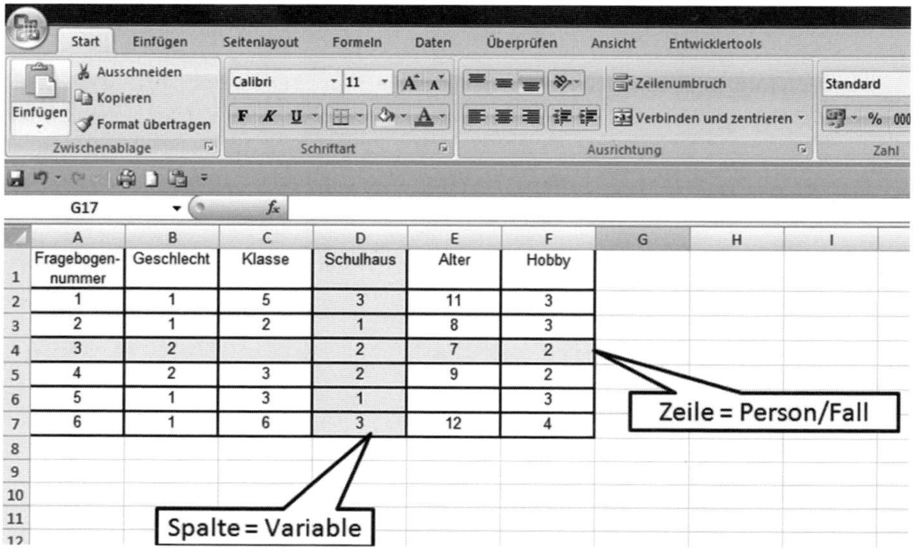

Fragebogen-nummer	Geschlecht	Klasse	Schulhaus	Alter	Hobby
1	1	5	3	11	3
2	1	2	1	8	3
3	2		2	7	2
4	2	3	2	9	2
5	1	3	1		3
6	1	6	3	12	4

Abbildung 13: Beispiel einer Urliste.

Wenn die Codes nicht im Fragebogen vermerkt sind, muss unbedingt in einem separaten Codeplan festgehalten werden, was sich hinter den in der Urliste eingetragenen Zahlen verbirgt (vgl. Schnell, Hill & Esser, 2005, S. 425). Sonst ist später nicht mehr rekonstruierbar, dass sich z. B. hinter der Ziffer «3» in der Variable «Schulhaus» das Schulhaus Hübeli verbirgt. In einem Codeplan sind alle Informationen enthalten, welche die vollständige Verbindung der (numerischen) Daten mit den ursprünglichen Antworten oder Angaben auf den Fragebögen ermöglicht: Der Codeplan (vgl. Tab. 24) ist die Verbindung zwischen Urliste und Fragebögen und enthält jeweils …

- Item-Nummer
- Variablenname
- Item-Formulierung
- Skalenniveau der Variable
- Werte (alle möglichen Antwortkategorien mit den jeweiligen numerischen Übersetzungen)

Vor Beginn der Auswertungen muss die Dateneingabe nochmals in Ruhe überprüft werden. Bei dieser sogenannten Datenbereinigung wird geprüft, ob unmögliche oder wenig plausible Daten bzw. Datenkombinationen eingegeben wurden (vgl. Schnell et al., 2005, S. 436). Wenn z. B. die tägliche Arbeitszeit 36 Stunden beträgt, Männer schwanger oder zehnjährige Kinder verheiratet sind, muss nochmals im Originalfragebogen nachgeschaut werden, ob die Angaben richtig übertragen wurden. Waren die Angaben bereits im Fragebogen offensichtlich falsch, so werden in der Urliste «fehlende Werte» (Missings) eingetragen. Nach der Überprüfung sind

Tabelle 24: Ausschnitt aus einem fiktiven Codeplan.

Item-Nummer	Variablenname	Item-Formulierung	Skalenniveau	Werte
1	Geschlecht	Geschlecht	nominal	1 = Mädchen 2 = Knabe
2	Klasse	Welche Klasse besuchst du?	intervall	1 = 1. Klasse 2 = 2. Klasse 3 = 3. Klasse 4 = 4. Klasse 5 = 5. Klasse 6 = 6. Klasse
3	Schulhaus	Welche Schule besuchst du?	nominal	1 = Dorfmatt 2 = Sternmatt 3 = Hübeli
usw.				

die Daten soweit aufbereitet, dass mit den eigentlichen Auswertungen begonnen werden kann.

14.4 Deskriptive Statistik

Die in der Urliste erfassten und bereinigten quantitativen Daten können anschließend analysiert werden. Meist werden dabei zunächst bestimmte beschreibende Kennwerte errechnet. Diese deskriptiven Masse geben einen Überblick darüber, wie die Stichprobe hinsichtlich der interessierenden Kriterien beschaffen ist. Wichtig ist dabei, dass die Aussagen jeweils nur für die untersuchte Stichprobe gelten (z. B. für die acht untersuchten Schulklassen). Um weiter reichende Aussagen zuzulassen, müssten anspruchsvollere statistische Verfahren eingesetzt werden (sogenannte analytische Statistik).

Im Rahmen dieser Einführung ins wissenschaftliche Arbeiten werden aber nur deskriptive Auswertungen vorgenommen. Die wichtigsten deskriptiven Auswertungsmethoden und Kennwerte werden im Folgenden kurz vorgestellt. Zuerst geht es um die Auszählung von (Antwort-)Häufigkeiten, anschließend um die Frage, wie die Antworten im «Normalfall» aussehen, aber auch, wie groß die Abweichungen von diesem Normalfall sind. In Kapitel 14.5 finden sich dann Hinweise, wie sich die vorgestellten einfachen Kennwerte mit Excel berechnen lassen.

14.4.1 Absolute und relative Häufigkeiten

Um Häufigkeiten auszuzählen, werden die Daten nach den verschiedenen Kategorien ausgezählt und in Tabellenform aufbereitet. Die «absolute Häufigkeit» stellt dabei die Anzahl der gefundenen Fälle dar; die «relative Häufigkeit» steht für die prozentuale Häufigkeit der Fälle einer einzelnen Kategorie. Wichtig ist, dass Sie in solchen Tabellen angeben, welche Spalten bzw. welche Zeilen 100 % ergeben, sonst sind die Tabellen kaum interpretierbar (vgl. Tab. 25).

Zur Veranschaulichung kann diese Häufigkeitsauszählung auch als Diagramm dargestellt werden (vgl. Abb. 14). In Studienarbeiten sollte aber darauf verzichtet werden, die gleichen Daten als Tabelle und zugleich als Diagramm darzustellen.

Tabelle 25: Beispieltabelle: Absolute und relative Häufigkeiten nach Geschlecht.

Geschlecht	Absolute Häufigkeit	Relative Häufigkeit (%)
Männlich	45	34.4
Weiblich	86	65.6
Total	**131**	**100.0**

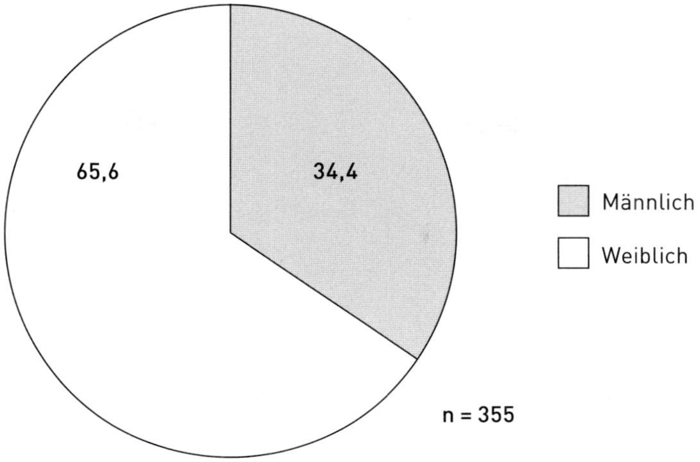

Abbildung 14: Relative Häufigkeiten der beiden Geschlechter.

Wenn relative Häufigkeiten angegeben werden, ist es einfacher, die Ergebnisse mit anderen Studien zu vergleichen, als wenn absolute Häufigkeiten aufgeführt werden. Wird mit relativen Häufigkeiten gearbeitet, ist es aber wichtig, immer auch den Umfang der Stichprobe anzugeben (z. B. n = 131), damit die Aussagekraft der Ergebnisse eingeschätzt werden kann.

14.4.2 Maße zur Beschreibung der zentralen Tendenz

Salopp gesagt, machen die im Folgenden beschriebenen Maße der zentralen Tendenz eine Aussage darüber, wo «der große Haufen» der Antworten bzw. der Fälle liegt. Je nach vorliegendem Skalenniveau sind dafür andere Kennwerte einzusetzen.

Für Nominaldaten kann der sogenannte Modus (der am häufigsten genannte Wert) berechnet werden, für Ordinaldaten der Median und für Intervalldaten der Mittelwert. In Tabelle 26 findet sich eine Übersicht zu diesen drei deskriptiven Maßen der zentralen Tendenz.

14.4.3 Maße zur Beschreibung der Variabilität

Die Maße der Variabilität machen eine Aussage darüber, wie stark die Messwerte voneinander abweichen d. h. wie unterschiedlich sie sind. Es ist eben nicht nur wichtig zu wissen, wo «der große Haufen» (also die zentrale Tendenz) liegt, sondern auch, wo die besonderen Fälle sind und wie stark diese von der zentralen Tendenz abweichen.

Vier Maße der Variabilität sind sehr einfach und naheliegend: Das *Minimum* (kleinster Wert), das *Maximum* (größter Wert) und die sogenannte *Spannweite* (Differenz zwischen Maximum und Minimum). Wie groß die Spannweite in einem Leistungstest ist, kann häufig von großer Bedeutung sein. Zudem ist auch die *Kate-*

Tabelle 26: Maße der zentralen Tendenz.

	Modus	Median	Mittelwert
Frage:	Welches ist der häufigste gemessene Wert?	Wie groß ist der mittlere Wert, wenn die Messdaten der Reihe nach geordnet vorliegen?	Wie groß ist ein «mittelgroßer» Wert?
Bedingung:	mindestens Nominalskala	mindestens Ordinalskala	Intervallskala
Erklärung:	Es wird abgezählt, wie häufig jeder Wert vorkommt, der häufigste Wert ist der Modus.	Alle Daten werden der Reihe nach aufgeführt. Der Wert, der in der Mitte zu liegen kommt, heißt Median. Er teilt die geordneten Werte in zwei gleich große Hälften. Bei einer geraden Anzahl von Werten gibt es keinen «Wert in der Mitte». Deshalb wird als Median der Mittelwert der beiden Werte in der Mitte errechnet.	Alle Werte werden addiert und durch die Anzahl der Werte dividiert.
Beispiel:	1, 3, 4, 5, 5, 6, 6, 6, 7, **8, 8, 8, 8,** 9, 9, 9, 10	1, 3, 4, 5, 5, 6, 6, 6, **7**, 8, 8, 8, 8, 9, 9, 9, 10	1, 3, 4, 5, 5, 6, 6, 6, 7, 8, 8, 8, 8, 9, 9, 9, 10
Lösung:	Modus = 8	Median = 7	Mittelwert = 6.59
Begründung:	weil die 8 am häufigsten vorkommt	weil die 7 jener Wert ist, der in der Mitte der geordneten Messreihe liegt	(1+3+4+5+5+6+6+6+7+8+8+8+8+9+9+9+10) : 17 = 6.59

gorienanzahl ein wichtiges Maß der Variabilität: Die Anzahl Kategorien, zu der sich Messwerte in den Daten finden, kann auch bei nominal skalierten Daten ausgezählt werden. So kann es bspw. interessant sein zu bestimmen, wie viele unterschiedliche Nationalitäten in einem Schulhaus vertreten sind.

Ein besonders bedeutsames fünftes Maß im Zusammenhang mit der Variabilität ist die sogenannte Standardabweichung oder Streuung (s; engl. Standarddeviation, SD). Auf dieses Maß, das Intervallskalenniveau voraussetzt, wird im Folgenden ausführlicher eingegangen, wobei zuerst an einem einfachen Beispiel verdeutlicht werden soll, wie die Standardabweichung berechnet wird.

Die Kinder Anja, Bernd, Claudia, David und Erich haben in einem Rechentest 8, 13, 9, 6 bzw. 14 Punkte erreicht, das entspricht einem Mittelwert von 10 Punkten (siehe Abb. 15). Nun wird für jedes Kind einzeln berechnet, um wie viele Punkte es vom Mittelwert (egal ob nach oben oder unten) abweicht. Pro Kind wird die so errechnete Abweichung quadriert. Anja mit ihren 8 Punkten weicht z. B. um 2 Punkte vom Mittelwert (10 Punkte) ab. Wenn diese 2 «Abweichungspunkte» quadriert werden, resultieren 4 Punkte. Bernd hingegen weicht mit seinen 13 Punkten um 3 Punkte vom Mittelwert (10 Punkte) ab. Die 3 «Abweichungspunkte» ergeben – quadriert – 9 Abweichungspunkte. Mit dem gleichen Vorgehen können die Werte für Claudia (1 Punkt), David (16 Punkte) und Erich (ebenfalls 16 Punkte) errechnet werden (siehe **Abb. 15**).

Die auf den ersten Blick etwas seltsam anmutende Quadrierung bewirkt, dass große Abweichungen vom Mittelwert besonders stark ins Gewicht fallen (vgl. Maiello, 2006, S. 109 ff.). Dies ist beabsichtigt, weil die Standardabweichung ein Maß für die Streuung darstellt. Durch die Quadrierung können (große) Abweichungen – wie mit einer Lupe – besser sichtbar gemacht werden. Kleine Abweichungen wie etwa eine «Abweichung» von 0 oder 1 werden auch mit einer Quadrierung nicht groß; sie sind bereits durch den Mittelwert gut repräsentiert.

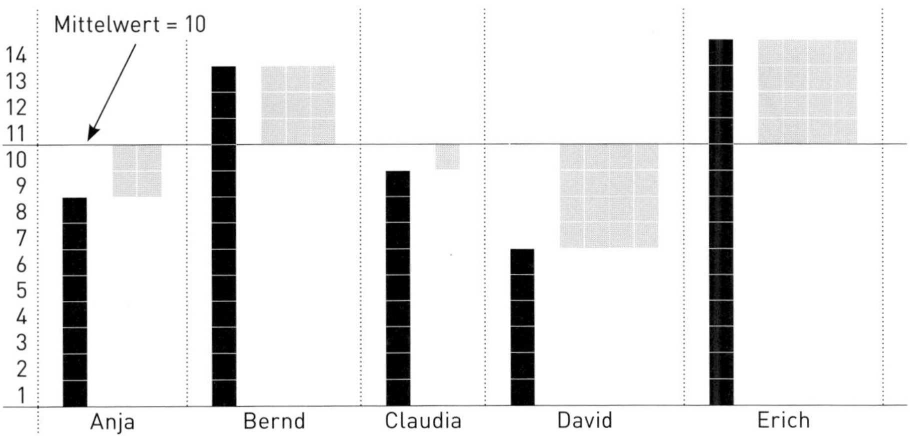

Abbildung 15: Grafische Darstellung der Berechnung der Standardabweichung (Teil 1). Schwarz ein getragen: Punktzahl der Kinder. Grau eingetragen: quadrierte Abweichung vom Mittelwert (m = 10) pro Kind.

Aus den quadrierten Abweichungen (4, 9, 1, 16 und 16) wird ihrerseits ein Mittelwert errechnet (9.20), gewissermaßen ein «mittelgroßes Abweichungsquadrat», das in der Statistik als Varianz bezeichnet wird. Die Seitenlänge dieses Quadrates (also die Wurzel der Varianz) ist die gesuchte Standardabweichung. Die Wurzel von 9.20 beträgt 3.03; sie entspricht der Standardabweichung (siehe **Abb. 16**).

Aber was ist nun die inhaltliche Bedeutung der *Standardabweichung*? Unter der Voraussetzung, dass die Messdaten normalverteilt sind (Verteilung entlang der gaußschen Glockenkurve[14]), gibt die Standardabweichung an, wie stark die einzelnen Fälle um den Mittelwert streuen und ist damit ein Indikator für die Breite einer Normalverteilung (vgl. Rasch et al., 2006, S. 21). Bei einer Fragebogenerhebung lässt sich mit der Standardabweichung z. B. ausdrücken, wie sehr sich die Befragten in ihrer Antwort einig sind (geringe Standardabweichung = große Einigkeit).

Wird eine Standardabweichung (s) vom Mittelwert subtrahiert bzw. zum Mittelwert addiert, so entsteht ein Bereich, der 68.3 % der Fälle umfasst (siehe **Abb. 17**). Werden zwei Standardabweichungen subtrahiert bzw. addiert, so umfasst der entsprechende Bereich 95.5 % aller Fälle (vgl. Hirsig, 2006, S. 2.42).

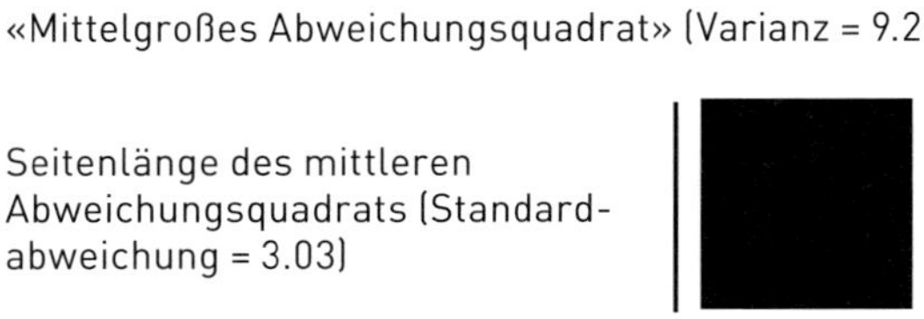

Abbildung 16: Grafische Darstellung der Berechnung der Standardabweichung (Teil 2).

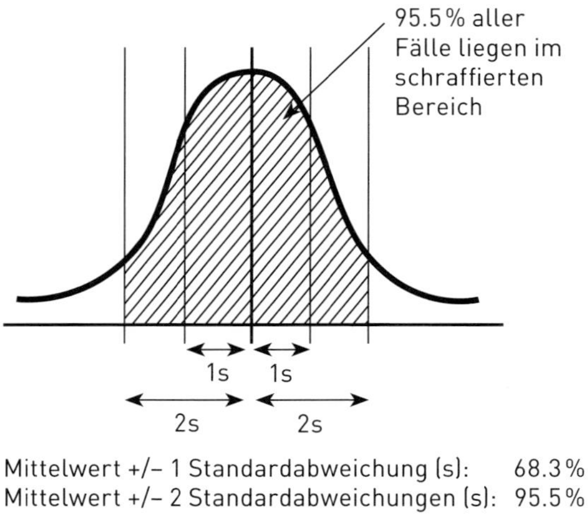

Abbildung 17: Inhaltliche Bedeutung der Standard abweichung.

14 In großen Gruppen sind viele Merkmale (bspw. IQ, Anzahl Fehler, Körpergröße, Gewicht, sportliche Leistungen, Konzentrationsfähigkeit) annähernd normalverteilt, d. h. es gibt wenige Personen mit kleinen Werten, viele mit mittleren Werten und wiederum nur wenige mit großen Werten.

Falls der Mittelwert des Alters eines Lehrpersonenteams beispielsweise 42 Jahre (m = 42) und die Standardabweichung 5 Jahre (sd = 5) beträgt, können folgende Aussagen gemacht werden: Werden zwei Standardabweichungen (2 x 5 = 10) vom Mittelwert subtrahiert und zum Mittelwert addiert, so ergibt sich eine Bandbreite von 32 bis 52 Lebensjahren, innerhalb derer sich 95.5 % der Lehrpersonen dieses Teams finden.

Sind von einer Variable Mittelwert und Standardabweichung bekannt, so ist sie sehr genau beschrieben. Deshalb gilt für wissenschaftliche Arbeiten: Zu jedem Mittelwert gehört eine Standardabweichung. Und jede intervallskalierte Variable wird in der Regel mit ihrem Mittelwert und ihrer Standardabweichung beschrieben.

14.5 Deskriptive, statistische Funktionen mit Excel

Wie der folgende Ausschnitt aus einer Excel-Tabelle zeigt (siehe **Tab. 27**), lassen sich die beschriebenen statistischen Funktionen mit dem Programm Excel sehr einfach berechnen.

Tabelle 27: Einfache statistische Funktionen mit Excel.

	A	B	C	D	E
1	Name	Lebensalter	Eingabe	Ergebnis	Funktion
2	Claudia	12			
3	Kevin	13	= Modalwert(B2:B11)	12	Modus
4	Jan	11	= Median(B2:B11)	12	Median
5	Sarah	12	= Mittelwert(B2:B11)	11.80	Mittelwert
6	Marc	12	= Summe(B2:B11)	118	Summe
7	Bettina	11	= Min(B2:B11)	10	Minimum
8	Carla	10	= Max(B2:B11)	13	Maximum
9	Linus	11	= Stabwn(B2:B11)	0.98	Standardabweichung
10	Nora	13	= Zählenwenn(B2:B11;12)	3	Häufigkeit der Zahl 12
11	Micha	13			

In Spalte A wurden die Namen von zehn Kindern aufgelistet, um ihnen in Spalte B ihr Lebensalter zuzuordnen. Zu Demonstrationszwecken wurden in Spalte C verschiedene Funktionen aufgeführt. Nach einem Gleichheitszeichen (=) wird die entsprechende Funktion mit einem Schlüsselwort (z. B. Modalwert) aufgerufen. Die Angabe in der unmittelbar anschließenden Klammer (B2:B11) bedeutet, dass die Zellen B2 bis B11 ausgewertet werden sollen (selbstverständlich kann hier auch ein anderer Bereich angegeben werden). Sobald die Eingabe mit der Enter-Taste (Return) abgeschlossen wird, verschwindet die eingegebene Funktion, um dem Ergebnis Platz zu machen. Das Ergebnis sieht dann aus, wie in Spalte D dargestellt. Mit einem Doppelklick auf das Ergebnis kann die eingegebene Funktion jederzeit wieder aktiviert und abgeändert werden.

Die Funktion «Zählenwenn» gibt an, wie häufig eine Zahl aufgelistet wurde, so z. B. die Häufigkeit der Zahl 12 im Tabellenbereich B2 bis B11. Zu diesem Zweck muss in Klammer nach einem Semikolon (;) die gesuchte Zahl (12) ergänzt werden (je nach Grundeinstellungen des Computers ist es auch möglich, dass anstelle des Semikolons ein Komma gesetzt werden muss).

Mit diesen Funktionen lassen sich erste einfache Auswertungen vornehmen, die anschließend in einen Bericht einfließen können. Ein Excel-Handbuch, die Hilfefunktion von Excel, ein entsprechender Kurs, das Internet oder Kolleginnen und Kollegen mit entsprechenden Erfahrungen helfen Ihnen weiter, z. B. auch dann, wenn Sie Ihre Ergebnisse als Diagramm darstellen wollen.

14.6 Kreuztabellen

Mit Kreuztabellen können zwei zumeist nominale Variablen miteinander in Beziehung gesetzt werden. Die einfachste Form einer solchen bivariaten Auswertung ist die sogenannte Vierfeldertabelle (siehe Tab. 28). Dabei werden die untersuchten Fälle den entsprechenden Feldern einer Tabelle zugewiesen und ausgezählt. Außerdem werden jeweils die Randsummen (Summe der Werte einer Zeile und Summe der Werte einer Spalte) angegeben. Zur besseren Vergleichbarkeit mit anderen Studien können die Werte auch in Prozenten angegeben werden.

Tabelle 28: Beispiel einer Vierfeldertafel (Kreuztabelle); absolute Zahlen.

	Mädchen	Knaben	Total
Mit Brille	55	44	99
Ohne Brille	23	11	34
Total	78	55	133

Kreuztabellen können grundsätzlich beliebig groß werden (siehe Tab. 29). Übergroße Tabellen sind allerdings unübersichtlich und damit kaum mehr interpretierbar.

Soll berechnet werden, ob gewisse Zellen einer Kreuztabelle überzufällig stark besetzt sind, so wird der sogenannte chi²-Test (χ^2) eingesetzt. Solche Tests sprengen aber bereits den Rahmen der deskriptiven Statistik.

14.7 Exkurs: Korrelationen

Hängt die Motivation mit der Schulleistung zusammen oder nicht? Solche Fragen nach Zusammenhängen sind bei empirischen Untersuchungen sehr häufig. Man spricht dabei von sogenannten Korrelationen. Um die Stärke eines Zusammenhangs zu berechnen, wird ein Korrelationskoeffizient berechnet, der auch grafisch dargestellt werden kann (vgl. Abb. 18). Bei zwei ordinalen Variablen heißt der Koeffizient «spearmans rho» (r_s), mit Variablen auf Intervallskalenniveau «Pearsons r» (r). Diese beiden Koeffizienten werden in der empirischen Fachliteratur oft angegeben, weshalb sie im Folgenden kurz erklärt werden.

Die Korrelationskoeffizienten r und r_s haben definitionsgemäß einen Wertebereich von -1 bis +1 (vgl. Tab. 30). r = 1 bedeutet beispielsweise, dass ein hoher Wert auf der einen Variable immer mit einem entsprechend hohen Wert auf der anderen

Tabelle 29: Beispiel einer Kreuztabelle zu Lieblingsfach und Klassenstufe (absolute und relative Zahlen).

	Deutsch		Mathematik		Sport		Total	
	absolut	relativ	absolut	relativ	absolut	relativ	absolut	relativ
1. Klasse	43	26.1 %	21	15.2 %	12	7.7 %	76	16.6 %
2. Klasse	11	6.7 %	32	23.2 %	34	21.9 %	77	16.8 %
3. Klasse	32	19.4 %	12	8.7 %	12	7.7 %	56	12.2 %
4. Klasse	23	13.9 %	23	16.7 %	44	28.4 %	90	19.7 %
5. Klasse	21	12.7 %	24	17.4 %	12	7.7 %	57	12.4 %
6. Klasse	35	21.2 %	26	18.8 %	41	26.5 %	102	22.3 %
Total	**165**	**100.0 %**	**138**	**100.0 %**	**155**	**100.0 %**	**458**	**100.0 %**

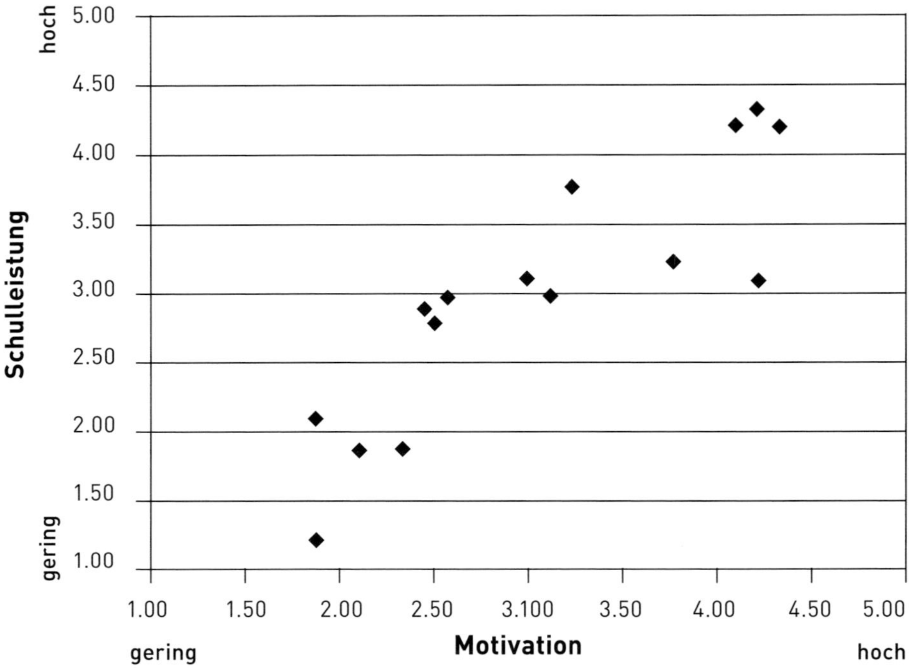

Abbildung 18: Korrelation zwischen Schulleistung und Motivation (r = 0.87).

Tabelle 30: Übersicht über verschiedene Korrelationen (Extremwerte).

Grafik	Korrelations-koeffizient	Erklärung
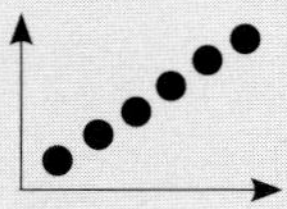	$r = 1$ $r_s = 1$	Der Zusammenhang ist perfekt (positiv): Je höher der Wert auf der einen Variable, desto höher der Wert auf der anderen Variable.
	$r = 0$ $r_s = 0$	Es gibt überhaupt keinen Zusammenhang zwischen den beiden Variablen.
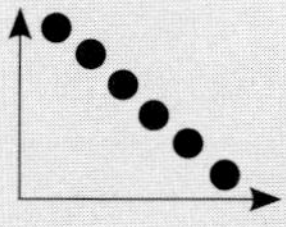	$r = -1$ $r_s = -1$	Der Zusammenhang ist genau umgekehrt (negativ): Je höher der Wert auf der einen Variable, desto *tiefer* der Wert auf der anderen Variable.

Variablen einhergeht – und analog dazu ein tiefer Wert auf der einen Variable mit einem tiefen Wert auf der anderen Variable. Also im fiktiven Beispiel: je höher die Variable «Motivation», desto höher die Variable «Schulleistung» (und umgekehrt). Ein Wert von $r = 0$ würde dagegen bedeuten, dass die beiden Variablen überhaupt keinen Zusammenhang aufweisen. Der Zusammenhang $r = 1$ verweist auf einen perfekt negativen Zusammenhang: Je höher die Variable «Motivation», desto *tiefer* die Variable «Schulleistung» und umgekehrt.

Selbstverständlich fallen die Korrelationswerte in der Praxis nie so extrem aus. Vielmehr ergeben sich stets Korrelationskoeffizienten in Form von Dezimalbrüchen. Bei der Interpretation solcher Korrelationswerte spielt es u. a. eine Rolle, wie eng die korrelierten Konstrukte miteinander verwandt sind. Korreliert z. B. das Lebensalter und das Dienstalter von Lehrpersonen mit 0.92, so ist dies keine besonders sensationelle Entdeckung. Kann hingegen eine Korrelation zwischen der Länge des Schulweges und dem Lebensalter einer Lehrperson von 0.19 nachgewiesen werden, so ist dies weit bemerkenswerter. Tabelle 31 dient als grobe Interpretationshilfe (vgl. Cohen, 1988, zitiert nach Rasch et al., 2006, S. 133).

Wichtig ist der Hinweis, dass eine Korrelation keine Aussage darüber machen kann, ob Variable A die Ursache von Variable B ist oder umgekehrt. So lässt sich mit einer Korrelation zwar beispielsweise feststellen, dass Motivation und Schulerfolg miteinander zusammenhängen. Keine Aussage kann hingegen darüber gemacht werden, ob die Motivation die Ursache für den Schulerfolg ist oder ob der Schulerfolg die Ursache für die Motivation darstellt. Es wird lediglich ausgesagt, dass beide Variablen (Motivation und Schulerfolg) in systematisch zusammenhängender Weise auftreten. Denkbar (und in Wirklichkeit wahrscheinlich häufig) ist der Fall, dass eine dritte (vielleicht gar nicht erfasste) Variable C auf A und B gleichermaßen einwirkt und damit einen direkten Zusammenhang zwischen A und B vortäuscht. Korrelationen sind deshalb nicht als Kausalitäten (Ursache-Wirkungszusammenhänge) zu interpretieren (vgl. Rasch et al., 2006, S. 127). Im obigen Beispiel könnte es z. B. sein, dass die Schichtzugehörigkeit sowohl auf die Motivation als auch auf den Schulerfolg einwirkt und somit einen direkten Zusammenhang zwischen Motivation und Schulerfolg vortäuscht.

Um in Excel eine Korrelation zu berechnen, wird zuerst eine leere Zelle angewählt, in der das Ergebnis der Korrelationsberechnung ausgegeben werden soll. Die über die Tastatur einzugebende Excel-Funktion «=Korrel» verlangt dann, dass in

Tabelle 31: Interpretation des Korrelationskoeffizienten r.

Korrelationskoeffizienten	Stärke des Zusammenhangs
$r = 0.10$ (oder $r = -0.10$)	Kleiner Effekt
$r = 0.30$ (oder $r = -0.30$)	Mittlerer Effekt
$r = 0.50$ (oder $r = -0.50$)	Großer Effekt

der anschließenden Klammer die zwei Bereiche mit den zu korrelierenden Werten (z. B. A2:A7 und B2:B7) – getrennt durch ein Semikolon[15] – angegeben werden. In Tabelle 32 heißt die im Feld A9 einzugebende Funktion somit: =Korrel(A2:A7;B2:B7). Sobald die Eingabe mit Enter (Return) bestätigt wurde, erscheint der Korrelationskoeffizient r (in diesem Fall r = 0.97).

14.8 Signifikanzen

Wenn Korrelationsberechnungen vorgenommen werden oder Hypothesen anhand statistischer Testverfahren überprüft werden, stellt sich immer die Frage, ob von diesen Ergebnissen in den Stichproben auf die Verhältnisse in der Grundgesamtheit zurück geschlossen werden kann bzw. ob ein allfälliger Rückschluss zulässig und wissenschaftlich exakt ist. Die kurze Antwort lautet: Ja, dieser Rückschluss ist erlaubt, allerdings können genau genommen nur Wahrscheinlichkeiten ausgedrückt werden, mit denen ein solcher Rückschluss von der Stichprobe auf die Grundgesamtheit korrekt ist.

Versuchen Forschende, von einer Stichprobe auf die Grundgesamtheit zu schließen, so wenden sie Methoden der sogenannten Inferenzstatistik an (vgl. Hauser & Humpert, 2009, S. 85). Synonyme dafür wären etwa analytische Statistik, schlie-

Tabelle 32: Korrelationsberechnung mit Excel.

	A	B
1	Schulerfolg	Motivation
2	3.23	3.77
3	4.33	4.21
4	3.12	2.99
5	4.22	4.10
6	1.22	1.88
7	1.87	2.10
8		
9	=Korrel(A2:A7;B2:B7)	0.97

15 Je nach Grundeinstellungen des Computers kann es auch sein, dass anstelle des Semikolons ein Komma eingegeben werden muss.

ßende Statistik, konfirmative Statistik oder hypothesentestende Statistik. Solche statistischen Prozeduren ermöglichen die Berechnung, wie groß die Wahrscheinlichkeit eines Fehlers ist, wenn von der Stichprobe auf die Grundgesamtheit zurück geschlossen wird. Angegeben wird diese Fehlerwahrscheinlichkeit beim Rückschluss auf die Grundgesamtheit als sogenannte «Signifikanz» (abgekürzt als «p»). Ist die Irrtumswahrscheinlichkeit kleiner als 5 % (d. h. $p < 0.05$), so ist ein Rückschluss auf die Grundgesamtheit per Konvention gestattet (vgl. Hauser & Humpert, 2009, S. 115 ff.). Tabelle 33 gibt einen Überblick über die Verwendung der entsprechenden Abkürzungen und ihre Bedeutungen.

Beispiel: *In einem Forschungsbericht steht: «Mädchen und Knaben unterscheiden sich in der 4. Klasse hinsichtlich ihrer Körpergröße. Den 122cm großen Mädchen stehen die 118cm großen Knaben gegenüber ($t = 14.55$; $df = 23$; $p < .001$).»*

Interpretation: *In unserer Stichprobe sind die Mädchen größer als die Knaben. Wenn wir behaupten, einen Größenunterschied zwischen Mädchen und Knaben gebe es nicht nur in unserer Stichprobe (aus Zufall), sondern in der ganzen Grund-*

Tabelle 33: Übersicht über die Verwendung der Symbole im Zusammenhang mit Signifikanzen.

Irrtumswahrscheinlichkeit in %	> 5 %	< 5 %	< 1 %	< 0.1 %
Irrtumswahrscheinlichkeit (p)	> 0.05	< 0.05	< 0.01	< 0.001
Verbale Umschreibung	Nicht signifikant	Signifikant	Sehr/hoch signifikant	Höchst-signifikant
Bedeutung	Rückschluss auf Grundgesamtheit üblicherweise nicht erlaubt	Rückschluss auf Grundgesamtheit üblicherweise erlaubt	Rückschluss auf Grundgesamtheit üblicherweise erlaubt (mit geringerer Irrtumswahrscheinlichkeit)	Rückschluss auf Grundgesamtheit üblicherweise erlaubt (mit noch geringerer Irrtumswahrscheinlichkeit)
Buchstabensymbolisierung	n.s.	s.	s.s.	h.s.
Grafisch		*	**	***

gesamtheit seien die Mädchen größer als die Knaben, so ist die Wahrscheinlichkeit, dass wir uns dabei irren, kleiner als 0.1 % (der t-Wert $t = 14.55$ ist ein Wert des benutzten inferenzstatistischen Verfahrens; der Wert $df = 23$ ist notwendig, um den t-Wert zu interpretieren).

14.9 Zusammenfassung

Quantitative Daten werden mit statistischen Methoden ausgewertet. Um die Daten für die Auswertung vorzubereiten, wird zunächst eine Urliste erstellt, welche die Variablen in den Spalten und die Fälle (Personen) in den Zeilen abbildet. Damit die richtigen statistischen Verfahren für die Auswertung gewählt werden können, ist es unabdingbar, für jede Variable zunächst das Skalenniveau zu klären (Nominal-, Ordinal- oder Intervallskala) und in einem Codeplan festzuhalten.

Deskriptive Auswertungen mit einer einzelnen Variable (univariate Analysen) nehmen ihren Anfang zumeist mit Häufigkeitsauszählungen, wobei absolute und relative (%) Häufigkeiten unterschieden werden. Als Maße der zentralen Tendenz bieten sich auf nominalem Skalenniveau der Modus (häufigster Wert) und auf ordinalem Skalenniveau der Median an (Wert, der die der Größe nach geordneten Messwerte in zwei gleich große Hälften teilt). Auf Intervallskalenniveau schließlich kann ein Mittelwert berechnet werden. Um die Variabilität der Messdaten zu beschreiben, kann das Minimum, das Maximum, die Spannweite und die Anzahl Kategorien errechnet werden. Auf Intervallskalenniveau bietet sich die Standardabweichung (Streuung) als Maß zur Beschreibung der Variabilität an. Sie ist ein Maß für die Breite einer Normalverteilung; eine kleine Streuung bei einem Fragebogenitem steht also für eine hohe Einigkeit der Befragten.

Mit bestimmten Funktionen lassen sich all diese (und weitere) Werte im Programm Excel berechnen. Bei deren Interpretation ist es aber wichtig zu beachten, dass sie nicht generalisiert werden dürfen: Sie gelten nur für die vorliegende Stichprobe, also bspw. für die untersuchten Personen, Klassen oder Schulen.

Werden zwei Variablen miteinander in Beziehung gesetzt (bivariate Analysen), so handelt es sich im einfachsten Fall um eine Kreuztabelle mit vier Feldern (eine sogenannte Vierfeldertafel). Solche Auswertungen sind selbst für nominale Daten möglich. Auf ordinalem Skalenniveau und mit Intervalldaten lassen sich auch Korrelationen (Zusammenhänge) berechnen, wobei der Korrelationskoeffizient r bzw. r_s einen Wertebereich von -1 bis +1 hat und ein Maß für die Stärke des Zusammenhangs darstellt.

Wird von einer quantitativen Stichprobe auf eine Grundgesamtheit zurück geschlossen, so muss angegeben werden, wie groß die Irrtumswahrscheinlichkeit für diesen Rückschluss ist. Diese Irrtumswahrscheinlichkeit wird mit inferenzstatistischen Verfahren berechnet und als «Signifikanz» (p) bezeichnet, wobei in der Regel höchstens eine Irrtumswahrscheinlichkeit von 5 % akzeptiert wird ($p < 0.05$).

Sie haben korrekte quantitative Auswertungen vorgenommen, wenn Sie...

- die Angaben aus den Fragebögen richtig in die Urliste übertragen und ein Codebuch dazu erstellt haben.
- die Skalenniveaus der erhobenen Variablen richtig bestimmt haben.
- nur Berechnungen vorgenommen haben, die für das entsprechende Skalenniveau vorgesehen sind.
- Grafiken und Tabellen sauber beschriftet haben.
- zu jedem Mittelwert auch eine Standardabweichung berichtet haben.
- keine Rechnungs- oder Übertragungsfehler gemacht haben.
- die Ergebnisse nicht generalisiert, sondern nur auf die untersuchten Personen bezogen haben.
- Korrelationen nicht kausal interpretiert haben (A ist Ursache von B).

14.10 Lernaufgaben

Kontrollfragen

1. Wie wird die Standardabweichung berechnet?
2. Welche inhaltliche Bedeutung hat die Standardabweichung?
3. Weshalb werden die Abweichungen vom Mittelwert bei der Berechnung der Standardabweichung quadriert?
4. Was ist der Unterschied zwischen Nominal-, Ordinal- und Intervallskalen?
5. Was ist eine Urliste?
6. Was ist eine Kreuztabelle?
7. Was ist eine Korrelation?
8. Wie lauten die Maße der zentralen Tendenz auf den drei verschiedenen Skalenniveaus?
9. Was geben Ihnen Korrelationswerte an? Was können Sie daraus herauslesen? Was können Sie nicht herauslesen? Illustrieren Sie Ihre Antworten mit eigenen Beispielen!
10. Was bedeutet ein Signifikanzwert von $p < .01$?

11. Unter welchen Voraussetzungen ist der Rückschluss von einer Stichprobe auf die Grundgesamtheit erlaubt?
12. Die Signifikanz gibt an, wie groß der Fehler bzw. die Irrtumswahrscheinlichkeit ist, wenn von einer Stichprobe auf die Grundgesamtheit geschlossen wird. Ordnen Sie folgende Signifikanzen der Reihe nach (mit abnehmender Irrtumswahrscheinlichkeit)!
    a) n.s.
    b) signifikant
    c) höchst signifikant
    d) **

Übungsaufgaben

13. Erstellen Sie einen kurzen Fragebogen und entwickeln sie dazu eine Urliste.
14. Berechnen Sie mit der folgenden Messreihe die Kennwerte Modus, Median, Mittelwert, Summe, Minimum, Maximum, Spannweite. Messreihe: 8, 10, 10, 11, 12, 13, 20
15. Berechnen Sie die Standardabweichung der folgenden Messwerte: 6, 7, 7, 5, 5, 2, 2, 6.
16. Erstellen Sie eine Kreuztabelle zu Ihrer Klasse bzw. Lerngruppe. Bilden Sie darin die beiden Variablen «Geschlecht» und «Raucher/Nichtraucher» ab.
17. Interpretieren Sie folgende Aussage: Bei Schülerinnen und Schülern der Mittelstufe korreliert die Wahrnehmung des Klassenklimas mit der Leistungsmotivation mit r = .43. Was würden Sie in einem Forschungsbericht zu diesem Resultat schreiben?
18. Um welches Skalenniveau handelt es sich?

	Nominal	Ordinal	Intervall
Rangliste eines Skirennens, wenn nur die Rangplätze bekannt sind			
Farben rot, grün, gelb, blau, weiß, schwarz			
Parteien: CVP, FDP, SP, Grüne, SVP			
Körpergröße in cm			

	Nominal	Ordinal	Intervall
Nationalität (CH, D, I, F, GB …)			
Gewicht in kg			
Zugehörigkeit zum Schulhaus X, Y oder Z			
Einkommen in Fr.			
Hausnummern			
Die Antworten: ja, eher ja, teilweise, eher nein, nein			
Die Antworten: stimmt genau, stimmt, stimmt teilweise, stimmt nicht, stimmt gar nicht			
Die Antworten: ja, nein			
Geschlecht (weiblich/männlich)			
Lebensalter in Jahren (0, 1, 2, 3, 4, 5, 6 …)			
Dienstjahre, erfasst in folgenden Kategorien: 0–2 Jahre, 3–10 Jahre, 11–20 Jahre, 21–40 Jahre			
Körpertemperatur in Celsius			
Rückennummern einer Sportmannschaft (z. B. im Fußball)			
T-Shirt-Größen: XXL, XL, L, M, S			
Kantonszugehörigkeit (ZH, TG, ZG, AG, BS …)			
Freizeitaktivitäten: Tanzen, Lesen, Reisen, Wandern, Musizieren			
Geschwindigkeit in km/h			
Wetterprognose: sehr sonnig, sonnig, teilweise bewölkt, stark bewölkt, regnerisch			
Schulfächer (Deutsch, Mathe, Geografie …)			
Häufigkeiten: 1x täglich, 1x wöchentlich, 1x monatlich, 1x jährlich			
Nummern von Bus- oder Tramlinien			

Diskussionsaufgaben/Vertiefungsaufgaben

19. Welches Skalenniveau haben Schulnoten – und was folgt daraus für die Berechnung von Noten?
20. Skalenniveaus dürfen von einem höheren auf ein tieferes Niveau transformiert werden. So dürfen z. B. Intervallskalen als Ordinalskalen betrachtet und behandelt werden. Daraus folgt, dass bei allen Variablen, die eine Mittelwertberechnung zulassen (Intervallskalenniveau), auch die Berechnung eines Medians (Ordinalskalenniveau) möglich ist. Warum ist die umgekehrte Vorgehensweise nicht erlaubt (anstelle eines Medians einen Mittelwert berechnen)?
21. Wenn es um Einkommen oder Vermögen geht, wird in vielen Studien nicht der Mittelwert, sondern der Median berechnet. Welchen Sinn sehen Sie hinter diesem Vorgehen?
22. Oft ist die Behauptung zu hören, mit Statistik sei alles zu belegen. Was heißt das für Sie a) beim Auswerten statistischer Daten und b) beim Lesen und Interpretieren statistischer Auswertungen?
23. Suchen Sie Beispiele von Schein-Korrelationen, wenn eine Hintergrundvariable (also eine dritte Variable) den Zusammenhang von zwei Variablen bestimmt!

14.11 Literatur

Weiterführende Literatur

Hauser, B. & Humpert, W. (2009). *Signifikant? Einführung in statistische Methoden für Lehrkräfte.* Seelze-Velber: Kallmeyer.

Krämer, W. (2000). *So lügt man mit Statistik.* München: Piper.

Monka, M. & Voss, W. (2002). *Statistik am PC.* München: Hanser.

Voss, W. & Schöneck, N. (2003). *Statistische Grafiken mit Excel – eine Rezeptsammlung.* München: Hanser.

Verwendete Literatur

Hauser, B. & Humpert, W. (2009). *Signifikant? Einführung in statistische Methoden für Lehrkräfte.* Seelze-Velber: Kallmeyer.

Hirsig, R. (2006). *Statistische Methoden in den Sozialwissenschaften – eine Einführung im Hinblick auf computergestützte Datenanalysen mit SPSS*, Band I. Zürich: Seismo.

Maiello, C. (2006). *Verhaltenswissenschaftliche Forschung für Einsteiger: Methodenlehre, Statistik und computergestützte Datenauswertung. Landau:* Verlag Empirische Pädagogik.

Raithel, J. (2006). *Quantitative Forschung – ein Praxiskurs.* Wiesbaden: Verlag für Sozialwissenschaften.

Rasch, B., Friese, M., Hofmann, W. & Naumann, E. (2006). *Quantitative Methoden – Einführung in die Statistik.* Heidelberg: Springer Medizin.

Schnell, R., Hill, P. & Esser, E. (2005). *Methoden der empirischen Sozialforschung.* München: Oldenbourg.

15 Qualitative Datenauswertung

«Jede Wissenschaft ist, unter anderem, ein Ordnen, ein Vereinfachen, ein Verdaulichmachen des Unverständlichen für den Geist» *(Hermann Hesse).*

15.1 Einleitung

Wenn Sie das Thema einer empirischen Untersuchung anhand von Fachliteratur ausgeleuchtet, konkrete Fragestellungen formuliert und geeignete Daten erhoben haben, ist nun für eine fundierte Beantwortung der Fragestellung eine angemessene Auswertung des Datenmaterials angezeigt. Bei vielen Fragestellungen im Themenkreis von Schule, Bildung und Erziehung wird das Datenmaterial in Form von mündlichen oder schriftlichen Befragungen erhoben. Es gibt unterschiedliche Verfahren, um dieses meist in Form von Texten vorliegende Datenmaterial auszuwerten. Diese Verfahren unterscheiden sich in Bezug auf das Erkenntnisinteresse, aber auch in Bezug auf die Anforderungen an das Datenmaterial, an den Aufwand und an die eigenen methodischen Kenntnisse. Erst eine gut begründete Wahl eines Auswertungsverfahrens sowie die regelgeleitete Umsetzung dieses Verfahrens ermöglichen einen angemessenen Umgang mit dem Datenmaterial – und damit eine empirisch gut fundierte Beantwortung der Fragestellung.

Schule Obertor hat die lange geplanten und gut vorbereiteten Interviews mit Lehrpersonen und Eltern durchgeführt und diese Interviews sorgfältig transkribiert. Dabei sind unzählige Ansichten und Meinungen zur Qualität der Schule aus verschiedenen Perspektiven zusammen gekommen. Doch wie kann nun diese Vielfalt an Informationen sinnvoll geordnet und übersichtlich dargestellt werden? Und wie ist es möglich, damit die leitenden Fragestellungen zu beantworten?

15.1.1 Bedeutung des Themas

Eine angemessene, systematische, sachrichtige und nachvollziehbare Auswertung von erhobenen Daten ist ein zentrales Qualitätsmerkmal empirischer Arbeiten. Deshalb ist die Auseinandersetzung mit Auswertungsverfahren eine zentrale Voraussetzung für jede empirische Forschung.

Im Kontext von Schule, Bildung und Erziehung stellen Texte in verschiedenen Erscheinungsformen (wie beispielsweise Lernjournale, transkribierte Interviews, Antworten auf offene Fragen in einem Fragebogen oder Beobachtungsprotokolle) eine ganz zentrale Informationsquelle dar, die es angemessen auszuwerten gilt. Um dem Gehalt dieses Datenmaterials gerecht zu werden, sind qualitative Auswertungsverfahren in der Regel geeigneter als quantitative Verfahren. Allerdings beinhaltet dieses Datenmaterial häufig sehr komplexe, vielfältige und umfangreiche Informationen, sodass eine systematische und nachvollziehbare Reduktion der Informationsfülle notwendig wird. Die qualitative Inhaltsanalyse ist ein Auswertungsverfahren, das sich besonders gut eignet, um große Informationsmengen, wie sie beispielsweise in transkribierten Interviews vorliegen, systematisch zu verdichten und zu strukturieren. Es erstaunt deshalb nicht, dass die qualitative Inhaltsanalyse zu den am meisten angewendeten qualitativen Auswertungsverfahren gehört.

Weil Interviews auch bei schulinternen Evaluationen eine sehr häufige Datenquelle bilden, lohnt es sich für Lehrpersonen, ein strukturiertes und transparentes Verfahren zu kennen, mit dem eine Vielfalt von Daten systematisch und nachvollziehbar verdichtet und strukturiert werden kann. Ein solches Verfahren wird in diesem Kapitel beschrieben.

15.1.2 Wichtige Begriffe

Ankerbeispiel
Typisches Beispiel aus dem Datenmaterial (bspw. aus einem transkribierten Interview oder einer Videosequenz) zur Veranschaulichung einer bestimmten Kategorie

Codieren
Zuordnen von Datenmaterial (bspw. von Textstellen oder Videosequenzen) zu einer Kategorie im Rahmen einer Inhaltsanalyse

Codiereinheit
Einzelteil des Datenmaterials (bspw. ein Teilsatz, ein Abschnitt aus einem Text oder eine einzelne Szene aus einem Video), das einer bestimmten Kategorie zugeordnet wird

Codierregel
Anweisung, welche die Zuordnung von Codiereinheiten zu einzelnen Kategorien regelt

deduktiv
aus dem Allgemeinen aufs Besondere schließend: Entwicklung von Kategorien auf der Grundlage theoretischer Konzepte oder Überlegungen

induktiv
aus dem Besonderen aufs Allgemeine schließend: Entwicklung von Kategorien aus dem Datenmaterial heraus

Interkoderreliabilität
Zuverlässigkeit des Codierens, eingeschätzt aufgrund der Übereinstimmung von Codierungen von zwei verschiedenen Personen

Intrakoderreliabilität
Zuverlässigkeit des Codierens, eingeschätzt aufgrund der Übereinstimmung von Codierungen, die durch ein und dieselbe Person zu verschiedenen Zeitpunkten vorgenommen wurden

Kategorie
Themenbereich, zu dem im Datenmaterial Informationen gesucht werden sollen

Kategoriensystem
Gesamtheit aller Kategorien, die hierarchisch in Ober- und Unterkategorien strukturiert sind

15.1.3 Was Sie erwartet

Dieses Kapitel gibt zuerst einen Überblick über verschiedene qualitative Datenauswertungen (Kap. 15.2) und beschreibt in der Folge das Vorgehen bei qualitativen Inhaltsanalysen, einem besonders häufig angewendeten Datenauswertungsverfahren (vgl. Kap. 15.3). Dabei unterscheidet es fünf Aspekte: Die Sichtung, Auswahl und Vorbereitung des Datenmaterials in Kapitel 15.3.1, die Entwicklung des Kategoriensystems in Kapitel 15.3.2, das Ordnen der Informationen in Form des Codierens in Kapitel 15.3.3, die Analyse der geordneten Informationen in Kapitel 15.3.4 sowie die Darstellung der Analysen in Kapitel 15.3.5.

15.1.4 Ziele: Was Sie lernen sollen

Nach der Bearbeitung dieses Kapitels können Sie ...

- grundsätzliche Anliegen qualitativer Auswertungsverfahren benennen.
- Daten regelgeleitet im Sinne der qualitativen Inhaltsanalyse auswerten.
- deduktive und induktive Kategorienbildung unterscheiden.
- Verfahren zur Überprüfung der Zuverlässigkeit von vorgenommenen Codierungen beschreiben.

15.2 Qualitative Datenauswertungen – ein Überblick

Qualitative Forschung will – im Gegensatz zu den quantitativen Zugängen – eher ganze Fälle in ihrem Kontext verstehen und neue Sichtweisen erfahren: Sie zielt darauf ab, Bedeutungen zu rekonstruieren, den Sinn von Handlungen zu verstehen oder möglichst vielfältige Perspektiven auf einen Sachverhalt kennenzulernen (vgl. dazu Kap. 9.3). Qualitative Verfahren der Datenauswertung arbeiten deshalb mit nicht-standardisierten Daten und versuchen, diese auszulegen, zu ordnen, zu systematisieren und zu interpretieren.

Nicht-standardisierte Daten sind allerdings häufig komplex, so wie die untersuchte Thematik im Bereich von Schule, Bildung und Erziehung meist auch sehr komplex ist. Qualitatives Datenmaterial hat den Anspruch, dieser Komplexität eher gerecht zu werden. Die Analyse qualitativer Daten setzt deshalb immer eine intensive Auseinandersetzung mit den Daten voraus, «um die erstaunliche Komplexität aufzudecken, die in, hinter und jenseits der Daten vorhanden ist» (Strauss, 1998, S. 36). Um dieser Komplexität gerecht werden zu können, ist es bei qualitativen Auswertungsverfahren auch nötig, Kontextwissen für die Auslegung der Daten beizuziehen. Zu diesem Kontextwissen gehören Daten, «die der Forscher ‹im Kopf› hat und die aus seinem persönlichen Erleben, seiner Forschungserfahrung und seiner Kenntnis der Fachliteratur stammen» (vgl. ebd., S. 48).

Innerhalb der qualitativen Auswertungsverfahren gibt es eine große Vielzahl an unterschiedlichen Methoden, die einen angemessenen Umgang mit der Komplexität der Daten ermöglichen sollen. Diese verschiedenen Methoden unterscheiden sich nicht zuletzt im Erkenntnisinteresse, also in den Forschungsfragen, die beantwortet werden sollen. Einen guten Überblick über die unterschiedlichen Methoden gibt beispielsweise der Sammelband «Handbuch Qualitative Forschungsmethoden in der Erziehungswissenschaft» von Friebertshäuser, Langer und Prengel (2010). Stellvertretend für diese Vielfalt an qualitativen Methoden seien hier lediglich ein paar Beispiele zur Anschauung aufgeführt:

- Bei der *Dokumentarischen Methode* geht es um die Auslegung von Sinn, der sich in bestimmten Aussagen oder Handlungen dokumentiert. Die Dokumentarische Methode fragt dabei weniger nach den Bedeutungen einer Handlung oder einer Aussage als vielmehr danach, wie diese Bedeutungen hergestellt werden, resp. durch welche (unbewussten) Annahmen und Einstellungen beobachtbare Handlungen geleitet werden. Damit will sie implizites Wissen und unbewusste Orientierungen rekonstruieren, die im Alltag – beispielsweise bei der schulischen Selektion – das Handeln von bestimmten Personengruppen prägen (vgl. Bohnsack, 2008, S. 31 ff.).
- Die *Objektive Hermeneutik* zielt darauf ab, mehr oder weniger unbewusste Regeln für das Handeln in sozialen Situationen aufzuzeigen. Dazu wird beispielsweise für Textstellen eines Transkripts eine möglichst große Vielfalt an denkbaren Interpretationen – an sogenannten «Lesarten» – gesucht und anschließend mit dem konkreten, vorliegenden Interviewmaterial verglichen. Damit sollen Handlungsregeln herausgearbeitet werden, die den handelnden Menschen kaum bewusst sind; beispielsweise wenn eine Lehrerin gewisse Antworten auf störendes Verhalten mit einem so hohen Maß an Selbstverständlichkeit oder Routine gibt, dass es ihr kaum mehr bewusst ist (vgl. Kleemann, Krähnke & Matuschek, 2009, S. 112 ff.).
- Die *ethnografische Feldforschung* zielt auf eine möglichst detaillierte Analyse des (schulischen) Alltags und berücksichtigt dabei meist auch besonders intensiv die Perspektive der Schülerinnen und Schüler. So wie Ethnografie grundsätzlich versucht, fremde Kulturen aus deren Perspektive – und nicht aus der eigenen, bekannten – zu beschreiben, versucht die ethnografische Forschung im schulischen Kontext, Unterrichts-, Klassen- oder Schulkulturen beispielsweise gezielt aus der Perspektive der Schülerinnen und Schüler zu beschreiben und zu verstehen (vgl. Friebertshäuser & Panagiotopoulou, 2010, S. 304 ff.).
- Die *Konversationsanalyse* zielt darauf ab, soziale Ordnung in natürlichen Gesprächssituationen aufzuzeigen. Dazu untersucht sie die Interaktionen von Gesprächsteilnehmenden und analysiert, wie einzelne Aussagen andere beeinflussen. Damit will sie Regeln und Verfahren aufdecken, die bestimmte Situationen – beispielsweise eine Interaktion im Schulzimmer – bewusst oder unbewusst beeinflussen (vgl. Kleemann, Krähnke & Matuschek, 2009, S. 36 ff.).
- Die *qualitative Inhaltsanalyse* zielt auf eine systematische Strukturierung und Bündelung von umfangreichem Textmaterial, beispielsweise von transkribierten

Interviews. Dabei geht es weniger um eine ganzheitliche Erfassung aller Informationen. Eher sollen diejenigen Informationen herausgefiltert werden, die für eine vordefinierte Fragestellung von Bedeutung sind – beispielsweise, was in transkribierten Elterngesprächen über die Qualität der Schule gesagt wird (vgl. Mayring & Brunner, 2010, S. 325 ff.; vgl. auch Mayring, 2008).

Bereits diese – natürlich unvollständige – Aufzählung macht deutlich, wie unterschiedlich verschiedene qualitative Methoden sind und wie unterschiedliche Ziele sie verfolgen. All diesen Methoden ist allerdings gemein, dass ihre Anwendung immer sehr anspruchsvoll ist. Wer nach diesen Methoden arbeiten will, muss sich mit Fachliteratur einarbeiten. Im Rahmen dieser Einführung soll nur gerade die *qualitative Inhaltsanalyse* beschrieben werden, weil sie besonders breit einsetzbar ist und weil sie die häufigste Form der sozialwissenschaftlichen Textanalyse darstellt (vgl. Mayring & Brunner, 2010, S. 324).

15.3 Qualitative Inhaltsanalyse

Eine qualitative Inhaltsanalyse beinhaltet in der Regel folgende fünf Aspekte (vgl. Gläser & Laudel, 2009; S. 199 ff.; Mayring & Brunner, 2010, S. 326 ff.):

1. *Datenmaterial sichten, auswählen und vorbereiten*: Bevor mit der eigentlichen Inhaltsanalyse begonnen werden kann, gilt es einen Überblick über alles Datenmaterial zu gewinnen, die relevanten Texte oder Textteile zu identifizieren und für die Analyse vorzubereiten (vgl. Kap. 15.3.1).
2. *Kategorien entwickeln – ein Suchraster vorbereiten:* Mit dem Entwickeln von Kategorien wird ein Suchraster für das Durchsuchen der Texte vorbereitet. «Der Kern des inhaltsanalytischen Arbeitens mit Texten ist der Einsatz von Kategorien bzw. Kategoriensystemen. Die Kategorien [...] stellen die Analyseaspekte dar, die an das Material herangetragen werden sollen. Sie sind wie ein Rechen, der durch das Material gezogen wird und an dessen Zinken Materialbestandteile hängen bleiben» (Mayring & Brunner, 2010, S. 325). Mit dem Kategoriensystem können ähnliche Aussagen nach ausgewählten Kriterien zusammengefasst werden (vgl. Kap. 15.3.2).
3. *Codieren – Ordnung in die Vielfalt an Informationen bringen:* Beim Codieren wird der Text auf relevante Informationen hin durchsucht, wobei die wichtigen Informationen einzelnen Kategorien zugeordnet werden (vgl. Kap. 15.3.3).
4. *Analysieren – geordnete Informationen auswerten:* Beim Analysieren werden die geordneten Informationen zusammengefasst, strukturiert, ausgelegt, erklärt und kontextualisiert (vgl. Kap. 15.3.4).
5. *Darstellung der Analyse:* Meist in Form eines Berichts werden die Ergebnisse der Analyse am Schluss dargestellt (vgl. Kap. 15.3.5).

Qualitative Inhaltsanalysen können manuell – also mit ausgedruckten Texten, Bleistift und Farbstiften – oder computergestützt durchgeführt werden. Für computerunterstützte Analysen gibt es inzwischen eine beachtliche Auswahl an spezialisierter Software.[16] Die Einarbeitung in diese Programme braucht zwar meist etwas Zeit. Inhaltsanalysen in größeren Projekten mit umfangreichem Textmaterial sind aber kaum noch manuell zu bewältigen.[17] Zudem haben Hochschulen häufig Lizenzen, die sie für eine beschränkte Dauer auch Studierenden zur Verfügung stellen können. Vor dem Einstieg in ein Projekt lohnt es sich deshalb abzuklären, welche Möglichkeiten der computerunterstützten Analyse verfügbar sind.

15.3.1 Datenmaterial sichten, auswählen und vorbereiten

Gerade in größeren Projekten, bei denen sich die Datenerhebungen über mehrere Monate verteilen können, ist es wichtig den Überblick über das verfügbare Datenmaterial zu behalten. Es muss nicht immer das vollständige Datenmaterial in die Analyse einbezogen werden. So ist es durchaus sinnvoll, beispielsweise Interviews oder Interviewpassagen, die kaum etwas zur Fragestellung hergeben, wegzulassen. Ziel dieser ersten Sichtung des Materials ist es, diejenigen Texte oder Textstellen für die Inhaltsanalyse auszuwählen, die auch tatsächlich einen Beitrag zur Klärung der Forschungsfrage leisten (vgl. Gläser & Laudel, 2009, S. 200).

Diejenigen Teile des Datenmaterials, die für die Inhaltsanalyse ausgewählt werden, sind in der Folge für die eigentliche Auswertung vorzubereiten: Wird das Material «von Hand» (also mit Papier, Bleistift oder Farben) ausgewertet, ist eine Darstellung hilfreich, die neben dem Textmaterial viel Platz für Kategorienbeschriftungen oder weiterführende Kommentare frei lässt (bspw. Ausdruck mit einem breiten Rand). Wird das Material computerunterstützt ausgewertet, muss es im für die benutzte Software lesbaren Format abgespeichert und so bezeichnet werden, dass jederzeit klar bleibt, um welches Textmaterial es sich bei einzelnen Dateien handelt (bspw. Interviewnummer, interviewte Person, Datum etc.).

15.3.2 Kategorien entwickeln – ein Suchraster vorbereiten

Die Kategorien bilden das Suchraster, mit welchem die ausgewählten Texte durchsucht werden sollen. Diesen Kategorien werden passende Aussagen nach bestimmten Kriterien zugeordnet. Damit wird deutlich, dass bei der qualitativen Inhaltsanalyse «nicht die ganzheitliche Erfassung im Vordergrund steht, sondern eher ein selektives, eben kategorienbezogenes Vorgehen» (Mayring & Brunner, 2010, S. 325). Was selektiert wird, hängt von den Fragestellungen ab.

---

16 Häufig verwendet werden beispielsweise MAXqda, ATLAS.ti, NVivo oder The Ethnograph. Die Auswahl ist inzwischen so groß, dass es eigene Publikationen zur Übersicht über die verschiedenen Software-Produkte gibt (bspw. Kuckartz, 2010).

17 So ist bei einer wörtlichen Transkription eines einstündigen Interviews mit ca. 15 Seiten Textmaterial zu rechnen. Bei 10 bis 15 Interviews, die in einem durchschnittlichen Forschungsprojekt schnell mal nötig werden, fallen damit bereits 150 bis 225 Seiten an.

Die Kategorien bilden diejenigen Facetten des Erkenntnisinteresses ab, die an das Datenmaterial herangetragen werden. In den Kategorien ist der Gehalt angelegt, der aus einer Untersuchung entstehen kann. Deshalb gilt auch: «Da die Kategorien die Substanz der Untersuchung enthalten, kann eine Inhaltsanalyse nicht besser sein als ihre Kategorien» (Berelson, 1971, S. 147, z.n. Atteslander, 2003, S. 225).

Die Kategorien können grundsätzlich auf zwei unterschiedliche Arten entwickelt werden:

- *Deduktiv*: Die Kategorien werden aus Vorüberlegungen abgeleitet, bevor das Datenmaterial analysiert wird. Im Idealfall entstammen deduktiv hergeleitete Kategorien aus theoretischen Überlegungen. «Deduktiv» bedeutet in diesem Fall, aus dem Allgemeinen (aus der Theorie) auf das Besondere (auf die hier vorliegenden Daten) zu schließen. Dieses deduktive Vorgehen wird deshalb vor allem dann angewendet, wenn vorgängig formulierte Hypothesen geprüft werden sollen oder wenn bereits sehr gute theoretische Kenntnisse über den untersuchten Sachverhalt vorliegen. Dieser Prozess wird auch «top down» oder «theoriegeleitet» genannt.
- *Induktiv*: Die Kategorien werden aus dem vorliegenden Datenmaterial heraus entwickelt, also erst im Laufe der Analyse gebildet. «Induktiv» bedeutet in diesem Fall, aus dem Besonderen (aus den hier vorliegenden Daten) auf das Allgemeine (beispielsweise auf eine Theorie) zu schließen. Dieses induktive Vorgehen wird deshalb vor allem dann angewendet, wenn neue Theorien oder Theorieaspekte entwickelt werden sollen, resp. wenn noch kaum Kenntnisse über den untersuchten Sachverhalt vorliegen. Dieser Prozess wird auch «bottom up» oder «datengeleitet» genannt.

In der Praxis wird häufig eine Kombination aus deduktivem und induktivem Vorgehen angewendet: Aufgrund (theoretischer) Vorüberlegungen werden erste Kategorien deduktiv entwickelt, die im Laufe der Analyse jedoch kontinuierlich induktiv verfeinert und angereichert werden. Das bedeutet, dass die Codierungen mit einem Kategoriensystem begonnen werden, das aufgrund von Vorüberlegungen provisorisch entwickelt wurde. In der Folge wird dieses provisorische Kategoriensystem systematisch aufgrund des vorliegenden Datenmaterials weiterentwickelt und angepasst. In der Evaluationsforschung ist es auch üblich, Kategorien aus dem Interviewleitfaden abzuleiten: Die aus theoretischen Vorüberlegungen formulierten Fragen werden zu Kategorien abstrahiert oder umformuliert. Damit orientiert sich die Analyse des Datenmaterials sehr eng an den Fragen eines Interviews. Dies mag aus forschungsökonomischer Perspektive häufig sinnvoll sein, allerdings ist es damit schwierig, dem Material weiter führende Aspekte abzugewinnen.

Die Gesamtheit aller Kategorien einer inhaltsanalytischen Untersuchung wird als «Kategoriensystem» bezeichnet (vgl. Atteslander, 2003, S. 225). Aufgrund des Kategoriensystems muss es eindeutig sein, wie einzelne Textstellen den Kategorien zuzuordnen sind. Je nach Erkenntnisinteresse müssen die einzelnen Kategorien trennscharf sein, sodass immer eine eindeutige Zuordnung einer Textstelle zu einer

Kategorie möglich ist. Oft ist es aber auch sinnvoll, eine bestimmte Aussage verschiedenen Kategorien zuzuordnen. In einer Untersuchung zur Kommunikation zwischen Schule und Eltern kann beispielsweise eine Aussage von Eltern «Mit zwei bis drei Kontakten pro Schuljahr erfahren wir ja nie wirklich, was in der Schule los ist.» sowohl einer Kategorie «Häufigkeit der Interaktion» als auch einer Kategorie «Zufriedenheit mit der Interaktion» zugeordnet werden. Wenn allerdings beabsichtigt wird, in einer späteren Phase der Analyse die einzelnen Codierungen auszuzählen (vgl. dazu Kap. 15.3.4), dann ist mit mehrfachen Zuordnungen besondere Vorsicht geboten.

Alle Kategorien werden im Kategoriensystem je mit

- dem *Namen* der Kategorie,
- der *Codierregel*, die beschreibt, wann eine Textstelle der entsprechenden Kategorie zuzuordnen ist, sowie
- einem *Ankerbeispiel*, das einer typischen Textstelle aus dem vorliegenden Datenmaterial entspricht und die Kategorie veranschaulicht,

vollständig aufgeführt. Als Beispiel ist in Tabelle 34 ein Ausschnitt aus einem Kategoriensystem aufgeführt.

Ein Kategoriensystem kann aus Haupt- und beliebig verschachtelten Unterkategorien bestehen. Entscheidend ist, dass das Kategoriensystem für die vorliegende Fragestellung geeignet ist und dem Datenmaterial gerecht wird. Wie weit es dem Datenmaterial wirklich gerecht wird, zeigt sich erst bei der Arbeit mit dem konkreten Datenmaterial. Nach einer ersten Auswertungsphase – in der Regel etwa nach 1 bis 3 transkribierten Interviews – muss deshalb überprüft werden, ob alle relevanten Aussagen sinnvoll codiert werden konnten. Um das Kategoriensystem zu testen bzw. auszudifferenzieren, ist es in dieser frühen Phase sinnvoll, möglichst unterschiedliche Interviews zu bearbeiten. Bei Bedarf muss dann das Kategoriensystem angepasst werden – was eher die Regel als die Ausnahme darstellt.

15.3.3 Codieren – Ordnung in die Vielfalt an Informationen bringen

Ist das Suchraster in Form eines provisorischen Kategoriensystems vorbereitet, kann das Datenmaterial damit durchsucht werden. «Wie ein Rechen, der durch das Material gezogen wird und an dessen Zinken Materialbestandteile hängen bleiben» (vgl. oben), wird nun das Material (bspw. ein transkribiertes Interview) mit dem Kategoriensystem durchkämmt. Dabei wird jede relevante Textstelle einer Kategorie zugeordnet. Diese Zuordnung von Informationen zu einzelnen Kategorien wird «Codieren» genannt.

Wie groß die Codiereinheiten – also die Textstellen, die einer bestimmten Kategorie zugeordnet werden – sein sollen, hängt vom Datenmaterial ab. Manchmal sind es Sätze, manchmal ganze Abschnitte, manchmal aber auch nur kurze Satz-

Tabelle 34: Auszug aus einem Kategoriensystem.

		Name	Codierregel	Ankerbeispiel
…	…			
4.	Kommunikation Eltern-Schule			
	4.1	Kommunikation Eltern-Lehrerin/Lehrer		
	4.1.1	Häufigkeit	Aussagen zur Anzahl Kontakte zwischen Eltern und Lehrerin oder Lehrer	«Wir werden ja sowieso viel zu wenig informiert. Herr Landolt meldet sich höchstens ein bis zwei Mal pro Semester.»
	4.1.2	Anlässe	Aussagen zu den Beweggründen, die zum Kontakt zwischen Eltern und Lehrerin oder Lehrer führen	«Frau Huber kontaktiert uns immer, wenn sie einen Ausflug plant, wenn die Kinder etwas bezahlen müssen oder wenn es Probleme mit Jonas gibt.»
	4.1.3	…		
	4.2	Kommunikation Eltern-Schulleitung		
	4.2.1	…		
	4.2.2	…		
	4.3	Kommunikation Eltern-Schulbehörde		
	4.3.1	…		
	4.3.2	…		

teile oder gar nur einzelne Wörter. Grundsätzlich bewährt es sich allerdings, eher längere Textpassagen als Codiereinheit zu wählen.

Beachten Sie beim Codieren folgende Hinweise:

- Zum Codieren ordnen Sie die Codiereinheiten am besten mit verschiedenen Farben einzelnen Kategorien zu (bei computerunterstützter Auswertung übernimmt dies natürlich der Computer).

- Alles, was Ihnen beim Codieren durch den Kopf geht, halten Sie am besten sofort schriftlich fest. Beim Interpretieren und Diskutieren der Ergebnisse werden Ihnen diese Ideen äußerst hilfreich sein.

- Nach einer ersten Codierphase, bspw. nach den ersten 1 bis 3 codierten Interviews, sollten Sie das Kategoriensystem überprüfen und gegebenenfalls anpassen. Werden alle relevanten Informationen herausgefiltert? Sind die Kategorien angemessen unterteilt, sodass nicht alle codierten Informationen in die gleiche Kategorie fallen? Muss das Kategoriensystem angepasst werden, so müssen Sie natürlich auch das bereits codierte Material noch einmal mit dem angepassten Kategoriensystem codieren.

- Am Schluss werden die ersten 20 % – 30 % des Materials nochmals neu codiert, da Sie inzwischen so viel gelernt haben, dass Sie nun mit neuen Augen codieren.

Durch das Codieren wird aus dem Datenmaterial eine neue Informationsbasis erstellt. Diese neue Informationsbasis stammt zwar aus dem ursprünglichen Datenmaterial, ist aber im Hinblick darauf gefiltert, was für die vorliegende Fragestellung von Bedeutung ist. Damit wird durch das Codieren die Informationsfülle systematisch reduziert und im Hinblick auf das Untersuchungsziel strukturiert.

Soll die Inhaltsanalyse wissenschaftlichen Ansprüchen genügen, so muss die Zuverlässigkeit des Codierens gewährleistet und überprüft werden. Dies ist grundsätzlich auf zwei unterschiedliche Arten möglich (vgl. Mayring & Brunner, 2010, S. 326):

- Eigene Überprüfung der Zuverlässigkeit («Intrakoderreliabilität»): Nach Abschluss des Codierens werden mindestens einzelne Teile des Materials erneut codiert, ohne auf die beim ersten Codierdurchgang erfolgten Codierungen zu achten.

- Überprüfung der Zuverlässigkeit durch eine andere Person («Interkoderreliablität»): Nach Abschluss des Codierens codiert eine andere Person das bereits codierte Material (oder mindestens Teile davon) noch einmal.

Je stärker die Codierungen beim ersten und beim zweiten Durchgang (resp. die eigenen Codierungen und diejenigen der zweiten Person) übereinstimmen, desto zuverlässiger ist das Verfahren. Bestehen deutliche Abweichungen zwischen diesen Codierungen, ist das ein deutlicher Hinweis, dass das Kategoriensystem nicht eindeutig ist. In diesem Fall müssen die Codierregeln präzisiert und vielleicht auch Ankerbeispiele ersetzt werden. Überprüft eine andere Person die Codierungen, sollten die abweichenden Codierungen in einer Codierkonferenz besprochen werden. Dabei ergeben sich meist eine Schärfung des Kategoriensystems und ein besseres Verständnis des auszuwertenden Datenmaterials. Die Überprüfung der eigenen Codierungen ist also ziemlich aufwendig, wird aber in der Regel mit einem klaren Erkenntnisgewinn belohnt.

15.3.4 Analysieren – geordnete Informationen auswerten

Mit dem Codieren wird das Datenmaterial gefiltert und strukturiert. In der Regel werden alle Textstellen zusammen gestellt, die zur gleichen Kategorie codiert wurden. Bei computerunterstützter Auswertung erfolgt dies meist automatisch. Das so geordnete Material kann in der Folge systematisch analysiert werden. Grundsätzlich lassen sich drei Verfahren der Analyse unterscheiden (vgl. Mayring & Brunner, 2010, S. 326):

1. *Zusammenfassen:* Ein zentrales Analyseverfahren besteht darin, das Datenmaterial auf die wesentlichen Aussagen zu reduzieren: Dazu werden gleiche oder ähnliche Informationen zu einer allgemeinen Aussage zusammengefasst, bspw. durch den Gebrauch von Oberbegriffen oder durch Paraphrasieren. Diejenigen Informationen, die für die Fragestellung bedeutsam sind, werden ausgewählt und unwichtige, überflüssige werden weggelassen. Mehrfach genannte Informationen werden in verdichteter Form nur einmal erwähnt.

2. *Explizieren:* Textstellen oder Aussagen werden erläutert, ausgelegt, in einen Kontext gesetzt und bei Bedarf mit gesicherten Informationen aus anderen Quellen (bspw. aus dem Schulgesetz, aus Verordnungen oder Lehrplänen) ergänzt.

3. *Strukturieren:* Strukturen in den Daten zu suchen und aufzuzeigen, ist der Kern der Analyse. Eine häufige Form der Strukturierung ist die Gegenüberstellung von unterschiedlichen Perspektiven (bspw. der Schulleitung, der Lehrerinnen und Lehrer, der Eltern, der Schulbehörde) zu einem bestimmten Sachverhalt. Andere Formen der Strukturierung können sich ergeben, wenn beispielsweise einzelne Aspekte systematisch durch das ganze Datenmaterial hindurch verfolgt oder wenn Zusammenhänge zwischen einzelnen Kategorien herausgearbeitet werden. Eine geeignete Strukturierung der Informationsfülle kann als zentrales Anliegen der qualitativen Inhaltsanalyse verstanden werden.

Bei der qualitativen Inhaltsanalyse geht es – im Gegensatz zu quantitativen Verfahren – nicht darum auszuzählen, wie häufig ein Aspekt genannt wurde. Es interessiert nicht, wie oft etwas geschrieben oder gesagt wurde, sondern welche Aspekte in welchem Zusammenhang genannt wurden. Das Ziel der qualitativen Inhaltsanalyse besteht darin, Zusammenhänge zu verstehen, Strukturen und (Deutungs-)Möglichkeiten aufzuzeigen sowie allenfalls Hypothesen abzuleiten. Werden beispielsweise verschiedene Akteure (Schulleitungen, Eltern und Lehrpersonen) zur Kommunikation zwischen Schule und Eltern befragt, zielt die qualitative Inhaltsanalyse keinesfalls auf das Herstellen von Übereinstimmung und Konsens, sondern auf eine Auslegeordnung der verschiedenen Meinungen, auf das Offenlegen von gegensätzlichen Perspektiven bzw. auf ein Verständnis für die Unterschiede in den Betrachtungsweisen.

Je nachdem ist es auch denkbar zu fragen, welche Kategorien am häufigsten genannt wurden – aber nur bei sehr umfangreichem Material. Damit werden auch quantitative Auswertungen von qualitativ analysiertem Material möglich (vgl.

dazu Mayring & Brunner, 2010, S. 331 f.): Wenn beispielsweise alle Eltern des Schulhauses Obertor mit einem Fragebogen befragt wurden, der auch offene Fragen zur Zufriedenheit mit der Art der Elternkommunikation beinhaltete, ist es durchaus möglich, nach einer qualitativen Analyse auch auszuzählen, ob sich bspw. gewisse Elemente der Unzufriedenheit bei Eltern der Oberstufe häufiger zeigen als bei Eltern der Unterstufe.

15.3.5 Darstellung der Analyse

Die Darstellung der Analyse erfolgt in der Regel in einem Bericht, der grundsätzlich wie andere wissenschaftliche Arbeiten aufgebaut ist (vgl. dazu Kap. 6.3; vgl. auch Anhang 16.1: Elemente eines Forschungsberichts). Beim Verfassen eines solchen Berichts können folgende Überlegungen hilfreich sein:

- Selbstverständlich wird die Darstellung der Ergebnisse auch bei qualitativen Inhaltsanalysen ganz deutlich von der Diskussion der Ergebnisse getrennt.
- Je nach Adressatenschaft ist es sinnvoll, theoretische oder methodische Ausführungen sehr knapp zu halten. Bei Qualifikationsarbeiten (wie bspw. einer Bachelorarbeit) sind jedoch gerade diese Aspekte von besonders großer Bedeutung. Vor dem Verfassen des Berichts lohnt es sich also zu klären, wer den Bericht mit welchen Zielsetzungen lesen wird.
- Bei qualitativen Zugängen ist die Darstellung der Ergebnisse nicht immer ganz einfach. Beobachtungen (bspw. bei Videosequenzen) müssen möglichst präzise beschrieben werden; umfangreiche Textteile (bspw. von transkribierten Interviews) müssen unbedingt in eigenen Worten verdichtet werden. Eine solche Verdichtung ist zentrales Element der Analyse (vgl. oben: «Zusammenfassen») und widerspiegelt die Tiefe und die Qualität der Analyse. Wörtliche Zitate aus Interviews werden in der Regel nur zur *Illustration* zentraler Aussagen aufgeführt, nicht als Ergebnisse selbst.
- Zu einer guten Analyse gehört das Herausarbeiten von Strukturen (vgl. oben: «Strukturieren»). Diese Strukturen müssen sich in der einen oder anderen Form im Bericht wieder finden; hilfreich dazu sind oft auch Abbildungen, Tabellen oder Schemata (vgl. als Beispiel einer strukturierten Information Tab. 35).
- Bei qualitativen Auswertungen ist besondere Vorsicht mit Verallgemeinerungen geboten. Die Erkenntnisse beziehen sich bei qualitativen Analysen häufig auf einen konkreten Kontext. Im Zweifelsfall können «Erkenntnisse» durchaus auch als Hypothesen dargestellt werden, die in einer späteren Untersuchung zu überprüfen wären.
- Gerade bei qualitativen Untersuchungen ist darauf zu achten, dass alle Personen konsequent anonymisiert werden. Bei wissenschaftlichen Untersuchungen geht es nicht um konkrete Personen, sondern um allgemeine Prinzipien. Auch Insider sollten aus dem Zusammenhang nicht erkennen können, von wem genau die Aussagen in einem Bericht stammen.

Tabelle 35: Unzufriedenheit in der Kommunikation zwischen Eltern und Lehrperson (fiktives Beispiel).

Unzufriedenheit bei den Eltern: Eltern...	**Unzufriedenheit bei den Lehrpersonen:** Lehrpersonen...
• beklagen Seltenheit von Informationen • beklagen mangelnde Verständlichkeit von Informationen der Lehrperson • fühlen sich nicht ernst genommen • fühlen sich nicht verstanden	• beklagen mangelnde Zeit für die Kommunikation • beklagen mangelndes Interesse auf Seiten der Eltern • beklagen teilweise mangelnde Aufrichtigkeit von Eltern in Bezug auf Probleme, teilweise fehlendes Verständnis für schulische Probleme der eigenen Kinder • beklagen mangelnde Transparenz über familiäre Verhältnisse • beklagen übertriebene Besorgnis der Eltern

15.4 Zusammenfassung

Qualitative Forschung ist ein Sammelbegriff für eine Vielzahl an unterschiedlichen methodischen Zugängen zu einer Thematik. So gibt es auch eine Vielzahl an verschiedenen Auswertungsverfahren, die sich teilweise stark unterscheiden. Vor allem in der Evaluationsforschung ist die qualitative Inhaltsanalyse ein besonders häufig verwendetes Auswertungsverfahren.

Die qualitative Inhaltsanalyse nach Mayring beinhaltet in der Regel fünf Schritte: In einem *ersten* Schritt wird das vorliegende Datenmaterial gesichtet, es werden die für die Fragestellung relevanten Teile ausgewählt und für die Analyse vorbereitet. In einem *zweiten* Schritt werden Kategorien entwickelt, mit denen – im Sinne eines Suchrasters – das Datenmaterial durchsucht wird. Im *dritten* Schritt werden die Daten codiert, indem die relevanten Informationen einzelnen Kategorien zugeordnet werden. Meist wird im Laufe des Codierens auch das Kategoriensystem verfeinert und angepasst. Im *vierten* Schritt werden die codierten Informationen analysiert: Sie werden zusammengefasst, strukturiert und erklärt. Im abschließenden *fünften* Schritt schließlich gilt es die Ergebnisse der Analyse in einem Bericht darzustellen.

Sie haben eine gute qualitative Inhaltsanalyse vorgenommen, wenn Sie...

- das auszuwertende Datenmaterial so ausgewählt haben, dass es ihre Fragestellung angemessen beantworten kann.

- das Datenmaterial mit einem Kategoriensystem durchsucht haben, das alle relevanten Informationen herausfiltert und sinnvoll unterteilt.
- die Zuverlässigkeit der Codierungen überprüft und dabei eine befriedigende Übereinstimmung erreicht haben.
- die codierten Informationen in eigenen Worten angemessen verdichtet, erklärt und sinnvoll strukturiert haben.
- keine unzulässigen Auszählungen oder Verallgemeinerungen vorgenommen haben.

15.5 Lernaufgaben

Kontrollfragen

1. Wie unterscheiden sich qualitative Auswertungsverfahren von quantitativen Auswertungsverfahren?
2. Beschreiben Sie die fünf Schritte einer qualitativen Inhaltsanalyse!
3. Was bedeutet «deduktiv» und «induktiv» beim Ausarbeiten eines Kategoriensystems?
4. Welche Bestandteile gehören zu einem vollständigen Kategoriensystem?
5. Was ist der Unterschied zwischen Intrakoderreliabiliät und Interkoderreliabilität?
6. Warum wird das Kategoriensystem oft auch als das «Herzstück» der qualitativen Inhaltsanalyse bezeichnet?
7. Welche unterschiedlichen Verfahren zur Auswertung des codierten Datenmaterials gibt es bei der qualitativen Inhaltsanalyse?

Übungsaufgaben

8. Überlegen Sie sich Forschungsfragen und Untersuchungsdesigns, für die eine qualitative Inhaltsanalyse ein besonders geeignetes Auswertungsverfahren darstellt!
9. Entwickeln Sie anhand eines vorliegenden Interviewausschnittes induktiv ein sinnvolles Kategoriensystem.
10. Entwickeln Sie ein deduktives Kategoriensystem zum Thema «Interaktion zwischen Lehrperson und Schülerinnen bzw. Schülern». Erfinden Sie passende Ankerbeispiele aus einem fiktiven Interview mit einer Lehrperson.

Diskussionsaufgaben/Vertiefungsaufgaben

11. Diskutieren Sie Vor- und Nachteile einer deduktiven und einer induktiven Kategorienbildung!
12. Die qualitative Inhaltsanalyse nach Mayring wird manchmal auch als datenreduzierendes Verfahren beschrieben. Warum?
13. Welches sind die Funktionen von Codierregeln und Ankerbeispielen?
14. Diskutieren Sie Gemeinsamkeiten und Unterschiede verschiedener qualitativer Auswertungsverfahren!

15.6 Literatur

Weiterführende Literatur

Friebertshäuser, B., Langer, A. & Prengel, A. (Hrsg.). (2010). *Handbuch Qualitative Forschungsmethoden in der Erziehungswissenschaft.* Weinheim: Juventa.

Gläser, J. & Laudel, G. (2009). *Experteninterviews und qualitative Inhaltsanalyse.* Wiesbaden: VS Verlag für Sozialwissenschaften.

Mayring, P. (2008). *Qualitative Inhaltsanalyse. Grundlagen und Techniken* (10., neu ausgestattete Auflage ed.). Weinheim: Beltz.

Verwendete Literatur

Atteslander, P. (2003). *Methoden der empirischen Sozialforschung* (10., neu bearbeitete und erweiterte Auflage). Berlin: Walter de Gruyter GmbH & Co.

Bohnsack, R. (2008). *Rekonstruktive Sozialforschung. Einführung in qualitative Methoden.* Opladen: Verlag Barbara Budrich.

Friebertshäuser, B., Langer, A. & Prengel, A. (Hrsg.). (2010). *Handbuch Qualitative Forschungsmethoden in der Erziehungswissenschaft.* Weinheim: Juventa.

Friebertshäuser, B. & Panagiotopoulou, A. (2010). Ethnographische Feldforschung. In B. Friebertshäuser, A. Langer & A. Prengel (Hrsg.), *Handbuch Qualitative Forschungsmethoden in der Erziehungswissenschaft* (S. 301–322). Weinheim: Juventa.

Gläser, J. & Laudel, G. (2009). *Experteninterviews und qualitative Inhaltsanalyse.* Wiesbaden: VS Verlag für Sozialwissenschaften.

Kleemann, F., Krähnke, U. & Matuschek, I. (2009). *Interpretative Sozialforschung. Eine praxisorientierte Einführung.* Wiesbaden: VS Verlag für Sozialwissenschaften.

Kuckartz, U. (2010). *Einführung in die computergestützte Analyse qualitativer Daten.* Wiesbaden: VS Verlag für Sozialwissenschaften.

Mayring, P. (2008). *Qualitative Inhaltsanalyse. Grundlagen und Techniken* (10., neu ausgestattete Auflage). Weinheim: Beltz.

Mayring, P. & Brunner, E. (2010). Qualitative Inhaltsanalyse. In B. Friebertshäuser, A. Lan¬ger & A. Prengel (Hrsg.), *Handbuch Qualitative Forschungsmethoden in der Erziehungswissenschaft* (S. 323–334). Weinheim: Juventa.

Strauss, A. L. (1998). *Grundlagen qualitativer Sozialforschung. Datenanalyse und Theoriebildung in der empirischen soziologischen Forschung.* München: Wilhelm Fink Verlag.

16 Anhang

16.1 Checkliste Forschungsbericht

Titelblatt

- ☐ Angabe der Institution
- ☐ Titel (und ev. Untertitel)
- ☐ Name, Adresse und Telefonnummer des Verfassers, der Verfasserin
- ☐ Name und gegebenenfalls Titel der Betreuungsperson («Eingereicht bei…»)
- ☐ Ort und Datum der Fertigstellung

Abstract (freiwillig)

- ☐ Ist klar, worum es in der Arbeit geht?

Vorwort (freiwillig)

- ☐ Persönlicher Bezug zum Thema
- ☐ Danksagungen für Hilfen und Unterstützungen
- ☐ Danksagungen für beforschte Personen

Inhaltsverzeichnis

- ☐ Sind alle Titel und Seitenzahlen aktualisiert?

1. Einleitung

- ☐ Wird angemessen in Alltagssprache ins Thema eingeführt?
- ☐ Ist das Thema sinnvoll eingegrenzt?
- ☐ Ist die Fragestellung in Alltagssprache formuliert?
- ☐ Ist die Relevanz der Arbeit begründet?
- ☐ Wird der Aufbau des Berichts vorgestellt?
- ☐ (wenn kein Vorwort: Ist an dieser Stelle den beteiligten Personen gedankt?)

2. Theorieteil

- ☐ Sind alle zentralen Begriffe und Konzepte definiert?
- ☐ Sind die relevanten theoretischen Grundlagen aufgeführt?
- ☐ Ist der Stand der Forschung den Ansprüchen der Arbeit gemäß zusammengefasst?
- ☐ Ist der Theorieteil übersichtlich, strukturiert und auf die Forschungsfrage hin zugespitzt?
- ☐ Sind die Quellenangaben vollständig und korrekt?

3. Methodenteil

- ☐ Ist die Fragestellung explizit unter Einbezug der Fachsprache formuliert?
- ☐ Ist eine Hypothese formuliert und begründet? (bei quantitativen Zugängen)
- ☐ Ist die Wahl der Forschungsmethode begründet?
- ☐ Ist beschrieben, wie die Stichprobe ausgewählt wurde und wie sie zusammengesetzt ist?
- ☐ Sind die Erhebungsinstrumente hergeleitet und beschrieben? (vollständige Instrumente nur im Anhang)
- ☐ Ist das Vorgehen für die Datenauswertung beschrieben?

4. Ergebnisse

- ☐ Werden wichtige Ergebnisse angemessen in Tabellen, Abbildungen oder Grafiken verdichtet?
- ☐ Ist die Darstellung der Ergebnisse sinnvoll strukturiert?
- ☐ Ist jede Aussage in diesem Teil mit den Daten belegbar?
- ☐ Gibt es keinerlei Interpretation in diesem Teil?

5. Diskussion

- ☐ Ist die Fragestellung explizit beantwortet?
- ☐ Sind die eigenen Ergebnisse in Bezug zum Stand der Forschung gesetzt?
- ☐ Sind die Hypothesen explizit geprüft? (nur bei quantitativen Zugängen)
- ☐ Ist das eigene (methodische) Vorgehen kritisch reflektiert und die Reichweite der Aussagen beschrieben?
- ☐ Ist ein angemessenes Fazit formuliert?

- ☐ Sind Folgerungen für die Praxis und/oder für weitere Forschungsarbeiten formuliert?

6. Zusammenfassung (je nach Umfang der Arbeit)

- ☐ Sind alle wesentlichen Teile der Arbeit zusammengefasst, also auch der Theorie- und der Methodenteil?
- ☐ Sind keinerlei neue Informationen enthalten, die nicht schon vorher eingeführt wurden?

Literaturverzeichnis

- ☐ Sind alle benutzten (und nur diese) Quellen im Literaturverzeichnis aufgeführt?
- ☐ Sind alle formalen Vorgaben zum Erstellen des Literaturverzeichnisses genau berücksichtigt?

Anhang (je nach Art der Arbeit)

- ☐ Wird auf alle im Anhang aufgeführten Teile in der Arbeit hingewiesen?
- ☐ Ist der Anhang im Inhaltsverzeichnis berücksichtigt?
- ☐ Sind alle Erhebungsinstrumente vollständig im Anhang enthalten?
- ☐ Sind alle weiteren relevanten Informationen enthalten?

16.2 Vorgehen beim Verfassen einer empirischen (Studien-)Arbeit

Wenn Sie eine empirische Arbeit verfassen, sollten Sie Ihr Vorgehen sauber planen und einen Terminplan erstellen. Folgende Schritte gilt es dabei zu bewältigen (vgl. Tab. A1).

Tabelle A1. Schritte beim Verfassen einer empirischen (Studien-)Arbeit.

	Arbeitsschritt	Hinweise	Termin
☐	1. Anforderungen an die Arbeit genau durchlesen (Beurteilungskriterien, formale Vorgaben, Termine usw.)	Lesen Sie diese Anforderungen auch während des Schreibens periodisch wieder durch, damit Sie auf keine falsche Fährte geraten.	
☐	2. Dokumentvorlage für den Bericht erstellen (Formatvorlagen usw.)	Richten Sie das Word-Dokument sauber ein, sodass Sie später die Formate nur noch übertragen müssen.	
☐	3. Thema, grobe Fragestellung wählen	Zielsetzungen klären, Thema und grobe Fragestellung etwas eingrenzen nach der Frage: Was interessiert mich wirklich?	
☐	4. Literaturrecherche	Einen ersten Überblick gewinnen, was alles verfügbar ist; ev. bereits erste Exzerpte schreiben	
☐	5. Brainstorming zum Thema machen	Ev. in kleinen Gruppen oder partnerweise arbeiten; Übersicht über mögliche Teilaspekte gewinnen	
☐	6. Aus dem Brainstorming ein Mindmap entwickeln	Strukturen in der Vielfalt an möglichen Teilaspekten suchen und aufzeigen	
☐	7. Fragestellung eingrenzen und definitiv festlegen	Mittlere Reichweite suchen: nicht zu weit und auch nicht allzu eng	
☐	8. Theorie zur Fragestellung systematisch sichten (inkl. Stand der Forschung)	Internet-Recherche, Bibliotheken aufsuchen, Fachzeitschriften sichten, Gespräche mit Experten oder Kolleginnen und Kollegen führen, Informationen gewichten und auswählen	

	Arbeitsschritt	Hinweise	Termin
☐	9. Exzerpte	Bei der Sichtung der verfügbaren Literatur gleichzeitig Exzerpte schreiben	
☐	10. Aufbau bestimmen	Gliederung festlegen, Kapiteltitel und -untertitel formulieren (als Entwurf), jedem Kapitel eine ungefähre Seitenzahl zuweisen: Themen gewichten	
☐	11. Theorieteil entwerfen	Stichworte zu einzelnen Unterkapiteln notieren, Mindmap zu jedem Unterkapitel, ausformulieren der Stichworte, alle Quellen fortlaufend sauber zitieren	
☐	12. Je nach Forschungsfrage und -methode: ev. Hypothesen formulieren	Hypothesen braucht es bei quantitativen Forschungsmethoden zwingend, bei qualitativen oder explorativen Studien nicht unbedingt	
☐	13. Forschungsdesign festlegen	Einen sinnvollen methodischen Zugang wählen, der mit vertretbarem Aufwand umsetzbar ist; Zugänglichkeit der Stichprobe beachten	
☐	14. Erhebungsinstrument konzipieren	Instrument so gestalten, dass die Daten Antworten auf die Fragestellungen geben und dass die Hypothese überprüft werden kann	
☐	15. Erhebungsinstrument einsetzen	Rationelle Methode suchen und Daten möglichst schnell nach der Erhebung aufbereiten	
☐	16. Daten auswerten	Qualitative und/oder quantitative Auswertungsmethoden regelgeleitet einsetzen	
☐	17. Ergebnisteil entwerfen (Tabellen, Grafiken, Darstellungen)	Während der Auswertung alles, was Ihnen durch den Kopf geht (Erklärungen, weiterführende Hinweise usw.) schon im Diskussionsteil festhalten	

	Arbeitsschritt	Hinweise	Termin
☐	18. Methodenteil entwerfen	Erst nach der Auswertung wissen Sie im Detail, wie Sie vorgegangen sind; aber schon vorher alle wichtigen Fakten zur Methode stichwortartig festhalten	
☐	19. Diskussionsteil und Zusammenfassung entwerfen	Notieren Sie sich bereits während der bisherigen Schritte alle spannenden Gedanken, die Ihnen durch den Kopf gehen, dann ist das Verfassen der Diskussion einfacher	
☐	20. Einleitung entwerfen	Am Schluss geschriebene Einleitungen spannen den Bogen über die *ganze* Arbeit am besten	
☐	21. Bericht von A-Z überarbeiten	Inhaltlich und sprachlich feilen; Übergänge zwischen Kapiteln schreiben und Leseführung einbauen; inhaltliche Korrektheit, Aufbau, Rechtschreibung, Quellenverweise, Beschriftung von Tabellen und Abbildungen überprüfen	
☐	22. Layout kontrollieren und Anhang erstellen	Layout kontrollieren oder ergänzen, z. B. Kopf- und Fußzeilen, Seitenumbrüche, Schriftgrößen und -art, Inhaltsverzeichnis erstellen, Literaturverzeichnis kontrollieren	
☐	23. Korrekturlesen und überarbeiten	Ganze Arbeit von A-Z am Stück durchlesen, Arbeit auch von Kolleginnen und Kollegen gegenlesen lassen	
☐	24. Ausdrucken (falls verlangt)	Ev. pdf-Datei erstellen, ev. binden oder binden lassen	
☐	25. Abgeben	Bravo!	

16.3 Kriterien für gelungene wissenschaftliche Arbeiten

Die folgenden Kriterien für gelungene wissenschaftliche Arbeiten wurden für die Beurteilung von Bachelorarbeiten an der Pädagogischen Hochschule Zentralschweiz, Zug entwickelt[18].

1a Herleitung der Problemstellung

Begründung der Themenwahl:
Ist die Wahl des Themas aus theoretischer und/oder praktischer Warte nachvollziehbar begründet?

Klarheit und Relevanz der Problemstellung:
Ist die Problemstellung klar und für die Theorie und/oder die Praxis relevant?

Eingrenzung des Themas:
Wurde eine angemessene Eingrenzung des Themas vorgenommen, die weder zu eng noch zu weit ist?

Problemstruktur und Abgrenzung:
Wurde das gewählte Problem strukturiert dargestellt und trennscharf von über- bzw. nebengeordneten Problemen abgegrenzt?

Schwierigkeitsgrad des Forschungs- oder Entwicklungsvorhabens:
Ist die gewählte Problemstellung theoretisch, praktisch und/oder methodisch anspruchsvoll?

1b Theoretische Durchdringung der Problemstellung

Breite, Relevanz und Aktualität der Literatur:
Wurden vor dem Hintergrund einer breiten Recherche Quellen ausgewählt, die vertrauenswürdig sowie im Hinblick auf die gewählte Problemstellung relevant und aktuell sind?

Einbezug relevanter Aspekte:
Wurden alle relevanten Aspekte bedacht und angemessen einbezogen?

Präzise Einführung in die Begrifflichkeiten:
Werden die verwendeten Begrifflichkeiten begründet ausgewählt und Lesende sorgfältig in die gewählte Terminologie eingeführt?

Kritische Verarbeitung der Quellen:
Werden die gewählten Quellen mit gebotener Distanz kritisch verarbeitet?

---

18 Pädagogische Hochschule Zentralschweiz, Hochschule Zug. (2009). *Anforderungen Projektstudium und Bachelorarbeit.* Internes Arbeitspapier der PHZ Zug. Zug: PHZ Zug.
Autorinnen und Autoren: Bettina Imgrund, Markus Roos, Ruth Gschwend, Henk Geuke, Bruno Leutwyler, Aldino Ragonesi, Christa Scherrer.

1c Methodische Umsetzung des Forschungs- und/oder Entwicklungsvorhabens

Herleitung, Begründung und Angemessenheit der Methodenwahl:
Wird die Wahl der Forschungsmethode aus den theoretischen Überlegungen hergeleitet? Ist die Wahl der Methode für die Bearbeitung der Fragestellung angemessen?

Darstellung und Begründung des methodischen Vorgehens:
Wird das methodische Vorgehen, der Erhebungs- und Auswertungsmethode nachvollziehbar dargestellt und begründet?

Sachrichtige Anwendung der gewählten Forschungsmethode:
Werden die gewählten Forschungsmethoden sachrichtig eingesetzt?

Sachgerechte Ausarbeitung der Instrumente:
Sind die eingesetzten Forschungsinstrumente, wie z. B. Interviewleitfäden, Beobachtungsraster, Fragebögen, Versuchsanordnungen, sachgerecht ausgearbeitet worden?

Begründung und Auswahl der Qualitätskriterien:
Sind die Qualitätskriterien für die angestrebten Ziele ausreichend theoretisch fundiert und für das Entwicklungsvorhabens sinnvoll ausgewählt?

1d Qualität der Forschungs-/oder Entwicklungsergebnisse

Qualität der Ergebnisse mit Blick auf den Stand der Theorie:
Können die Ergebnisse vor dem gegenwärtigen Stand der Theorie bestehen?

Nachvollziehbarkeit der Ergebnisse:
Sind die Ergebnisse für Lesende nachvollziehbar?

Sachlichkeit der dargestellten Ergebnisse:
Werden die Ergebnisse sachlich berichtet?

Dokumentation des Entwicklungsprozesses und der Ergebnisse:
Sind Entwicklungsprozess und Ergebnisse nachvollziehbar dokumentiert?

1e Qualität der abschließenden Diskussion/Bilanz

Folgerichtigkeit der Interpretation:
Wurde die Interpretation folgerichtig aus den dargelegten Fakten abgeleitet?

Bei quantitativen Arbeiten: Bezugnahme auf die aufgestellten Hypothesen:
Werden die Ergebnisse quantitativer Arbeiten auf die aufgestellten Hypothesen bezogen, um diese abzulehnen oder (vorläufig) anzunehmen?

Bei Entwicklungsarbeiten: Bezugnahme auf die aufgestellten Qualitätskriterien:
Werden die Ergebnisse von Entwicklungsarbeiten auf die aufgestellten Qualitätskriterien bezogen und an diesen gemessen?

Bezug zur Theorie und bestehender Empirie:
Werden die eigenen Ergebnisse und Erkenntnisse in Bezug zu bisherigen Forschungsergebnissen bzw. zur bestehenden Theorie gesetzt?

Weiterführende Überlegungen:
Werden eigenständige, weiterführende Gedanken zum Thema angestellt?

Folgerungen für Theorie/Praxis:
Werden Schlussfolgerungen für die Theorie und/oder für die Praxis abgeleitet?

2a Erfassung und Bewältigung der Thematik

Mehrperspektivität:
Bezieht die Arbeit vielfältige Perspektiven auf die gewählte Problemstellung angemessen ein?

Erfassung und Bewältigung der Komplexität:
Wurde die Komplexität der Problemstellung, wie z. B. verschiedene Ebenen, Dimensionen, ausreichend erfasst und bewältigt?

Strukturierung:
Ist die Arbeit logisch, systematisch und differenziert strukturiert?

Fachliche Richtigkeit:
Sind die Aussagen in der Arbeit fachlich korrekt?

Kohärenz, Verknüpfung der einzelnen Teile und Aspekte:
Ist die Arbeit in sich stimmig und wurden die einzelnen Aspekte und Teile der Arbeit miteinander verknüpft?

Stringenz der Argumentation:
Wird in der Arbeit logisch argumentiert?

Originalität, Innovationsgehalt und Eigenleistung:
Ist die Arbeit und ev. das erstellte Produkt originell, innovativ? Inwiefern ist eine Eigenleistung sichtbar?

Sinnvolle Gewichtung der einzelnen Aspekte:
Werden die einzelnen Aspekte der Thematik angemessen berücksichtigt und gewichtet?

Verarbeitungstiefe, Differenzierungsgrad:
War die Auseinandersetzung mit der Problemstellung differenziert und zeugt von einer großen Verarbeitungstiefe?

2b Qualität des wissenschaftlichen Handwerks

Belegte Richtigkeit der Aussagen:
Wurde mit Quellenbelegen dokumentiert, dass die Aussagen korrekt sind?

Saubere Trennung von Sachverhalt und Interpretation:
Werden Fakten und eigene Meinungen bzw. Interpretationen klar erkennbar voneinander getrennt dargestellt?

Konsistenz der Terminologie:
Werden die einmal gewählten Begrifflichkeiten in der ganzen Arbeit einheitlich verwendet?

Prägnanz der Zusammenfassung(en):
Sind (Zwischen-)Zusammenfassungen vorhanden und sind diese prägnant verfasst?

Gezielte, sachgerechte Visualisierung mit Tabellen, Grafiken, Bildern, Zitaten, Beispielen:
Wurden die Aussagen mit Tabellen, Grafiken, Bildern, Zitaten, Beispielen usw. sachgerecht und gezielt illustriert?

2c Äußere Form der Arbeit

Vollständigkeit der Teile:
Sind die vorgeschriebenen Teile der Arbeit, wie z. B. Kapitel und Unterkapitel vorhanden?

Layout:
Ist das Layout einheitlich und sauber?

Zitationsrichtlinien:
Wurden die Zitationsrichtlinien eingehalten?

Verzeichnisse:
Sind die Verzeichnisse, wie z. B. Inhaltsverzeichnis, Tabellen- oder Abbildungsverzeichnis vollständig und korrekt?

Beschriftungen:
Sind Tabellen und Abbildungen nummeriert, beschriftet und im Text erwähnt?

Schreibstil:
Ist der Schreibstil flüssig und verständlich?

Sprachliche Korrektheit:
Ist die Sprache bezüglich Grammatik, Interpunktion und Orthografie korrekt?

Leserführung:
Werden Leserinnen und Leser sauber durch die Arbeit geführt (Einleitungen, [Zwischen-] Zusammenfassungen, Überleitungen)?

16.4 Glossar

Stichwort	Erklärung	Kapitel
Abstract	Eine kurze Inhaltsangabe, die einen Überblick ermöglicht, was in einer Arbeit thematisiert wird	6
Ankerbeispiel	Typisches Beispiel aus dem Datenmaterial (bspw. aus einem transkribierten Interview oder einer Videosequenz) zur Veranschaulichung einer bestimmten Kategorie	15
Antwortformat (Antwortskala)	Kombination von vorgegebenen Antwortkategorien, z. B. «trifft genau zu», «trifft eher zu», «trifft teilweise zu», «trifft eher nicht zu» und «trifft überhaupt nicht zu»	13
Antwort-kategorie	Vorgegebene Antwortmöglichkeit im Fragebogen, z. B. «trifft eher zu»	13
äußere Kritik	Beleuchtung eines Textes von außen her (Hintergrund der Quelle, Entstehungszusammenhang, Wirkungsgeschichte usw.)	3
Beobachten	Bewusste, gezielte, methodisch kontrollierte Wahrnehmung und Dokumentation unter Verwendung dafür entwickelter Forschungsinstrumente (Beobachtungsplan, Kategorienraster)	11
Beobachtungs-plan	Plan, der vor der Durchführung der Beobachtungen festhält, wie bei der Beobachtung im Detail vorzugehen ist: Wer? Wen? Wie? Was? Wann? Wo? Wie häufig? Wie lange? …?	11
bibliografische Angaben	Angaben, die zu einer Literaturquelle gehören und diese später wieder auffindbar machen (Autor, Erscheinungsjahr, Titel, Verlag, Erscheinungsort, Auflage, URL, Herausgeber usw.)	4
Bivariat	Statistische Auswertungen mit zwei Variablen	14
Brainstorming	Methode der Ideenfindung, bei der alleine oder in Gruppen spontan Gedanken zu einem Thema geäußert und aufgelistet werden	6

Stichwort	Erklärung	Kapitel
Codiereinheit	Einzelteil des Datenmaterials (bspw. ein Teilsatz, ein Abschnitt aus einem Text oder eine einzelne Szene aus einem Video), das einer bestimmten Kategorie zugeordnet wird	15
Codieren	Zuordnen von Datenmaterial (bspw. von Textstellen oder Videosequenzen) zu einer Kategorie im Rahmen einer Inhaltsanalyse	15
Codierregel	Anweisung, welche die Zuordnung von Codiereinheiten zu einzelnen Kategorien regelt	15
deduktiv	aus dem Allgemeinen aufs Besondere schließend: Entwicklung von Kategorien auf der Grundlage theoretischer Konzepte oder Überlegungen	15
Definitionen	Sprachlich formulierte Gleichung, die erklärt, in welcher Weise ein Begriff verwendet wird	3
Deskriptiv	Beschreibend	14
Disjunkt	Antwortkategorien, die sich gegenseitig ausschließen	13
Einzelfallstudie	Studie, die an einem einzelnen Fall (z. B. einer Person, einer Klasse, einer Schule) durchgeführt wird – im Idealfall mit mehreren verschiedenen Methoden	10
Empirie	Erfahrung, resp. Sinneserfahrung; bezeichnet die methodisch kontrollierte Auseinandersetzung mit der «realen Welt»	9
empirische Arbeit	Arbeit, die ein eigenes Forschungsprojekt beinhaltet, bei dem systematisch neues Datenmaterial erhoben und ausgewertet oder bereits bestehendes Datenmaterial mit einer neuen Fragestellung selbst ausgewertet wird	6
empirische Aussagen	Systematische Beschreibung und Erklärung von Erfahrungen	3
Ereignisstichprobe	Protokollierung der Häufigkeit eines bestimmten Ereignisses unabhängig vom zeitlichen Verlauf	11

Stichwort	Erklärung	Kapitel
Experimental-gruppe	Gruppe von Personen, die am zu untersuchenden (Schul-)Versuch teilnimmt (diese Gruppe wird auch als Untersuchungs- oder Treatmentgruppe bezeichnet)	10
Exzerpt	Zusammenfassung einer Literaturquelle, die im Hinblick auf eine bestimmte Fragestellung vorgenommen wurde, und alle Angaben enthält, welche für das spätere Zitieren in eigenen Studienarbeiten relevant sind	4
Exzerptkopf	«bibliografische Angaben», die am Anfang eines Exzerpts festgehalten werden	4
Fernleihe	Möglichkeit, sich eine in der lokalen Mediothek nicht verfügbare Quelle aus einer anderen Bibliothek zuschicken zu lassen	2
Gantt-Diagramm	Diagramm zur Veranschaulichung von Projektphasen bzw. Arbeitsprozessen in ihrem zeitlichen Verlauf	8
gendergerecht	Sprachlicher Stil, der die beiden Geschlechter gleichwertig darstellt (mit «gender» wird im Gegensatz zum biologischen Geschlecht das soziale Geschlecht hervor gehoben)	7
Geschlossene Frage	Frage, die nur vordefinierte Antworten zulässt, z. B.: Bist du ein Mädchen oder ein Knabe?	13
Grund-gesamtheit	Gesamtheit der Individuen, auf die sich die Erkenntnisse einer Untersuchung beziehen sollen	10
Gruppen-befragung	Befragung von mehreren Personen, die stark vorstrukturierte Fragelisten je individuell beantworten	12
Gruppen-diskussion	Befragung von mehreren Personen, wobei die befragende Person eine Diskussion anstößt und in der Folge höchstens zurückhaltend moderiert	12
Gruppen-interview	Befragung von mehreren Personen, bei der Fragen in einer Gruppensituation beantwortet werden und die Befragten auch aufeinander Bezug nehmen	12

Stichwort	Erklärung	Kapitel
Herausgeberwerk	Sammelband, in welchem Beiträge von verschiedenen Autorinnen und Autoren enthalten sind	2
Hermeneutik	Lehre/Wissenschaft vom Verstehen	3
Hypothese	Begründete Vermutung über einen Sachverhalt, die empirisch widerlegt werden kann	9
IDS	Informationsverbund Deutschschweiz (www.informationsverbund.ch) u. a. mit den Universitätsbibliotheken Basel, Bern, Luzern, St. Gallen, Zürich, mit Bibliotheken von Fachhochschulen und Pädagogischen Hochschulen	2
Indikatoren	direkt beobachtbare Größen, die zur Erfassung eines Konstruktes geeignet sind	9
induktiv	aus dem Besonderen aufs Allgemeine schließend: Entwicklung von Kategorien aus dem Datenmaterial heraus	15
innere Kritik	Analyse eines Textes von innen heraus (Textstruktur, Hauptaussagen, Widersprüche, Absichten usw.)	3
Interkoderreliabilität	Zuverlässigkeit des Codierens, eingeschätzt aufgrund der Übereinstimmung von Codierungen von zwei verschiedenen Personen	15
Intersubjektive Validierung	Überprüfung, wie weit Deutungen und Auslegungen von verschiedenen Personen geteilt werden	9
Intervall	Skalenniveau, das auf stets gleichen Abständen zwischen den Skalenwerten basiert (z. B. das Lebensalter in Jahren, also 20, 21, 22, 23 Jahre)	14
Interview	geplante, zielgerichtete und nach bestimmten Regeln durchgeführte Kommunikation zwischen zwei oder mehreren Personen	12
Intrakoderreliabilität	Zuverlässigkeit des Codierens, eingeschätzt aufgrund der Übereinstimmung von Codierungen, die durch ein und dieselbe Person zu verschiedenen Zeitpunkten vorgenommen wurden	15

Stichwort	Erklärung	Kapitel
Item	Aufgabe, Aussage oder Frage im Fragebogen, die beurteilt bzw. beantwortet werden soll, z. B. «Ich gehe gerne zur Schule»	13
Item-Schwierigkeit	Ausmaß, in dem die Befragten einem Item zustimmen (bzw. bei Testaufgaben ein Item richtig lösen)	13
Kategorie	Themenbereich, zu dem im Datenmaterial Informationen gesucht werden sollen	15
Kategorienraster	Teil des Beobachtungsplanes, der vorgibt, in welchen Rubriken die angestellten Beobachtungen festgehalten werden sollen und wie diese Dokumentation genau erfolgen soll	11
Kategoriensystem	Gesamtheit aller Kategorien, die hierarchisch in Ober- und Unterkategorien strukturiert sind	15
Kausalität	Zusammenhang von Ursache und Wirkung	14
Konstrukte	Theoretische Begriffe, die nicht direkt empirisch erfassbare Sachverhalte bezeichnen	9
Kontrollgruppe	Gruppe von Personen, die nicht am zu untersuchenden (Schul-)Versuch teilnimmt und deshalb als Vergleichsgruppe dienen kann	10
Korrelation	Zusammenhang zwischen zwei Variablen	14
Längsschnitt	Oberbegriff, der für Studien steht, die Erhebungen zu mehreren Zeitpunkten vorsehen (d. h. Oberbegriff für Trend- und Panelstudien)	10
Layout	Die äußere Gestaltung des Berichts (Schriftarten, Gestaltung der einzelnen Seiten, Seitenumbrüche usw.)	7
Leitfaden	Erhebungsinstrument für mündliche Befragungen, in dem die zentralen Aspekte und Fragen vorbereitet sind, die in der Befragung thematisiert werden sollen	12
Leseführung	Führung der Lesenden durch den Bericht mittels Einleitungen, Überleitungen, Zusammenfassungen usw.	7

Stichwort	Erklärung	Kapitel
Literaturarbeit	Arbeit, in der eine Thematik ausschließlich auf der Grundlage von verfügbaren (wissenschaftlichen) Publikationen bearbeitet wird	6
Literaturverzeichnis	Liste am Ende einer wissenschaftlichen Arbeit, in der die vollständigen bibliografischen Angaben von allen benutzten Quellen aufgeführt werden	5
Median	Messwert, der angibt, welcher Wert in der Mitte zu liegen kommt, wenn die Werte der Reihe nach geordnet vorliegen (teilt die geordneten Messwerte in zwei gleich große Hälften)	14
Mindmap	Eine Art «Gedankenkarte», bei der verschiedene Aspekte eines Themas grafisch dargestellt und Zusammenhänge aufgezeigt werden	6
Mittelwert	Messwert, der den «Durchschnitt» (arithmetisches Mittel) ausdrückt	14
Modus	Messwert, der angibt, welche Ausprägung am häufigsten vorkommt	14
Monografie	Eigenständige Abhandlung einer Thematik in Buchform von einem Autor, einer Autorin oder einer kleinen Gruppe von Autorinnen und Autoren, die gemeinsam für das ganze Buch verantwortlich zeichnen	2
Motivation	Psychische Kräfte, welche die Richtung des aktuellen Verhaltens beeinflussen und das Verhalten auf bestimmte Ziele hin ausrichten (Verhaltensbereitschaft)	8
Multiple Choice	Angebot von mehreren Antwortkategorien, aus denen eine Kategorie ausgewählt werden soll (je nach dem kann auch erlaubt werden, mehrere Kategorien auszuwählen)	13
Nominal	Skalenniveau, das die gemessenen Werte in verschiedene, gleichrangige Gruppen einteilt (z. B. die Freizeitaktivitäten reisen, singen oder lesen).	14
normative Aussagen	Sätze, die Werturteile, Normen oder Vorschriften formulieren (Soll-Aussagen)	3

Stichwort	Erklärung	Kapitel
Objektivität	Unabhängigkeit einer Messung von der forschenden Person	9
Offene Frage	Frage, die eine beliebige Anzahl von Textantworten zulässt, z. B.: «Wie haben Sie den heutigen Tag erlebt?»	13
Operationalisierung	Übersetzung von theoretischen Begriffen in empirisch erfassbare Merkmale	9
Ordinal	Skalenniveau, das die gemessenen Werte in eine Rangreihenfolge bringt (z. B. die T-Shirtgrößen S, L, XL und XXL)	14
Panelstudie	Studie, bei der die gleichen Personen zu mindestens zwei Zeitpunkten untersucht werden, um individuelle Entwicklungen aufzuzeigen	10
Peer-Review-Verfahren	Verfahren, bei dem anerkannte Expertinnen und Experten eines Fachgebietes die Qualität eines wissenschaftlichen Beitrags vor der Publikation beurteilen	2
Pendenzenliste	Auflistung der anstehenden Arbeiten	8
Plagiat	Übernahme von ganzen Abschnitten oder zentralen Gedankengängen aus Quellen, ohne den Ursprung offenzulegen; Plagiate sind Diebstahl geistigen Eigen-tums und können juristische Konsequenzen haben	2
Plagiat	Übernahme von ganzen Abschnitten oder zentralen Gedankengängen aus Quellen, ohne den Ursprung offenzulegen; Plagiate sind Diebstahl geistigen Eigentums und können juristische Konsequenzen haben	5
Posttest	Erhebung, die nach einem (Schul-)Versuch durchgeführt wird, und somit die Situation nach der Intervention beschreibt	10
Prätest	Erhebung, die vor einem (Schul-)Versuch durchgeführt wird, und somit die Situation vor der Intervention beschreibt	10

Stichwort	Erklärung	Kapitel
Pre-Test	Vortest mit einer kleinen Personenzahl, um zu überprüfen, welche Optimierungen am Fragebogen vorgenommen werden müssen	13
Prinzip der Nachvollziehbarkeit	Gewährleistet ein zentrales Ziel von Wissenschaftlichkeit, damit sämtliche Aussagen nachvollziehbar und damit überprüfbar werden; Wissenschaft begnügt sich nicht damit, Aussagen zu glauben oder auf deren Wahrheit zu vertrauen, Wissenschaft will kritisch prüfen können, wie Erkenntnisse zustande gekommen sind und unter welchen Bedingungen sie Gültigkeit beanspruchen dürfen	5
qualitative Forschung	Forschung, die tendenziell eher auf Verstehen im jeweiligen Kontext und auf Rekonstruktion von Sinnzusammenhängen zielt	9
quantitative Forschung	Forschung, die tendenziell eher auf Messen und Zählen von Sachverhalten zielt	9
Quellenverweise	Angaben im Fließtext einer Arbeit, von wem Informationen, Konzepte, Ideen oder Hinweise stammen; in Quellenverweisen reicht ein Hinweis auf den Autor, das Erscheinungsjahr und allenfalls die Seitenzahl	5
Querschnitt	Erhebung, die nur zu einem einzigen Zeitpunkt stattfindet	10
Reaktivität	Besonderes Verhalten von Personen, die wissen, dass sie beobachtet werden und sich deshalb anders verhalten als in einem unbeobachteten Moment	11
Recherche	Gezieltes Suchen nach Informationen	2
Reliabilität	Zuverlässigkeit und Genauigkeit einer Messung	9
Repräsentativität	Gültigkeit von Aussagen, die aufgrund von Erhebungen in einer Stichprobe für die Grundgesamtheit gemacht werden	9
Rücklauf	Anzahl Fragebögen, die ausgefüllt retourniert wurden (oft in % angegeben)	13

Stichwort	Erklärung	Kapitel
Schluss-redaktion	Abschließende Überprüfung des Berichts, ob alle wichtigen Kriterien eingehalten wurden	7
Schneeball-prinzip	Grundlegende Recherchestrategie, bei der im Literaturverzeichnis einer aktuellen relevanten Publikation nach weiteren interessanten Quellen und daraufhin in den Literaturverzeichnissen dieser Quellen wiederum nach weiterer Literatur gesucht wird	2
Scientific community	Gemeinschaft aller Forschenden in einem Themengebiet	2
Selbst-management	Reflexion über sich selbst und bewusster, kompetenter Umgang mit sich selbst, um eigene Ziele zu setzen und sie zu erreichen	8
Signifikanz	Irrtumswahrscheinlichkeit beim Rückschluss von einer Stichprobe auf die Population	14
Skalenniveau	Eigenschaft von Variablen, die eine Aussage darüber macht, welche Rechenoperationen erlaubt sind und welchen Informationsgehalt die Variable hat	14
SQ3R	Eine Lesemethode mit den fünf Schritten Überblick, Fragen, Lesen, Beantworten, Kontrollieren (Survey, Question, Read, Recite, Review)	3
Standard-abweichung	Maß für die «Unterschiedlichkeit» (Variabilität) der gemessenen Daten (auch als «Streuung» bezeichnet)	14
Stichprobe	Auswahl von Individuen aus der Grundgesamtheit	10
Strukturie-rungsgrad von Interviews	Ausmaß, wie stark Formulierung und Reihenfolge von Fragen sowie zu thematisierende Aspekte vor dem Interview festgelegt werden, resp. wie groß der Spielraum für fragende und befragte Person ist, das Interview während der Befragungssituation selbst zu gestalten	12
Suchmaschine	Programm zur Suche von Inhalten oder Dokumenten. Suchmaschinen für das Internet suchen das World Wide Web nach Informationen ab	2

Stichwort	Erklärung	Kapitel
theoretische Aussagen	Sätze, die auf einer allgemeinen, logischen Ebene die Frage nach Ursachen beantworten oder Erfahrungen systematisch ordnen und erklären	3
Transkription	Übertragung von mündlichen Daten in eine schriftliche Form, die unterschiedliche Genauigkeitsgrade aufweisen kann	12
Trendstudie	Studie, bei der unterschiedliche Personen (der gleichen Grundgesamtheit) zu mindestens zwei Zeitpunkten untersucht werden, um Entwicklungen in der Gruppe (d. h. in der Grundgesamtheit) aufzuzeigen	10
Triangulation	Einbezug verschiedener Zugänge zur Beantwortung einer Fragestellung (z. B. verschiedene Personengruppen, Zeitpunkte und/oder Methoden)	9
Univariat	Statistische Auswertungen mit einer einzigen Variable	14
Urliste	Liste aller Messwerte der untersuchten Personen (dient als Grundlage für vielfältige statistische Auswertungen)	14
Validität	Gültigkeit einer Messung	9
Variable	Merkmal, das unterschiedliche Ausprägungen annehmen kann	14
Variablen	Merkmale, die verschiedene Ausprägungen annehmen können	9
Vermeidungsstrategie	Strategie, um nicht mit der eigentlichen Arbeit beginnen zu müssen (z. B. Pult aufräumen, telefonieren)	8
Verständlichkeitshilfen	Sprachliche Hilfsmittel, die zur Verständlichkeit von Texten beitragen (z. B. Gliederung, Prägnanz, Einfachheit, zusätzliche Anregungen)	7
Vollerhebung	Befragung von allen Individuen einer bestimmten Grundgesamtheit, z. B. alle Lehrpersonen der Schule Obertor	10

Stichwort	Erklärung	Kapitel
Webkatalog	Von Menschen zusammengestellte Listen zu bestimmten Schlagwörtern. Die Suche in Webkatalogen berücksichtigt ausschließlich ausgewählte und vorsortierte Inhalte	2
wissenschaftlicher Diskurs	Schriftliche oder mündliche Auseinandersetzung mit einem Themengebiet, wissenschaftliche Streitgespräche	3
Zeitstichprobe	Dokumentation des aktuellen Geschehens in regelmäßigen Zeitabständen, um später den zeitlichen Verlauf einer Situation wieder rekonstruieren zu können	11
Zitate, sinngemäße	Zusammenfassende Wiedergabe ganzer Sinneinheiten aus fremden Quellen in eigenen Worten	5
Zitate, wörtliche	Originalgetreue Wiedergabe von einzelnen Abschnitten, einzelnen Sätzen oder Satzteilen aus fremden Quellen	5

Anzeigen